汉语的美丽与芬芳

史仲文 —— 著

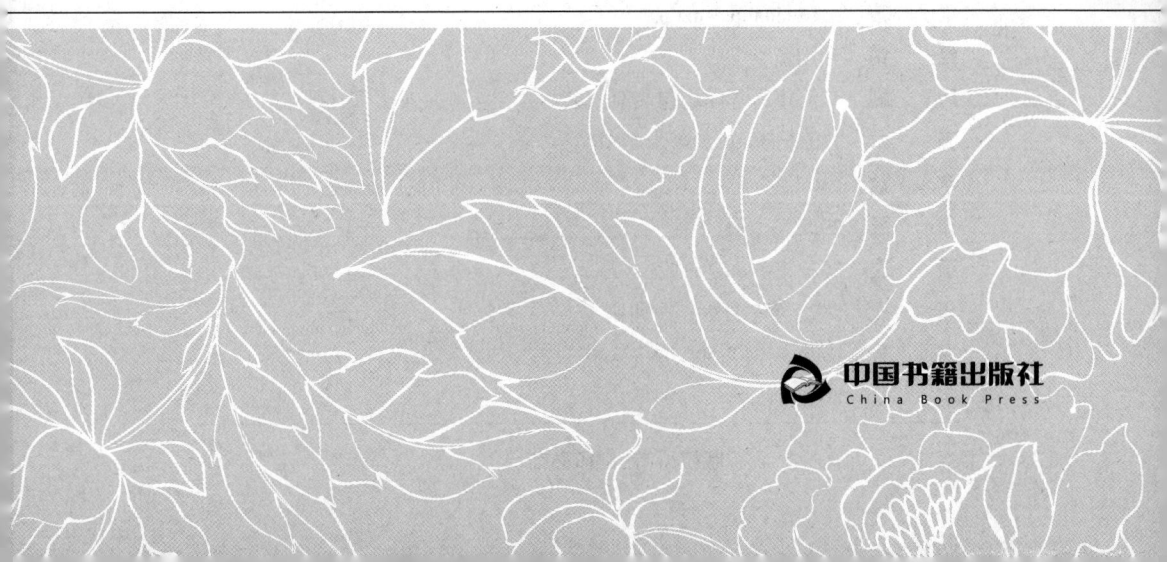

中国书籍出版社

图书在版编目（CIP）数据

汉语的美丽与芬芳 / 史仲文著. -- 北京：中国书籍出版社，2023.7
ISBN 978-7-5068-9375-6

Ⅰ.汉… Ⅱ.①史… Ⅲ.①汉语—语言美学—研究 Ⅳ.①H1

中国国家版本馆CIP数据核字(2023)第058290号

汉语的美丽与芬芳

史仲文 著

图书策划	武　斌
责任编辑	尹　浩
责任印制	孙马飞　马　芝
装帧设计	东方美迪
出版发行	中国书籍出版社
地　　址	北京市丰台区三路居路97号（邮编：100073）
电　　话	（010）52257143（总编室）　　（010）52257140（发行部）
电子邮箱	eo@chinabp.com.cn
经　　销	全国新华书店
印　　刷	三河市富华印刷包装有限公司
开　　本	710毫米×1000毫米　1/16
字　　数	430千字
印　　张	29.5
版　　次	2023年7月第1版
印　　次	2023年7月第1次印刷
书　　号	ISBN 978-7-5068-9375-6
定　　价	80.00元

版权所有　翻印必究

目 录

绪言 汉语的叙说从这里开始 / 1

文字审美 五品十性论汉字 / 11
    一、方正字形：直观性与艺术性 / 13
    二、单音字位：独特性与易构性 / 21
    三、四声字韵：丰富性与音乐性 / 25
    四、内向字义：意会性与模糊性 / 27
    五、多能字容：承载性与神秘性 / 33

文辞审美 谈古论今品词汇 / 39
    一、汉语词汇的丰富与创造 / 42
    二、方言土语，妙趣横生 / 50
    三、成语典故，烟波浩瀚 / 53
    四、网络语与流行语，一支生力军 / 59

文句审美 万马奔腾中的第一声嘶鸣 / 65
    一、文句的结构分析：句型的审美表现 / 67
    二、文句的类型分析：不同的追求与不同的效果 / 85
    三、文句的修辞分析：运用之妙，独具匠心 / 118

文韵审美　选韵如同选美人 / 131

一、汉语音韵的三个特性 / 133

二、格律诗词的音韵规范 / 137

三、格律诗词的"五合"境界 / 145

四、散文及其他文字的音调与声韵 / 152

五、音韵应用的特殊例证 / 160

文篇审美　整体大于局部之和 / 167

一、构成文篇的五项要素 / 169

二、立意是文章之魂 / 172

三、题目是文章之目 / 176

四、结构是文章之体 / 183

文体审美　群峰竞秀，百舸争流 / 209

一、汉语文体的四大特色 / 211

二、关于诗、词、曲、歌的体式分析 / 222

三、关于散文的体式研究 / 258

文法审美　语林深处啄木鸟 / 297

一、文法事大，不可或缺 / 299

二、尊重文法，不可迷信 / 302

三、在冰与火之间确定游戏规则 / 304

四、文法发展的几个关键词 / 308

文风审美　环肥燕瘦，各臻其妙 / 315

一、个人风格、流派风格 / 317

二、形成作品风格的内外原因 / 319
　　三、小说语言风格简析 / 323
　　四、戏曲与戏曲语言风格简析 / 338
　　五、散文语言风格简析 / 361

文论审美　千秋"语"业，各有评说 / 375

　　一、古代汉语文论的六个特征 / 377
　　二、汉语文论的文化传统 / 389
　　三、古代文论的体式、范式与传承 / 397
　　四、百年文论，两次高峰 / 420

文变审美　生命如流，变化如歌 / 423

　　一、汉语文变的曲线描述 / 425
　　二、汉语文变的品征描述 / 439
　　三、汉语文变的规律性描述 / 449

后记 / 464

绪言 XUYAN

汉语的叙说从这里开始

本书的内容，说得夸张些，可以叫做汉语美学。然而，我既不喜欢高头讲章，更不喜欢那些有它不多、没它不少的无聊定义。这里做的只是对于汉语审美的解说与陈述，而且我认为，能解说、陈述明白也绝非易事。因为汉语博大，浩如沧海，而能够被解说与陈述者，充其量也只是沧海之一粟。

讨论汉语的美丽，理应先讨论一些与语言相密切关联的议题，把这些议题归纳起来，便是本书的绪言。

语言的发展史，大约经历了四个特别关键的阶段。

一是语言初始期，即口头语言诞生的阶段。人作为一个物种，原本不会说话，但忽一日——请读者原谅本人使用了一句诗化语言，有语言了，开始说话了。这样的时刻，虽然我们无法细考，但即今思来，犹不免产生怦然心动之感。

二是文字语言形成期。从口头语言到文字语言，时间好长啊，道路好难啊！因其长，因其难，我们说它是一次伟大的革命，而且可以说，人类既然有能力首创和经历这样一次革命，那么，任何困难都可以克服。文字诞生，意义重大，中国古语有"仓颉造字，夜有鬼哭"之说。文字一出，鬼都会哭，这或者证明了文字之难、文字之美、文字之智慧、文字之厉害，抑或预示了未来文字带来的文明之辉煌、灾祸之惨烈。且不论从正面还是负面去理解这句话，都可以知道文字在人类文化史上处于何等的地位。中国民谚中讲"千年的墨纸会说话"，这绝非夸张之词，早有考古成绩为明证。古文字重见天日，一字岂止千金？

三是文字印刷期。文字的传播，不似口头的传播，它需要相应的载体与工具。其中最重要的历史发现，显然是纸张与印刷，而我们的先人在这两方面都有特别重大的贡献。他们创造了改变世界的四大发明。

四大发明并非件件与文字直接相关，但造纸术是与之血脉相通的，活字印刷也是与之血肉相连的。四大发明中，与文字有关的就占去两项。一方面，这证明了文字的极端重要性；另一方面，证明了传播的同等重要性。

四大发明进入西方，对西方近代文明的形成与成熟产生了莫大的影响。对于这四大发明或者其中的三大发明，马克思与培根都给予了极高的评价。

令我们中国人困惑并颓然的是，四大发明虽然出于赤县神州，但它们的巨大文化能量与技术能量却直到嫁接给了西方近代文化之后才迅速释放出来。这个事实实在让理性的中国人感到很没有面子。对其中的原因与机制，虽然已经有了种种说法，但还是很值得21世纪的中国人认真地反思与研究。

造纸术与活字印刷的发明，对中国书面语言与各种典籍文献的影响是巨大的。它在质变层面改变了中国书面文字尤其是经典文献的传播方式、教育方式与学习方式。东汉之后，汉文化的走向发生重大改变，文人化、个性化、书法化得以张扬，应该说这与纸的发明关系莫大。宋代虽然受尽外族的蹂躏与欺辱，但它在经济繁荣、文化发展、生活现代等方面都远远超越前朝与前人，也应该说与活字印刷的出现有某种内在的联系。

应该这样评价：虽然技术不是决定一切的，但重大的技术发明确实是文明——例如语言文明——得以升华与腾飞的关键性因素之一。

四是网络语言期。网络语言阶段的历史地位究竟如何，现在也许还不能被完整阐释，或者说也许还没人有这样的阐释能力，但它的影响已是有目共睹的。如果说中国在印刷语言时代是"起了一个大早，赶了一个晚集"的话，那么，中国理应，也有责任和义务，在网络语言时代，跟上历史的步伐，作出自己的贡献。

网络给了人类有史以来发挥其自由天性与民主权利的最为有益且有效的技术平台，也给了社会进步以史无前例的技术性推动力量，而其完全价值，又不止在技术层面。

一方面讲技术，一方面还要讲文化。讲文化尤其要讲开放，因为开放是文化得以更新与发展的前提条件之一。反观中国的历史发展，那些伟大强盛的时代，毫无二致，都与开放有着千丝万缕的联系。我曾经说过，中国文化曾经历过三次历史性大融合与大发展。第一次，出现在春秋战国时期，表现为中原文化与边夷文化的大融合，或者说是东、西、南、北、中各诸侯区域文化的大融合；第二次是魏晋南北朝时期的各民族文化的大融合；第三次则是自19世纪以后的中西文化的大融合。融合即开放。没有这三次大融合，中国文化也许会像其他文明一样发生断层，或者走向衰败。四大文明古国中，唯中国文化不曾断层、不曾衰败，开放显然是其中一个关键性因素。

中国历史雄辩地证明了：若没有第一次区域文化大融合，就不会产生秦汉时代的伟大古典文明；若没有第二次民族文化大融合，也不会产生隋唐时代的辉煌文化；若没有第三次中西文化大融合，则不会有中国的现代化。虽然这现代化的历程上，有过那么多的挫折与磨难、鲜血与牺牲，但征程既已开始，璀璨就在前方。

单以汉语而论，中国古文字，多为单音节词。单音节词虽不是唯一的词式，却具有绝对的数量优势。双音节词的大量出现是后来的事情，多音节词的出现则是更后来的事了。

以农作物为例。中国古来的原生农作物，以五谷为代表。何为五谷，也有不同说法。一说即"麻、黍、稷、麦、豆也"[1]；一说即"稻、黍、稷、麦、菽也"[2]；一说即"稻、稷、麦、豆、麻也"[3]。

三种说法，一共包括七种农作物，名称全是单音节的。一物一名，一名一字，一字一音，这正是中国古汉语的特色与传统。

后来进入中国或中原（汉语文化区）的农作物，情况就不同了。

---

[1]《辞海·语词部分》上册，上海辞书出版社，1979年。
[2] 同上。
[3] 同上。

它们的名称不再是单音节而成为双音节的了。

如汉代引进的农作物：石榴、葡萄、黄瓜、苜蓿、蚕豆、意苡等；

南北朝时引进的农作物：亚麻、甘蔗等；

隋唐时引进的：莴苣、菠菜、西瓜等；

明清引进的：红薯、玉米、菠萝、番茄、苦瓜等。①

简而言之，开放，不但使我们中国人（中原人）的食物食品大大丰富，从而可以大快朵颐，而且使汉字（词）及其表现系统有了质的拓展与丰富。

再以乐器为例，中国或中原——汉语文化圈内的古来乐器，也是以单节多词为特征的。如琴，如瑟，如筝，如箫，如鼓，如钟，如磬，如敔，如铙，如锣，如钹，如麓，如竽，如笙，如埙，等等，这些大多是土生土长的中原乐器，但后来它们中的相当一部分都被边缘化了，而那些新的担当起更大责任的乐器名称，多是双音节或多音节，且一大半也是引进的，如琵琶，如唢呐，如月琴，如扬琴，如火不思，如冬不拉，如胡琴，如八角鼓，种种。近代以来，西洋乐器进入中国，这种情况就更多了，如吉他，如钢琴，如小提琴、中提琴、大提琴，如黑管，如长笛，如双簧管，如大管，如巴松，如小号，如圆号，如长号，如小鼓，如大鼓，如定音鼓，不一而足。它们的到来，不但使传统的中国人欣闻美声、富享美乐，也极大地丰富了人们的生存方式与精神。

由此可知，开放对于我们的生活是何等重要。

前些时期，报刊上登了一篇关于中国产品对美国人现实生活影响的文章。文章说，一个美国人如果不使用"made in China"的生活用品会怎么样？结论是：虽然一样可以活着，但生活质量必定下降不少，即活是可以活，但会活得累。

那么，汉语如果除去一切外来语会怎么样呢？虽然操汉语的中

---

① 转引自拙著《中国人走出死胡同》，中国发展出版社，2004年。

国人依然会说话，而汉语也不见得一失之下即刻毙命，但其语言系统与表现力所受到的冲击与毁坏，一定是结构性，甚至是致命性的。

自跨入近代以来，外来词语、外来语式进入汉语系统的数量不仅很多，而且速度很快。我们现在的常用语中究竟有多少外来语，本人才学浅陋，不能确知。这里有两个材料，或许可以说明问题。

一个材料，见于刘孝存先生所著《中国神秘言语》，书中介绍了源于日语、英语、法语、俄语、德语、意大利语、梵语、波斯语、阿拉伯语、尼泊尔语以及包括中国各少数民族语在内的数百个流行语。其中，源于日语的最多，共列举 3000 多个；源于英语的居于次席，也列举了近 1600 个。这里冒昧掠美，与读者共赏。

暗示、版画、半旗、辩护、标语、表决、标本、乘客、乘务员、传染病、单纯、单位、独裁、反对、反感、动态、分析、观测、公仆、共产主义、共鸣、共和、集中、集团、国际、警察、净化、领土、领空、情报、权威、权益、手续、探险、演习、原则、指标、指导、主笔、主观、自由、主人公、作品、作者、座谈等。①

以上词语源于日语。

白兰地、绷带、迪斯科、敌敌畏、的士、碘、吨、凡士林、分贝、呼啦圈、吉他、爵士乐、咖啡、来复枪、浪漫主义、马达、马拉松、啤酒、乒乓球、扑克、沙发、台风、探戈、香槟、伊甸（园）、幽默等。②

以上词语源自英语。

其他如"布尔什维克"、"康拜因"源于俄语；"玻璃"、"茉莉"、"苹果"、"刹那"源于梵语；"纳粹"、"毛瑟枪"源于德语；"八哥"源于阿拉伯语；"珐琅"源于波斯语；等等。③

另一个材料，出自《南方周末》，题为《新闻与方言》。其中

---

① 刘孝存：《中国神秘言语》，中国文联出版公司，1999年。
② 同上。
③ 同上。

讲到"日本新词"时这样写道：

甲午战争后，"日本新词"全面反哺。如"为人民服务"、"永远革命"、"大政方针"……其实全是来自日语。①

文中还介绍了这样一段掌故：据说洋务派大臣张之洞，最是反感并且力禁使用"日本新词"，看见这样的新词便要勃然大怒。一次他请幕僚路某拟一办学大纲，大纲中有"健康"一词，他又生气了，提笔批道："健康乃日本名词，用之殊觉可恨。"不料这路先生也略通新学，当即针锋相对："'名词'亦日本名词，用之尤觉可恨。"

妙！

或从另一个角度看，广泛吸收外来语是如此之好，亦托开放之福，正是它给我们带来了从容的现代语感与现代语境。

本书既不是一本汉语语法书，也不是一本汉语修辞书，亦不是一本关于汉字历史的书，更不是一本解说汉语经典的书，甚至不是一本汉语文化鉴赏书，自然也不是一本一般意义上的有关专业审美的书。

这不是，那不是，它究竟写的是什么呢？

本书的思路是：从汉语文字写起，继而文辞、文句、文韵、文篇、文体、文法、文风、文论，直写到文变为止。

十篇中，文字是最基层的，所谓从草根做起。汉语文字便是本书的写作基石与逻辑起点。继而是文辞。其实中文的文字常常也是文辞，两者是一而二、二而一的关系，但也有区别。如果说文字是汉语的细胞，那么，文辞就是汉语的基础性建筑材料，构成这材料要素的自然是"文字"，作为其使用成品的则是"文辞"。

文句则属于第三层面。文句介乎文辞与文章之间。在特例情况下，一句话也可以成为一篇文章，或者一首诗。但通常情况下，它

---

① 转引自2005年12月23日《文摘周报》。

只是一个组合性单位，是词语的有机性结合。这组合的意义是如此重要，以至于所谓语法的绝大部分内容都是针对它的。如果说字与词还不过是材料的话，那么文句则已升格为语言了。

然而还有文韵。汉语的韵是独特的，与西方语言相比较，它的独特性尤为突出。文韵其实与汉字的关系最为直接，但在实际运用，例如文学作品中，它与文句的关系似乎更重要一些，故而序列第四。

有了上述四个条件，可以进入文篇了。文篇即文章，但不限于通常意义上的一篇文章之文章，而是包括诗、词、歌、赋在内的，故而称"篇"，但重点还是散文文章。文篇始可看做真正意义上的独立的完整作品。虽然一句话也可能成诗成文，但不过特例而已。如果说文句是语言的第一次升华，文篇则是它的第二次升华。或者说文句是口头语言得以成立的基本标志，文篇则是书面语言得以成熟的基本标志。

本书叙述的第六个层面的内容是文体。汉语中狭义的文体是对各种散文体裁的概括，这里的文体不仅限于散文而已。成熟的文体是语言发达的第三个标志，或许应该这样说，只有基本文体全都具备的民族语言，才是真正达到文学成熟的民族语言。例如，汉语、日语、英语、法语、德语、俄语、拉丁语、阿拉伯语、希伯来语，种种。它们在散文、戏剧、小说、诗歌等各个方面都有属于自己的独特的经典性建树，而这些建树已然成为人类共有的精神财富。

第七个层面是文法。法，不仅包括语法之法，而且包括文法之法。世间万物，凡成熟之品，必有法度，所谓"没有规矩，不成方圆"。但"文"既是发展的，"法"也必然是发展的。两者的关系相辅相成，那情形有如司法与警察的关系一般。

第八个层面为文风。文风即文字风格。汉语文学的风格千姿百态，与西方文风有着本质之别，只不过在相当长的一段时间内，这种区别被忽略了，甚至被扭曲、被抹杀了。今日说文风，还带有恢复其本来面目之意。

第九个层面为文论。文论即文学批评。文学批评包括对文风的批评在内，但那范围来得更大些，故另立一篇，别作安排。

第十个层面为文变。无论文字、文辞、文句、文韵、文篇、文法、文风、文论，统统会发生变化，而且无时无刻不在发生变化。所谓变是绝对的，不变是相对的，这是规律级别的问题。只是规律之事巨矣，非吾所能，亦非吾所爱。这里的文变，更多的是对于文变历史的描述。以史为本，述而不作，但愿画龙似龙、画虎似虎，并不存有更多的企求。

综上所述，本书虽不同于语法书、修辞书、语言历史书、文学欣赏书，却又与这些专门性书籍有着千丝万缕的联系。我希望本书能够成为了解汉语及其美学价值的一个入门。倘若这个"门"还不算太坏的话，那么，进入之后，再去各自寻珍觅宝亦为不迟。

文字 审美
WEN ZI SHEN MEI

五品十性论汉字

汉语不同于其他种种语言，尤其不同于欧系语言，第一位的原因出自汉字。汉字是构成汉语体系的最基础的材质。以建筑作比喻，虽然木质建筑与石质建筑的差别仿佛只在材料方面，只是一字之别，但它的影响却是最深层面的。因为材质不同，而使这些建筑在技术、工艺、造型、风格、功能等各个方面产生差异，具体地说，它使得西方建筑以几何为支点向着高空拓展，而中国建筑以线条为特色走了一条平面发展之路。

汉字在汉语中的重要性，可以比做动物的基因。动物因基因不同而种类繁多，小到蚂蚁，大到鲸鱼，或者毒如蛇蝎，或者猛如狮虎。据说，苍蝇的基因与大象的基因所差也不过百分之几，然而，一旦形成物种，那差异就大了，正所谓"差之毫厘，谬之千里"。汉字之差，仿佛如此。

汉字事大，因为它对汉语乃至中国文化的走向都产生了无可估量的作用与影响。

汉字构成特征鲜明，推而言之，可以分为五种品性十个特征：

五种品性是：字形、字位、字音（字韵）、字义和字容。

十个特征是：直观性与艺术性，独特性与易构性，丰富性与音乐性，意会性与模糊性以及承载性与神秘性。

五品十性是相互关联的，有机组合的，结合在一起更便于讨论。这里先从字形说起。

一、方正字形：直观性与艺术性

人们喜欢说汉字属于象形文字，这一点至关重要，因为字形特质乃是汉字的第一性存在。存在先于本质，存在决定意识。无论从哪个角度来讲，其象形性都引出了无穷的传播结果与文化效应。

但认定汉字为象形文字，只是一种高度概括的说法，这种概括也许不能得到专家的同意。至少在汉代大文字学家许慎那里，已经对汉字有过经典性描述，即汉字六书说。所谓"六书"说，即汉字构成的六种基本方式。这六种方式是：象形说，指事说，会意说，形声说，转注说和假借说。

对于这"六书"，近人有不同见解。唐兰先生提出汉字结构的"三书"说；裘锡圭先生不完全同意唐先生的"三书"说，进而提出"新三书"说；在裘先生"新三书"说的基础上，詹鄞鑫先生又提出"新六书"说。

唐、裘两先生乃文字学大家，詹鄞鑫先生辈分虽晚些，亦成就斐然。他们的研究，在中国现代史上都应该浓重地记上一笔，而且如我一样的爱好者，都是这些研究的受益者。

我要补充和强调的是：无论六书说还是三书说，或新六书说，如果要寻找出汉字构成的第一性的特质来，那么，则非象形性莫属。

象形性为第一属性，如例字"大"。解释者说：

> 大 用大人的形象表示大小的大。之所以用大人的形象，是由于在古文字形中，大人的形象与小孩的形象具有明显的区别：小孩的形象写作子或子。至于别的事物，在字形上无法区分大小，例如"象"字固然是大象的形象，但从字形上无法判断是成年的大象还是幼年的大象。①

这实际上也可以理解为象形说，或者说是象形的一种衍变，不过不是象物之形，而是相对抽象的大小之形。

第三说"会意字"——会意说为例。其中讲到古文字中的"育"字，解释者写道：

> 甲骨文从女（也有从母或每的写法）从㐬。"㐬"字由倒"子"和象征水滴的"小"构成；合起来像母亲生小孩子，且伴有羊水之类流出。其异体写作"育"，是云（读如突，像倒"子"）

---

① 詹鄞鑫：《汉字说略》，辽宁教育出版社，1997年。

音肉声的形声字。①

这其实也可以理解为广义的象形，不过不是象物之形，而是象字之形罢了。

再如第四说"形声字"——形声说，其实也可以看做象形字，或者说，透过形声，还可以看到象形的影子。

以"齿"字为例，甲骨文作"󰀀"。解释者说：

> 甲骨文本是象形字，象口中有门齿。后加表音的"止"，成为形声字。不过，由于"󰀀"旁后来并不独立成字，所以它不能视为部首，但把它视为形符应该是可以的。②

又如新六说中第六说"变体字"——变体说。变体字有些特殊，但其本原，亦与象形性相关联。以解释者的例证为例：

> 孑（jié）孓（jué）这两个字是改造孒（子）字而成的。据《说文》，"孑"的本义是"无右臂"，"孓"的本义是"无左臂"。由于缺一臂，所以"孑""孓"都有孤单的含义，成语有"茕茕孑立"、"孑然一身"。③

由是观之、思之，孑、孓，也可以理解为一种形，缺少左臂或右臂之形。这种形与字的有机匹配，左看右看，不觉其谬，只觉其妙。

当然——重复地说——汉字的六书说，或三书说，或新六书说都有其不可替代的意义与价值。但我一向认为，一个复杂的有价值的体系，可以而且有必要从不同角度去观察它。就汉字的字形层面考虑，象形品质乃是它的本质特点。

汉字的象形品质决定了它的直观性，观其形便易于知其意。故

---

① 詹鄞鑫：《汉字说略》，辽宁教育出版社，1997年。

② 同上。

③ 同上。

《左传》上有"皿虫为蛊"、"止戈为武"之说。用器皿养毒虫，结果，成为"蛊"了，有多么可怕而且可厌；制止干戈，结果是停止了"武"力，则表示了一种意义与精神。虽然有后人考证说，将武字拆解为"止戈"并不真的合乎古义，真的古义并非止戈为武，而是拿着武器大步前进，但在我看来，无论如何，见形而思义，见形而知义，确是汉字的一个确定的功能。

直观性使汉字易知易明，我们的祖先还要让汉字好看耐看，于是凝聚多少年多少人的努力、创造与智慧，中国文字不但作为一种信息交流工具，而且成为一门独特的极富魅力、光彩照人的艺术形式，这就是它的艺术性。

汉字在艺术层面，不以文字称，而以书法称。这既是汉字独有的光荣，也是中国文化与我们中国人特有的荣耀。

汉字书法作为独特的艺术形式，其成就之大，几乎不可方之于物。简而言之，可说"一长"、"四多"：历史长，长到与中国古代文明共舞；书体多，流派多，理论多，书家更多，多到不可以数量记之。

以书体说，俗称真、草、隶、篆，却又未止于此。先是甲骨文字，又有大篆、小篆，继而隶书，继而行书，继而草书，继而楷书，而且并非你去而我来，而是你中常常有我，我中亦常常有你，正如友人相聚，个性不厌其显扬，故事不厌其繁多。形象言之，所谓行书如走，楷书如站，隶书如坐，草书如奔，或说行书如雅士游春，楷书如老僧禅戒，隶书如将军升帐，草书如战马狂奔。

不但书体多，而且流派多。自钟、王开始，历代名家辈出。那些经典书家，可谓人自为派，派自为体。楷书大家中，欧、柳、颜、赵、名声巨大；草书巨擘中，怀素、张旭，光彩照人；行书名家，代有人出，而以羲之为圣，其地位，是虽千百年下，也无人可以企及。

流派多，理论更多。但中国传统，不喜欢创立体系，也没有理论这个词，不但不讲理论，连理念都不讲，但见解极多，体味极深，看似就事论事，其实余韵无穷。中国文化传统，本不喜欢开门立派，特别是汉武帝实行"罢黜百家，独尊儒术"的国策之后，"派"的概念在学术层面，纷然凋落，日见其稀。昔日百家争鸣的盛况，已成明日黄花。但在书界——至少在书法界，却是另一种景象。不但各种书体纷呈，各种书学、书论尤其纷呈，不但百花齐放，而且如长江后浪推前浪，日深日久，日久日无穷。

不惟书法派系多，书人与书家更多。前有书圣王羲之，后有数不清的追随者，间或也有不少批评者、反叛者，不服其字其论其人者。追随者亦非惟书圣的马首是瞻，而是惟书法艺术的辉煌是瞻。且中国艺术，最重视师承，一日为师，终身是父。但历代书人，以其主旨而言，非以师命为命，而是以书法艺术为命。所以虽书圣在前，却有无穷的继承与创造在后。有固守风范者，有亦步亦趋者，有别开生面者，也有自成一家者。唐、宋、元、明、清，代有才人出，从而成就了中国古代绚丽的书法长卷。

单以造型特色而论，书法艺术骨子里乃是一种线条艺术。虽只一线而已，却有千变万化的功能。笔画不过数端，变化竟是无穷，或直或平，或长或短，或粗或细，或拙或巧，或奇或正，或断或连；一而化十，十而化百，无端变幻，仪态万千。或悠然，或雅然，或超然，或蔚然，或翩然，或爽然，或酣然，或灼然，或脱脱然，或荡荡然，或跫跫然，或蔼蔼然，或崭崭然，或俨俨然。以物喻之，或如桃花，桃花不足喻其艳；或如梨花，梨花不足喻其淡雅；或如荷花，荷花不足喻其洁；或如牡丹，牡丹不足喻其雍容。犹如菊花，不但见其性而且见其节；犹如兰花，不仅见其幽而且见其香。以四季相喻，则一时如春风喜雨，一时如夏夜星云；一时如金秋朗朗，一时如冬雪绵绵。线条流动，有情有感，或乐之，或喜之，或哀之，或怨之，或歌之，或呼之，或嫣然如画，或怒发冲冠。可谓青眼白眼，各有颜色，嬉、笑、怒、骂，尽成文章。虽为线条艺术，却如有灵魂的一般。线条之流动，乃是生命之流动；线条之挥洒，乃如精灵之狂舞。但觉有踪有迹，又似无可追寻，一时天上，一时地下，一时云中，一时水中，虽盘旋百端而不逾矩，曲折徘徊而情有独钟，然而，又怎一个矩字了得，又怎一个情字了得？它在中国古来艺术乃至文化中，最是风光无比，自由无比，高格无比，雅驯无比。一时兴起，便似龙飞凤舞；一时清静，又如处子安然。线自何处而来，我不知其所始；线向何方而去，我不知其所终。宇宙苍茫，正是它自由飞舞的天地；历历千年，正是它光彩行程的记忆。伟哉，美哉，观止而已矣。

汉字书法艺术不但是一门独立的艺术形式，而且以它特有的才蕴影响了左右芳邻。

它首先影响的是中国画。国画骨子里其实也是一种线的艺术。所谓"衣带当风"，非线而何？所谓白描手法，又非线而何？中国传统画不以形取胜，而以意取胜；不以美骄人，而以境争先。内有其意，外有其形；心有其源，画有其境。然而，它的具体操作与表达方式则是线式的。

汉字书法又影响了中国传统建筑。古建筑必有题字，必有匾额，必有楹联，必有中堂，必有山名、水名、堂名、亭名，没有这些，就仿佛美人头上缺簪，公子额前少玉，就会觉得心不明，眼不亮，意未到，情未尽。

中国古建筑十分重视廊的作用、墙的作用与路的作用。

廊其实也是一条线，但绝非一条呆呆板板的直线，而是一条多姿多彩富有曲线美感和韵律的"线条"。所谓的"回廊"，便是其中特别复杂的，且可称之为"九曲回廊"。北京颐和园中的长廊，便是一个杰出的代表。

中国古建筑又特别重视墙的作用，而墙的类型颇多。形象表现尤其精彩纷呈，美轮美奂。墙其实也是线，不是平面的线，而是凸出的线。其妙处不但在于通——有墙必有门，而且在于隔——有墙必有断，且隔中有通，通中有隔，通通隔隔，妙在其中矣。长城万里，乃是一条亘古绝伦的巨线，不但名震古今，而且享誉世界。花墙如画，且有形态各异的窗子配置其间，正似美人身上的饰物，不但叮铮作响，尤其精美非常。

中国古建筑不但重视廊，重视墙，而且重视路，有大路朝天，也有小蹊嫣然，有岔道如画，也有曲径通幽。我们古代先人关于路的设计，往往表现出设计者的匠心所在。比如我们读《红楼梦》，品味大观园，若不能对园中的路径了然于胸，则很难让那样一座美丽的园景灵动起来。

汉字书法又是与武术相通相连的。武与字通，自古而然。君不见电影《英雄》与《卧虎藏龙》中都有武家书法的镜头在，虽然不免有些艺术的夸张，但绝非凭空臆断。事实上，很多书界名家，也是武术大家，很多武术名家也都酷爱书法。我的挚友冯大彪先生集书法、武术、文才于一身，一动一静，一行一止，他所表达出的文化意蕴，都是寻常人不可比拟的。别的且不言，只说书法与武术两者的境界与追求，就有绝大的相似之处。两者都非常讲究功、法、气、韵、美。

"功"即功夫，特别是幼功。武术家没有幼功，纵然不能说完全不可以成才，至少是很难成才；书法亦如是也。当然30岁了也可以初习书法，60岁了也可以开始临帖，但比较而言，总是晚了。书法很强调自幼年练起，唯有幼功扎实，才更有利于后来的精深与发展。

"法"即规范，又可以理解成技艺。这一点又通于戏曲，所谓"四功"，"五法"是也。"法"不对，是很可能把功夫练歪的，纵有一些小成，绝难成其大器。

又要讲气，气不见得就是气功，但要有"精气神"，要求"一气贯通"，否则中间气阻了，气断了，气跑了，那武术一定是练不成的，写出来的字也绝不能好看。

还要讲究韵律。字无韵律，纵有好字，不能连缀成篇，所谓满纸云烟，必成梦幻，所谓格局严整、布置得宜，也是妄想。武术同此，纵有点功夫，因为缺少韵律，也不能达到行云流水的境界。

最后要讲美。中国武术是讲究美感的，即不但要练得对，还要练得好，不但要练得好，还要练得美，中用又中看，才算上乘功夫。书法俨然同于此道，而且那要求纵不早于武术，必定严于武术。丑的武术，虽然样子不雅，能够顶用、管用，也还罢了。丑的书法，只能说是有书无法，纵然无一字一笔错误，也没人欣赏，虽费力多多，不过败笔而已。

汉字书法又影响到民族戏曲，且一些戏是有书法内容的，正如古建筑中有楹联有匾额一般。一些大艺术家，当场写字作画，不但无画蛇添足之嫌，反而有锦上添花之妙。中国民族戏曲的表演，犹如有线的艺术——化在其间。

汉字书法也影响到中国古典小说。中国古典小说以线式结构为主，虽然它的空间感十分自由，甚至自由到了无所不至其极的程度，一时天上，一时地下，一时鬼蜮，一时神宫，且不但神怪小说如此，即使写实性小说也常常如此，如《红楼梦》的太虚幻境，如《三国演义》中的关云长玉泉山显圣，如《水浒传》中的神女天书，如《三侠五义》中的游仙枕、探阴山，但以时间而论，它的结构形态依然是线式的。它不喜欢甚至拒绝时空颠倒，而坚持依时而作，依时而行，依时而叙，依时而言。小说的结构固然有繁有简，基本形态却万变不离其宗。

简单成一线的，如《西游记》就属于单一型线式结构。孙悟空就是引线的金针，猴子出世，便是金针出现，此后孙悟空"走"到哪里，那故事便"跟"到哪里，猴子成了斗战胜佛，这故事便随之戛然而止。复杂一点的如《水浒传》，则呈水脉系结构，但本质上也属于线式结构，不过不是一个线端而已，而是百水千河归于一系。更复杂的则是《红楼梦》。《红楼梦》的结构形态是网状的，千头万绪，网络天成。但那线的构思与价值，依然宛在。无线何以有网，网成愈见线功。

可以这样说，汉字书法是一切中国传统艺术的基础，虽然它对其他种种艺术形式的影响大小有差，彰隐有别，多少有异，但那基础性作用则是毋庸置疑的。

值得注意的是，中国古代最繁盛的历史时期，正是笔、墨、纸、砚大放异彩的时期。中国自古以来，不但重文，而且重字。从这个意义上讲，中国的书法艺术，就不仅仅是书法家创造的结果，而是整个中华民族实践与创造的结晶。

二、单音字位：独特性与易构性

汉字的独特性在于，它属于单音字，一字一音，很少有一字二音及二音以上的情况。这一点与西方语系形成鲜明对比。以英语为例，英语中也有单音节字，如"I"，但那只是极少数现象，属于特例之列。

单音字看似只是一种存在形式，但对汉字语言系统的影响至深至大。最典型的表现是楹联，但楹联只是其万千表现的一端而已。始自战国时期的赋，便与这种单音字位存在着内在关联性，后来出现的律诗与绝句则是更为杰出的字位表达方式。这里限于篇幅与全书布局的考虑，姑且说说楹联。

楹联的音节基础在于单音，排列基础在于单音字位。换句话表述，非单音字位莫可成也。英语诗中也有提出特别行数与韵律要求的，如十四行诗，但像中国楹联这样排列整齐，左右对称，一字也不能多，一音也不能少的对偶性规范，是做不到的，因为它的词性基础就不属于这一类型。

楹联的构成有三大要素：一是对偶齐整，或三言，或五言，或七言，或十一言，或多言，均可，这是外在形式要求；二是平仄相对，在一定的规则下，平仄相对，这是语言音律要求；三是词义相反，如山对水、上对下、白对黑、大对小、公子对佳人、白马对青牛，这是内在语言要求。

中国古人中，尤其明清以后，能联者甚多，楹联的学习，也被列入启蒙教育中。现在的大中专学生甚至他们的师长，会做对联的大概不算多，因为缺少这方面的教育内容与环境。这一点，想来在今后的教育发展中应当有所弥补。

古代启蒙教育中曾有此类专门教材，如《声律启蒙》、《训蒙骈句》等。前者通俗易懂，且易记易背；后者雅驯有致，且于史有证。随便摘取一段，便觉很有意思。

> 如对似，减对添，绣幕对朱帘。探珠对献玉，鹭立对鱼潜。玉屑饭，水晶盐，手剑对腰镰。燕巢依邃阁，蛛网挂虚檐。夺槊至三唐敬德，弈棋第一晋王恬。南浦客归，湛湛春波千顷净；西楼人悄，弯弯夜月一钩纤。①

楹联的形式众多。从理论层面上，从一言到无数言，皆可为对，实际创作，则以五言、七言、十一言为多。极端的长联，也有数十言乃至数百言的，其中最著名且最具文学品位的，首推云南大观楼的长联，上下联各90字。比之更长的楹联也有，但说到艺术成就与影响力，则至今为止，还没有超过它的。这对联传播极广：

> 五百里滇池，奔来眼底，披襟岸帻，喜茫茫空阔天边。看东骧神骏，西翥灵仪，北走蜿蜒，南翔缟素。高人韵士，何妨选胜登临。趁蟹屿螺洲，梳裹就风鬟雾鬓；更苹天苇地，点缀些翠羽丹霞。莫孤负四围香稻，万顷晴沙，九夏芙蓉，三春杨柳。
> 数千年往事，注到心头，把酒凌虚，叹滚滚英雄谁在？想汉习楼船，唐标铁柱，宋挥玉斧，元跨革囊。伟烈丰功，费尽移山心力。尽珠帘画栋，卷不及暮雨朝云；便断碣残碑，都付

---

① 《声律启蒙·十四盐》。

与苍烟落照。只赢得几杵疏钟，半江渔火，两行秋雁，一枕清霜。

而短的对联，可以三言，可以二言，也可以一言，甚至于无言。中国近代史上，确实有过无言之作。无言之联也是一种极端形式，但格式依规依矩。上联为一"？"，下联为一"！"，或者上联为一"！"，下联为一"？"。这样的对联在民国时代也曾产生过特殊的作用。虽然没有文字，那内容，那情绪，那意愿，那个性，都有鲜明的表达。

上联为"？"。其意若曰：很疑惑。为什么，不说，虽然不说，自有"？"在心头。

下联为"！"。其意若曰：很愤怒。为什么，也不说，虽然不说，自有仇恨在其间。

上联为"！"，所表达的情感是：出奇愤怒了，无可言说了，于是画一个大大的"！"。

下联为"？"，所表达的情感是：万千疑问在心头，无法叙说了，故而画一个大大的"？"。

楹联内容广博，可说天上地下，人间万物，喜怒哀乐，七情六欲，无物不可言之，无情不可达之。而且它既可以作为公共信息，也可以作为完全个人化的表达方式，前者既可高悬街市，大张门庭，后者尽可安放案头，或收之于日记。

优秀的楹联，不但在形式上，在音韵上，尤其在内容上更有上乘表现，而且往往因其言之有致、言之有物而成为传世之作。虽只短短的两句，但并不逊于鸿篇巨制，更无愧于任何高头讲章。

这里引佳联数副，虽内容各异，艺术价值却各有千秋。

第一副，警示联，出自平遥县衙，是讲"为官之道"的。

**得一官不荣失一官不辱，勿说一官无用地方全靠一官；
吃百姓之饭穿百姓之衣，莫道百姓可欺自己也是百姓。**

第二副，诙谐联，题为"财神爷诉苦"，写得生动活泼，令人捧腹。

只有几文钱，你也求，他也求，给谁是好？
不作半点事，朝又拜，夕又拜，教我为难！

第三副，戏联，虽为戏联，不在戏中，而是借"唱戏"二字做文章。字为繁体，拆散安置，甚得汉字形神之妙趣。

上联咏"唱"字：

唱本两个曰，曰今曰古，借口为唱表今古；

下联咏"戏（戲）"字：

戏又半边虚，虚争虚战，持戈作戏演战争。

第四副、第五副为典型的技巧联。汉字是以偏旁部首归类的，于是有联家将同一部首的字或相类部首的字巧妙组合，其意境虽未必高妙，但技巧却自见焉。

其一：

水冷酒，一点水，二点水，三点水；
丁香花，百字头，千字头，萬字头。

其二：

寂寞守寒窗，寡室宁容客寄寓；
逍遥过远道，迷途邂逅遇逢迎。

一般对联，多用古字、雅字，近代以来，也有以口语、俗字作对的，杰出者如周作人。他使用的虽然是口语、俗字，宣泄的却是悲愤之情，所得则是千古文章。内容都是痛悼在"三一八"惨案中牺牲的烈士的。其字面虽通俗，其情感却炽烈，正可谓百痛千悲，凝于一联。其联曰：

　　死了倒也罢了，若不想到二位有老母倚闾，亲朋盼信？
　　活着又怎么着，无非多经几番的枪声惊耳，弹雨淋头。

　　上述诸例，无论哪一类，都以汉字单音节音位为基础，否则，便不成联，或不能成联。

　　但也有"另类"的，所谓另类即打破常规。如袁世凯死后，四川省便出现一副另类的挽联，上、下联是故意不对仗的。

　　上联为：

　　袁世凯千古；

　　下联是：

　　中华民族万岁。

　　于是有人问，怎么可以用五个字的上联对六个字的下联呢？
　　回答说："因为袁世凯对不起中华民族。"
　　且不说作为单音节的语言单词还有多少好处，单凭这楹联一项，就足以令我们对自己的母语产生自豪感。

三、四声字韵：丰富性与音乐性

　　汉字有四声，这也可以说是汉字的优长之处。英语没有四声，只有升调与降调，它的长处在于韵律婉转，但在单音节及其组合的表现力上不及汉语。

　　一音分四声，阴平，阳平，上声，去声，显然丰富了汉语的表现力。比如一个"哦"字，虽然不过一个语助词，却可能有多样表现。

　　例句一："哦"发阴平声"ō"。问："你听见了吗？"回答："哦。"所表达的意思是：知道了。

例句二："哦"发阳平声"ó"。问："你听见了吗？"回答："哦？"所表达的意思是：你说什么？我没听清。

例句三："哦"发上声"ǒ"。问："你听见了吗？"回答："哦。"所表达的意思是：你说什么呢？其隐含的情绪是：问得没礼貌或没道理，本人不高兴听。

例句四："哦"发去声音"ò"。问"你听见了吗？"回答："哦。"所表达的意思很肯定：不但听见了，而且听明白了、知道了。

因为汉语分四声，情感表达往往字简音单而寓意丰富，特别是短语表达，正是其长项所在。一个语助词"哦"字就有多种含义，如果在一些语助词前面再加上一个形容词，例如加上一个"好"字，那表达出来的就更精彩了。如：

好哇——表示带有感叹性的称赞。

好呀——表示可以。

好嘛——此词因音调不同一音可有二意。"好"字用高音强调，是赞赏；"好"字用低音，"嘛"用重音，表示疑问：这样真的好吗？

好吗——表示疑问，好不好不知道。

好喽——表示一件事的结束，办完了。

好噢——"噢"字上扬，旧时听戏时喊倒好时用此调，表示：演砸了，本人听出来你演砸了，你还不自觉吗？

好啊——表示肯定、同意。

好咧——表示行了，就这样吧。

好嘞——表示完全同意，就这样好。

好呗——表示勉强同意。

好吧——表示认可。

好哟——因声调不同，或表示赞同，或表示讽刺。

好哎——如果前面再加一个"真"字，那是真好，衷心赞赏，可如果把"哎"字的音调提高，则与"好噢"的意思相近似。

四声又分为平声与仄声，以现代汉语的规范论，一声（阴平）、二声（阳平），为平声音；三声（上声）、四声（去声）为仄声音。平仄艺术排列，产生悦耳之音，这就是汉语——汉字组合的音乐性了。

平仄的合理安排，不见得是格律诗或者词、曲的专利，举凡人名、地名、字号、店号、楼堂馆舍也都与此有关。老舍先生曾就此发表意见，他说："即使写散文，平仄的排列也还该考虑。'张三李四'好听，'张三王八'就不好听。前者是二平二仄，有起有落，后者是四字皆平，缺乏抑扬。"①

当然，现实生活中没有叫"王八"的，举例而已。纵然不叫王八而叫张三牛一，也不对劲，这个就属于平仄问题了。

人名地名，忌讳一边顺，王朝，马汉，张龙，赵虎，很好。别的不管，"包老太爷"这名字都显得威风。如果姓氏发仄音，名字也发仄音，就不好听，反之也是一样。例如，姓岳名燕剑，听着都咬牙；如张，叫张彪彪，又不免有些呆气。好的名字，平仄相间，感觉易好。如武松，一仄一平；如石秀，一平一仄。绰号也是如此，如及时雨，二平一仄；如入云龙，一仄两平。如此等等。平仄的文学、艺术价值尤高，关于这方面的内容，将在"文韵"一章中另作讨论。此处只是说明，平仄的艺术安排，为汉语的音乐性提供了基础与保证。

四、内向字义：意会性与模糊性

汉语不以逻辑严整见长，说夸张些，它不属于抽象思维。汉语的表达方式与指向，常常是内向的、内敛的。尤其表现在文学作品方面，讲究的是"味儿"，是"劲儿"，是"琢磨头儿"，不主张直白，不强调逻辑。因此中国的古典诗歌，抒情是其长，叙事是其

---

① 引自《汉语修辞学》，北京出版社，1983年。

短。中国的散文，抒情写景是其长，长篇大论是其短，而且中国人不喜体系之类的内容。不讲体系，但有重点；不重逻辑，但层次清晰；不追求刺激，但是非分明。一些用语，单独拿来，可以这样解，也可以那样解，但放在特定的语境之中，那意思也不会弄错。朱棣做皇帝时，对解缙不满，把他关入天牢。隔了几年，他查看犯人名册，看到解缙的名字时，说了一句"缙犹在耶？"——"解缙还在呐？"这句话的意思其实不明确，既可以理解为"他生命力真强啊"，也可以理解为"没死，好啊"，甚至可以理解为"既然没死，不一定关下去了，让他出来吧"。但也可以理解为"怎么还没死呢？"明成祖的手下人当然不能有一种以上的理解，于是便用酒将解缙灌醉，然后让他睡在大雪天的露天地上，怕他不死，又在他身上压一条大大的沙袋，把一位绝世才子活活给弄死了。

这情形在精通汉语的中国人身上表现得非常突出。其结果，是让一些以精明闻名于世的外国谈判者深感棘手。他们与具有数千年文明传统的中国人谈判，是不会见到中国谈判对手吹胡子瞪眼的，更不会看到中国对手拍桌打凳，口出狂言。这个，我们不肯为之，也不屑为之。他们所见到的，虽有义正词严，但更多的情形，则是娓娓而谈，款款而谈，侃侃而谈。从内容上看，中国人并没有跑题，更不会离题万里，只是从容之间便把自己想表达的内容都表达了，却没有把——在谈判对手看来——应该承担的义务包含进去。于是他们要感叹说："中国人，厉害呀！与中国人谈判，要小心呀！"

因为我们中国人习惯的方式，常常是比喻式的，甚至是意会性的，用语常常模糊，但立场又十分坚定。这个传统，其实由来久矣。三国时候，孙权劝曹操做皇帝，曹操不上他当，就说："这小子要把我放在火炉上烤。"把一个大活人放在火炉上烤，显然不是一句好话，这个西方人一定也明白。曹操为什么要这样表达，这样表达究竟代表了他多大程度上的反对立场，凡此种种，却未必明白。

这样的文化传统，实在与汉字的意会性与模糊性有深层次的因果关联。不少汉字，也包括词组，是可以同字同词同音而反其意而用之的。这里且举几个例证。

例证一：汉语中有"戋戋"二字。它既可以表示数量很多，又可以表示数量很少。"为数戋戋"，就表现其数量很少；"束帛戋戋"，则属于数量很多。

例证二：汉字中有一个"赊"字，据张相先生在《诗词曲语辞汇释》中考证，赊字有"相反之二意，一为有余义，一为不足义"。万俟咏的《诉衷情·一鞭清晓喜还家》中有这样几句："山不尽，水无涯，望中赊"，这个赊字就作"长远"解。李商隐《赠句芒神》也用赊字，"佳期不定春期赊，春物夭阏兴咨嗟。愿得句芒索青女，不教容易损年华"，则作为"短意"，"青春赊，犹云青期短也"。[①]

赊字之意，可短可长，不但此也，我们看张相先生的研究，知道在短长之外，变化犹多，它既可作"远义"，又可作"长义"，还可作"多义"、"迟义"、"缓义"、"豪义"、"高义"、"殷义"，乃至"迅疾义"、"渺茫义"、"疏义"，当然也可以作"近义"、"不足义"、"少义"、"差违义"、"空缺义"、"阒义"[②]。

语义相差如此之多，个中奥妙诸君细想。

例证三："意气"二字。它既作正面解，如"意气风发"，又可作负面解，如"意气用事"。意气风发，好不精神；意气用事，就有了赌气的成分在内。虽然从字面上看用的都是"意气"二字，那内容却所谓"这丫头不是那鸭头"。

例证四："踌躇"一词，既有积极含义，又有消极含义。表示积极含义时，可作"踌躇满志"；表示消极含义时，又可作"踌躇不前"。

以上为同词同字而意义相差甚至相反的，也有异字异词，所表

---

① 张相：《诗词曲语辞汇释》，中华书局，1953年。
② 以上均参见《诗词曲语辞汇释》赊字条目。

达的内容却是完全一样的,请看——

例证五:胜与败在汉语中绝对属于反义词,两者水火不同炉,但有时作为特定的语句成分出现时,那含义与结果却"殊途同归"。如:

我们战胜了敌人;
我们战败了敌人。

我们战胜了敌人,固然是我胜敌败;我们战败了敌人,依然是我胜敌败——所以,想与中华民族为敌的人,你们可要小心哟——因为无论战胜战败,胜者都是我们。

如此种种,赋予了汉语强烈的情感色彩。换句话说,你不能只从字面上去理解它,还要从种种相关因素去体味它。尤其一些口语性回答,更需要"说话听声,锣鼓听音"。仍以"好"字为例,这一次连语气助词都不加了,只是一个好字,因为语调、音调不同,可以产生种种效果不同的结果。为了表示这"好"字的语调差异,我特地在它的后面加上了不同的标点符号。

好。——语态平稳,表示可以、同意。
好!——语态干脆,表示赞成、欣赏。
好!!——语态亢奋,其意约等于"真棒"。
好?——语态迟疑,表示"好吗?"有疑问。
好??——语态反感,约等于"好什么?"或"好什么好?"
好?!——语态赌气,其意若曰:打住,让我想想。

因为汉字——汉语有这样的特点,所以我们中国人是非常讲究弦外之音的。据说清朝同治皇帝死后,皇后很年轻,依礼是该为她找一位过继的儿子(她本人没有儿子),由她当皇太后。但西太后不老,而且这妇人是一定要专权的。如果为同治帝立嗣,她就成为太皇太后,不好掌权了。于是她决定不为同治立嗣,而为自己"立嗣"——再找一位继子作皇帝——于是立了光绪帝。这样一来,她舒服了，同治皇后的地位尴尬了。怎么办呢？皇后写信问自己的父亲，她父亲很快回信，但信纸上没有一个字，一张白纸而已，同治皇后得其信，明其意，最后绝食而死。

我在许多年前，从《读者文摘》中看过这样一篇文章，说日本人当初与美国人打交道，常因为彼此的书信书写方式不同而郁闷，而气愤。在日本，是一定会把最重要的事情放在信的最后面的，前面只是寒暄与客套。他们认为，把最重要最利益相关的事情放在信的最前面，甚至放在信的中间部位都是不礼貌的。而美国人却恰恰相反，他们习惯于把最重要的事情放在最显要的位置，开门见山，不弯不绕。在他们看来，这样的安置，说明自己对这事情的关注与重视。于是，矛盾来了，日本人一读美国人的信就觉得他们傲慢无礼，目中无人；美国人读日本人的信又觉得他们处世圆滑，城府太深。怎么办呢？有专家建议说，为了避免误会，最好美、日双方倒着阅读对方的来信。其意若曰：逆向阅读虽然不合乎看信的常识与习惯，却可以省却许多无谓的烦恼与麻烦。

我在引用此例的时候，常常要补充说，那故事的作者也许还不了解我们中国人呐！我们写信的特点，是一定要把最重要的事情放在当中。写在前面，怕唐突了人家，万万使不得；写在后面，又怕被人家忽视，愈其使不得了。写在中间，"上有天，下有地，当间有良心"，太好了，不怕您不读，让您舒舒服服地读。然而，这还是不太有文化的一种，那些文化水准更高的人，是不会把那么要紧的事直接写在信中的，他只是暗示而已，名曰"弦外之音"。我没说，但等于说了，看你懂不懂了。

汉字的这种品性与征候，所带来的种种后果很值得现代人考量与思忖。

一是字形，二是字位，三是字音，四是字义，这四者的综合又产生出汉语特有的一种文学形式，或者说一种文字游戏形式——回文诗、回文词、回文曲等。

其实英文中也有"回文"现象,那,为什么还说"回文诗"一类作品是汉语中特有的类型呢?因为它有相对的共性。它不像英语,"回文"只是灵光一现,寻找回文现象几如大海寻针,而是具备某种规律性特质,完全可以成为一个独立的创作品种。例如,英文回文中有这样一例:

Able was I were I saw Elba.(在我看到厄尔巴岛之前我是很能干的。)[1]

安排很巧妙,但它不是诗,也不能成为诗。

汉语的情况高妙多了。以人们熟知的回文联"客上天然居,居然天上客"为例。"客上天然居",上是谓语,到达的意思,客人到达天然居。天然居是专用名词——我们姑且认为这是一个茶馆或者酒馆。那么倒过来呢?"居然"自成一词,"天上客"另作一词,词义词性皆有改变,但无论形式与内容都完全可以成立的。

这里选回文诗、词各一首,以飨读者。

先看一首苏轼的《记梦回文二首》之一。

酡颜玉碗捧纤纤,乱点馀花唾碧衫。
歌咽水云凝静院,梦惊松雪落空岩。[2]

回读则为:

岩空落雪松惊梦,院静凝云水咽歌。
衫碧唾花馀点乱,纤纤捧碗玉颜酡。

好不好呢?好的。

再举一首回文词。作者董以宁,其词寄调《卜算子》,作者特

---

[1] 引自《趣味语文》,上海古籍出版社,2002年。
[2] 徐元选注:《趣味诗三百首》,上海古籍出版社,1993年。

加注云："雪江晴月回文，倒读《巫山一片云》。"即正读为《卜算子》，倒读为《巫山一片云》。难怪选注者感叹说："这样奇巧的回文极为罕见。"

正文：

> 明月淡飞琼，阴云薄中酒。收尽盈盈舞絮飘，点点轻鸥咒。
> 晴浦晚风寒，青山玉骨瘦。回看亭亭雪映窗，淡淡烟重岫。

回文：

> 岫重烟淡淡，窗映雪亭亭。看回瘦骨玉山青，寒风晚浦晴。
> 咒鸥轻点点，飘絮舞盈盈。尽收酒中薄云阴，琼飞淡月明。[1]

不仅有回文诗、回文词、回文曲，还有集句诗、姓名词、藏头诗、药名诗、拆字诗、宝塔诗、联珠诗、排比诗、字谜诗，等等，都与上面讲的字形、字位、字音、字义或多或少因果相关。这里引一首所谓"风人诗"。这类诗的特点，是一语双关，即明言彼物，意在此心。诗云：

> 自从别郎后，卧宿头不举。
> 飞龙落药店，骨出只为汝。[2]

五、多能字容：承载性与神秘性

传统中国文化对于汉字多少有些文字崇拜，好像文字本身即带有某种神秘的力量。人们喜欢吉语，忌讳凶言。尤其逢节庆喜寿之日，如果有谁说了不吉利或犯忌的话，便成为当事人心头的大病。

---

[1] 徐元选注：《趣味诗三百首》，上海古籍出版社，1993年。
[2] 同上。

宣统皇帝登基的时候，因为年小，坐在御座之上接受百官的跪拜，不免没有耐心，禁不住哇哇大哭。他父亲摄政王载沣小声劝他说："别着急，快完了，快完了！"此后不过三年时间，大清王朝便寿终正寝，于是有人说，那么吉利的日子，怎么能说"快完了"呢？结果一言成谶，真完了吧！

中国人信奉"字"的权威，有时候竟以为"字在如神在"。旧时农村盖房子，新房既成或曰上梁之时，要在梁木上贴一张红纸，上书"太公在此，上梁大吉"，或书"太公在此，诸神退位"，那目的显然是要吓退一切凶神恶煞的鬼怪。

然而，仅凭一张字纸，就有这样的威力吗？今人于是疑，古人却深信不疑。

我们祖先的这种文字崇拜，既有习俗原因，又有儒学原因，更有宗教特别是道教与相关民间信仰的原因，还有数术的原因。各种原因杂糅在一起，仿佛一锅中药汤，越熬味道越浓，药力越大，到后来，竟不知道究竟是哪一剂药在起作用了。

而传统中国人的信仰，至少相当多数人的所谓的信仰，一大半是属于实用性的，有明确的目的性。他们信神信佛，多半是为了家族祈福，为亲人许愿，为儿女求签，为朋友求佑。这等信仰，如果还可以算做信仰的话，说得挖苦一点，好像在与神佛做生意。虽然我们中国人自古以来具有强烈的重农抑商的观念，但在与神灵的关系上，却不免有些商人习气。

故而，我们的传统信仰，常常是有些莫名其妙的，而这莫名其妙的信仰又莫名其妙地将相当多、相当大、相当复杂的内容加在文字乃至数字之上，让它们似灵似圣，负重前行。

先说说数字迷信。直到今天，我们的许多同胞都相信数字是有吉凶之分的。但究其实，古人的想法与今人又有很多不一致的地方。以传统的观念说，三、六、九都是好日子，七也不凶，四也不错。七字若凶，就没有七星灯了，更不会有对北斗七星的崇拜；四若不吉，也不会有"四喜丸子"这样的传统名菜。但现代的观念变了，观念虽变，信仰依旧。一方面，是广东一带的居民先富裕起来，而在他们的发声中，八字的发音与发财的发字相同，于是八字大走红运，凡八即佳，甚至非八不可。另一方面，西方文化影响日益放大，信仰基督教的西方人是不喜欢十三的，于是十三在我们这里又成了凶数，十一也可，十二也可，就是不要十三。由上述各种因素的综合且推而广之，则四也不好了，因为"四"的发音与"死"相近；"七"也不好了，七既是单数，又找不到幸福的根据；连二都不好了，"二"在某些地方话中是"缺心少肺"的意思，整个一个没头脑。于是安装电话、购买手机，决定婚姻或店铺开张日期，乃至为汽车上牌照，买住房找楼号都成了一件有关数字吉凶的大关目。

但以古人的脾气论，数字虽有吉凶，还不是最重要的，最重要的乃是人的生辰八字，以及与五行有关的各种忌讳。据说民国时期，军统特务的总首领戴笠的生辰八字中十分缺水。一点水也没有，这人怎么生存？但我们中国人富有与上天周旋的智慧。你命中不是有缺吗？他可以给你起一个拯救性的名字，从而缺金补金缺水补水。于是取名戴笠，字号雨农。戴笠，一定有雨的了，又雨农，那水还不小哩！于是，一字一转，不但解决了命中缺水的困难，还平步青云，做了很大的官。戴笠既为特务首长，他的化名也多，而且几乎个个带水，只有一个名字起做"高崇岳"，与水无关。因为这名字与水无关，他用了一次，便飞机失事，葬身于熊熊大火之中。

这等传闻，真不可信。但虽不可信，却又古来有之。史载汉高祖刘邦，路过赵王的地界，住在一个叫做"柏人"的地方。柏人者，古语作"迫于人也"。他住在这里，不觉心动——心血来潮，第六感觉得不对了，于是不由分说马上起程。果然那时候，赵地有人仇视刘邦，正准备劫持他，刘邦因为正相信这地名的不吉，竟然奇迹般地躲过一劫。

到了东汉，汉光武帝手下大将岑彭，是一位十分优秀且能独当一面的大将，在后来东汉的功臣排行榜上，名列二十八功臣的第六位。他受命统汉兵入川，驻扎在"彭亡"这个地方。他叫岑彭，住在彭亡，很不吉利，但他并不在意。结果，他最终遇到刺客的袭击，伤重而死。

这类事例，《三国演义》等书中也多有描写。最著名的则是庞统被射杀于落凤坡。庞统大才，与孔明齐名，但他号凤雏。请君细想，您号为凤雏，进军路上却非走落凤坡不可，那结果怎不怕人？一走，中埋伏了，乱箭飞来，坠马身亡。

凡此种种，更加重了文字的神秘感。然而，不可信的。刘邦、岑彭之事，抑或有之，不过巧合罢了。想中国如此之大，世事如此之多，会有多少巧合发生，何足为怪？庞统之事，则全为文学杜撰，于史无证。

中国古来文字的神秘还不仅如此，又有数术家熟练操作的测字，硬说通过测定可以知道吉凶祸福，这个就更严重了。

据说大明王朝将亡之际，崇祯皇帝一筹莫展，跑到皇宫外测字。他布衣便装，扮作百姓模样。测字先生问他测什么字，他说一个"友"字。那先生道，寻常百姓无妨，若皇家测此字，不利，因为"友"字的草书写法，与造反的"反"字相似，百姓造反，天下难宁。崇祯闻言吃一大惊，就说我测的不是这个"友"字，而是"有无"的"有"字。那先生说，于皇家更不利了。"有"字拆开，一部分可以组成大字，一部分可以组成明字，但大字少一捺，明字少一日——大明江山少一半了。崇祯愈听愈怕，说我也不测这个"有"了，我测子午卯酉之"酉"如何？测字先生定睛观之，徐徐言道，此字事大，但天机不可泄露，我把结果写在纸上，请客官至家细看。于是提笔就写，崇祯茫茫然接过那"结果"，匆匆回到宫中，但见上面写道：皇帝者，至尊也。酉字乃尊字砍头去脚，江山社稷大势已去。

说得很玄，很江湖，但不足信，不可信。相信它是真的，您就傻了，把它看做某种习俗与文学创作，庶几无害。

公平地讲，汉字的文化承载并非只是消极的，但其消极因素确实影响且深且远。我希望它们在中华文明的现代构建中只是作为某种历史因素、习俗因素、小说因素而存在。诚能如是，这些内容或可变得更有趣些，也未可知。

分析汉字，绕不开神秘性与习俗性，我们不追逐它，也不相信它。我们的目的是消解其神秘性，肯定其习俗性，继承其积极层面的文化性。不要神秘，但要趣味；不要盲目，但要激励；不要弄神弄鬼，但要有情有致。如此这般，从而使汉字这一古老文化，愈其美丽。

综上所述，汉字的五品十性，具有可视——字形、可听——字韵、可思——字义、可塑——字位以及可成可长——字容等特色。稍后我们还会看到，汉字的这些特质对于汉语语言的影响是属于基础性质的，几乎无所不在，且有不断放大之势。

文辞 审美
WEN CI SHEN MEI

谈古论今品词汇

首先说一下，这里的文辞，包括词、词组与短语，在我看来，短语也是词的一种形式。

汉语的特殊性在于，它是由字、词、句三个阶次组成的。这一点与英语类型的语言有区别。英语只有字母与词两个阶次。英语的字母大体相当于汉字的笔画。整体上看，笔画不成词，字母也不成词。虽然独立的一横，可以成为汉字中的"一"，H、I、G、K的"I"也可以成为英语的主语"我"，但那只是特例而已。

汉语有字这个阶次，但以本初形式论，字也是词，即单音节词，而且在相当长的历史时期内，单音节词还占据着主导性位置。那个时候，或许可以说字的单独阶次是不存在的。后来，情况变了，汉语表现力日益丰富，双音节词渐次成为优势词类，而字的承载内容亦日益增多，那么，把它看做另一个阶次或许更方便些。换句话说，字既是字，字也是词，而且单音汉字——词，在现实生活中，仍有特别的表现。例如，现在的时尚青年人喜欢的"爽"、"酷"、"炫"一类的关键词，都是单音，不但说来"爽"口，听来"酷"心，而且观之"炫"目。

早几年，我常乘地铁，曾在地铁车厢中看到一则有关女性皮肤保健的广告，上面赫然写着八个大字：

黑、粗、黄、干、斑、点、痘、污。

虽然只是八个字，但对于我们那些爱美如命的女性同胞而言，可谓笔笔触目，字字惊心，每个字差不多就等于一颗心灵原子弹。难为策划者有这样的手笔，字字读来，不怕你不心惊肉跳。

词的重要性是不言而喻的，它是语言的基础成分。词之不显，语必不彰。以下讨论五个专题。

一、汉语词汇的丰富与创造

汉语词汇是中华文化的有机分子。如果把两者分开来讲，则中华文化的丰富性涵育了汉语词汇，而汉语词汇的丰富性又转而增加了中华文化的生命力与传播力。

首先说，中国历史上究竟有多少汉字。依历代字典收录如下：

东汉许慎的《说文解字》收录9353字；晋朝吕忱《字林》12824字；南朝梁陈顾野王《玉篇》12158字；隋朝陆法言《切韵》（601年）16917字；北宋陈彭年等《广韵》（1011年）26194字；北宋丁度等《集韵》（1039年）53525字；北宋司马光等《类篇》31319字；明朝梅膺祚《字汇》（1615年）33179字；明末张自烈《正字通》33440字；清朝张玉书等《康熙字典》（1716年）47035字；民国欧阳溥存等《中华大字典》（1915年）48000余字。[①]

一方面，汉字字数达到四五万字；另一方面，现代常用字不过三五千字。别的不说，单以字的数量而论，现代中国人要努力了，因为我们在汉字的丰富性上还没有达到历史的繁荣。

汉字丰富，源于内容丰富的中华文化。今人读古书，尤其阅读汉六朝赋一类的古书，可以知道，了解中国古代文化有多么繁难。如此众多的中国古建筑的名称，足以令你惊；同样众多的古代宝马良驹的名称，足以令你乱；似乎更为众多的花草树木的名称，足以令你晕。这些都不言，单说颜色一项，其文字表现就足令现代人头大。"赤、橙、黄、绿、青、蓝、紫"，这个简单了，"赭、碧、绛、茜、湖、绯、缁"，也不算太难，但还有绀色呢，还有纳色呢，还有鞟色呢，还有黵色呢，还有纁色呢，还有黟色呢，还有缯色呢，还有綦色呢……这些颜色，不知读者诸君，倘若不查字典，可否明

---

① 翰承：《汉字百问》，上海古籍出版社，2002年。

白？即使查查字典，我们可以深切鲜明地感悟到那种种颜色吗？

不惟如此。

中国官职多，服饰多，饮食亦多。

古来中国又属于家国同构的社会组合形式，一些豪贵之门，称为钟鸣鼎食之家。家既大，亲友必多，亲友既多，关系又复杂，而根据礼数的规范，无论多少亲友，都必须区别远近，明辨亲疏，于是远、近不同，称谓即有别，亲疏有别，称谓又不同。但凡学过些英语的人都知道，中国亲友间的称谓比之英国亲友间的称谓，复杂岂止十倍。

汉语词汇的全部内容，可谓丰繁无其尽，怕请十位专家也难于在一本书中尽道其详。故此处，仅仅作为例证，议论四个方面的内容。

1. 第一人称及其代词

这种例证性分析方式自然也适用于第二、第三人称，但相比之下，第一人称及其代词来得更为复杂与好看。未及言者，读者若有兴趣，可自行举一反三。

第一人称，用现代通俗汉字表示，即"我"字。

但在古汉语中，未止"我"也，尚有"予"、"余"、"吾"等。

口语中又有"咱"、"俺"及地方语中的"阿拉"、"洒家"种种。皇帝地位特殊，故以"我"为"朕"。以此类推，一些地位显赫的官僚，又称本帅、本官、本部堂，为官则可称本老爷，豪绅又称本太爷；地痞则称本大爷，以及本公子、本小姐，甚至戏谑一点，青年女仆也有自称"本丫环"的。一些江湖人士，如花和尚鲁智深、黑旋风李逵，则干脆自称"和尚爷爷"、"黑旋风祖宗"，等等。

中性的称谓，则男性长者自称"老夫"，女性老人自称"老身"，年轻男性自称"小生"；家境贫寒些的，则老年男性自称"小老儿"，年长女性也有自称"老婆子"的。和尚自称"贫僧"，道士自称"贫道"，属于谦词。陆游为儿子遗诗，自称"乃翁"，则语气亲切；作者自称"笔者"，工匠则自称"匠人"。

同辈之间，也用谦词，兄称"愚兄"，弟称"小弟"。晚辈对长辈，则用词且谦且卑，以书信为例，儿女对于父母，或称"儿"，或称"不孝儿"，或称"小女"，或者"不孝女"。虽然自称不孝，并非真的不孝，这一点，若非提示，怕是西方人想一下午也想不明白。

官员之间，下级对上级，则自称"卑职"，平民则无论老小，一见官员概称"小人"。仆人对主人则自称"奴婢"（女），或者"奴才"（男）。

犯人另成一系，见了官长自称"罪人"，女性略加区别，自称"犯妇"。

一些孤傲、狂妄之人，常常自呼其名，以他称作自称。自己对他人说话，偏叫着自己的名字张扬，例如"你听说过史仲文怕过谁人？"有些文化的，则往往在本人姓氏之后，略去名字，加上某人，自称"张某人"、"王某人"、"陈某人"、"刘某人"。

一些年龄长些或别有所能的，干脆以姓自称，但要加一老字。如"老赵"、"老钱"、"老孙"、"老李"，或自谓"我老赵"、"我老钱"、"我老孙"、"我老李"。

且中国古人不但有姓有名且有字有号，如介绍诸葛亮，则说复姓诸葛，名亮，字孔明，号卧龙。又如梁山好汉，虽人人无字，却个个有绰号，史进号九纹龙，雷横号插翅虎，李应号扑天雕，施恩号金眼彪，这个属于江湖习气。特例之类，如《打渔杀家》中两位江湖好汉上场，一个自谓"混江龙李俊"，一个自谓"卷毛虎倪荣"。正常人相互交流时，又习惯用本人的字作为"我"的代称，这样的习惯在如今的台湾依然通行。

2. 夫妻称谓与父母代称

夫妻二字，是汉语中最正式亦历时历代变化最少的一种称谓。所谓有男女而后有夫妻，有夫妻而后有父子。

夫妻亦称伉俪，这个算是雅称。古人惯用雅称，近些时候又有复兴趋势。大陆范围内凡与登记有关的，则称之为配偶，虽不雅驯，倒也能反映事实。1949年之后的相当长一段时间，最流行的称谓是爱人。爱人是夫妻间彼此的说法，也是别人的指称。年久夫妻俗语则直称老伴，站在他者的角度有时也称伴侣。北京地方话，夫妻别称"两口子"，或叫"两口儿"，带儿化音的，年轻夫妻即"小两口儿"，老夫老妻则"老两口儿"。旧时市井称谓，则说着好听，写出来难看，指夫妻为"公母俩"，老夫妻则"老公母俩"，只是这"公"字不读"工"音，而作"姑"音。夫妻间的互指，则方式更多。除去在大陆流行多年今已少见少闻的"爱人"之外，夫人称丈夫为"先生"，丈夫称妻子为"太太"。台湾地区，丈夫也呼妻子为"内子"，妻子相应称丈夫为"外子"。香港与广东地区，丈夫往往直呼妻子为"老婆"，妻子则反呼丈夫为"老公"。旧时代，丈夫若有地位，则夫人称之为"老爷"，对别人说话，称"我家老爷"，丈夫呼妻子为"夫人"。平民百姓，其互谓更为生动活泼，丰富多彩又生活化。如当家的，如老头子、老婆子，如孩子他爹、孩子他娘。

但旧时代男尊女卑，妻子的代称中虽也有尊称、敬语，比较起来，都是低下的。有研究者总结说：

> 古代常用的或见诸文献典籍的有：宝眷、令宝、侧室、糟糠、寒荆、荆妇、拙荆、山荆、贱内、贱累、山妻、内人、内子、房下、屋里、玉雪、娘子、良人、孟光、故剑、结发，等等。①

---

① 毛秀月：《女性文化闲谈》，团结出版社，2000年。

这些妻子的代称，多数带贬义，有些则全无道理，所以相声大师侯宝林先生讽刺说："什么叫屋里的呢？屋里东西多了，这算哪一件呢？"

夫妻称谓纷繁，难以尽数，子女对父母的称谓亦如此。

父母亦称爹、娘，现在多叫爸、妈。父母老了或者他们虽然未老，但儿女长大了，又叫老爸、老妈，或老爷子、老太太。

旧时的官宦人家，儿女是随称老爷、太太的。如我们看《红楼梦》，贾宝玉每每见到贾政，只称老爷，见到王夫人，只称太太。皇帝皇后地位特殊，儿子要叫父皇、母后——至少戏文中如此。

多带些文学色彩，则儿女也称父母为慈、严，为高堂，为屺岵，为考妣；对别人说到父母，则称为家父、家母，或家大人。称已故的父母，为先父、先母；对朋友的父母则尊称为令尊、令堂。

称谓如此复杂，积极意义不小。这尤其表现在不同文体的应用与文学创作方面。令人读之，不仅别有一种文化感受，而且亦有某种民族文化的亲和力在。

3. 构词方式灵活多样

汉语词汇与英语相比，不能算多，但它的构词方法十分独特。英语多用前缀后缀方式，同一词根变化颇多，从而使许多单词越变越长。其好处是词根固定，很容易找到它们的初始形式。

汉语是单音独字的，有些词虽然不能单字独用——如枇杷，单用枇字，就错了，不知所云。但总体上看，单音独字尽可单独使用，因而组合方式又多样又灵活。这一点，前面也略有涉及，如回文诗、回文曲的形成即与此有某种内在关联。

但随着文明的开放与发展，单音字词不够用了。从现在的情况看，不但双音词已占据优势地位，且三音或三音以上的词也有迅速增加的趋势。

汉语词组的组合方式虽然灵活，但并非没有规律可循。有些是受语法规则指示或限制的，有些则是约定俗成的。这里举三组例证。

第一组，其特征是：构成双音词的两个字的位置是可以互换的，虽位置互换，那意思并不改变。

例一：学习——习学

前者为常用词，后者则在一些民族戏曲的唱词中常见，如"习学兵法"、"习学贤圣"、"习学礼仪"。

例二：介绍——绍介

这用法在鲁迅的著作中比较常见，而且并不觉得生涩，反而有某种新鲜感。

例三：评注——注评

两者的意思也是相同的。因为它原本就是两件事，孰先孰后，一般情况下，没有实质变化。

第二组，双音词中的两个字虽然也可以互换位置，但位置一变，意思也随之发生变化。这变化或许是细微的，虽然细微，却与原来的意思明显有别，或说因为它改变得细，更见出那使用的准确，效果也来得更为到位、逼真。

例一：增加——加增

两者意思相类，但"加增"的意思更主观化，隐含有出现额外增加的含义。

例二：斗争——争斗

"斗争"可以是狭义的，也可以是泛义的，但"争斗"只是狭义的、具体的。譬如我们可以与某种社会不良现象或某种不良习俗斗争，却不可以与之争斗。这"争斗"二字有些"打架"的意思在内。

例三：挣扎——扎挣

"挣扎"的意思宽些。遇到特别困难的窘况，无论这情况是出于外部原因还是内部原因，都可以用"挣扎"来形容。扎挣则主要是对于内部原因的抗争，例如曹雪芹写"勇晴雯病补孔雀裘"，极写晴雯的病重、忠心与坚持。"扎挣"二字更添精彩。

第三组，即双音词中的两个字是无论如何不能换位的，一换就错了，不可理解了。如欺诈、批判、关怀等。

三组构词法给我们什么启示呢？

第一是字位灵活互换法，增加和丰富了汉语的可塑性，特别是在格律诗、词与曲的创作上，意义更为突出。汉语格律诗是讲究平仄相间的，有时一个好句出来平仄不对，怎么办？把字的位置调一调，就好了，因为合平仄，所以听来更为悦耳动人。

如毛泽东诗词中有一句"雄关漫道真如铁，而今迈步从头越"。意思是说"漫道"——不要说雄关多么艰险——"真如铁"。那为什么不写成"漫道雄关真如铁"呢，那就不合平仄了。请看：雄关漫道真如铁，为平平仄仄平平仄，多好；而漫道雄关真如铁，则成了仄仄平平平平仄，本来很好的音韵就给破坏了。

早些年，香港有个电视连续剧《万水千山总是情》。那名字和音调都好。

第二是双音词的字位有限度地互换，增加和丰富了汉语的表现力。

有一则几乎尽人皆知的掌故，是说曾国藩早期与太平天国作战，失败颇多。有一次败得惨了，他老先生非要投水自杀不可，结果弄得浑身泥水，好不狼狈。战败了，要写奏折上奏。先写成"屡战屡败"，不像话，既没志气，更没面子，于是改成"屡败屡战"。这一来不一样了，虽然每每战败，但就是不屈不挠，败了还战，看有胜利的一天没有？可说一词之颠两重天。

第三是双音词音位不可互换，这增加了汉语的规范性与创作的理智性。

就绝大多数双音节及以上词汇而言，各个组成字位是不可互换的，这里面的原因也多，主要是规范了语言，如果字字可动，那"话"就听不懂了。具体分析，构成因素也有，有些可能是没必要互换，比如鬼鬼祟祟这个词，前前后后都是仄声字，又如蝎蝎螫螫这个词，前前后后都是平声字，至少从音韵的角度考虑，没有置换的价值。

字位的可互换，增加了可塑性与表现力；不可互换，则增加了创作难度，从而因其难而使创作变得更有意思。比如格律诗最忌讳孤平，即在特定位置的两个仄音中间不能有一个平声字。有了，怎么办？看你的智慧了，智慧不是硬调换位置，硬调换，韵通了，人家听不懂了。这个就是砺智未曾过关。

4. 词组连缀及其他

汉语中的一些字、词是有连缀的，这里举最常见的"子"字的连缀为例。

"子"这个字，颇不简单。在古汉语中，它主要是个敬辞，差不多与任何一个姓氏或名词连缀在一起，都成敬语。这个传统，直到今天仍依稀可见。如：孔子，翻译成现代白话——如果我们真有这翻译必要的话——那就是孔先生。依此类推，还有墨子、孟子、荀子、庄子、老子、孙子、韩非子、公孙龙子，等等。

除去特称之外，泛称中也有这样的情况，如君子，如举子，如莘莘学子，又如现代白话中的"老爷子"，以及河北方言中的"老奶奶子"。

"子"还常常连缀为近称、爱称，如：内子、外子、妻子、妹子、小伙子、胖小子、乖孩子等。

这样的用法，已与敬语没什么关系了。但那品质还是好的，即便把内子翻译成内人或内当家，把外子翻译成外当家，也不算错的。

但不知自什么时候起，"子"字的连缀发生变化，一变，成为蔑称，甚至成为恶称了。这类情况包括：

痴子、呆子、傻子、聋子、跛子、拐子、麻子、瞎子，种种称谓很不礼貌，没文化。更有甚者，那连缀的品质更其不堪了。如：狗腿子、狼子野心、鬼子，特别是日本鬼子，经历过抗战的中国人一见此名，便恨从心中起，对那一段历史是永远难于忘怀的。

此外，还有"兔崽子"、"龟孙子"、"王八羔子"都是骂人语，现已大多式微，在文明时空下几近绝迹。

如此等等，使我们觉得汉语的生成演化，可谓千奇百怪、变化莫测。只要你尊重它、喜欢它，它定然不会辜负你的。

二、方言土语，妙趣横生

前面说过，民间语言乃是一切文学语言的原创性母体。而且在这里使用民间语言这个词我都有几分踌躇，几分犹疑。因为所谓民间云云，大约应该算是一个过去时或正在过去的时态概念了。

相对于官方语言、文人语言而言，民间语言乃是最生动、最原初、最具生活气息与亲和力的一种新鲜活泼、生机勃发、魅力四射的语言。古来那些伟大的文学人物与经典作家无一不从民间语言那里汲取丰富的营养。孔子所谓"礼失求诸野"，虽未必就是指真正的民间语言，但那方向总是对的。他老人家亲自整理的诗三百篇，特别是十五国风部分则大抵出自民间无疑。

不仅《诗经》，中国历代的民歌都是中国诗、词最有力的涵育者与推动者。只是因为这样那样的原因，很多民歌已经寻其不见了，很可惜，很无奈。那些被具有大见解、大思考、大眼光的人士收集而成的民歌集子，也因此显得弥足珍贵。如广泛收集南北朝时期民歌的《乐府诗集》，收集明代民歌的《山歌》、《桂枝儿》等专类性民歌集等，从而郭茂倩、冯梦龙也成为中国文学史上具有特别贡献的人物。

尤其是宋代以后，随着民间白话进入文坛，唯有那些真正了解民生疾苦、懂得民间语言的作家，才有可能成为执文坛牛耳的人。

中国古典文学的最高成就显然是明清时代的六部长篇白话小说。而这六部小说的作者个个都受到民间生活与民间语言的深刻影响。《金瓶梅》是不消多说的了，它原本就是一部带有浓烈民间语言色彩的作品，《三国演义》、《水浒传》、《西游记》也不消说，只说《儒林外史》与《红楼梦》，这两部书均属于个人创作，作者都是当时最具文学修养与见解的大文人、大文豪，但若非他们家道中落，有了与下层民众相接触的生活阅历，单靠他们的书斋与官学文化，纵有极高的天分，也断然写不出那么伟大的经典小说来。

　　六大名著中采用的民间俗语、俚语甚多，而且我一向佩服《金瓶梅》作者的那种收集，窃以为那些而今已成经典的民间话语实在是不可多得的。特别是张竹坡评点《金瓶梅》时收集的64条短语，尤其精益求精，句句警心。这里且摘录一些：

　　　　婆儿烧香，当不了老子念佛；
　　　　老鼠尾巴生疮儿，有脓也不多；
　　　　马蹄刀木杓里切菜，水也不漏；
　　　　山核桃，差着一隔儿；
　　　　属扭瓜儿糖的，你扭扭儿也是钱不扭也是钱；
　　　　球子心肠，滚上滚下；
　　　　踩小板凳儿糊险道神，还差着一帽头子哩；
　　　　什么三只腿金刚两个鲸角的象；
　　　　老儿不发恨婆儿没布裙；
　　　　铜盆接了铁扫帚；
　　　　灯草拐棍，做不得主；
　　　　火到猪头烂，钱到公事办；
　　　　卖瓜子儿开厢子打喷嚏，琐碎一大堆；
　　　　王婆子卖了磨，没的推了；
　　　　豆芽菜有甚捆儿；
　　　　拔了萝卜地皮宽。

　　我只道这等妙语，只可一见，难以再得，但事实证明，是我知识薄，见识浅了。有一次，我和夫人说起这一段感慨时，她指点说，这没有什么，这样的话，她也会哩！好。既然您老也会，那么请教了，拜托讲几句吧。于是妻便说了如下种种。要说明的是，这些俗语、土语中的一大半是我家乡——河北省保定市定兴县的特产，也有少许是她听来的，出处不详。计有：

孙子有病，爷爷扎针；
跟剁了尾巴的猴似的（尾巴的尾字读yǐ音，如倚，以下同）；
狗颠尾巴蒜，没个安稳；
打一仗，败一国（国字读上声）；
满山赶鸟，家里丢了大公鸡（这一句据说是我老岳母常用语）；
人挪活，树挪死（这句不新鲜）；
麻子推磨——转着圈儿地坑人（这句对天花患者有不敬之嫌，好在天花已绝迹，阿弥陀佛）；
毛毛虫摆菜蝶——越嫌你，越咕蠕（见笑，这后面两个字我不会写，其读音为gū rōng）；
钉盆儿的拉抽屉——找错儿。

此外，还有：

房上不长树，井里不藏人；
花说六国（这个我小时常听。想来三国已经十分复杂，还要花说六国，其意为说话不沾边，不靠谱）。

还有一句：

打跟斗，撂费车。

这一句是我奶奶年轻时常讲的。意为小孩子们玩疯了，疯折腾。"费车"二字读如fèi chē，后一字轻声。究竟如何写法，我又不知，再次见笑于方家了。

由这一句，我联想到京剧《打渔杀家》的"三寸毛、四门斗"，想来也是俗语，虽然一般人并不知其确指，但非常生动，那意思也是能理会的。

我想，将来的某一天，有个有心人，也如齐如山先生收集北京土话一样，收集中国的各种土话而成其大典，一定是一件功德无量的好事。

三、成语典故，烟波浩瀚

民间俗语是汉语的一大源泉，历代典籍文献中的成语典故则是汉语的另一肥沃土壤。

中国文化历史极其悠久，而我们中华民族又是一个极为热爱和重视历史的民族，且经、史、子、集浩如烟海，说它是取之不尽、用之不竭的语言宝藏，一点也不过分。没有任何一个中国人可以用毕生时间尽览中国古代著述，它实在太过丰富了。

一面是民间俗语，一面是经典文献，好似车之双轮，鸟之两翼，这两个方面的事情办得好时，汉语的发达与辉煌虽不至于立马可成，但必然指日可待。

典籍多，不能尽读，虽不能尽读，又不能不读。不读典籍，仿佛现代人没坐过飞机、火车、汽车，只骑过牛、马、驴。这里举三种书，随引随评，说些感想。

一种是明代儿童启蒙书《龙文鞭影》。先不说别的，对"龙文鞭影"一词，现代人能一见而明的不算太多。我曾请教过几位大学学历（非文学专业）的青年朋友，知者甚少，唯一一个听说过的也只知道那是一本古代的儿童读物。

《龙文鞭影》主要介绍古代的人物典故与奇闻逸事。它的语言特色在于，四字一句，每两句一押韵，读之朗朗上口，内容十分丰富。全书收录各类故事约1150则，虽然以今天的眼光看，许多掌故与传记，没有多大意义，但确有不少内容，即今读之，亦觉津津有味，其对现代汉语的影响——如果我们希望它发挥影响的话——是有价值的。而且，遍观中国内地现行的语文教材，若以其可读性、音韵性和趣味性而言，还没有一本超过它的。

这里介绍其中的几则故事。

一则出自上卷"九佳"，其文曰：

敬之说好，郭讷言佳。

所谓敬之说好，说的是唐代杨敬之的一个典故。且说唐人项斯为人雅正，而且擅长作诗。这杨敬之便赠诗给他说：

几度见诗诗尽好，及观标格胜于诗。
平生不解藏人善，到处逢人说项斯。

项斯诗好，他的人更好，因为他最喜欢为他人扬善。要知道能为他人扬善，可不是一件容易的事。在我看来，我们中国人的一大痼疾，是喜欢议论人、传小话，且越是负面新闻越是兴趣浓厚。扬善之事，全交给了圣人。项斯固好，杨敬之同等的好，因为他也是一位喜欢且经常为人扬善的君子。

所谓"郭讷言佳"是说晋代郭讷做太子洗马时，听到伎人的歌唱，夸赞说"好"。时人石季伦问他是什么曲子，他说不知道，石季伦诧异："连曲子都不知道，怎么能说好呢？"他回答："就像看见西施，因为不知道她的姓名就体会不到她的美吗？"

很有意思，也很有哲理。

另一则，见于该书下卷"四豪"，其文曰：

伯伦鸡肋，超宗凤毛。

所谓伯伦鸡肋，是关于刘伶的一个故事。刘伶在我国名声久远，因为他是一位喝酒的天才，又是做文章的高手。他曾与人发生龃龉，那人抓住他胳臂，要和他动粗，他和颜悦色地说道："我这鸡肋一样的身体怎么担得起你的老辣拳头呢？"那人闻言，作罢。

所谓超宗凤毛，是说南北朝时的谢凤，字超宗，本人十分好学，且文辞优美。孝武帝曾赞扬他说："超宗殊有凤毛。"

两则故事都很有趣，前一则表现了刘伶式的诙谐与幽默，因为这诙谐与幽默，便使金刚化佛，把一双青筋暴跳的粗大拳头变作了又松又软的大馒头。后一则，妙在遣词造句，字字对景，人家名字叫谢凤，便赞美其文辞为"凤毛"，凤毛麟角，真会夸人。

这里举证的第二部书是鼎鼎大名的《世说新语》。这书妙在其个性与文学性。语言自然是好的，精警、隽永、言简意赅，余味无穷尽。那书的风格尤其好，且内容丰美，言必有文，文必有事，事必有人，人必有感，感必有奇思妙想。这里随机摘录几段以为说明。

一段，出自"容止第十四"，是讲容貌的。但不讲女性美貌，闭月羞花、沉鱼落雁一类，不说这个。这里是专门讲男性容貌。花费大笔墨描写男士之美，是《世说新语》的一大功劳。之前自然也有之，未若它那样的精神专注，意态风流。讲男性之美，不是死讲，而是活讲；不是呆讲，刻刻板板，一根髭须也不放过，而是若虚若实，妙在比喻。若虚若实，留给读者以很大的遐想空间；妙在比喻，又给读者以具体的形象启示。有时，故作铺垫，美容具象愈其分明，更来得笔意恣意，端的是好。比如他写何晏（字平叔）的皮肤好，却不直说：

> 何平叔美姿仪，面至白。魏明帝疑其傅粉，正夏月，与热汤饼。既噉，大汗出，以朱衣自拭，色转皎然。

先说何晏"美姿仪，面至白"。面至白是怎么一个白法呢？如极笔写具象，一准这个至字就用得空了。直写，不难，但无味，于是说，魏明帝怀疑他使用了化妆品傅了粉，便于正夏月天气最热的那个点上，请他喝热面汤——这招儿够狠的，于是大汗暴出——凭你什么粉也挂不住了。其妙在于：魏明帝这一边圈套设好，何平叔那里只是不觉，不但不觉，热得极了，便忙着用朱衣胡乱擦拭，结果呢？那脸色愈其光洁"色转皎然"。

又一则，描绘嵇康的美貌的。嵇中散相貌如何？先写身高"身七尺八寸"——好身材；再写风度，"风姿特秀"——好形象。然而，太过简单了，其形其色不免模糊，于是连引了三证，作为注释。

第一证，见者叹曰："萧萧肃肃，爽朗清举。"

第二证，或云："肃肃如松下风，高而徐引。"

第三证，山公曰："嵇叔夜之为人也，岩岩若孤松之独立；其醉也，傀俄若玉山之将崩。"

三证一步一阶，阶升而梯进，先是"见者叹曰"，再是"或云"——也有人说，到了他好友山涛眼中，嵇康不但形象极佳，而且人品风度奇佳，就是喝得大醉，都美得与众不同。

书中"言语"一章，同样精彩。其中写到钟氏兄弟的语言才能时，奇才天纵，令人叹服。且说钟毓、钟会"少有令誉"——小小年纪便颇有名声，十三岁时，这名声传到魏文帝曹丕耳朵里了，于是敕见。哥哥钟毓一脸的汗，弟弟钟会却一点汗迹也无。曹丕奇怪，先问哥哥："因何出汗？"钟毓回答："战战惶惶，汗出如浆。"又问弟弟："你为什么没汗呢？"钟会回答："战战栗栗，汗不敢出。"

钟毓的回答，妙；钟会的回答，更妙了。

又一次，他们的父亲"昼寝"，这一对宝贝兄弟一看来机会了，便偷饮父亲的药酒，不想父亲醒了，但假装未醒，悄悄看他们两人的"行径"。哥哥钟毓"拜而后饮"——虽然偷酒喝还讲礼仪哩！弟弟钟会"饮而不拜"——管他三七二十一，喝了再说。"老头儿"先问钟毓，他回答："酒以成礼，不敢不拜。"又问钟会，则回答："偷本非礼，所以不拜。"

当真是妙语解颐，与当今之世流行的"脑筋急转弯"一类智力游戏相比，别是一种青春风流。

还有一则故事，出自该书的"贤媛第十九"。这故事的语言是如此的有魅力，我也曾多次引用，但每每有意犹未尽之感。其文曰：

> 赵母嫁女，女临去，敕之曰："慎勿为好！"女曰："不为好，可为恶邪？"母曰："好尚不可为，其况恶乎！"

旧时代，父母嫁女，妈妈总有千万叮咛，但这一位妈妈，当真了得，当真了不得！劈头一语，高妙尽在——"慎勿为好"。妙就妙在它不合常理。请问，女儿要去做人家的媳妇、儿媳妇了，有不让她"为好"的妈妈吗？这叮咛不但旁人不解，连自家的女儿——当事人都不明。故反问："不为好，难道可以作恶吗？"这一次回答，绝了——"好都不可以为，更何况作恶了！"

这一段话，从字面上看，从容不迫，似乎信口言之，可见好的词语，并不一定刻意雕琢。

只是这几句虽看似信口言来，却又内涵丰厚。

"慎勿为好"，可以理解为，不要巧意为好，不要故意为好，不要刻意为好。巧意为好，那就谀了；故意为好，却又假了；就算刻意为好，境界都低了。我们说可怜父母心，因为父母的疼爱儿女，并非刻意为之，绝非故意为之，更非巧意为之，那是一种天性，不思不虑，自然流出，毫不做作。

"慎勿为好"，或许留有更多可思考的空间，老夫头脑已迟钝，想不到了，有心得者，还望不吝赐教。但无论如何，我认为这都是一个值得细细思索的题目。

除去上述两种书外，特别应关注"四书"、"五经"。"四书"、"五经"乃是中国古代格言警句的荟萃之书。尤其《论语》可说篇篇尽是格言，句句皆为警句。清华大学的校训"自强不息，厚德载物"，则出自《易经》。上一位日本天皇的年号——平成，也出自《易经》。不惟如此，中国古来的众多人名、地名、校名、商号，在本源上常与"四书"、"五经"相关联。这里仅举《尚书》中的一些佳句美词，与读者共享。

> 民为邦本，本固邦守。

这意思有点接近于以人为本。

> 好问则裕，自用则小。

做学问诚能如此，效果必佳。

> 天作孽，犹可违；自作孽，不可逭。

贪官读此，多半心慌。

> 奉先思孝，接下思恭。

思孝思恭，虽为古训，亦有启迪于今人之功效。

> 吉人为善，惟日不足；凶人为不善，亦惟日不足。

联想到刘玄德"不以善小而不为，不以恶小而为之"，感慨犹多。古人呐！

> 怨不在大，亦不在小。

为政者，可不慎与？

> 无疆惟休，亦无疆为恤。

言简意赅，自有忧患意识在其中。

> 皇天无亲，惟德是辅。

所谓"得道多助"，有德者，天助之。

以我们中华民族的历史宏观而论，先人无愧于子孙，他们曾经创造了多少业绩，多少辉煌。以今天的现实而言，子孙亦当无愧于先祖，不但事业如此，汉语的未来与发展亦当如此，亦须如此，亦能如此。

四、网络语与流行语，一支生力军

本章第一节，讨论了汉语词汇的丰富性与创造性，第二节讨论了汉语词汇的民本性与原生性，第三节议论了汉语词汇的传承性与文献性，这节说的是汉语词汇的前沿性与先锋性。

我在前面提到过，汉语古词古语极多，多到数不胜数，然而，时代必进，历史必变，词汇必改，很多字、词、语都慢慢地失去生命力了，死了。比如古代，马是重要的交通与战争工具，名称极多，那些名称现在大部分已经失去了存在的价值；又如古代日用品，因为时过境迁，人们既不再使用它们，便不会关心它们，除去专业人员与收藏者外，那些专用词汇也渐渐地远离生活，远离大众的视野。人有新陈代谢，物有古往今来。一部分词汇老去了，另一部分词汇诞生了。事实上，现代社会较之古代社会要繁复一百倍，丰富一千倍。因此，今人的词汇较之古人的词汇也水涨船高，起码会丰富一百倍，繁杂一千倍。汉语词汇古以单音节为主，渐次让位于双音节、多音节词便反映了这一历史趋势。语言天生具有前沿性与先锋性的特质。因为任何先进的东西若非自语言始，也必须经由新的语言表达，表达了才证明它的出现与成立。

中国内地自改革开放以来，新的词语层出不穷，给人头昏目眩、目不暇接之感。表示情绪的，如"郁闷"，如"爽"与"不爽"；表示形象的，如"酷"、"炫"；表达新式人类的，如"帅哥"、"靓妹"，如"上海宝贝"、"野蛮女友"，如"蛋白质女孩"、"超级女声"。北京人说到新的男性角色时，又有许多新的词语，虽是新词儿，却有浓郁的地方味道，北京人好称爷，爷与新角色嫁接，则有了倒爷、板爷、侃爷、款爷，种种。而且商业大潮既起，"炒"字骤然盛行，组织宣传称为"炒作"，倒卖外汇称为"炒汇"，老板解雇职员称为"炒鱿鱼"，等等。

此外，乘坐出租车叫做"打的"，中介人组织演员演出叫做"走穴"，演员的本领与影响大了，叫做"大腕"，儿语化些，则为"大腕儿"。据说前一个词儿出自广东，后两个词是旧话新提，但有争议。"打的"出现时，有人反对，说是不规范，但"打的"渐渐成了气候，纵然专家咬文嚼字，认为不规范，老百姓已经把它变成了规范。不但"打的"，还出现了"打飞的"。打飞的更不规范了，好在人人明白，纵然不太规范，却也无碍交流。

对"大腕"这个词儿也有争议。这本是一句戏曲业里的行语。有人研究，说正确的写法应是"大蔓儿"。然而，约定俗成，法不治众。你以为是"大蔓儿"，那是旧说，现如今，"大腕儿"已成潮流，旧说管不住潮流，也只好"一江春水向东流"，"大腕儿"下去了。

大约在21世纪或至少在21世纪的前期，最具先锋性与前沿性的语词应属于网络语言，即以网络语言为主的现代信息用语。其中与世人关系最密切的，一是网络语言中的新名词、特殊名词，二是手机短信。

网语用词对于传统汉语而言，真真有些另类。不但表达方式决然不同于既往，很多词汇也另类另型于习惯用语。这里先说网名与网友之名。

站在传统的汉语角度看，网名实是千奇百怪，不但令人奇、令人惊，而且令人疑、令人惑，甚至令人怒、令人怨。而在网民那一面看来，这正是网民独有的骄傲，网语的佳妙之处、可爱之处，他们正为这个暗自得意哩！你不懂，因为你不上网；不上网，证明你落伍于信息时代；你既然已经落伍于时代了，还有什么资格批评引领时尚的人?

本人入网不久,本领低微,特请儿子给了一个网名录,"某家"一见,惊喜不已,那上面有网名数十个,选而录之,有:

一帆风、七星灯、林家小妹、小李飞刀、当代宝玉、不哭黛玉、当世猪八戒、气死唐僧、漂亮青蛙、破帽遮颜、岁月红柳、香水榴莲、断桥残雪、大摇大摆的猪、逮个就聊、爬树晒太阳的鱼、一片香雪逐花开、把桑田聊成沧海、月光下的狼、爱在星期八、一肚子坏水、我以幼稚看世界、静止于完美、等你风景都看透……

够奇异,够新鲜,够别致,够另类吧?然而,对于网民而言,这不过"司空见惯寻常事"罢了;对于数不胜数的网名而言,也不过九牛之一毛而已,连一毛都不到哩!而且,从可预见的未来考虑,这不过是一个小小的开头罢了,未来的网络语言,难免更奇异,更新鲜,更别致,所不同的只是会更成熟,更出色,更具有众多的受众而已。

网名已如此,网语尤其复杂。这里删繁就简,讲一点网语中的数字词汇与短语。对这些语言,本人也是一知半解,幸而我手边有一本紫色咖啡编著的《新新人类酷语宝典》,其中专为"数字字典"列了一张表格。此处选录其中的一些:

密语		含义
3	=	闪
25	=	你爱我
74	=	你去死
45053	=	你是我的午餐
53719	=	我深情依旧
865	=	别惹我
1414	=	意思意思

汉语的美丽与芬芳

密语		含义
564335	=	无聊时，想想我
7719595	=	求求你救我救我
8686586	=	发了发了我发了
1314179	=	一生一世一起走

于是有人说，这玩意儿谁懂呢？不懂，因为你不是网民。网民，尤其资深网民，或青春网民，这点小常识，不但"有何难哉"，而且"妙在其中，趣在其中，乐在其中"。你再啰唆，就和你"886——拜拜了，你8765——白痴又落伍，58206——我不爱你了"。

数字语词之外，还有符号语词，同样新奇好玩，这里摘录几个，以示一斑。

:-）普通的基本笑脸。表示开玩笑或者微笑。

:-D 非常高兴地张嘴大笑。

:-< 难过的时候苦笑。

:-O 吃惊或恍然大悟。

:-\ 既抛媚眼，又撇嘴角。

:-（）更大的"哇"。

（:)-）哈哈！这是一个小蛙人，戴着潜水镜在偷笑。①

其中还有一个符号，答案竟不确定。

那符号是！—），对应的解释是：哇！是大眼瞪小眼，还是睁一只眼闭一只眼？②

不消说，网络话语对传统汉语形成了强烈冲击。对这冲击，有默认者，有反对者，有担心者，也有愤而批判者，还有焦灼不安努力提倡为网络立规范者。

一些人抱怨网络语言变化太快，不怕你变，但你变化太过猛烈，

---

① 紫色咖啡：《新新人类酷语宝典》，长江文艺出版社，2003年。
② 同上。

怕有一天，连操网语的人都无法交流了，自己不明白自己说的是什么"鸟语花香"了。

其实，变化快，原本就是现代市场经济的一大品性，且市场变化快，社会变化快，变化快是全方位的，不仅表现在语言层面，还表现在思维层面、生活方式层面以及各式各样的社会游戏规则等层面。

一个观念出来，顷刻之间，引起千千万万眼球的注意。然而，同样顷刻之间，这观念又成了明日黄花，再也没人关心，再也没人提起。

比如前几年曾异常火爆、风行一时的酷儿理论、小资理念，就成为这命运的见证者。

酷儿理论，不酷也罢，一酷便人人言酷，人人比酷，你酷我更酷，你不酷我都酷。但未几经时，人们烦了，说的也烦了，听的更烦了。没事瞎酷什么？谁爱酷谁酷，"我与我周旋久，宁作我"。再有言酷者，便成了装酷。装酷如同装傻，装傻引人发笑。西方有谚语云：人类一思考，上帝就发笑。结果变成了：傻子一装酷，观者便捧腹。

还有传播更广的小资理念，也不知这理念是哪位大虾——大侠创造出来的。反正他or她提得好。怎见得好？因为这理念一经新鲜出炉，其传播力与穿透力简直比原子弹还厉害，比"神六"还迅猛，当它大行其道之时，仿佛人生在世无求便罢，有个追求就是当小资。于是铺天盖地，非小资而不爽。然而，同样好景不长，不知不觉之间，小资的光荣历史便就此打住，说打住都错，应该是"来无踪，去无影"，不知不觉之间，便人人没了兴致。再提小资二字，差不多就等于迂腐的代名词了。什么小资情调、小资品位、小资读本，连小资本身都成了笑料，还能有什么情调、有什么品位？读本更不要提。你再叫人家小资，人家会跟你急。

然而，这不见得全是缺点，顶多只能算是市场经济等市场文化的一个特点。对这特点，您只是郁闷，只是烦躁，也不可取。

也有极端的观点，认为网络语言与流行语搞乱了汉语，甚至长此下去，会毁了汉语。这担心有些过了，其实没有那么严重，况且，如此精深博大的汉语，没有什么力量是可以轻而易举就将其乱掉或者毁掉的。反过来说，如果因为出了个网络语言，就可以把汉语乱掉或者毁掉，那就表示汉语本身出了问题。世界上的万物，只要是有生命力的，不是一点外力就可以毁灭它的，如果未经三五回合就被乱了或者毁了，那原因断然不在他人，还在自己。

在我看来，对于网语的很多非难，多少有点叶公好龙的味道。中国内地实行改革开放政策以来，差不多天天在讲信息社会、信息时代，殊不知网络及其语言正是信息时代须臾不可离开的最重要的交流工具，虽然这工具及其文化繁衍物可能有种种不足，但佛头着粪，佛光仍在。

那么，对网络语言要不要作出相应的规范呢？当然要的。但规范不是硬去束缚它，更不是全盘否定它。其实，它根本也是束缚不住、否定不了的。关于这方面的话题，将在文法一章中另作说明。

文句
|审美|
WENJU SHEN MEI

万马奔腾中的第一声嘶鸣

与文字、文辞相比，文句是第一个单元完整、活的语言生物。这意思是如果说文字与文辞还是构成语言的基础材料，那么，文句已是第一阶成独立系统的自觉的生命。以一株树作比方，文字是树叶，文辞是树枝，只有枝、叶，那树不能成立，文句则是枝、叶、干、根的有机构成。那么，一株树可以等同于一堆枝、叶吗？如果可以，则文句的价值几乎等于零，如果不可以，那么，构成根、枝、叶、干的生命的，就是文句的价值所在。

一、文句的结构分析：句型的审美表现

句型分析是一种静态分析，也是一种结构分析。

从逻辑上讲，凡有语句必有句型，句型乃是语句的存在方式，但这只是理论逻辑层面的。如果这样主论的话，句型分析必然成为一篇无穷无尽、永无终结的文字。

这里讲的句型分析，主要是对那些能产生文学、审美效果的句型进行分析。然而，也不可一概而论。实际上，几乎任何句型，只要运用得法，都有可能产生文学与审美效果，但这往往不是句型本身的作用，而是另有他因。鲁迅先生的《阿Q正传》在描写阿Q受审的时候，着力写了阿Q在供状上画押的细节。写到精彩之处，专门写了一句"阿Q要画圈圈了"。而且特别地把这一句放在一个独立的自然段落。如果说，这一句"阿Q要画圈圈了"有多么奇异，那就不实事求是了，它其实平淡无奇，但因为使用得好，用得对劲，句型虽平淡无奇，放在一个特别需要又特别适宜它的关键点上，于是骤放异彩，令阅者击节。

但相对于句型分析而言，这不具备普遍性，所以这里又该给那定义加上一些限定词：句型分析是对那些易于产生文学与审美效果的典型性文句的审美评价。

其实，这样的句型同样数量多多，仅从句型安排的顺序考量，

即有陈述句、论辩句、疑问句；从句型形态上考量，则有并列句、分列句、排比句、转折句、蝉联句等。

以蝉联句为例，它虽然不太常见，尤其口语中是罕见的句型形式，但用得好时，一样能产生某种独特的审美效果。评剧《花为媒》中有一段唱词，写得却好：

> 李月娥遮衫袖我用目打量，打量她多才多貌，貌似天仙，仙女下凡，凡间少有这位五姑娘。姑娘俊俏就属她为首，首一回见了面我从心眼里爱得慌。慌慌张张好似张飞夜里把洞房闯，闯得人，人心乱，乱团团，团团转，转团团，我团团乱转，乱得我是差一点就没有主张，张五可她虽有三媒六证，正是我，抢了先，先来到，到的早，早不如巧，巧不如恰，恰恰当当我们拜了花堂，堂堂小姐她走在后，后边赶来凤求凰，凰求凤，凤求凰，凤凰相配结鸳鸯。

但在这里，我改变一下叙述方式。我从人讲起，由人而句，再由句而效果。其目的是增加阅读趣味，扩展背景材料，至于成功与否，实非吾所知。

从五四运动开始，汉语现代白话文兴起，并且取得了历史性巨大成就。人才济济，成团崛起，佳作迭出，成果累累。以我的阅读视野而言，其中最具句型创造及其创造性应用特色的人物，首推毛泽东、鲁迅与老舍。

1. 排比句专家毛泽东

毛泽东是一代伟人，他在政治、军事等多个方面都有特别的建树；他的文章也曾传播到世界各地，尤其在中国内地的影响最广，在一段历史时期内，拥有极多的版本与最广大的读者。由于他非凡的经历，特别是长期以来在党、政、军中的特殊地位，加上他本人的个性使然，自然也不排除中国文化尤其中国传统的涵育与影响，他的文字具有一种独特、罕见，甚至是空前的巨人意识。他的巨人意识强烈又自觉，所以每每下笔，便有与他人不同的视角与理解。体现在他的诗词创作方面，就有诸如"五岭逶迤腾细浪，乌蒙磅礴走泥丸"、"安得倚天抽宝剑，把汝裁为三截"、"小小寰球，有几个苍蝇碰壁"以及"梅花欢喜漫天雪，冻死苍蝇未足奇"这样横空出世、大气磅礴的文气与文笔。

顺便说，我年轻时，人人背诵毛主席诗词。一日，背到"小小寰球"一句时，竟然忽发怪想：似这般寰球小小，固然与苍蝇恰成对比，那么，生活在这寰球上的人呢？人在这小小寰球上该是怎样一种形象呢？百思不解，又无以询之。即今思之，不觉哑然失笑。

毛泽东的这种性格、气派促成他在文字、文句的使用与安排方面也具有特殊的风格。表现在句型上，是他特别擅长使用排比句，或许可以说，自1919年以来使用排比句最多、最好，气魄最大，最能把这句型发挥到极端程度的人物，非毛泽东莫属。

例如，他在中国共产党"七大"作的题为《论联合政府》的报告中，不但使用了排比句型，而且使用了排比性段落，且大排比中包含小排比，连环行文，反复成咏，即今读来，尤觉语势滔滔不绝，铺天盖地而来，不但成目不暇接之势，更有势不可挡的雄伟气概。

此前的抗战艰苦时期，国民党加强对延安的包围，他也曾写过一篇题为《质问国民党》的文章，也是一篇奇文。这文章奇就奇在从头到尾，句句问号，全部由质问句型打造而成。全篇问句，一问再问，一问到底，前呼后应，一气呵成。

> 这不能不使人们发生这样的疑问，这些国民党人同日本人之间的关系，究竟是怎样的呢？
>
> 许多国民党人肆无忌惮地天天宣传共产党"破坏抗战"、"破坏团结"，难道尽撤河防主力，倒叫做增强抗战吗？难道进攻边区，倒叫做增强团结吗？

似这样的文章，不但亘古少见，在较为重视句型组合的今日文坛，也没有听说有第二篇。这一篇连珠炮式的疑问句叠加妙组的奇文，也可以理解为排比句型的另类超级表现。

2. 转折句专家鲁迅

毛泽东特别擅长排比句，鲁迅先生则特别擅长转折句。鲁迅使用转折句，数量多，频率高，尤其在他的杂文中，不但篇篇可见，而且页页可见，个别段落甚至到了句句连用的程度。难得的是：他用转折句，一是自然，不为造句而造句；二是变化，虽然用得极多，但绝不让读者感到重复。鲁迅先生的文章以犀利、深刻著称，自称是匕首、投枪，但那效果又远不止匕首、投枪。由于转折句型用得多而且好，更使他的文字增加了曲折感、深刻感。有话偏不直白道来，而是曲折由之，譬如一柄投枪，只顾直棱棱投出，杀伤力就会少了；又如一把匕首，若只是迎面直杀，中"奖"率也一定不高。他的话说得曲折，因为他想得深刻，不是隔靴搔痒，而是刀刀致命。语言是思想的镜子，句型是语言的支架，因为那镜子至为明亮，那角度绝异无伦，所以射出来的光芒也与众不同。

这里先引他在《论秦理斋夫人事》中的一段话：

人固然应该生存，但为的是进化；也不妨受苦，但为的是解除将来的一切苦；更应该战斗，但为的是改革。责别人的自杀者，一面责人，一面正也应该向驱人于自杀之途的环境挑战，进攻。倘使对于黑暗的主力，不置一辞，不发一矢，而但向"弱者"唠叨不已，则纵使他如何义形于色，我也不能不说——我真也忍不住了——他其实乃是杀人者的帮凶而已。[①]

一段话，不足200字，却用了四个"但"字，四个"也"字，

---

① 《鲁迅作品精选》，中国文史出版社，2002年。

外加一个"倘使",一个"更"字,一个"而"字,一个"则"字,曲折迂回,极尽转折句型之能事,然而也因此使这一段文字经得起反复咀嚼,且越是咀嚼越有味道。

细细分析,鲁迅使用转折句型,并非只是擅用"但"字,虽然"但"字代表了180度的方向逆转——真正的大转弯,而在这大转弯中,还有中转弯、小转弯,从而使他的转折句型丰富无比,具备了种种形态,既有反向性的,也有同向性的,又有递升性的,还有加强性的,如此七转八转,把对手转晕了头,把朋友转开了窍,那句子也变得益发精粹、益发好看。

他的转折句中,关键词异常丰富,除去"但是"、"倘使"、"更"、"而"、"则"之外,对"如果"、"然而"、"却又"、"以及"、"假设"的运用,都到了信手拈来、出神入化的境界。

再看他的两段转折句型的妙语,一段是《看书琐记》,讲文字的普遍性的。

> 文学有普遍性,但有界限;也有较为永久的,但因读者的社会体验而生变化。北极的遏斯吉摩人和菲洲腹地的黑人,我以为是不会懂得"林黛玉型"的;健全而合理的好社会中人,也将不能懂得,他们大约要比我们的听讲始皇焚书,黄巢杀人更其隔膜。①

另一段,出自先生的杂文名篇——《夏三虫》。他这样写:

> 跳蚤的来吮血,虽然可恶,而一声不响地就是一口,何等直截爽快。蚊子便不然了,一针叮进皮肤,自然还可以算得有点彻底的,但当未叮之前,要哼哼地发一篇大议论,却使人觉得讨厌。如果所哼的是在说明人血应该给它充饥的理由,那可

---

① 《鲁迅作品精选》,中国文史出版社,2002年。

更其讨厌了，幸而我不懂。①

文字不长，转折不少。"虽然可恶"是第一个转折；"而一声不响"是第二个转折；"蚊子便不然了"，是第三个转折；"但当未叮之前"是第四个转折；"却使人觉得讨厌"是第五个转折；"如果所哼的是……"，夸张一点讲，也算一个小转折；最末，"那可更其讨厌了"，是第七个转折："幸而我不懂"，是第八个转折。

当然，这不是一句话，而是各种转折句型的叠加叠用，但用得如此之妙，可见在转折句型的应用上，鲁迅先生确实别有心得。

还有一段经典性文字，写得更好。语出《集外集》序言。

> 我惭愧我的少年之作，却并不反悔，甚而至于还有些爱，这真好像是"乳犊不怕虎"，乱改一通，虽然无谋，但自有天真存在。现在是比较的精细了，然而我又别有其不满于自己之处。我佩服会用拖刀计的老将黄汉升，但我爱莽撞的不顾利害而终于被部下偷了头去的张翼德；我却又憎恶张翼德型的不问青红皂白，抡板斧"排头砍去"的李逵，我因此喜欢张顺的将他诱进水里去，淹得他两眼翻白。

一段话中，连用"却并"、"甚而至于"、"虽然"、"但"、"然而"、"但"、"而"、"却又"、"因此"九个转折句，将那尽人皆知的文学故事，有铺有垫，夹叙夹议，演绎得一波三折，跌宕有致，而后面新生的意思，也愈发深、尖锐起来。

3. 传统北京话专家老舍

另一位句型大家则是老舍先生。老舍的语言特色，是文学化、艺术化的北京话，而且是旗人特别擅长的在古老胡同中扎下了根的老北京话。句型当然也是很讲究的，但与毛、鲁两位比较，他的句

---

① 《鲁迅作品精选》，中国文史出版社，2002年。

型表现不是那么自觉，那么夸张，那么强调。因为口语本身即有别于那种典型的文字表现，加上北京话很注重简洁，喜欢省略，该用主语的地方，他可能不用，该用谓语的时候，他也可能不用，该用宾语的地方，他还可能不用。

而且传统北京人的特点，是讲究话语气氛的，虽然特别讲究气氛，却又不喜欢摆架势，同时，又很追求语句组合的顺溜——连顺溜都做不到，还说话干吗？但又不喜欢甚至排斥平铺直叙，认为平铺直叙，没劲，太平庸了。

北京话的另一特点，是它特别喜爱并且擅长使用短句。使用短句，一句话分八份，而且七岔八岔，既有分头而来，又有齐头并进，间或插一些解释，又要给一点旁白，但从整体上理解，却又是很顺溜——顺顺溜溜的。旁人听着、看着固然有些眼花缭乱，作者笔笔写来却又有板有眼。而且出于他口，只是顺顺畅畅，如小溪流水；入于您耳，又恰似春风拂面，沐浴晨光，您就只管舒服着享受去吧。

这里引几句《茶馆》中小刘麻子对办公司的见解，那语言是十足的"京味"，那句型也很有代表性。

> 看这个怎样——花花联合公司？姑娘是什么？鲜花嘛！要姑娘就得多花钱，花呀花呀，所以花花！"青是山，绿是水，花花世界"，又有典故，出自《武家坡》！好不好？[①]

一小段，顺着写，问着写，论着写，感叹着写，经典着写，倒叙着写，七零八乱，但主线清晰，不惟活灵活现，而且头头是道。

老舍先生无疑是运用老北京话进行文学创作的最杰出的代表，在他的众多作品中，以知名度而论，首推《骆驼祥子》，但在我看，多卷本小说《四世同堂》与话剧《茶馆》应该更为出色。《四世同堂》是一部难得的既反映历史大题材又具有很高文化含量的文学巨

[①] 老舍：《茶馆·龙须沟》，人民文学出版社，1994年。

著，殊不知将这两者很好结合，从而形成这样的认知与笔路，在世界小说史上也不多见。或者有写大题材的，但文化含量不多，尤其对国民性与民族文化品性的分析少了；或者偏于文化剖析，但那题材又受到限制了。总之是"常恨绛、灌无文，随、陆无武"。从大文化着眼，写事尤要写人，写人还要写心，写心更需写那文化品格与理路的，唯《战争与和平》的贡献最大。中国的长篇小说中，除去《四世同堂》，我还没有看到有这样的巨著。而话剧剧本《茶馆》则写得尤其文化，且尤其精粹。那结构自是超越前贤的，这个且不言。这里先引《四世同堂》中的两段话，可以看出老舍先生京韵京味又特具典型北京话语句型结构的语言特色。

一段是老舍给书中反派人物冠晓荷的"开脸"，但见笔笔写来，又幽默，又深刻，又带有骨子里的贬损与轻蔑，他写道：

> 冠先生已经五十多岁，和祁天佑的年纪仿上仿下，可是看起来还象三十多岁的人，而且比三十多岁的人还漂亮。冠先生每天必定刮脸，十天准理一次发，白头发有一根拔一根。他的衣服，无论是中服还是西服，都尽可能的用最好的料子；即使料子不顶好，也要做得最时样最合适。小个子，小长脸，小手小脚，浑身上下无一处不小，而都长得匀称。匀称的五官四肢，加上美妙的身段，和最款式的服装，他颇象一个华丽光滑的玻璃珠儿。他的人虽小，而气派很大，平日交结的都是名士与贵人。家里用着一个厨子，一个顶懂得规矩的男仆，和一个老穿缎子鞋的小老妈。一来客，他总是派人到便宜坊去叫挂炉烧鸭，到老宝丰堂去叫远年竹叶青。打牌，讲究起码四十八圈，而且饭前饭后要唱鼓书与二簧。对有点身份的街坊四邻，他相当的客气，可是除了照例的婚丧礼吊而外，并没有密切的交往，至于对李四爷，刘师傅，剃头的孙七，和小崔什么的，他便只看到他们

的职业，而绝不拿他们当作人看。①

虽是"开脸"，并不像传统评书那样，写身高几尺、膀阔几停②，什么眉，什么眼，鼻如何，嘴如何，胡子又如何，而是写形象，又写做派，写爱好，又写人品，从外写到内，又从里写到外，而且内外穿插，左勾右连，不但让读者看到这是一个什么形象的人，尤其让读者看到这个人有怎样的习气与心肠。

另有一段，是写书中的主要正面人物祁老太爷的。虽说是正面人物，但绝不是英雄人物；虽不是英雄人物，但对于中国传统文化而言，却又是很具代表性的人物；即便是代表性人物，代表的又常常是落后于历史潮流的内容。然而，心是善良的，人物类型是有特色的，所作所为，所言所想，又是有个性的。总而言之，作者仿佛只是信手写来，却字字有内涵，笔笔有出处。相对于前一段引文，文句比较规范，说它是排比句，也可以的，但前有车，后有辄，纵然排比，也是北京话格式的排比，它绝对不喜欢严整，就算形式有些严肃，也绝对管不住它任心发挥的自由。老舍先生写道：

> 在六十岁以后，生日与中秋节的联合祝贺几乎成为他的宗教仪式——在这天，他须穿出最心爱的衣服；他须在事前预备好许多小红包，包好最近铸的银角子，分给向他祝寿的小儿；他须极和善地询问亲友们的生活近况，而后按照他的生活经验逐一地给予鼓励和规劝；他须留神观察，教每一位客人都吃饱，并且检出他所不大喜欢的瓜果或点心给儿童们拿了走。他是老寿星，所以必须作到寿星所应有的一切慈善，客气，宽大，好免得叫客人们因有所不满而暗中抱怨，以致损了他的寿数。生日一过，他感到疲乏；虽然还表示出他很关心大家怎样过中秋

---

① 老舍：《四世同堂》第一部，四川人民出版社，1979年。
② 停：把总数分成几份，其中的一份是"一停"。

节，而心中却只把它作为生日的尾声，过不过并不太紧要，因为生日是他自己的，过节是大家的事；这一家子，连人口带产业，都是他创造出来的，他理应有点自私。①

毛、鲁、老的时代，具有语言成就的人物，还有许多，如梁实秋、周作人、林语堂、沈从文、冰心、萧红、徐志摩、钱锺书等。"文革"沉寂十年，文学毁败严重，只闻假、大、空的句型句式，没有什么创造可言。

改革开放以后，一时旧树新枝，新人迭出，出现了新的发展格局。算到20世纪末，单以汉语句型层面的成绩而论，我以为最有特色的人物，当推王蒙、王朔与杨炼。

4. 王蒙的句式——创造与《来劲》

王蒙自是一位大家，而且他的创作寿命之长，绝对领先于他同时代的人物。王蒙创作寿命既长，且总有新作新见，尤其令人钦佩。他语言方面的功力很深厚，句型创造很独特，但那路数与毛、鲁、老又有明显区别。

与毛泽东的文笔文句文气相比，他是更平民化——真正平民化的。他的文字文句文笔绝对没有那种居高临下、睥睨一切、挥洒喷薄、指点江山的特点，他虽然也曾身居高位，但不改其平民化语言的本色。

他又不同于鲁迅先生。鲁迅的文章深思熟虑，用笔精准，文辞老辣，句型料峭，宁可隐而待发，绝对弹无虚发。王蒙的文字，则似激流滚滚，不是大气象但有真热情，或如泉喷，或如汤沸。说是娓娓道来，不确；说是状如口语，也不确。他是平民化的汪洋恣睢，又兼具些饶舌的雄辩之家。

他自然也不同于老舍先生。老舍先生是一口地道的北京话，那

---

① 老舍：《四世同堂》第一部，四川人民出版社，1979年。

是非生于斯、长于斯、精于斯又沉醉于斯而不可得的。老舍先生的语言句型以散为主，少用整形句，没有英雄气概，也不追求英雄气概。每一句话，都好似一个盆景，一株小树，虽只见枝枝丫丫，却又有根有脉。

王蒙的语言，不是地方性的，也不以散式句型为特色。他的那些最具魅力的语句，有如环上套环，扣上加扣，仿佛一条精缠密结的绳索，你晓得那是一条绳索，也明白那上面的个个花结，却找不到解开那些花结的办法，虽然找不到解开花结的办法，又不能不佩服它所体现出的奇思妙想，妙手天成。他的这个特点，在他那一篇引起诸多争议的《来劲》中，表现得最为淋漓尽致。

这小说开篇即写道：

> 您可以将我们的小说的主人公叫做向明，或者项铭、响鸣、香茗、乡名、湘冥、祥命或者向明向铭向鸣向茗向名向冥向命……以此类推。三天之前，也就是五天以前一年以前两个月以后，他也就是她得了颈椎病也就是脊椎病、龋齿病、拉痢疾、白癜风、乳腺癌也就是身体健康益寿延年什么病也没有。十一月四十二号也就是十四月十一二号突发旋转性晕眩，然后拍了片子做了B超脑电流图脑血流图确诊。然后挂不上号找不着熟人也就没有看病也就不晕了也就打球了游泳了喝酒了做报告了看电视连续剧了也就根本没有什么颈椎病干脆说就是没有颈椎了。亲友们同事们对立面们都说都什么也没说你这么年轻你这么大岁数你这么结实你这么衰弱哪能会有哪能没有病去！说得他她它哈哈大笑呜呜大哭哼哼嗯嗯默默不做声。[①]

从句型角度思索，它至少有三个层面的价值不容忽视。这三个层面是：非规范性——前卫性；开放性——实验性；快餐性——解

---

① 《五色土》，时代文艺出版社，1990年。

构性。

首先是非规范性——前卫性。这写法虽然是前卫的，但还不觉其前卫，因为文化环境改变了。说它非规范，是因为它既不合常规，也不合传统。这样的文字与句型组合在任何一位前代的汉语经典作家那里都是不可能的，古代没有，近代没有，改革开放之前也没有。

其次是开放性——实验性。开放即实验，可以在一个很普通的句型中加进甚至是任意加进许多不相干、不适宜、有悖常情的内容。这些内容，消极地看，就是一串啰嗦，一堆废话；积极地去理解，则是一种有益的"叠床架屋"，"画蛇添足"。叠床架屋本来是一个贬义词，但看做新视觉艺术，也不无可取之处；画蛇添足也是一个贬义词，但使得应景且做得好时，又可归于奇思妙想。这句型的特长就是众多词语的同类叠加，而且是几近无限制的超级同类大叠加。而叠加也有叠加的好处，仿佛人只有两只手，观音菩萨却可以有一千只手，俗谓千手观音。

再次是快餐性——解构性。快餐原本就是对传统饮食的一种创造性解构。所谓快餐性，即这种句式乃是一种尝试，而且是独一无二的特别尝试。它类似快餐，没它不可，代替大餐也不行，且只可一用，不可再用，绝对不能滥用——如果篇篇小说都使用这种句型，肯定价值全无。虽然不能滥用，但具有某种解构价值，其意若曰：人为万物之灵，任何神圣的东西都可以有所冒犯，有所颠覆；又具有借鉴价值，一点灵犀动，万人惊奇看。

5. 王朔的句式——创新与新型北京话

王朔则是老舍文学语言的异代继承者。异代者，时过境迁，语言环境大不同哉，所以虽是继承者，两人的话语方式又是如此之不同。这一位后来人实在不是"客观"继承人，他或者也从老舍的文学中学到了些什么，或者干脆桥是桥，水是水，相似是因为"撞上了"。两人的确切相同处，在于他们都是北京人，他们的语言与句型也都是以北京话为基础的。

然而，北京话不是死的，而是活的，它天天在变化。且由于居住区域差异，其话语方式尤其有别。至少在以下几个方面两个人存在很鲜明的区别。

其一，王朔说的是北京的大院里流行的北京话。大院中居住的人与胡同中居住的人，身份就很不相同。身份这两个字不知道在美国怎么样，但在我们古老的中国，却是件大事。因而，大院的北京话不像胡同的北京话那么纯正，但也没有多少贵族气。他的特色是以北京方言为基础音韵，又加上各种新的因素，混合而成。

其二，传统的北京话是特别讲究规矩，讲究修养的。虽然说得俗，说得溜，有时更说得尖刻，说得狠，但骨子里永远带有一种尊贵感。这种尊贵感既增强了说话者的信心，也增加了说话者的负担。王朔的话语特点是"浑不吝"，他没什么负担，自然也不讲究规矩。什么规矩，"我是流氓我怕谁"，"爱你没商量"，"我是你爸爸"，夸张、刺激、讽刺、冷幽默，混杂搅拌又添些佐料，这成了他的本色。这样的特色，是老舍先生绝对没有，也压根儿不曾想有的。即使他笔下的四爷，也不是这个劲头儿。

其三，老舍的话语特征，是对于市井北京话的凝练与保护，他把他们的语言文学化了，从而在客观上也保存、保护了它。他使用的字、词、句，包括声音、语调和结构，都与他们太相似了——他原本就是他们中的一员，不过比他们更自觉因而有时更像他们自己。比如，今天的大多数北京人已听不到地道的老北京话了，如果您想听，最好的版本就是老舍先生的《茶馆》，如果您想看，最好的材料就是老舍先生的书。

王朔的话语指向，首先不是保护，而是颠覆，他在颠覆中出生，在颠覆中成名。当然他的颠覆对象不是北京话，而是那些与北京话混在一起的所谓主流用语，特别是那些为我们司空见惯又麻木不仁的大话、空话、假话、套话。他作为我们中国人中的一员，自然熟悉它们，但更反感它们，于是便使用北京——大院北京人特有的话语方式把它们颠覆了。他不是批判它们，而是让它们自己出丑，从而彰显出这些大话、空话、假话、套话的可笑与可厌。王朔在这个方面的贡献，可以说无人比得——包括现有的几乎所有的文学人物。其影响力似乎较之老舍对其同时代文学的影响，还要大些。

王朔的句型，显然也属于典型的散式句型，而且比之老舍先生的句型还要更散。老舍先生的著作中，偶尔还有一些整形句，即没有逗号的句子。王朔的书中，这种句型几乎没有。他的任何一句话，一个句号，都需要三个及三个以上的逗号伺候着。《我看金庸》那一段话不过108个字，一共用了10个逗号；引自《都不是东西》中的那一段话，从"说来说去"开始，也不到200个字，一共用了20个逗号外加1个顿号，那"形状"简直就不是一朵盛开的鲜花，而是一株繁盛的小树了。

王朔的语言，很招一些人讨厌，甚至愤怒，他的小说不仅被认为是痞子文学，甚至让一些人对他的人格都产生怀疑。但我要说，如果你看王朔的书较多一些的话，就会改变这个看法，说不定还会向朔爷表示歉意。不错，他写《我看金庸》、《我看鲁迅》、《我看老舍》的时候，固然下笔嚣张，不存顾忌，但写《我看王朔》时，同样刀刀见血，不留情面。至于说他的小说是痞子文学，那也可以，但痞子文学不等于痞子，就像你写了《告密者》不见得就是告密者，写了《伪君子》也不见得就是伪君子一样。

无论如何，王朔语言的影响是巨大的，他不但影响了小说，影响了影视作品，而且影响了大众流行语。有人说他的小说传播不过长江，如果是真的，那也说明，他的北方话——北京话——新型北京话确实真真说出了水平。因为《海上花列传》的传播，原来也不到江北来的，但那，毕竟是一时之现象。

6. 杨炼的前卫句式与《自在者说》

再一位有影响的语言人物则是杨炼。杨炼享大名于20世纪80年代，但那影响，我以为是深远的，不为时空所累。

杨炼是一位诗人，一位现代派诗人。他的语言风范与毛、鲁、老时代是无所比照的，他走的是另一个路子。这个路子是现代主义式的，但又并非西方现代主义式的。他写的分明是中国的文化、中国人的情绪和现代中国人关注的事儿。然而，那句型，那风范，那情调都是极具颠覆性、革命性与震撼性的。我相信，生活在20世纪80年代又关心文学与社会的人，读到他的诗，那种情绪上的起伏与心灵上的震荡是无以言喻的。而他的句型与话语方式也最好不与中国传统语式相比较，找一位西方的大师级人物比较，似更为相宜。

在他之前，我以为在汉语的表达方式中，不会出现莎士比亚笔下那种几近疯狂的用语与品质，尤其是哈姆雷特式的话语方式与用词方式，哈氏语言，丹纳这样评说它：

> 莎士比亚的风格是各种猛烈问句的复合体，没有一个人能够象他这样随心所欲地驾驭语言。交错的对比，狂暴的夸张，省字符号，惊叹符号，颂歌的狂热，意念的转换，可怖的或神圣的形象的堆积，全都羼杂在一行诗句中；照我看来，他似乎没有一个字不是大声喊出来的。

> 面临着这样一位天才，我们犹如置身深渊的边缘，一股回旋的急流汹涌奔腾，吞没了一切，其中浮现出来的东西都是变了形状的。我们在这些震动心弦的隐喻面前，不禁茫然若失，这些隐喻是由一只狂热的手在夜间的谵妄迷乱中写出来的，它们把需要用一整页去表现的意念与图象凝聚在半句话之中，使人目不暇接。字眼失去了意义；结构被打乱了；似是而非的风格，人在忘我的激动之中偶然脱口而出的虚妄的辞藻，全都变成了

普通的语言；他迷惑别人，摈斥别人，使人发生恐惧，感到厌恶，受到挫折；他的诗是一首深入肺腑的壮丽的歌曲，唱出了高昂的声调，甚至超越了我们的听觉，使我们觉得刺耳，我们只有用自己的心灵才能领会这种歌曲的正确和优美。[1]

这里我要郑重说明，莎士比亚的诗句好，丹纳的评论好，张可先生的译文同样好。是她的译文，给我们以很大的汉语式的无与伦比的文字享受。

方才说过，我原本以为莎氏词句只属于英语，但因为有了杨炼，有了他那一篇鸿篇巨制的《自在者说》，我的观点改变了，中国人也可以写出莎氏风范的语言文字，中国诗也可以有莎士比亚式的表达。虽然那内容，那气象，那内涵都与莎氏作品有着质的区别，但单以句型等文字形式而论，却完全可以以茶代酒，各占所长。

这里先录《自在者说》"天·第一"的开头部分：

就这样至高无上：无名无姓黑暗之石，狂欢突破兀立的时辰
万物静止如黄昏，跟随我，更消遥更为辽阔
落日的庆典，步步生莲，向死亡之西款款行进
再度怀抱，一只鸟或一颗孤单的牙齿
空空的耳膜猝然碎裂
听不见无辜听不见六条龙倒下时绿色如潮
就这样不朽：光的沉沦
蒙面而成另一片高原，鸟瞰于藏红花的天空
我的某颗心，在日晷上焚烧
某只手轻轻解开那潜入石头的风
向死亡之西，岁月的黑鸦，四散惊飞一片盲目
白痴似的帆或孩子、跛脚的地平线

---

[1] 张可译：《莎士比亚研究》，上海译文出版社，2004年。

> 病是一只鞋
> 既没有粼粼之海的逼视也没有眼底洞开的深渊
> 夜醒了，在我体内某处蠕动①

这风范绝对不一般。正所谓一个奇异的景象接着另一个更为奇异的景象。而且突兀而来，突兀而去，既不知其由来又不知其所去，其来也无根无据，其去亦无头无绪。他大笔包容，但并非真的包容，它只是"摆"在那里，仿佛是一堆静物，但一堆静物焉能如此？它似乎有生命，然而生命安在，却又难知。它不仅一个奇异连着一个奇异，而且一个奇崛跟着一个奇崛。但人是有的，我是在的，水是有的，山是在的，万物如斯，无所不在。然而，那又是怎样的万物哟！它写死亡，写一只鸟，又写一颗孤单的牙齿；写耳膜，却不写这耳膜的"聪"，而写它的"碎裂"；写六龙，又不写它的雄伟，却写它的倒下，倒下也不是寻常的倒下，而是"绿色如潮"。

他写高原，又写我的心，但不是一颗既定的心，而是"某颗心"，不知道"我"有几颗心，这是哪一颗心，不晓得，也不说明。虽不晓得，又不说明，却真真切切在"日晷上焚烧"；又有"某只手"出现，并用它"解开那潜入石头的风"；且"向死亡之西"，如"岁月的黑鸦，四散惊飞一片盲目"——我这样解说都有点不对。然而，作者似乎并不在意这些，他只是随情随欲，一路写去。又是"帆或孩子"，又是"地平线"，且"帆和孩子"是"白痴似的"，"地平线"也是"跛脚的"，然而还不够，还连着"病是一只鞋"。好呀！好名词！然而，虽然"既没有粼粼之海的逼视也没有眼底洞开的深渊"，这夜还是"醒了"，醒了又怎样？——"在我体内某处蠕动"。

这样的文字，这样的句型安排，可是大辞人屈原能够理解的？可是大诗人杜子美可以认同的？可是大才子苏东坡可能喜欢的？可

---

① 转引自《文化：中国与世界》第一辑，三联书店，1980年。

是现代派杰出诗人徐志摩、戴望舒可以同意的？

然而，我写天写我写自然写内心世界，又与别人何干？他们理解也罢，不理解也罢；认同也罢，不认同也罢；喜欢也罢，不喜欢也罢；同意也罢，不同意也罢……我写故我在，与其他种种无关。

然而，这不过一个短短的开头罢了。自此写开去，他不但写天，还要写风，还要写气。他写天，一写便写下了八首，仿佛"天龙八部"一般。不，不能。这么比方就庸俗了。他写风，同样未止其一，未止其二，未止其三，而且下笔依然奇崛、奇特与奇异。令人读之，同样莫名其妙，莫能自已。

作者在"风·第三"中如此写道：

> 那么，你们，在第五个季节中盲目。在第七天，放弃呼救如松开册封万物之手。惊鸣一勒骤为碑石，声声啼鸣散入虚空：无陆无陵，未渐之木早已腐朽，而未涉之水横流天际，人烟沸腾如镜的海岸，每颗沙砾谙晓冒险象谙晓金黄硕大之正午，其势汹汹，其羽灿灿突入风暴……①

对这样的句型，怕是连分析都是多余的，或者用一切旧的方式也根本无法分析，无从分析，一切分析归于无效。

时光荏苒，20年过去了，杨炼先生这样奇特奇崛奇悍奇怪奇异的诗歌也渐次为诗界所认同。可见他所开创的乃是一条完全可以走通、走好，可以走出光彩来的文学之路。

顺理成章，凡一个超级人物的出现，必有相应的群体作支撑。《红楼梦》固然伟大，不可能产生于明代之前；鲁迅先生固然杰出，也不可能脱离于五四新文化运动。故除去毛、鲁、老，蒙、朔、炼之外，当有为数众多的对现代汉语语言及其句型作出杰出贡献的人。早一点的，如沈从文、钱锺书、张爱玲、萧红；晚一点的如赵

---

① 转引自《文化：中国与世界》第一辑，三联书店，1980年。

树理、张贤亮、冯骥才；更晚些的如刘索拉、刘恒、苏童与池莉；新颖作家如张驰与石康，加上更多更有冲击力的网络写手，尤其起到了推波助澜，甚至以另类姿态、另类情致、另类笔法、另类关注起到领时代风气之先的实验性作用，其宽度、广度、深度既是孔、孟、庄、韩时代未曾得遇，也是唐宋八大家时期难于比拟的。在句型的创新与创制方面，特别值得一书的人物还有周星驰及其大话系列。只是考虑到本书的整体安排，此处暂且不议。

二、文句的类型分析：不同的追求与不同的效果

所谓文句的类型分析，主要是考察汉语语句的表达方式与表达特色，说得大一点，可以看做是文句的范畴。

文句的表达方式与特色，内容极多，多到几近无边际，但人们常用的、喜欢用的和比较能出彩儿的没有这么多。况且因文体不同，或时尚不同，或作者个性不同，或对文句的理解与追求不同，也会处在不断地消长转换之中。如上一节谈到的整句、散句、排比句、转折句均属于此类。这里重点分析十二种类型。

1. 浓句与淡句

浓与淡原本是关于色彩的形容词，但也可用以表现文句。因为表现得好，有风情，有趣味，进而使之成为某类文句的名称，既有浓句，也有淡句。

浓与淡相比，中国传统更多青睐淡雅的色调。然而，不见得公允。实则淡有淡的高超处，浓也有浓的绝妙处。苏东坡形容西湖之美，"欲把西湖比西子，淡妆浓抹总相宜"，才是入情入理之言。

同样以美人为喻：美人如水，素面朝天，固然很好；浓妆重彩，惊艳绝伦，也很不错；不饰雕琢，不爱粉饰，天然一副风流态，固然很好；精心打理，故意安排，也很不错；豆蔻年华，青春气息洋

溢，固然很好；盛年严妆，国色天香，尤其不错。

浓与淡，其实也有程度与类型之别，有浓墨重彩之浓，也有精雕细琢之浓，有情意缠绵浸淫如火之浓，也有艳色惊天如光如电之浓。有的浓，浓在外而淡在内，《红楼梦》中的贾宝玉是也；有的浓，不但浓在色而且浓在心，温庭筠的词是也；有的浓有声有色，有的浓如素如初；有的云蒸霞蔚，嫣然一片；有的无端无绪，浓得化不开。

以诗词论，王维的诗写得淡，李贺的诗写得浓。李贺的诗不但诗意浓，遣词用字也浓，只是因为生不逢时与个人性格的原因，浓重之后至少有些怨气——有志不得伸。宋代词人中，柳永写得俗，晏殊写得雅，欧阳修则雅词也有，艳词也有。贺铸亦兼而能之，他的一些艳词，足令正人君子皱眉闭目，好不厌烦。秦观偶尔为之，也有颜色。使用浓墨重彩最有特色的词人，首推温庭筠。温词的色彩，堪称金碧辉煌，但不影响那词的情感表现力，我曾说过，李后主的词以绿色为主调，"一江春水向东流"，温庭筠的词则以金色为主，虽不必豪华，也不求豪华，但那骨子里的尊贵之气，却是等闲学不来的。这里举他最著名的词篇之一《菩萨蛮·小山重叠金明灭》。

小山重叠金明灭，鬓云欲度香腮雪。懒起画蛾眉，弄妆梳洗迟。

照花前后镜，花面交相映。新贴绣罗襦，双双金鹧鸪。

写美人慵懒之态，不但写得细，写得密，而且写得自我珍爱，字字如金。这样的浓词密句，唯有细心品味，方能体会到它的种种好处。

色彩浓重鲜明的不见得非艳词不可——请注意，本人一贯认为艳词有不可替代的价值。纵非艳词，有些艳色，也是好的。例如，毛泽东的那首《沁园春·雪》，极写冰天雪景之下，笔锋忽一转，又写一轮红日喷薄而出,那色彩自然也可以归入浓妆一路,然而,不是美艳,而是骄艳,所谓"须晴日,看红装素裹,分外妖娆"。

鲁迅先生的文字中也有一些色彩浓密的文句,不但写得密,写得丽,而且写得明明艳艳、电电光光。尽管这样的文句,在他的作品中数量不多,但那价值却是不可多得的。且看他如何写雪,写花,写意象中的蜜蜂。

> 雪野中有血红的宝珠山茶,白中隐青的单瓣梅花,深黄的磬口的蜡梅花;雪下面还有冷绿的杂草。蝴蝶确乎没有;蜜蜂是否来采山茶花和梅花的蜜,我可记不真切了。但我眼前仿佛看见冬花开在雪野中,有许多蜜蜂们忙碌地飞着,也听得他们嗡嗡地闹着。①

头一句,"雪野中有血红的宝珠山茶",又是雪野——好白呀,又是"血红"——好艳呀,又是"宝珠山茶"——好珍贵呀;这句子浓不浓?第二句,写"白中隐青",又写"梅花",虽非重写,也是色彩分明;第三句,写"深黄"——好明丽呀,又写"磬口"——好形状啊,再写"蜡梅花"——好品位呀;还不说后面的种种动景,只这三句,且又是"血红",又是"白中隐青",又是"深黄",又是"宝珠山茶",又是"梅花",又是"蜡梅花",这样明丽的色彩又如此密合在一起的奇文佳句,可是寻常笔墨写得出来的?这样的浓烈文字,比之一般以平庸为清高雅淡的所谓文人笔墨又岂止胜出百里?

他的小说《补天》中,又有一段写天之景色的文字,同样艳丽凝重,别具一种浓性的美丽,那句子端的是好。先生写道:

> 粉红的天空中,曲曲折折的漂着许多条石绿色的浮云,星便在那后面忽明忽灭的睒眼。天边的血红的云彩里有一个光芒

---

① 《鲁迅作品精选》,中国文史出版社,2002年。

四射的太阳，如流动的金球包在荒古的熔岩中；那一边，却是一个生铁一般的冷而且白的月亮。①

如此色调交会，细织密作，等闲哪里写得出来！但也毋庸讳言，浓的色彩确实易俗，控制不当，胡乱发作，甚至可能走向恶俗。民谚所谓"红配绿，赛狗屁"，话虽不雅，但有些道理在内。单以色彩论，淡的色调，即使有缺点，那缺点也不是昭彰显著的，浓的则不然。"浓"的色调仿佛放大镜，因为它浓，一倍的缺点就可能得到两倍的反感，结果成了负式马太效应。

淡的就不同了。淡其实并非主流——大众色彩，话说回来，真的是主流，它就没有那样的意义，也无力与"浓"抗衡了。

中国人——主要是士这个阶层喜欢淡，喜欢、提倡并推崇那雅淡的一面。这和中国艺术传统有关系，和中国士大夫文化传统与价值传统尤其有关系，与大红大紫相比，他们显然更喜欢更欣赏更由衷地钦佩"出淤泥而不染"的高洁，虚心而有节的志向，傲霜傲雪的品格以及勤俭朴讷的人生态度。

因此，中国传统画是以淡雅为先的，中国书法也是以自然墨色为上品的。表现在文学创作方面，在相当长的历史时段，朴素而有韵味的文字，白描式的技巧，显然更受青睐，更具影响力。以中国古典小说为例，《儒林外史》堪称白描技法的经典之作。鲁迅先生是这一派的衷心拥戴者与身体力行者。虽然如上所引，他的一些散文诗与小说中的景色描写，不但明丽，甚至秾丽，但比较而言，还是使用白描手法更多，影响也更大。

他写阿顺，只写她的脸形、脸色与眼睛：

她也长得并不好看，不过是平常的瘦瘦的瓜子脸，黄脸皮；独有眼睛非常大，睫毛也很长，眼白又青得如夜的晴天，而且

---

① 《鲁迅小说全编》，漓江出版社，1996年。

是北方的晴天，这里的就没有那么明净了。①

他写陈城也重在他的短发、脸色与目光：

> 凉风虽然拂拂的吹动他斑白的短发，初冬的太阳却还是很温和的晒他。但他似乎被太阳晒得头晕了，脸色越加变成灰白，从劳乏的红肿的两眼里，发出古怪的闪光。"②

他写魏连殳，也只是脸、头发、须眉与目光：

> 原来他是一个短小瘦削的人，长方脸，蓬松的头发和浓黑的须眉占了一脸的小半，只见两眼在黑色里发光。③

每个人物——不论这人是否全书的主角，只是寥寥数笔，就把最美的特征抓住了，"神"出来了，所谓"形似不如神似"，而写神的捷径便是白描。

写形象最详尽的人物则是祥林嫂，这是一段广为流传的经典段落。

> 五年前的花白的头发，即今已经全白，全不像四十上下的人；脸上瘦削不堪，黄中带黑，而且消尽了先前悲哀的神色，仿佛是木刻似的；只有那眼珠间或一轮，还可以表示她是一个活物。她一手捏着竹篮，内中一个破碗，空的；一手拄着一支比她更长的竹竿，下端开了裂；她分明已经纯乎是一个乞丐了。④

白描的好处，在于文字简省，却能形象分明。它绝不像工笔画那样，一笔一笔画下去，仿佛连一根头发也不放过，而是有选择的，写就写那最具代表性的地方，虽不浓彩重抹，却能淡而有味，以少

---

① 《鲁迅小说全编》，漓江出版社，1996年。
② 同上。
③ 同上。
④ 同上。

胜多。

2. 繁句与简句

繁是繁盛，简是简约，先说以繁盛为特点的文句。

繁盛的特点，或者说它最主要的优点，是洋溢着生命的活力。正如一株树，它不但活着呢，而且长得好，尤其长得茂盛，根是深的，干是壮的，枝是新的，叶是密的，色是绿的，生机勃勃，你靠近它，它好像要和你讲话一样。

繁句的样式，不免有些夸张，一个形容词不够，还要再加一个形容词；一个副词不过瘾，还要再来两个副词；一个动词不解渴，还要接二连三给它配上三个动词，仿佛花卉中的并蒂莲，有时并蒂莲都不够，还要一个并蒂再加上一群并蒂莲呢！

这样的文句，很难成为常规性的文字，但用得好时，却又别有味道。中国古典文学中常见这样的风格，而且越是俗文学，这个特点还越被强调，从而也表现得越发淋漓尽致。鲁迅在《中国小说史略》中引过这样一段话，而今转引来，以为例证：

> 玄宗之待安禄山，真如腹心；安禄山之对玄宗，却纯是贼心狼心狗心，乃真是负心丧心。有心之人，方切齿痛心，恨不得即刻剖其心，食其心；亏他还哄人说是赤心。可笑玄宗还不觉其狼子野心，却要信他是真心，好不痴心。[1]

文笔够俗的，俗而生繁也算本色。鲁迅先生不太满意，批评它"浮艳在肤，沉着不足"。这似乎也在那类作品的"逻辑"之中，不那么表现，又怎么表现呢？也有好的，并非"浮艳在肤，沉着不足"的。如被鲁迅特别赞赏的《西游补》也有很典型的繁性句子在，但那水准，颇不一般，书中描写几个儿童和唐僧调皮，戏弄他那件

---

[1] 鲁迅：《中国小说史略》，中国文史出版社，2002年。

百衲衣的话：

> 你这一色百家衣舍与我罢；你不与我，我到家里去叫娘做一件青蘋色、断肠色、绿杨色、比翼色、晚霞色、燕青色、酱色、天玄色、桃红色、玉色、莲肉色、青莲色、银青色、鱼肚白色、水墨色、石蓝色、芦花色、绿色、五色、锦色、荔枝色、珊瑚色、鸭头绿色、回文锦色、相思锦色的百家衣，我也不要你的一百家衣了！①

擅用繁句的大写家中，柏杨先生堪称翘楚。尤其他的那些在中国内地流传极广的杂文，时不时便来一段繁花似锦的文字，这文字真如七色宝塔一般，层层皆为繁式句型，从而也让读者过一把文句瘾——原来话是可以这样说的。我这里引录一段。

这段是写女性体形体线的，当然只是"一面"之形象，余下的"一面"我就不引了。其文曰：

> ……前面有一个姣娘，穿着三寸半的高跟鞋，小腿如玉，双臂如雪，十指尖尖如刀削，屁股至少三十八，胸脯至少亦三十八，腰窝则顶多二十一焉，无领旗袍（即今之"洋装"也），粉颈长长外露，一条幸运的金项链围绕一匝，乌发柔而有光，衣服与胴体密合，肥臀左右摇之，小腿轻微抖之，体香四溢，便是书上的美女，不过如此。柏杨先生心中怦然而跳，其他朋友更是坐不住马鞍，张口者有之，结舌者有之，涎水下滴者有之，手颤者有之，神授色与，几乎撞到电线杆上有之，有的还一面发喘一面喔嚅自语曰……②

似这等长疯了的文字，繁乱之中既有几分野性，又有几分原始

---

① 董说：《西游补》，上海古籍出版社，1983年。
② 《柏杨谈女人和男人》上册，吉林人民出版社，1998年。

生命力的冲动。

柏杨先生擅写女性的心态与滑稽态。调侃女性，吾所不与，但那文字确实繁花茂叶，别具文采。

简句的特色是简约，特长也是简约，与繁句恰恰相反。繁句是用很多的话说明一件事，这件事可能是一件很小很细枝末节的事，甚至只是说一个侧面，一个由头，一个瞬间，或一个片断。简句则要用很少的文字，去说一件很大的事，甚至很麻烦的事由，或很丰富的情感。它的高妙之处在于，以少而博大，以一而当十。它绝不把话说多了，说乱了，说绝了，而是处处步步留有余地，保留一块舒适的想象空间。仿佛中国传统写意画，虽画得好，不画得满，满了就挤了，就乱了，就俗了，而是独具匠心，留下相当的空白，因为处理得好，简而有致，于是那空白也成为了那画的有机的组成部分，从而使那画别成一种意境与风格。

简约的文字——简句，其实难得。虽然"饶舌"也是一种才能，但能做到简约，且简约得好，简约得漂亮，则非有特殊的文字功力不可，则非有高超的文字把握力不可，则非有超凡的文字感悟力与亲和力不可。若说繁句的妙处在于以十当一，简句的魅力则在于以一当十，甚至以一当百。

其实汉字、汉语本身天然具有某种简约的品质在，表现在字性、句性上，也不仅是古典的，而且是前卫的。

讲其古典表现，如唐诗、宋词，都有这样的品质，特别是格律诗，原来只有四句或八句，长篇大套，既非其所长，又非其所欲，用这么短的文句写出那么美的诗意、诗象、诗境，没有点简约的本领，怕是连门径都寻不见的。对联也是如此，匾额尤其如此，题字更是如此。八股文不怎么样吧？也有这特征。这个且不说它，仅以现代白话散文句式而言，这特色同样表现突出，个中高手，更不知其凡几。

这里先引大画家黄永玉先生在其"大画水浒"中的一段话，话语虽短，却意味悠长，饶是读了七八遍，还觉得意犹未尽。我认为这文字即使放在任何一种文献中，都掩不住它那特有的智慧之光。其文曰：

> 土拨鼠打洞误入煤矿坑道。矿工问其来此贵干？答曰："深入生活。"矿工喜曰："欢迎作家光临！"土拨鼠曰："哪里！哪里！此处深度不够！"矿工问："君奚于胡底？此处已深三千米，底下无人烟矣！"土拨鼠曰："不管有人无人，只要越深越好！"
>
> 语讫入土不见。①

文句简约精当，能用一字，不用二字；句式凝练爽洁，且古色古香。尤其末一句"语讫入土不见"，最是平常不过，又最是传神不过，仿佛陈年老酿，虽朴实无华，却余味无穷。

黄先生在书前写了一篇自述，同样简约雅致，趣味在焉。这里录其大半：

> 余年过七十，称雄板犟，撒恶霸腰，双眼茫茫，早就歇手；喊号吹哨，顶书过河，气力既衰，自觉下台。
>
> 残年已到，板烟酽茶不断，不咳嗽、不失眠数十年。嗜啖多加蒜辣之猪大肠、猪脚，及带板筋之牛肉，洋藿、苦瓜、蕨菜、浏阳豆豉加猪油渣炒青辣子，豆腐干、霉豆豉、水豆豉无一不爱。
>
> 爱喝酒朋友，爱摆龙门阵，爱本地戏，爱好音乐，好书。
>
> ……
>
> 不喝酒，不听卡拉OK，不打麻将及各类纸牌。
>
> 不喜欢向屋内及窗外扔垃圾吐痰。此屋亦不让人拍电影及旅游参观。②

---

① 《黄永玉大画水浒》，作家出版社，2002年。

② 同上。

这等文字，虽出于老人之手，但具有新潮品格，在青春派书评中，很受青睐，在短信或网络语言中尤为常见。

因为它短，节奏也快，句式不能复杂，能省则省，能略则略，又很有趣味，且带些善意的嘲讽和幽默，与现代人的生活节奏恰恰合拍。

简约、深刻、好玩，正是小资的最爱，因为小资喜欢的多是这样的句式与风格。关于小资的书，我拜读过几本。我的感受，写小资，文笔也小资的不算太多，很多是隔靴搔痒，差了一层。有一本《亲爱小资》，写得的确好。那书中不少文字富有简约调侃的情调，文句既凝练又风情如许。

这里摘录其中一篇短文作为范例。题目为《小资读书十大幻觉画面》。

① 湄公河晨曦，雾，水流平稳，舒缓
② 泰山日落图，山峰环绕，姿色妖娆
③ 荒郊野外之孤独水桥，冥无人烟，夜色弥漫
④ 巴黎，凯旋门，大雪后，朝阳初露
⑤ 北京，天安门广场，春，风沙漫卷，红旗飘扬
⑥ 徽州古镇，池塘，秋风乍起，日光被风飘荡
⑦ 美人迟暮，细碎小步慢慢踱进画面，白光起，隐去面孔
⑧ 夜，"七宗罪"现场般冷光笼罩，秋出呢喃
⑨ 夏，雨大如豆，无音响效果，默片，黑白，山水幻觉
⑩ 红唇微翕，齿白如画，细眉弯，低语含混[①]

只用几个名词或几个主谓词组加上点别的点缀就成为十大幻觉画面，我们可以知道，汉语文句是这样简洁的，却一点也没有削弱其表现力。

[①] 劳乐：《亲爱小资》，新世界出版社，2003年。

3. 疏句与密句

疏与密和繁与简相似，但又不相同。疏不是简，虽然疏与简有相似之处，或者可以说疏中有简，却不可以说简中有疏。简是抓住至关紧要之点，一笔写穿，或一笔写到，或一笔点睛，而将那些无关紧要的地方，能回味者归于回味，适联想者还于联想。疏虽然写得缓，写得开，但不走省略之路，主语是主语，谓语是谓语，宾语是宾语，总之，该有的它都有，只是不那么详尽与周密罢了。

疏句的特点是自然、舒展，而且大气。作为文学语言，即使概括，依然言之有物；即使归纳，依然不失具象；但强调自然、舒展、大气，绝不生硬，也不急促，更不粗枝大叶。有时看上去有些抽象，也不是形而上学那样的抽象。纵然写到形而上学那样的层面，也具有汉语文句特有的美丽。

疏句，尤其达到艺术层面的疏句，并非一个容易达到的目标，很多时候，都是写密了易，写疏了难。多写文章的人，常常善于用加法，拙于用减法，甚至善于用外力，拙于用内力。古时名将讲究外表平静如常，气也不急，面也不赤，能开三石弓，能舞百斤刀，这个才是更难的呢！

一些特别的艺术形式，对"疏"的要求可能更高些。如戏剧、曲艺、骈体文、古诗词等。并非没有细节的描写，只是概括性文字用得更多些。因为它受篇幅、时间、平仄、对偶等多种条件所限，唯有写得疏，才容易与其他表现手段相配合，也给其他艺术表现手段留下了必要的空间。

京韵大鼓中有一段《丑末寅初》，是骆玉笙先生的代表作，那文字真个疏疏朗朗，清清明明。它实际上写了好几件事，且件件如描如画，而一件事也不过用去五七句唱词，然而够了。文字虽少，内容却多；内容虽多，绝不拖泥带水；而且有人物，有色彩，有动感，有形象；加上韵律的美妙和骆先生一副金嗓子，给听众一曲唱罢绕梁三日之感。这里录其两个小段：

打柴的樵夫就把这个高山上，遥望见，云淡淡，雾茫茫，山长着青云，云罩着青松，松藏着古寺，寺里隐着山僧，僧在佛堂上把那木鱼儿敲得响乒乓啊，他是念佛烧香。

……

牧童儿不住地高声唱，我只见他，头戴着斗笠，身披着蓑衣，下穿水裤，足下登着草鞋，腕挎藤鞭，倒骑牛背、口吹短笛，吹的是自在逍遥，吹出来的那个山歌儿是野调无腔，这不越过了小溪旁。[①]

这句式的特色是：事多，画面多，然而写得精练，一方面是要言不烦，一方面是疏而不漏；虽要言不烦又面面俱到，虽疏而不漏又有重点描写。

其他文学形式，也有写得疏的。近日读木心先生的《哥伦比亚的倒影》，那文字真正写得好，写得奇，对汉语的应用到了炉火纯青的境界。其中一个特色，就是铺张陈事，不作深论；数经论典，不作细论。虽然不作深论，不作细论，但那文字、文句给人的印象是很美的，那结论给人的印象也是深刻的。

例如，他讲到中国的"人"与中国的"自然"时，写了这样一段话，顺便说，这一段也是这文章的主体。

中国的"人"和中国的"自然"，从《诗经》起，历楚汉辞赋唐宋诗词，连绵表现着平等参透的关系，乐其乐亦宣泄于自然，忧其忧亦投诉于自然。在所谓"三百篇"中，几乎都要先称植物动物之名义，才能开诚咏言；说是有内在的联系，更多的是不相干地相干着。学士们只会用"比"、"兴"来囫囵解释，不问问何以中国人就这样不涉卉木虫鸟之类就启不了口作不成诗。楚辞又是统体苍翠馥郁，作者似乎是巢居穴处的，

[①] 《京韵大鼓传统唱词大全》，中国戏剧出版社，2000年。

穿的也自愿不是纺织品。汉赋好大喜功，把金、木、水、火边旁的字罗列殆尽，再加上禽兽鳞介的谱系，仿佛是在对"自然"说："知尔甚深。"到唐代，花溅泪鸟惊心，"人"和"自然"相看两不厌，举杯邀明月，非到蜡炬成灰不可，已岂是"拟人"、"移情"、"咏物"这些说法所能敷衍。宋词是唐诗的"兴尽悲来"，对待"自然"的心态转入颓废，梳剔精致，吐属尖新，尽管吹气若兰，脉息终于微弱了。接下来大概有鉴于"人"与"自然"之间的绝妙好辞已被用竭，懊恼之余，便将花木禽兽幻作妖化了仙，烟魅粉灵，直接与人通款曲共枕席，恩怨悉如世情——中国的"自然"宠幸中国的"人"，中国的"人"阿谀中国的"自然"？孰先孰后？孰主孰宾？从来就分不清说不明。①

讲了多少事呀，讲《诗经》，讲《楚辞》，讲唐诗，讲宋词，讲"拟人"、"移情"、"咏物"，讲"兴尽悲来"，讲烟魅粉灵，既做到了面面俱到，又不过是点到为止，虽然是点到为止，又能笔笔风流，尽管笔笔风流，又没有半点拥挤压迫的感觉，而是清清爽爽，似行云，若流水。由此可见，越是"疏"的文字，没有大手笔越是难以驾驭它们。

疏既不等于简，密也不等于繁。繁是疯生疯长，四处张扬，主语也要三个五个，谓语又要成连成串，连宾语都要成双成对；密句则是精心设计，细致出排。它宛若工笔画，一丝一毫都要画得真，画得切；一字一句都要写得紧，写得细，所谓紧针密线，严丝合缝。然而，又岂止是"紧针密线"、"严丝合缝"而已，她虽然细密，细致、细腻，却依然不失其优美之本意，也不缺少任何功能。

写得疏时，固然需要学力与功力，写得密时，同样需要功底与能力。比如绣花，单面刺绣，绣成卓然大家已非轻而易举；双面刺绣，这一面看是憨态可掬的国宝熊猫，那一面却是亭亭玉立的古装

---

① 木心：《哥伦比亚的倒影》，广西师范大学出版社，2006年。

仕女，就更难了。

前面说到由于题材、音乐等原因，一般戏剧曲艺的唱词都写得比较"疏"，但也不尽然，也有一些不疏反密，而且不密则已，一密便"密不透风"，让表演者观赏者都有些"紧张"得透不过气来。不是身体不行，实在这词句写得太过惊奇，让你不知不觉便屏住了呼吸。比如评剧《花为媒》中一段张五可的"夸美"的唱词，便有这样的意思。经新凤霞一唱，更其好了。那唱词写道：

张五可，用目瞅，
上下仔细打量这位闺阁女流，
只见她头发怎么那么黑，
她那梳妆怎么那么秀，
两鬓蓬松光溜溜，何用桂花油，
高挽凤纂，不前又不后，
有个名儿叫仙人鬏。
银丝线穿珠凤在鬓边戴，
明晃晃，走起路来颤悠悠，颤颤悠悠，真亚似金鸡叫的什么乱点头。
芙蓉面明晃晃多俊秀，杏核眼灵性儿透，她的鼻梁骨儿高，相衬着樱桃小口，
牙似玉，唇如朱，不薄也不厚，
耳戴着八宝点翠叫的什么赤金钩。
上身穿的本是藕荷衫，镶着金边，又把云字绣，
周围是万字不到头，还有那狮子雪上滚绣球。
内套着小衬衫，袖口有点瘦，
她整了一整装，抬了一抬手，
稍微一用劲儿透了一透袖，
露出来十指尖如笋，她腕似白莲藕。

人家生就一双灵巧的手,
巧娘生的这位俏丫头。
下身穿八幅裙捏百褶是花洋绉,
俱都是锦绣罗缎绸。
裙下边又把红鞋儿露,
满帮是花,金丝线锁口,
五彩的丝绒绳儿又把底儿收。
个头儿不高不矮,人家不胖又不瘦,
她的模样长得好面带忠厚,她的性情温柔。
巧手难描画又画不就,
生来的俏,行动风流,
行风流动风流行动怎么那么风流,
猜不透这位姑娘是几世修。①

  散文体语言中,写密句写得成功的例子更多了。最常见最有说服力的例证,我以为无过于《红楼梦》的。这显然也与作者生活的时代风尚有某种关系。因为那实在是一个凡事都讲究排场、精美与闲适的时代。这样的时代已经全然过去,将来是否还会轮转回来,是如我一样的平庸之辈无法估计的。至少在以市场经济为主脉的社会条件下可能性不会很大吧。

  曹雪芹虽然家庭惨遭不测,本人又半生潦倒、生活贫困,然而,他的优势在于有的是时间。不像现在中国书写者,挣钱的机会固然没有哪一代文人墨客可比,时间的紧迫与生存的竞争压力,也是任何一辈中国古人没有经历过的。尽管写长篇小说的可以比《红楼梦》写得更长,也多半是急匆匆构思,急匆匆动笔,又急匆匆完稿。你想十年磨一剑,剑未磨成,环境变了,你的人物与故事没人看了,想用它们换取"名"、"利",对不起,晚了。

---

① 《评剧大观》,中国戏剧出版社,1981年。

《红楼梦》写得细密，又与汉语的历史传统有关系，与它的特殊题材有关系，也和书中的人物有关系。

说与历史传统有关系，因为汉语的文学创作了明清时代，走到这一步了。这不再是一个赋体的时代，不再是一个格律诗的时代，也不再是宋词、元曲的时代了。此时最有才干最受历史青睐的中国人要在小说，在白话小说，在长篇白话小说方面一展其才了。在这样的历史的继承繁节上，要求你写得细、写得精、写得美。

说与题材有关系，因为它非比《三国演义》一样的历史题材，可以写得粗些，重大题材也要细节，但重点显然不在日常生活方面，生活细节少些，也能成功，但生活类作品，写得粗了，便有些不像，或者不清晰，不逼真。

说与书中人物有关系，因为这书中的人物，差不多是承载着中国数千年历史文化重担的。他们的一衣一衫，甚至一颦一笑都与古老的中国文化息息相通，没有写精写细的笔力，又怎能把他们写得"出"来？

先看一段对凤姐的描写，只说——

> 这个人打扮与众姑娘不同，彩绣辉煌，恍若神仙妃子：头上戴着金丝八宝攒珠髻，绾着朝阳五凤挂珠钗；项上戴着赤金盘螭璎珞圈；裙边系着豆绿宫绦，双衡比目玫瑰佩；身上穿着缕金百蝶穿花大红洋缎窄裉袄，外罩五彩刻丝石青银鼠褂；下着翡翠撒花洋绉裙。一双丹凤三角眼，两弯柳叶吊梢眉，身量苗条，体格风骚，粉面含春威不露，丹唇未启笑先闻。[①]

那相貌的描写也不说了，那神态的描写又不说了，只说头上戴的"金丝八宝攒珠髻"，绾的"朝阳五凤挂珠钗"，您知道这是一种什么样式的发髻，又是什么样式的珠钗吗？还有项上戴的"赤金

[①] 曹雪芹：《红楼梦》上册，人民文学出版社，1982年。

盘螭璎珞圈"与裙边系的"双衡比目玫瑰佩",您可知道这是一种什么样式的"圈",又是一种什么样式的"佩"吗?

这些内容,绝非曹雪芹先生信笔"诌"来,而是有根有据、有经有脉的,同时,又具有很高的文学性与艺术性,还具有很高的考古价值与实用价值。

人物写得好,居住环境又写得细,但见笔笔写来都有讲究。如写王夫人的居室陈设:

> 临窗大炕上铺着猩红洋罽,正面设着大红金钱蟒靠背,石青金钱蟒引枕,秋香色金钱蟒大条褥。两边设一对梅花式洋漆小几。左边几上文王鼎匙箸香盒;右边几上汝窑美人觚——觚内插着时鲜花卉,并茗碗痰盒等物。地下面西一溜四张椅上,都搭着银红撒花椅搭,底下四副脚踏。椅之两边,也有一对高几,几点茗碗瓶花俱备。①

若问何以对王夫人的室内环境要如此细描细绘,因为她不是旁人,而是书中主人公贾宝玉的妈妈。

可见,微细笔密句,很多情况下,便无人,无事,无书。

写得更细、更有风采的则是贾宝玉与林黛玉,只是考虑到本书的篇幅,恕小生不能再引用下去了。

4. 快句与慢句

快与慢讨论的不是文字的多少问题,而是语句所传达的节奏问题,而节奏又可以分为作者与读者两个方面。

作者这一面,包含两层意思:一是作者的心理节奏,这是主观追求的,即欲写快还是欲写慢;二是文本节奏,这是客观再现的,即该写快还是该写慢。

---

① 曹雪芹:《红楼梦》上册,人民文学出版社,1982年。

这两方面的统一与和谐至关重要。一个故事，它的情节要求你有"快"的文字表现，可你的心理追求却执意"不快"，这故事怕写不好，很有可能把它写"散"了；故事情节要求快，你的心理感受也同意这"快"，但文字表现能力不够，结果，同样可能把这故事写"散"了，写"泄"了，或者写"病"了。不仅故事而已，说理文、抒情文也是如此，戏剧、诗歌依然如此。

作者有作者的节奏，文本有文本的节奏，读者也有读者的节奏。一是阅读节奏，而阅读节奏又最好与读者的心理期待与文本感受相一致。二是文本节奏。二者和谐即可产生共鸣性效应。有共鸣时，难免读书读哭了，或者读笑了，甚至读迷了、读痴了。没有共鸣时，就读不进去，人人说好，到我这儿，不中用了，享受不了它。据说王蒙先生就读不了《百年孤独》，几经努力，"拿"它不下。以我的经验，年纪轻时，很难读懂《儒林外史》。40岁前，我只知道那是一部杰作，但杰作归杰作，我不喜欢；40岁后，我才真正体悟到了那书的伟大。到了此时，它的节奏才拨动了我的心弦。

节奏快，需要安排相应的文字与文句。文刚词烈，自然产生快的感受；文激语荡，又必然产生强烈的动感。这方面，我以为在汉语著作中，邹容的《革命军》是一部杰作。

邹容此文，大气磅礴，有雷霆万钧之力；高屋建瓴，有山呼海啸之声。那文字之激荡，不能以常理视之，如此，则书生意气，不明人情物理；那情绪的激烈，又不能以常理度之，如此，则不免有狂人之嫌、狂人之感；那立论的高迈，亦不能以常理视之，如此，则高言大论，不合实际；那立论之雄辩，更不能以常理视之，如此，则不免找不到逻辑起点，甚至于找不到回头之路。

之所以如此，因为那文章乃是革命时代的战斗之论。革命者，非压迫不可产生者也，非奇耻大辱不可产生者也，非贫困难以生存不可产生者也，非有远大理想不可产生者也。革命之文，书写的是非常之理，讲说的是非常之论。邹容生逢其时，命尽其业，口诛不成，便要笔伐，笔伐不成，就要行动。他的文章如火如荼，因为他内心如火如荼；他的文章如铁如钢，因为他的意志如铁如钢；他的风格如雷如电，因为他的追求如雷如电。读邹容之文，想见其为人，可以知道，唯有非常时代可以造就这样非常的才俊；想邹容其人，邹容之文，知道唯有激情时代始可锻炼出这样激情的文字。这里敬引《革命军·绪论》的首尾二段，以为明证。

首段云：

> 扫除数千年种种之专制体制，脱去数千年种种之奴隶性质，诛绝五百万有奇披毛戴角之满州种，洗尽二百六十年残惨虐酷之大耻辱，使中国大陆成干净土，黄帝子孙皆华盛顿，则有起死回生，还魂返魄，出十八层地狱，升三十三天堂，郁郁勃勃，芬芬苍苍，至尊极高，独一无二，伟大绝伦之一目的，曰"革命"。巍巍哉，革命也！皇皇哉，革命也！①

末段云：

> 夫卢梭诸大哲之微言大义，为起死回生之灵药，返魄还魂之药方。金丹换骨，刀圭奏效，法、美文明之胚胎，皆基于是。我祖国今日病矣，死矣，岂不欲食灵药、投宝方而生乎？苟其欲之，则吾请执卢梭诸大哲之宝幡，以扩展于我神州土。不宁唯是，而况又有大儿华盛顿于前，小儿拿破仑于后，为吾同胞革命之表木。嗟呼！嗟呼！革命！革命！得之则生，不得则死。毋退步，毋中立，毋徘徊，此其时也，此其时也。②

邹容写《革命军》，年方十八岁。十八岁少年，英气勃发，好不爽人，联想到如今二十岁的青年写文章，出小说，总有人指手画

---

① 邹容：《邹容文集》，重庆出版社，1983年。
② 同上。

脚，说这也欠成熟，那也不周到。若非我们不曾进步，必是批评者的大脑得了某种老年文化病。

常常让我遗憾的是，这样的如风如雨、如雷如电的文字真是久违了。充斥于耳目，常是些不痛不痒的大路货，常是些不阴不阳的所谓中性语言。但我想，中性不是一种褒扬性描述，而中性文章，更多平庸之感。

快是一种节奏，慢是另一种节奏，正如能写"快句"的是一门功夫，能写"慢句"的则是另一门功夫。

文字节奏慢，主要是因为作者心中有时间。他不怕闲，他喜欢闲，而且他有能力表现这闲。虽然闲的背后有喜也有悲，有哀也有怨，但从总的基调看，那心理历程是可堪回忆的，那回忆内容又是可以把握的。纵然是喜，也不是狂喜；纵然是悲，也不是痛彻心腑之悲；纵然有怒，也不是冲天一怒。或者曾经悲过，或者又有反思；或者有悔，或者无悔；或者有些忘记，或者也有些刻骨铭心。纵然有怨，也断乎不是怨气腾九霄，或者怨恨比厉鬼，真的如此，岂有闲哉？又怎能写出那曼妙优美的"慢句"出来？总而言之，慢句的心理是可以仔细斟酌，悠悠品味的。

慢的文字，种类也多，比较有代表性的，一是自然山水之作，二是抒情写意之作，三是禅机禅心之作，四是清言隽语之作。当然不限于此，总而言之，以这几类为多。

先说自然山水之作。描写自然，先要热爱自然、亲近自然，还须会欣赏自然，知道并发现它的绝好之处，也不管这自然是三月杏花江南也好，是九月塞北狂沙也好，是"千里冰封，万里雪飘"也好，是"枯藤老树昏鸦"也好，是"秋水共长天一色"也好，还是"架上鹦鹉案头花草"也好，你爱它，才写它，你写它，必细细品味它。如果像我们某些游山玩水的同胞那样，满头是汗，满脸是灰，匆匆而来，匆匆而去，东走西奔，只是一个忙，东张西望，又是一个忙，东盼西顾，还是一个忙，那是找不到慢文美句的。

这里引一段俞平伯先生养鸟、赏鸟的文字，单那题目就知道这是一位富有闲情逸致的雅客骚人。题目是《稚翠和她情人的故事》。文中有这么一段描写，不但细腻，尤其休闲。

> 他俩都是红黄的胸脯，以下呈淡青色，自头迄尾复以暗翠的羽毛，略近墨绿，红喙黄爪，翅边亦红，长约三寸许，稚翠大约比她的情人还要苗条些。（以上是参照莹环当日所画记下的。）声音虽不及芙蓉鸟竹叶青那么好听，而小语聒碎得可怜，于风光晴美时，支起玻璃窗，把一个短竹竿挑起笼儿，斜挂檐前。迟迟的春日渐上了对面的粉墙，房栊悄然虚静，或闲谈，或闲卧，或看环作画，忽然一片吉力刮辣的小声音岔断我们的话头，原来他俩正在笼子里打架。[①]

说到抒情写意之作，早一点的则有元稹的《莺莺传》，后面又有沈三白的《浮生六记》。《莺莺传》其实是个悲剧，只是作者不这么认为。他本人既是一个极有才华的才子，又是一个对女性缺少平等真爱的登徒子。所以虽然是悲剧，却被他写得无限缠绵，把一位闺中少女的情思恋感写得如诗如画，留下多少想象的空间。

《浮生六记》则是作者的真情纪念。那故事是悲哀的，作者的情感是凄苦的。然而时过境迁，不是号啕之悲了，不是悲痛交加了，而是往事历历，萦绕心头，挥之不去，去而复来。这些如此美好的情感与形象都如同口中的槟榔一样，越是咀嚼越有味道。于是"春蚕到死丝方尽"，便留下了这样一部沉静凄美的文字。

当代擅作休闲文字的，则有张爱玲。张爱玲的文字是特别"小资"情调的，有悲有痛，无伤大雅；有苦有乐，亦在"福"中。她的文字其实活泼，只不过有尺度，能休闲，很受当初上海拥趸的欢迎，这些年更成为所谓女性小资的必读之物。

---

① 《俞平伯散文选集》，上海文艺出版社，1983年。

此外，禅语也是慢的，中国特有的清言小品也是慢的。

禅语慢，因为它智慧。一个看透——参透大界的人是不会火烧火燎、上房揭瓦的。他纵然未曾成佛，也一定不会有那许多的躁气、火气、煤烟气。虽然也有说得深时，但细细品来，那心境依然是平如水，光如镜的。我最欣赏的禅宗语录中，有寒山与拾得的两段对话，那对话端的是好，不但意味绵长，而且百读不厌——至少在我是如此。

寒山问拾得曰：世间谤我，欺我，辱我，笑我，轻我，贱我，厌我，骗我，如何处治乎？

拾得云：只是忍他，让他，由他，避他，耐他，敬他，不要理他，再待几年，你且看他。[①]

问者有些急，因为心境尚未空明；答者则无碍，因为他放下了心事，从而也参透了人生。

还有幽默与清言。幽默这个词，属于外来语，古汉语中不曾见。但这不是说古来的中国人就不会幽默，只是有其实，没其名，自觉度不够高就是了。且中国式幽默多为冷幽默，仿佛民族戏剧舞台上的丑角。他的脸是冷的，表情是严肃的。他让你笑，你不笑他就算没完成任务，但他本人绝对不笑，你越笑他还越是不笑，是谓"冷"。因为他不笑，他的语言与行为有时就变得更可笑，是谓"冷幽默"。

中国式幽默在马三立的相声中表现得很突出。他的语言特点，是特别擅长铺垫；他的句型特点，是非常口语化。无论段子长短，只是从容道来，但内在节奏是准的，大抵铺得慢，用得是慢节奏，一步一步引你前来，到了火候了，包袱"抖"得却快。铺只在情理之中，"抖"却在意料之外。虽是意料之外，又在逻辑之内，故而不但当下便会笑得前仰后合，过后想想，还会笑呢！

---

① 《禅宗灯录评解》卷首，山东人民出版社，1994年。

上述文字，都属于文学艺术领域。文学艺术语言之外，也有以"慢句"而成妙文的理论文章。这方面能家甚多，我最喜欢和敬重的是吴方先生。他的那一本《斜阳系缆》在我是数读而不厌的。他写的"慢"平稳，一字一句，不事声张，不尚修饰，不煽情，也不矫情。因为他真的有学问，有自信。而有学问有自信的学者是用不着拉着架势吓唬人的。人的行文，只是不慌不忙，娓娓言之，而且有来龙，有去脉，有体会，有心得。他评论台湾大作家高阳，写了这样一段话：

> 许多年来，我们习惯于剑拔弩张、爱憎分明地去"占领历史"，以史为鉴或古为今用，也几乎是开卷不忘的。读书，或热坐蒸笼或冷卧冰凌，难得平心。但头童齿豁，渐渐觉得事情原也不那么简单，更不必"实用"当头（一来不易"实用"，二来不免有副作用）。这时读高阳的历史小说，便觉天外有天，别有兴味，再好些，眉头心上，或许消遣中有启发，无意得之，更具一种滋味。这滋味如何，大抵是说不清的复杂，总非"强说滋味"一类。好之者，即有同嗜焉的二三友人，谈论高阳，每以评论为难事，大约讲史如此，读史如此，不"强说"，却好在醺醺有味罢。①

写得可有多么好。若没些真功夫，哪有这等笔触、这等心态。

吴方不幸英年早逝。算起来，我和他也算在一个单位工作过。只是我去时，他已经"走"了，他从前的同事有些就成为我后来的同事，他从前的朋友有些也成为我后来的朋友。听朋友说，他患绝症之后，一样平静待客。这次去看他，说是"转移"了，下次去看他，说是手术了，但并无颓败之情，绝望之色。我听了感动。一方面，报怨上天不明，没有假寿于贤者；另一方面，不觉得唯有这样

---

① 吴方《斜阳系缆》，辽宁教育出版社，1996年。

的人物才有这样的境界。同时认为,这境界二字,只有如吴方一样的人才配得上的。

5. 整句与散句

这两类句式前面略有涉及,这里换个角度讨论它们。

整句即比较完整且一般也比较长的句子。这样的句子在实用散文与诗歌中的作用明显有别,这里先说散文。

整句型的散文表现,第一是在应用文方面,如公文往来,如官方文告,如公司函件,如法律文件,如社情咨文,如报告文书等,这些文章要求:句句应完整,字字应明确,一句是一句,万万不可有歧义。它不需要文字表达方面的浪漫,也不需要叙述技巧方面的发挥。浪漫了,反而可能伤害原本的文义;发挥了,又有可能偏离所强调的主题。

散句句型一般不适于这类实用性文字,它的特长在于"活",且往往具有言虽尽、意犹在的妙处。但这妙处,一进入应用类文体,往往成为坏处。因为应用文体不需要阅读者再动脑筋、费周折,它要的就是清清楚楚、明明白白,越没有歧见越好,越一目了然越好。

整句句型,尤其是那些比较长的内容严肃的整句句型,中间是不许加逗点的,它要的就是义正词严,西装领带,纵然有些笑意,也自有严整不容侵扰的精神流布其间。

但也不是说整句句型只适用于应用文,它在抒情文学中也有很上乘的表现。只是那背景,以悲剧或正剧为多,因为它悲,才要一字一句、一板一眼地从头道来,不但说得"清",而且说得"苦"。悲剧,尤其是中国式的悲剧,它本质上乃是一种苦情戏,表现在句型上,也不需要任何的跳荡、省略与兴奋。这里引一段京韵大鼓《探晴雯》的唱词,那内容自然是撼动人心的,但文字的形态却是完完整整的。唯末一句,因为唱腔的需要,有些参差。

宝玉欠身把屋进,
迎面儿,香炉紧靠着后窗棂。
瓷壶儿放在那炉台儿上,
茶瓯儿摆置就在碗架儿中。
内间儿,油灯儿藏在那琴桌儿下,
铜镜儿,梳头匣儿还有旧胆瓶。
小炕儿,带病的佳人斜玉体,
搭盖着他那半新不旧的被红绫。
面庞儿桃花初放红似火,
他那乌云儿这不未绾横簪发乱蓬。
小枕儿轻轻斜倚蛮腰儿后,
绣鞋儿一双紧靠着炕沿儿扔。
柔气儿隐隐喧声把脖腔儿堵,
他那病身儿这不辗转轻香翻说骨节儿疼。
猛听得颤微微的声音叫声嫂嫂,
你把那壶内的茶儿递给我半盅,我这心里头似个火烘。①

整句型在韵文中另有表现。例如,汉语特有的骈体文,其表现方式多姿多彩:可以叙事,也可以抒情;可以言悲,也可以言喜;可以作快,也可以作慢。但从句式上看,则无不整齐,亦无不完整。

表现在诗歌方面也是如此,例如七律、七绝,都是有字数要求的,虽有字数要求,使用得当,也不影响它的表现范围与效果。

散句型的特点就是灵活、多变,且因其灵活而来得生动有趣,又因其多变而来得跌宕起伏,有更丰富的表现力。

从汉语的发展历程与趋向看,"整"的终究会走向"散"的。这一点以中国诗歌的历史表现最为典型。例如,四言诗终究让位于五言诗,五言诗又让位于七言诗;例如,唐诗终究让位于宋词,宋

---

① 《京韵大鼓传统唱词大全》,中国戏剧出版社,2000年。

词又让位于元曲。从唐诗到宋词，唐诗的句型是整齐的，宋词的句型则是分散的；从宋词再到元曲，又加上不少衬字、垫字、双声字、口语字，那"散"的特点更突出也更充分了。

从散文的角度看，好的散文——美文，极少只用或主要用整句型的，那就太板正了。太过板正的文章，除非有特殊的条件与要求，多半不招人喜欢。比如悼念性文章，多用整句型。悼文中也有极好的文章，但不能以常例论，也不可多读之，天天读悼文，您就需要看看医生了。

特别优秀的散文，往往为遣词造句之能事，可以把一些很是平常的句式调理得有声有色，变化多端。这里引一段著名主持人张越记述唐师曾的文字。这段文字是写唐先生形象的，然而，句式多变，效果奇佳。她这样写道：

> 走进什刹海后海边的唐家小院儿，我吓了一跳：怎么英达搬这儿住来了？仔细一看，不是英达——还不如英达呢！高、白、虚胖，大圆脸、小眯缝眼儿，戴眼镜（哪有战场上的英雄还戴眼镜儿的？）。倒是穿着伊拉克军队的毛衣、美国兵的裤子，系着维和部队的裤腰带，但怎么看怎么不精干，站没站相、坐没坐相，浑身八道弯儿，脸上带着半是慈祥、半是痴傻的笑容。[1]

写得真好，写绝了。读了这文章，没见过唐师曾的读者怕不想见他了，不怕别的，怕辜负了这文字；或者相反，没见过唐师曾的读者，更想见他了，比较一下，到底是哪一面的唐师曾更有"精神"？

不但散文，一些好的戏曲唱词也有这特点。实际上，元曲的句型原本就是参差不齐的，多数如此。只是到了梆子、京戏这样的戏剧时代，那唱词反而规整起来，规整了，又通俗了，文学性也下降了，可读性，更不行了。但也有突破有创造，例如翁偶虹先生的名

---

[1] 张越：《问题青年唐师曾》，广西师范大学出版社，2003年。

作《锁麟囊》中的一些唱词，在句型安排方面，既学旧制，又有新成，既有尺寸，又有创造，运用了散、整交替的手法，不惟流光溢彩，而且句长句短，顾盼生辉。这里选一段"那一日好风光忽觉转变"：

那一日好风光忽觉转变，
霎时间日色淡似坠西山。
在轿中只觉得天昏地暗，
耳听得风声断，雨声喧，雷声乱，乐声阑珊，人声呐喊，
都道是大雨倾天。
那花轿必定是因陋就简，
隔帘儿我也曾侧目偷观。
虽然是古青庐以朴为俭，
哪有这短花帘，旧花幔，参差流苏，残破不全。
轿中人必定是一腔幽怨，
她泪自弹，声续断，似杜鹃，啼别院，巴峡哀猿，动人心弦，好不惨然。[1]

这么好的唱词，加上程砚秋先生的唱腔与表演，那影响不能不深入人心。

6. 俗句与雅句

俗与雅的关系还别有渊源与深意，将在"文变"一章中另作分析。这里先从雅句谈起。

雅是一个极好的褒词，汉语中，大抵与雅沾亲带故的，都是好的字文，如文雅、高雅、优雅、典雅、素雅，种种。

雅字虽好，真要达到雅的层次，却难，而真能写出雅的文字则更难。雅人都未必有雅言，更何况这世界上俗人甚多，雅人从古至

---

[1] 萧晴记谱整理，《程砚秋唱腔选集》，人民音乐出版社，1988年。

今，总是少之甚少。

文字写得雅，需要种种条件，文风、文意、文见、文识，都有关系。以小说论，《红楼梦》的文字是雅的典范；以韵文论，汉、六朝的赋是雅的高峰；以诗词论，则李商隐的诗、李后主的词最为雅风雅调；以戏剧论，唯汤显祖的《牡丹亭》堪称古典的"雅剧"之王。

这些先不说它，先说近十年来，中国内地的雅文雅作也应时而见。但雅文雅作在文学的整体比重中，无论如何，不会太多。多了就俗了，这也是一件没有办法的事。

而且，需要说明的是，雅文不等于美文。比较起来，美文、美句还要更多些。美文、美句也有种种形态，达到雅的层次的，就少了。雅文、雅句固然也有种种形态，但大体说来，都可以达到美的高度，甚至超而过之。就我的阅读范围而言，我认为近些年的雅文、雅句，首推陈丹青。

陈丹青的文字、文句的特色，常常在"似与不似"之间，有时有些繁，有时又有些简，有时有些疏，有时又有些密，有时有些巧，有时又有些拙。苏东坡评价王维的诗与画，称赞其"诗中有画，画中有诗"。陈丹青的文字，既有画意，又有诗意，还有文意，复有传统审美之意，更有现代认知之意。数意相生，相和，相汇，相得，自然有些不同凡响。单以文字、文句而论，是画意、诗意与文意的协调与对恰，他本人是画家，反映在字、句上，那文字也是有形象有色彩的；不知道他是不是诗人，但字里行间的诗意却或浓或淡，依稀可见；又懂得文字，知文章、文句之三昧。笔下的文字，不但诗情画意，而且文意盎然。尤其他那篇《回想陈逸飞》，这里摘录两段，以飨知音。

逸飞旅美后的作品，极尽矫饰，脂粉气。"资产阶级"一词，今非贬义，而他从此的作品确是一股"资产阶级"气。但这也可以不是贬义的,因他"资产阶级"得认认真真不敷衍。我看他1983年首次个展的女音乐家系列,那西人的眉眼刻画虽已凭照片,而刻画的用心用力,直追那枚鲁迅的耳朵,怕要画十个钟头才见效。而美国那边市场赏识。也有道理,因如萨金特一代资产阶级肖像的写实画品早已无迹可寻,一位中国画家有这等诚心诚意的模拟之作,上世纪80年代美国人,绝对久违了。[①]

作者与陈逸飞也曾生芥蒂,并从此不相往来,但即使有这样一段经历,却又写得雅声雅调,不失性情之言、古文之意。其文曰:

> 1983年我与逸飞纽约生芥蒂,此后不往来,今已过去22年了。近年人堆里照面三四次,初略尴尬,旋即握手,沪语笑谈如往昔;他有点发胖了,西装笔挺,相貌堂堂。我俩眼睛对看着,有话不好说,心里起伤感,我想起小时候——他是老朋友,他是我老师。[②]

雅词雅韵,雅风雅调,对之只可体味不可多言,多言就有伤其雅了。

现在说俗,俗句。

当今之世,俗不是一个好字眼。例如,有人说你是一个俗人,你一准儿不爱听。就是不说俗人,只给一个"俗"字,也绝不是褒扬的话,哪怕内中有些调侃的成分在内。

然而,文学意义上的"俗",却是一个很难达到的目标。虽然说俗言俗语,有耳皆闻,但能显出个性来,写出风采来,写到形式上俗、骨子里雅,可就难了。何况,那些伟大的经典性作品,论其出身,十之八九,都是俗的,或者曾经是俗的。从这个层面看,一个因由俗字俗句形成的"俗"的文学意境的出现就更不容易了。

[①] 陈丹青:《陈逸飞传奇》,中央编译出版社,2005年。
[②] 同上。

例如相声，所用多为俗语，但真正做到虽然俗，却俗得文学，俗得有味道，俗得有品质的，却也不多，其中最具代表性的人物，当推侯宝林先生。评书也是一门使用通俗语言的艺术门类，同样，达到俗中有雅、俗而能雅、大俗大雅的委实也不多，袁阔成先生算是一位杰出代表。侯、袁两位大师的语言，不但听起来美，读起来一样美。殊不知世间的文章、文句、文字，很多是听得看不得。听着蛮好，一看，丑了；或者看得听不得，乍一看，不坏，可细一听，别扭了。这两位先生的作品，中听又中看，皆为不可多得的俗文雅作。这里录一段侯先生《戏剧与方言》中的北京话，细品那味道，当真好极了。

甲："哟嗬。"

乙：哟嗬？

甲：啊，先来一个感叹词。

乙：你接着说。

甲："哟嗬，那屋'咣当'一响，黑更半夜，这是谁出来啦？一声不言语，怪吓人的。"

乙：哦，这一大套啊！

甲：这回答也这么啰嗦。

乙：哦。

甲："啊，是我，您啊，哥哥，您还没歇着呢？我出来撒泡尿，没外人。您歇着您的，倒甭害怕，您。"

乙：这位比他还啰嗦。

甲：这位还关照他呢。

乙：还要说什么？

甲："黑更半夜的穿点衣裳，要不然你冻着可不是闹着玩的，明儿一发烧就得感冒了。"

乙：哦。

甲:"不要紧的,哥哥,我这儿披着衣裳呢,撒完尿我赶紧就回去。您歇着您的吧,有什么话咱们明儿见吧,您哪。"①

俗文学成为经典的,无论中外,都属于凤毛麟角。"文革"之前还有赵树理、老舍等一些代表性作家,改革开放后,这样的作家实属鲜见,相比之下,还是崇尚雅的多,追求先锋做派的多,探索新写法的多,喜欢高深莫测或貌似高深莫测的多。真的俗而能雅又具有很大影响的小说,没有几部。在我看来,也许只有刘恒的《贫嘴张大民的幸福生活》与余华的《许三观卖血记》最为成功,最具实力。

这《贫嘴张大民的幸福生活》,于作者而言,多少有些"无心插柳柳成荫"的意味在内。连作者自己都感叹:"写了二十来年,自以为写了不少好的,最讨巧的竟是这一篇,让我吃了一惊,顿生人世无常小说越发无常之感。"②

其实,这正是其创作进入炉火纯青境界的一个结果。因为他成熟了,所以行文如流水,反而不觉得吃力。换句话说,当作者特别用心地写作时,他可以写出《白涡》,写出《教育诗》,写出《虚证》,写出《伏羲伏羲》,但一定写不出这一篇贫嘴张大民来。

这里摘引一段对张大民的描写。是写张大民在院里盖小房子,和邻居动手受了伤以后的表现。

他脑袋特别大,有篮球那么大,缠满了纱布,只露着前面一些有眼儿的地方,别的地方都包着,连脖子都包着了。其实只破了一个小口子。医生不给缝,他偏要缝。医生就不缝。不光不给缝,还不给包,打算用纱布和橡皮膏糊弄他,他偏要包,医生就不包,他死活也要包,不包不走,医生一着急,就把他

---

① 《侯宝林表演相声精品集》,文化艺术出版社,2003年。
② 刘恒:《贫嘴张大民的幸福生活》,华艺出版社,1999年。

的脑袋恶狠狠地彻底地包起来了。他要再不走，医生就把他的屁股也一块包上了。张大民很高兴，进了大杂院就跟人寒暄，做出随时都准备晕倒的样子。

"没事儿！就缝了18针，小意思。别扶我！摔了没事，摔破了再缝18针，过瘾！我再借他俩胆儿，拿大油锤夯我，缝上108针，那才叫真过瘾呢！你问他敢吗？我是谁呀！我姓张，我叫张大民，姥姥！"[1]

古典小说中，俗言俗语甚多，但达到经典标准的少，《杨家将》、《说岳全传》一类，虽然那故事流传久远，但文辞句理，颇不在行，至于《施公案》、《彭公案》一类的小说，文也不顺，字也不顺，纵有百俗，何来一雅？以至于鲁迅先生要惊奇道：

我们对此，无多批评，只是觉得作者和看者，都能够如此之不惮烦，也算是一件奇迹罢了。

唯《红楼梦》这样的大雅之作，可以通俗。例如，作者在第37回《秋爽斋偶结海棠社　蘅芜苑夜拟菊花题》一章中匠心独运，分别拟写了贾探春和贾芸给贾宝玉的两封信。这两封信，一雅一俗，雅是骨子中的雅，俗是血液中的俗，然而，对照而来，煞是好看。其实俗与雅原本一家，能俗能雅，方是大手笔。

唯《金瓶梅》这样的大俗之作，可以登堂入室，进入大雅之门。它的语言，它的叙事，它的歌辞，尤其书中对话，一概都是俗的。然而，俗得好！作者尤其擅长骂人语，一直把骂人写成了艺术，更是自古以来，少有能及者。金庸虽然稳坐当代武侠小说的头把交椅，虽然章章节节少不了江湖，然而对于表现江湖人物的骂人，却显得办法不多，但有骂人之处，便写得"丑"，或者令人感觉不像，或者令人闻之皱眉。《金瓶梅》绝没有此等软肋，而是越到此等筋节

---

[1] 刘恒：《贫嘴张大民的幸福生活》，华艺出版社，1999年。

之处，越来得笔笔有精神，并且不但写出文采，尤其写出了个性，如写杨姑娘的骂，写张四舅的骂，写潘金莲的骂，写李瓶儿的骂，写来旺的骂，可说件件精彩，绝不雷同。这里引一段庞春梅骂李铭的描写，可见其一斑。

  ……被春梅怪叫起来，骂道："好贼王八！你怎的捻我的手，调戏我？贼少死的王八，你还不知道我是谁哩！一日好酒好肉，越发养活的那王八灵圣儿出来了，平白捻我手的来了。贼王八！你错下这个锹撅了，你问声儿去，我手里你来弄鬼！等来家等我说了，把你这贼王八一条棍撵的离门离户。没你这王八，学不成唱了？愁本司三院寻不出王八来，撅臭了你这王八了！"被他千王八万王八，骂得李铭拿着衣服往外，金命水命，走投无命。①

李铭跑了，潘金莲、孟玉楼起来询问事由，她又把方才的经过述说一遍，述说中当然少不了对骂的学舌，然而，情绪不同了，虽然依旧用语尖刻，口吻火辣，却多少带着些自尊、自得与诗意的。其中的压题断语"把王八的脸打绿了"，尤其得到多少文学批评人的喝彩。可见，骂人骂到艺术境界，也可以加十分的。

  除去上述浓句与淡句、繁句与简句、疏句与密句、快句与慢句、整句与散句、俗句与雅句六个方面之外，还应包括短与长、曲与直、详与略、刚与柔、庄与谐、奇与正等诸多方面，鉴于书的篇幅，不再一一评说。但有几个例证，不举犹不甘心。

  一个例证，是刚与柔中的柔句。刚句其实也不易写，钢浇铁铸，没有恰当的字、词，没有恰当的组合，怕是写不出来。但比较而言，作柔句似乎还要更难些。即使像如今这样的对男女之情百无禁忌的时代，真把那种愁肠百结、柔肠百转的状态真真地、柔柔地、幽幽

---

① 兰陵笑笑生：《金瓶梅词话》上册，人民文学出版社，2000年。

地写出来，也非有真才学真经历真手段不可。所以，尽管中国内地的学人或愤青，一贯看不惯琼瑶等人的作品，但这些作品却云一样流传、风一样盛行，论受众之多，恐怕除去武侠小说，几无对手，而现在的不少青春作家，走的也大体是同一条"情柔之路"。

能庄能谐、或庄或谐、亦庄亦谐的文字也多，其中中国台湾的李敖先生堪称个中高手。他的文章汪洋恣睢，不受拘束；他的文句，新奇老辣，独成景致。大题可以小做，小题亦可大做，不论大题小题，件件写得风格鲜亮，别开生面。他有一篇为台湾政界要人勾画脸谱的题为《相面》的文章，那文字确实精妙之极，虽有玩笑戏弄政治人物之嫌，但那政治人物已然如此，不玩笑，不戏弄之，又当如何？李敖的不凡之处，是虽然极尽嘲笑讽刺之能事，又偏偏把这嘲笑讽刺与政治文化挂上了钩，令人一见，不觉喷饭。且看他如何为李登辉相面的。

李登辉——李登辉一农复会技正耳！时来运转，竟登而辉之，位尊九五。他身高有余，长相不足。毛病出在那张永远合不拢的又大又歪的嘴巴上。到处走动，可是却永远咧着又大又歪又合不拢的嘴巴，像个大傻瓜似的，成何体统？故从李登辉嘴上看，台湾实在没什么"政治文化"。[1]

三、文句的修辞分析：运用之妙，独具匠心

句子的本质，乃是词或词组的组合方式。词是字的组合，句是词的组合。组合需要规则，那就是语法。不合语法者，就错了。组合又有水准的高低。组合得好，还有美感，就是佳句。否则，一般化了，虽在语法范围之内，但已在审美范围之外了。

---

[1] 李敖：《白眼看台独》，中国友谊出版公司，1993年。

佳句的产生，有自然流出的，也有千锤百炼的。自然流出的，包含作者长期积累的因素在内，所谓厚积薄发者是也。当然也有灵感的作用，没有灵感不成诗，一些天才诗句，灵光乍现，过时不候，一旦失去终生不可再得，这就是灵感的作用了。但没有好的学习、借鉴与积累，只靠灵感不能收获。那和守株待兔相去无多。

千锤百炼则是更常见，更具代表性的创句方式。所谓文章不惮改，不忌改，非但不惮不忌，还要多读多写，善读善改。

1. 千锤百炼，一字为师

很多佳句，原本平常，只消动一个字，句子就活了。唐人也曾对"推敲"二字反复斟酌，宋人又曾对"春风又绿江南岸"的绿字踌躇。这两个例证，都广为人知。实际上，堪称一字师的例子犹多。如毛泽东的《七律·长征》中的"金沙水拍云崖暖，大渡桥横铁索寒"，原来的句子写作"金沙浪拍云崖暖"的。这个"浪"字就不如"水"字有力度，有气象，且与该诗第三句"五岭逶迤腾细浪"的浪字重复，更不好了。虽是一字之改，便觉神韵多多。

反之，一个字用错了，便会"如鲠在喉"；一个字用歪了，又会变成"差之毫厘，谬之千里"；一个字用泄了，便"浑身是劲，只是使不出"；一个字用死了，还会"全身僵硬，动转不灵"。

这也就是说，那些品位极佳、堪称经典的句子，是一个字也不可以擅动的。一动，味儿没了，劲儿没了，神韵没了，干脆整个句子的价值也全没了。这里举几个例子以为佐证。

佐证一：《水浒传》有一段故事，写吴用、李逵赚卢俊义上梁山。平心而论，这一段故事虽用去篇幅不少，但不算精彩，不但故事不够精彩，卢俊义这个人物也不够精彩。用明末清初的文学批评家金圣叹的说法，是有些"呆"。大虽大，可惜呆了。但内中有几个句子，特别是对几个关键词的运用，确实高妙。书中写卢、李争斗：

两人斗不到三合,李逵托地跳出圈子外来,转过身,望林子里便走。卢俊义挺着朴刀,随后赶去,李逵在林木丛中东闪西躲。引得卢俊义性发,破一步,抢入林来。①

卢俊义其实被骗了,被骗而不觉其骗,那骗就更狠了。此时一见李逵,万事皆明——这不就是那个哑巴道童吗?不觉一股无名怒火,陡然而起,恨不得劈了这个骗人的家伙。然而,他越是气急败坏,李逵那一面却越是胸有成竹。你气我不气,你急我也不急,我不急还要让你更急。于是打了几合,托地跳出圈子,转过身便走。这一对副词与动词的搭配恰到好处。李逵走,卢俊义不能不追,他气极了嘛。追到树林,不追了,毕竟不是一般人物,偏那李逵在"林木丛中",只管"东闪西躲"斗气呢!于是卢俊义性发管不住自己的情绪了,"破一步,抢入林来"。

尤其这末一句,更好了!什么叫"破一步"?为什么不说跳一步,不说跨一步,不说踏一步,当然更不能说迈一步,走一步,跑一步,上一步,移一步或者挪一步了。跳一步,轻了;跨一步,慢了;踏一步,笨了;迈一步,没有气氛了;走一步,轻描淡写了;跑一步,缺少气势了;上一步,不像打仗了;移一步,好像有病了——肚子疼了;挪一步,更不像话了。

破一步的破字,精精确确、恰恰当当地表现了卢俊义的处境与心境。他本是一个精细的人,但不幸又是一个容易愤怒的人,同时还是一个身怀绝技、棍棒天下无双的人,又遗憾地成为一个受别人无端欺骗的人,偏巧还是一个出身高贵、名声远大、极少受过欺骗与轻视的人,这些因素七岔八岔,搅和在一起,他的心不乱亦乱,反映在肢体上,那步子不动亦不可,乱动又不可。于是,在李逵的东闪西躲、百般挑逗之下——我都忍不住了,便"破一步,抢入林来"。

---

① 施耐庵、罗贯中:《水浒传》中册,上海人民出版社,1975 年。

这"破"字代表了他的气,他的恼,他的恨,以及他的排他性选择。故而,虽然仿佛有多少人拽着他似的,拽也拽不住了,便只好"破"一下了。一个破字重千斤,但一破之下,形势便急转直下,于是乎,风一般地去了——"抢入林来"。

佐证二:出自清文康《儿女英雄传》。这书最精彩的部分当属十三妹大闹能仁寺了。其中有两句对话,真正色彩鲜明,达于出神入化的境界。

那能仁寺是一座凶寺,寺中僧人专门干杀人越货、奸淫妇女的勾当。安公子误入能仁寺,十三妹匆匆赶来相助,与该寺的王八媳妇(一个为寺中恶僧作帮凶的四十多岁的胖女人)有了这样几句对话:

"要提起人家大师傅来,忒好咧!……

"天天的肥鸡大鸭子,你想咱们配么?"

那女子(十三妹)说道:

"别咱们!你!"[1]

这一段对话,尤其是十三妹的那四字回答,感动了胡适博士。他特此评论说:"这四个字多么响亮生动!"

遗憾的是,我手头的两个本子,文字与此并不相同,这两个本子都这样写,那妇人道:

"……天天的肥鸡大鸭子,你想咱们配么?"

那女子说道:"别咱们!你是你!"[2]

虽然那回答只多了两个字,由"你!"变成了"你是你!"意思好像更具体更清楚,但那韵味与力度却消解了许多,唉!

---

[1] 胡适:《书评序跋集》,岳麓书社,1987年,
[2] 文康:《儿女英雄传》,中国盲文出版社,2000年。

佐证三：老舍先生《茶馆》中的几段对话。

《茶馆》的对话，极其考究，而且可以说是三重性考究，那是很地道的北京话，又是很文学的北京话，还是很个性的北京话。

所谓地道的北京话，即彼时的北京人不折不扣，就那么说话，纯纯正正，原汁原味，连音儿都不带错的；所谓文学的北京话，即那对话不但是北京人特有的，而且是艺术化了的，他不但说得"正确"，而且说得"漂亮"，甚而说得"绝"了；所谓个性的北京话，即这些对话，又是北京的，又是文学的，还是仅仅属于那剧中人物的——什么人说什么话，什么人只能说什么话、必然说什么话，你一听这话，甭打听了，就知道这是谁在说呢！

一段话，是刘麻子逼康六老人卖女儿的对白：

康六：刘大爷，把女儿给太监作老婆，我怎么对得起人呢？

刘麻子：卖女儿，无论怎么卖，也对不起女儿！你糊涂！你看，姑娘一过门，吃的是珍馐美味，穿的是绫罗绸缎，这不是造化吗？怎样，摇头不算点头算，来个干脆的！[①]

刘麻子的话，一共四句。第一句是解说，立论性解说，甭管怎么卖，也对不住女儿。第二句是断语，也是批评，别的不管，话锋一转便给一个棒喝"你糊涂！"第三句，又是一个解说，是对"你糊涂"的解说：你瞧瞧，姑娘一过门，吃得又好——"珍馐美味"；穿得又好——"绫罗绸缎"，简直上了天了，这么好了你还犹豫个啥呀——"这不是造化吗？"第四句，才是刘麻子最最关心的，也是他一定要达到的，但他"坏呀"、"油呀"，他不把话说出来，而是逼着对方选择——"摇头不算点头算"。你选择吧，快点呀！他实在不耐烦了——至少要表现得不耐烦了——"来个干脆的！"

---

① 老舍：《茶馆·龙须沟》，人民文学出版社，1994年。下文《茶馆》内容均为同一出处。

什么叫干脆的，就是"卖"，把女儿卖给庞太监。

还有康顺子与养子康大力的对白，也很有特色。其实正面人物、平平凡凡的人的对白是更难处理的，因为它不"个"。

> 康顺子：那时候，你不是才一岁吗？妈妈把你养大了的，你跟妈妈一条心，对不对？乖！

> 康大力：那个老东西，掐你，拧你，咬你，还用竹签子扎我！他们人多，咱们打不过他们！要不是你，妈，我准叫他们给打死了！

前面的对白，康妈妈对白中的那个"乖"字就写得好。儿子已经不小了，但他们是相依为命，虽没有血缘之亲，却比那个更亲，所以，这个"乖"字差不多成了"口头语"，说出来既亲切，又恳切，还自然。后面的对白中，又是在"要不是你，妈，我准叫他们给打死了"中间夹一个"妈"字，又写得好，既贴切，又生动，且更口语化了。

这样的字，你改一个，都不可以，因为它们就是那句子的魂。

2. 翻译经典，一字为鉴

翻译作品中，我把它们也看做汉语范式，其中也有这样的好例。如雨果的《悲惨世界》，写滑铁卢大战，法军将领康白鸾，是到死也不会屈服，更不会投降的。不但不屈服，不投降，而且对他的敌人充满了鄙视与蔑视——他压根儿就看不起他们。而当他被这一群他原本不放在眼里的人重重围住时，他面对他们首领的劝降，也只用一个字回答。书中这样写：

> 他们在苍茫暮色中，可以听见敌人上炮弹的声音，那些燃烧着的引火绳好象是黑暗中的猛虎眼睛，在他们的头上，绕成一个圈，英国炮队的火杆一齐靠近了炮身，在这时候，有一个英国将军，有人说是苛维耳，也有人说是梅特兰，他当时心有

所感，掌握住悬在他们头上的那最后一秒钟，向他们喊道："勇敢的法国人，投降吧！"

康白鸢回答："屎！"①

我不懂法语，不知道在原文中，这末一句话中这一个字是怎么使用它的，但我敢说，从汉语的角度看，这个字使用得太绝妙了，独一无二，浑然天成，你再换任何一个字，都无法取得那么惊人的艺术效果了。

对此，雨果也是满意的。他为他笔下的英雄而满意，在后面的一个段落中，他慨然写道：

> 那个最美妙的字，虽然是法国人经常说着的，可是把它说给受尊敬的法国读者听，也许是不应该的，历史不容妙语。
>
> 我们甘冒不韪，破此禁例。
>
> 所以说，在那些巨人中间，有一个怪杰，叫康白鸢。说了那个字，然后从容就死。还有什么比这更伟大的？
>
> 霹雳一声，用那样一个字去回击向你劈来的雷霆，那才是胜利。以此回答惨祸，回答命运，为未来的狮子奠基，以此反抗那一夜的大雨，乌戈蒙的贼墙，窝安的凹路，格路喜的迟到，布留海尔的应援，作墓中的戏谑，留死后的余威，把欧洲联盟淹没在那个字的音节里，把凯撒们领教过的秽物献给各国君主，把最鄙俗的字和法兰西的光辉糅合起来，做成一个最堂皇的字，以嬉笑怒骂收拾滑铁卢，以拉伯雷补列阿尼达司的不足，用句不能出口的隽语总结那次的胜利，丧失疆土而保全历史，流血之后还能使人四处听得笑声，这是多么宏观。②

写得真漂亮，但这不过是其中的一小部分罢了。

---

① 雨果：《悲惨世界》第二册，人民文学出版社，1978年。
② 同上。

3. 浓妆淡抹，各成一体

既然文句是对词与词组的选择结果，那么，就有一个善不善选的问题，还有一个多选少选的问题。这两个其实也是一个问题——善选者，多亦相宜，少亦相宜。词与词组的组合，可以达到多多益善，也可以做到以少胜多。

实际上，无论是文学名著，还是其他经典著述中，对于词与词组的选择都有样式不一、五花八门的成功范例。这个稍后再说。只说评论者的意见，也存在不同。鲁迅先生是主张白描的，虽然他的一些散文诗中也有妙用鲜美字眼、艳丽辞藻的名篇，但基本的风格是白描类型的。他本人说到自己的小说创作时，是这样回顾的：

> 我力避行文的唠叨，只要觉得够将意思传给别人了，就宁可什么陪衬拖带也没有。……
>
> 我做完之后，总要看两遍，自己觉得拗口的，就增删几个字，一定要它读得顺口；没有相宜的白话，宁可引古语，希望总有人会懂，只有自己懂得或连自己也不懂的生造出来的字句，是不大用的。[①]

不唠叨，宁可少说，但要顺口，这是鲁迅先生的主张，但同为散文大家的俞平伯先生就不这样看。在他心目中，多用辞藻自有多用的好处，关键是看你怎么运用。俞先生说：

> 辞藻的妙用，在乎能显示印象，从片段里生出完整来。有些境界可用白描的手法，有些非辞藻不为功，这个道理自然也有人理会得。依我个人的偏嗜，词中的温飞卿是很懂得用辞藻的；六朝文之所以大胜唐宋四大文者，会用辞藻至少是一原因。辞藻，文学的色泽，也是应付某种需要而生，并非无聊地东涂西抹，

[①] 《鲁迅小说全编》，漓江出版社，1996年。

专以炫人耳目为业的。①

此言极是。汉赋、六朝赋都是擅长使用辞藻的文体，虽然读不通赋体的读者，难免产生辞藻堆积之感，甚至有些头大，头昏目眩，但真的读明白了，才知道那是一座座汉语辞藻的艺术宝库哩。

当然，辞藻用得多，不如辞藻用得好！上乘赋作的妙处在于发挥了最大量辞藻的群体性共鸣效应，真如大型交响乐队一般，不但在形式上花团锦簇，表达方式尤其极尽铺张之能事，品质上同样色调艳丽、笔法夸张，给人以目不暇接之感。最具代表性的作品，首推司马相如的《子虚赋》与《上林赋》。那真是词之河，词之海，词之洋。但见风生水起，潮升潮落，又似海天一色，浪高浪低。现随意摘录一段：

> 楚王乃驾驯驳之驷，乘雕玉之舆；靡鱼须之桡旃，曳明月之珠旗；建干将之雄戟，左乌号之雕弓，右夏服之劲箭。阳子骖乘，孅阿为御；案节未舒，即陵狡兽。蹴蛩蛩，辚距虚；轶野马，穐陶駼；乘遗风，射游骐。倏眒倩浰，雷动焱至，星流霆击，弓不虚发，中必决眦；洞胸达掖，绝乎心系。获若雨兽，揜草蔽地。于是楚王乃弭节徘徊，翱翔容与；览乎阴林，观壮士之暴怒，与猛兽之恐惧；徼𫘧受诎，殚睹众物之变态。②

这内容，腥，我不喜欢，但那辞藻、文句，都是俊丽而夸张的。

4. 叠字妙用，代有新奇

现代人评论传统诗词，认为好的诗词，既有名字效应，也有名词效应，还有名句效应。所谓名句效应，其根源之一即遣词造句恰到好处。而遣词的方式很多，造句的方式更多，要点在于这遣词造

---

① 《俞平伯散文选集》，上海文艺出版社，1983年。
② 《中华名赋集成》第一卷，中国工人出版社，1999年。

句者，有无新意，有无创意，有无奇意。

例如，在文学作品中，常有同字连用的重言修辞手法，即所谓叠字修辞法。虽然所用的字往往平常，但因为用得高妙，不通流俗，其结果，往往出于阅读者的意料之外，于是惊奇之余，美感生焉。

叠字用法，古已有之，如《诗经》开篇，即有"关关雎鸠，在河之洲"一句，那"关关"二字，便是叠音。唐诗中此类方法也不算少，如杜甫诗中的"无边落木萧萧下，不尽长江滚滚来"。"萧萧"与"滚滚"，都属叠字连用。只是这两个用法，好虽好了，不算十分突出，"关关"一句，既不成该诗的诗眼，"萧萧"、"滚滚"一联，也不是杜诗中最经典的诗句。到了宋代，因为有了李清照，有了她那石破天惊的叠字妙用，情况发生了质变。语出李词《声声慢》："寻寻觅觅，冷冷清清，凄凄惨惨戚戚。"这个才堪称真正意义上的叠字妙用，一用就用了5个字10个音节。对于李清照这个用法，固然也有不同见解者，但那影响，尤其那艺术效果，显然是巨大的。它给读者的阅读性刺激与欣赏已带有空前性质。

这用法到了王实甫《西厢记》的时代，又有了新的创造性发展，从而将那艺术效果提升到了一个新的历史层次。这里举那段广为流传的莺莺长亭送别张生的唱词，寄调《叨叨令》。其词云：

> 见安排着车儿、马儿，不由人熬熬煎煎的气；有什么心情花儿、靥儿，打扮的娇娇滴滴的媚；准备着被儿、枕儿，则索昏昏沉沉的睡；从今后衫儿、袖儿，都揾做重重叠叠的泪。兀的不闷杀人也么哥，兀的不闷杀人也么哥！久已后书儿、信儿，索与我栖栖遑遑的寄。①

叠字用法的创意如此之新奇，手段如此之高超，技巧如此之纯熟，效果如此之强烈，不消多说了，再说就难免画蛇添足之嫌。

---

① 王实甫：《西厢记》，人民文学出版社，1994年。

5. 反常修辞，别具一格

这里要说明的是，遣词造句乃是一种修辞，而修辞的方式是永远也不会穷尽的。汉语经典作品中，还有一种特殊的修辞，即不以传统修辞方法为意，甚至故意有悖于修辞之常道、常法、常识，然而，那效果，同样是好的，甚至还要更好，因为它来得有些奇哉怪哉，不合常理。

这些年，被人多有议论的例子，应该是鲁迅先生在《野草》中写下的一个句子。那句子是：

在我的后园，可以看见墙外有两株树，一株是枣树，还有一株也是枣树。①

这语句的"另类"，是很"打"眼的。记得我妹妹上小学时，我也曾引导她用这样的句型写作文，意在看看老师的反应如何。但我妹妹"乖"，听话，不喜欢让老师惊讶，没有这么做。

平庸地去想，这样的句法，简直就是一句废话，不但罕见于文学作品，平时也很少有这样说话的——你直讲墙外有两株枣树岂不更好？但鲁迅先生这样写了，而且效果还不错。怎么证明？它吸引人的眼球了嘛。

平心而论，我不认为鲁迅先生的这句话有多么高妙，但我知道这样的构句方式古已有之，例如汉乐府歌辞中有一首《江南》，用的就是这方式，而且，效果更妙。

江南可采莲，莲叶何田田，
鱼戏莲叶间。
鱼戏莲叶东，鱼戏莲叶西。
鱼戏莲叶南，鱼戏莲叶北。②

---

① 《鲁迅作品精选》，中国文史出版社，2002年。
② 沈德潜：《古诗源》上册，华夏出版社，1998年。

这诗不好吗？很好。按后来的评说标准，差不多就成为古代的"两株枣树模式论"了。鱼戏莲叶东，鱼戏莲叶西，鱼戏莲叶南，鱼戏莲叶北。好嘛，这鱼尽剩了围着莲叶转圈圈了。那情那状，实在比"两株枣树"写得更"两株枣树"。

这种反修辞的修辞方法，不仅在古诗歌中有展现，在现代歌词中也大放光彩。早几年的电视剧《雪城》与《篱笆·女人和狗》的主题歌，都有这样的造句方式。《雪城》中有这样一段主题歌词：

> 天上有个太阳，
> 水中有个月亮，
> 我不知道，我不知道，我不知道，
> 哪个更圆，哪个更亮？
> 山上有棵小树，
> 山下有棵大树，
> 我不知道，我不知道，我不知道，
> 哪个更大，哪个更高？
> 下雪了，天晴了，
> 下雪别忘穿棉袄，
> 天晴别忘戴草帽。①

这意思，这方式与鲁迅先生的两株枣树分开写有什么本质区别吗？没有。而且我不认为这歌词作者是受了鲁迅笔法的启发，宁可认为这是英雄所见略同。

再一首是《篱笆·女人和狗》的主题歌，那歌词的第一段是这样的：

> 星星还是那个星星，
> 月亮还是那个月亮，

---

① 李月英编选：《我爱老歌》，银声音像出版社，2006年。

山也还是那座山哟,
梁也还是那道梁。
碾子是碾子缸是缸哟,
爹是爹来娘是娘,
麻油灯啊还吱吱地响,
点的还是那么丁点亮。
只有那篱笆墙影子咋那么长,
只有那篱笆墙影子咋那么长,
还有那看家狗叫的叫的叫的叫的咋就这么狂。
哦,哦,哦,哦,哦!①

可见,这方法不但效果不坏,甚至有成为一种类型的可能。另类转为正类,难免令人产生沧海桑田之叹。

---

① 李月英编选:《我爱老歌》,银声音像出版社,2006年。

文韵 |审美|

WENYUN SHEN MEI

选韵如同选美人

一个民族，可以没有诗吗？不可以。

既然不可无诗，那么，也就不可以没有音韵研究了。

或许可以这样说，中国文学的一半成就，皆与音韵有关。为什么呢？

首先，中国古来便是一个诗的王国，而在古汉语文学作品中，对世界的贡献占第一位的可能也是诗。

其次，中国古代文体中，有一大类属于韵文，即有音韵要求的文章。赋就是韵文的代表。赋的历史之长，可以追溯到先秦。到了两汉，赋的创作达到一个历史的高峰期，其成就正与无韵之散文相当；六朝时代，尤其独领风骚。赋体不仅是一种文学体裁，又是一种特殊的应用文形式，以至于一些唐代的经典奏章都成为赋体美文。赋之外，还有如《三字经》、《百家姓》等儿童启蒙读物，这也可以看做是特殊的韵体文。

再次，中国古典戏曲成就巨大，虽然其历史未必有西方戏剧那么悠远，但高峰时期的作品，却具有超凡的艺术价值。其唱词毫无例外，统统属于曲的范畴。唐诗、宋词、元曲正是中国古典文学发展的三大高潮。

不仅如此，我在后面还会说到，即使散文，也常常有优美的音节、音律潜在其间。

学汉语不可不知音韵，因为它在一定程度上，既是汉语之长，又是汉语之魂。

一、汉语音韵的三个特性

汉语音韵的基础在于四声，在于平仄。

我在文字一章说过，汉字与拉丁类语言的最大区别在于，拉丁语只有升调和降调，而汉字却有四声。这是一个基本区别，由此生发，而形成汉语音韵与文学的整个语音体系。

首先是四声，然后是平仄。平仄类似英语的升调与降调，但两者的基础与走向不同。或者应该说，平仄包含升、降调，但不限于升、降调。因为它是以四声而非二声作为基本音律背景的。

汉语又是以一字一音为基本存在方式的，这给了它组合的便利，但也限制了它韵律的轻重与起伏。这一点，不如西方语系。它的韵律表现主要是平仄，平仄相间，成为特定的音律。

简而言之，四声加平仄，乃是汉语音韵最基础的内容。

但它又不仅是基础而已。从这个基础出发，到形成一整套音韵学，则经过了漫长的时间。

汉语音韵的第一个特性是它的历史非常悠久。

其历史究竟有多久，这里使用一种倒算方式加以证明。

汉语音韵达到成熟的标志，是格律诗即唐代律诗与绝句的出现。如果以此为基点，那么算到汉语文字的产生期，就有大约 2000 年的时间了。

2000 年太久了！而且汉字的产生，不等于文学的产生。往后算一算，如果从孔子勘定《诗经》算起，到盛唐时期，也有约 1500 年了。

这个还是太久。如果按现在学界的主流意见认为的，音韵说始于"范晔的自然音律说"，到盛唐时期，也有约 300 年的时间了。

但音韵学的历史发展，既不该从唐代的格律诗算起，也不该到唐代格律诗为止。实际上，自有《诗经》便有诗韵，无韵何以成诗？这道理至少在先秦时期就应该是有效的。

而中国的古代音韵之书，音韵之学，南北朝始陆续面世，到隋唐时期达到第一个高潮。其中陆法言的《切韵》，影响尤其大。到了宋代，又达到第二个高潮。特别是陈彭年、丘雍等人修订的《广韵》，其地位更为重要和显赫。因为它是官修的，即奉旨而为的，那地位与影响，尤非它书可比。

《广韵》也曾经过三次修订，其中第二次的修订本，一直流传至今。赵诚先生说："广韵共分二〇六韵，其中有一百九十三韵从陆法言《切韵》来；有两韵从《王韵》或开元本《唐韵》来；有十一个韵采自天宝本《唐韵》。韵目的排列次序，四声的相承，采自李舟《切韵》。"① 故，"《广韵》系韵书集大成的著作"②。到了明、清时代，韵律的专门书更多了，内容也更为详细、复杂，其影响也变得更专门化，又更实用化了。

汉语音韵的第二个特性是创作先于理论。

创作先于理论，应当是一般性规律，不仅汉语而已，但汉语在这个方面的表现无疑更为突出。

其根据是，中国诗歌的历史悠久，但理论成果却出现较晚。研究中国文学史可知道诗歌最晚的开端，也要定在"六经"时代，而且，至少《诗经》与《楚辞》已经取得了伟大成就。

《诗经》伟大，它代表了先秦时代中国的诗歌水平；汉赋伟大，它代表了西汉时期中国的韵文水平。但直到南北朝时期，对文学的认识才走向自觉。理论迟于创作，可说达到了很特别的程度。单以音韵而论，自然也是如此。

这些都不谈，只举一个例证：格律诗要求的对仗与平仄，至少在"二陆"生活的时代已有典型表现。据史书记载，陆云作为当时的名士，不与俗人为伍。一日，他与荀隐见面，那荀君也是位名士，两人不通姓名，要摆一摆名士派头。陆云号士龙，荀隐字鸣鹤。陆云自报家门："云间陆士龙。"荀隐应声对答："日下荀鸣鹤。"这一副联语，虽有些偶然性因素在内，在字面的安排上，已与后来的格律诗无异。

这两句"夫子自道"，可说对仗工整，平仄相当。然而，那个时候，比写出《自然声律论》的范晔的出生还要早上一个世纪哩！

---

① 赵诚：《中国古代韵书》，中华书局，1991 年。
② 同上。

不仅如此，就是中国古人学诗，也不自音韵学起，他们往往直接进入诗的创造。词是第一位的，音是第二位的，第二位的不等于没地位的，要在顺口而已——听起来是合辙押韵的。《红楼梦》中香菱学诗，学了半天，找不到门径。那林黛玉就教导她了：先读一百首王维的五言律诗，再读一二百首杜甫的七言律诗，再读一二百首李白的七言绝句，"然后再把陶渊明、应玚、谢、阮、庾、鲍等人的一看"，"不用一年的工夫，"成了，"不愁不是诗翁了"。办法真好，但也并非林小姐的独门独家之见，以《唐诗三百首》为例，世人评价这书，说它好，好在哪儿呢？"熟读唐诗三百首，不会作诗也会吟。"至于音韵学种种，没有涉及。

汉语音韵的第三个特性是，语音及语言系统复杂，韵书众多且专门化。

汉语复杂，因为中国大，中国太大了，故地域语言的差异也很大。少数民族非汉语语音不算，单以汉语为例，就分为八大地方语系，即北方话、吴语、湘语、赣语、客家话、闽南话、闽北话和粤语八个方言区。

不仅如此，我国古有"十里不同音，百里不同俗"的说法，中国方言之系，如果细分的话，几至数不胜数。同为北方话，河北人听山西话就有点困难，山东人听陕西话也不容易，更不要说一个北方人听上海话或者闽南话了。一些操原汁原味闽南话的学者，如果用家乡话面对北京人讲学，则非用翻译不可。

正因如此，中国的音韵之学便有了一个大大的困局，即它没有办法适应和规范所有的汉语语音、语系。以京剧为例，京剧姓京，那是现代人的说法。它其实出自南方，本是徽班。它使用的语音，通俗地说，叫做"湖广音，中州韵"。对于一个外行人来说，何为湖广音，何为中州韵，也许并不重要，但它们肯定不全是北京音。尤其一些所谓上口字，是不按北京音来念的。如"脸"读"俭"（jiǎn）音；争，读"真"（zhēn）音；脚，读"觉"（jué）音；正，读

"震"（zhèn）音，鞋，读"xi-ái"音等。那么，学京剧的音韵，适用的韵书，既不是古老的《切韵》、《广韵》——那个太绕了，也不是现代的标准普通话的音标体系，而是"十三辙"，不懂"十三辙"，当不了专门的京剧编剧，你写的唱词，不好唱，或唱不好。

不仅如此，南方昆曲如苏昆，唱词好懂，只要你有点元曲的基础，韵白也好懂，与京剧无差。但丑角的念白用的全是正宗的苏州话，北京的苏州老乡一听，享受死了！但如我这样的北方佬是一句也听不懂的，看演员在台上插科打诨，知音观众在下面捧腹大笑，自己身在其间，仿佛迷路的羔羊，找不到回头路。

由此联想起古典小说名著《海上花列传》，那语言据说写得好，与同属南方语言系的《金瓶梅》、《红楼梦》一类。但它使用的方言太纯正、太强烈了，以至于连鲁迅先生这样的浙江人读起来都不轻松。如果请您给这书配音，您该找哪一部韵书呢？

中国的韵书复杂，首先与汉语的这种复杂性因果相关。

综上所述，可以得出以下结论：

由于汉语音韵的历史悠久，创作丰富，以及语言语系复杂，使得汉语的音韵表达，具备了相应的丰富性、多样性与鲜活性。而这三性，也正是汉语的优势所在。

二、格律诗词的音韵规范

汉语中的音韵是一个宽泛的概念，包括字音、字韵，种种。表现在诗词方面，更确切地表述是格律。王力先生说："诗词的格律主要就是声律，而所谓声律只有两件事：第一是韵，第二是平仄。其中尤以平仄的规则最为重要：可以说没有平仄规则就没有诗词格律。"[1]

---

[1] 王力：《诗词格律十讲》，商务印书馆，2002年。

格律的定义是如此简明扼要，但它在中国诗歌史上的影响与地位却是非同小可的。中国古来即为诗的国度，因为自先秦以后，代代皆有诗歌杰作，又有广大的诗歌创作人群与极其广泛的诗歌受众，其中尤以唐诗的杰作最多，名家最多，受众也最多。而构成唐诗的最重要的部分就是格律诗。或许可以这样说，虽然古风一类作品在唐诗中同样成就卓异，但那还不是最具代表性的时代品式。最能代表唐诗的不是古风，不是传六朝诗风的宫廷诗，也不是民歌，更不是唐人词，而是绝句与律诗。如果没有五律，即不可能产生王维；没有七律，又不能产生杜甫；没有绝句，也不能产生李白。

先是六朝的音韵实践与追求，再是唐人的格律诗，然后是宋词。宋词也可以看做格律诗的变调。后面还有元曲，元曲是通俗化的格律，包括元杂剧与明清传奇剧作，那唱词都是格律性质的。

由此观之，格律诗的形成，上至魏晋，有500年之积蓄；下到明清，有1000年之余烈。其在中国诗歌史、文学史乃至文化史上的地位如何是可以想象的了。

格律影响固久，但最有成就且传播最广的还是唐诗与宋词。

这里先从唐诗的格律说起。因为这不是一本专门性质的书，本人在这方面的知识也很有限，所以五言诗不谈，七言律也不谈，仅以七绝为例，作些说明。

七言绝句的平仄要求，基本可以分为四种格式。为了便于比较，将第一式的每一句依次用A、B、C、D标示，在后三种格式出现时，仍保存此标示序号。在第一种格式中未出现的新的句式，依次标为E、F。

第一种格式，其平仄的排列方式是：

A 平平仄仄仄平平，
B 仄仄平平仄仄平。
C 仄仄平平平仄仄，

D 平平仄仄仄平平。

这一种格式的特点是，首句以平声字起韵，二、四句以平声字落韵。

如，李白的《下江陵》：

朝辞白帝彩云间，
千里江陵一日还。
两岸猿声啼不住，
轻舟已过万重山。

第二种格式，其平仄的排列方式是：

B 仄仄平平仄仄平，
A 平平仄仄仄平平。
E 平平仄仄平平仄，
F 仄仄平平仄仄平。

这一种格式的特色是将第一种格式的前两句位置对调，后二句的平仄形式为新出，以对应于前二句。

如，曾几《三衢道中》：

梅子黄时日日晴，
小溪泛尽却山行。
绿阴不减来时路，
添得黄鹂四五声。

第三种格式，其平仄的排列方式是：

E 平平仄仄平平仄，
F 仄仄平平仄仄平。
C 仄仄平平平仄仄，

D 平平仄仄仄平平。

这一种格式的特色是分拆组合了前两组的格式。第一、二句是第二种格式的后两句，第三、四句是第一种格式的后两句。

第四种格式，其平仄的排列方式是：

C 仄仄平平平仄仄，
D 平平仄仄仄平平。
E 平平仄仄平平仄，
F 仄仄平平仄仄平。

这一种格式的特色与第三种格式恰好相反，完全是第三种格式前后各两句的位置颠倒。

如苏轼《赠刘景文》：

荷尽已无擎雨盖，
菊残犹有傲霜枝。
一年好景君须记，
最是橙黄橘绿时。

归纳这四种基本格式，也就是说，七绝在常态上只是以第一句为基准的平仄声律对应性的变化（我以为这序列的形成也有偶然性，即所谓第一句，只是约定俗成）。

将上述四种格式的第一句集列于下，是这样的：

①平平仄仄仄平平，
②仄仄平平仄仄平。
③平平仄仄平平仄，
④仄仄平平平仄仄。

那么，第一种格式的第一句与第四种格式的第一句正好声律相反平仄相对，第二式的第一句与第三式的第一句也正好声律相反平仄相对。结论是：七言绝句无论其具体用语有多少变化，其常态性声律要求，不过这四种格式而已。出了这四种格式仍然能够成立的，就是所谓的"变格"了。

如果囿于这四种基本格式，那要求显然是过于严格甚至严厉了。假设每个字的声律要求都不能有所变通的话，那么，这诗差不多就没有办法作下去了。反之，假设可以任意或随意哪怕只是相对随意地变动其平仄格式，这诗又不成其为格律诗了。

怎么办呢？

我们智慧的先人们，据此想出了必要的应对规则。其规则有两方面的前提：一个方面代表的是自由度；另一个方面代表的是"禁区"。

先介绍自由度。所谓自由度，即有些字是可以任意改变其平仄位置。其基本理念是：原定平仄声字的位置音换了，其音律效果不受影响。换句话说，就是改变平仄声字的位置也是有一定要求的。以七绝为例，其可变字的字位分别如下（依常法，将可变化平仄的字位用圆圈标示）：

第一种格式为：

　　㊛平㊛仄仄平平，
　　㊛仄平平仄仄平。
　　㊛仄㊛平平仄仄，
　　㊛平㊛仄仄平平。

第二种格式为：

　　㊛仄平平仄仄平，
　　㊛平㊛仄仄平平。
　　㊛平㊛仄平平仄，

㊄仄平平仄仄平。

第三种格式为：

㊄平㊄仄平平仄，
㊄仄平平仄仄平。
㊄仄㊄平平仄仄，
㊄平㊄仄仄平平。

第四种格式为：

㊄仄㊄平平仄仄，
㊄平㊄仄仄平平。
㊄平㊄仄平平仄，
㊄仄平平仄仄平。

这种自由度的设立有什么意义呢？

首先，无论哪一种格式，第一句的第一个字都属任意型的，可平，可仄。

其次，除第一种格式中的第二句，第二种格式中的第一、第四句，第三种格式中的第二句和第四式中的第四句之外，其他十一句的第三个字也属于任意型的，可平，可仄。

那么，为什么另有五个句型不能任意改变第三个字的平仄呢？这五个不能改变的字声就属于"禁区"或"禁区"的一部分。

因何如此呢？因为格律诗中有一个特别的要求，即不能出现"孤平"现象。所谓孤平，即两个特定仄声字中间夹一个"平"声字，这个就是孤平。孤平的坏处在于，一不好读，二不好听，正好与格律诗的音韵要求相悖。

此外，绝句的二三句之间，还有一个"粘"的要求。所谓"粘"，即第二句与第三句的平仄对应关系不能是相反的，而是基本相同的、相对的，就是"粘"。粘也是格律诗的基本声律原则之一。

那么律诗呢？律诗主要指五言、七言律诗，另有长篇排律，属于特例。

五言、七言律诗皆为五、七言绝句的扩展，其细节规则没有变化。但毕竟是扩展了，长了一倍了，所以扩展也有它的特定规则。其基本格式同样是四种。这四种格式为：

第一种格式：第一种七绝格式加第三种七绝格式。

第二种格式：第二种七绝格式加第四种七绝格式。

第三种格式：第三种七绝格式的重叠。

第四种格式：第四种七绝格式的重叠。

格律诗的妙处，在于其音律规则，音声悦耳。我在前面说过，汉语的特色是具有四声，而英语虽无四声，却长于韵律的丰富与变化。因为汉语是一字一声的，一字一声在字的层面难于表达韵律的高、低、长、短和轻重的起伏。这个问题，有了格律格式就解决了。一字一声固然难以表达声律的变化，而平仄相间地有规律地安置，则有效地表现了语音轻重、高低、长短、起伏的声律变化。

所以，与同内容的诗相比，表现在音韵方面，显然格律诗有着自己独特的优势，它表现得更有韵味也更为精致。如李商隐的《无题》，正是一个杰出的代表。

相见时难别亦难，
东风无力百花残。
春蚕到死丝方尽，
蜡炬成灰泪始干。
晓镜但愁云鬓改，
夜吟应觉月光寒。
蓬山此去无多路，
青鸟殷勤为探看。

格律诗的音韵要求已经很是复杂，词的要求则更复杂，而且与格律诗相比，词牌数量太多了。诗的格律类型，分来分去，不过五言、七言律诗加上排律这样五种基本的形式。词就不一样了。宋词专家王兆鹏先生说："晚唐五代间，据《花间集》、《尊前集》、《阳春集》、《南唐二主集》、《敦煌曲初探》统计，共用147调。"①这不过是五代之间的词调统计。宋词的调别更多了，据南京师范大学利用计算机检索系统对《全宋词》词调进行的统计，得881调，然而，"这仅仅是指词牌正名，若计入同调异名则有1407调"②。至于这些词调包含的体式就更多了，依王兆鹏先生的估计，应在2000种以上。

词调丰富，而且音韵的技术要求也更严格。因为词是要唱的，即不但有韵脚要求，有平仄要求，还有合乎演唱的要求（这三者或有重合之处）。因为有这三个要求，所以作词又有三定之说，即"调有定句，句有定字，字有定声"。只有合乎这三定的，始可称词，否则，只是"句读不葺之诗耳"。

不仅如此，词又分为平韵格、仄韵格、平仄韵转换格、平仄韵通叶（音协）格、平仄韵错叶格五种，更使其音韵方式多样化了。这也是它比格律诗更为丰富更多变化的优长所在。这里以平、仄韵格为例，各举一词为证。

其一，平韵格调，即押韵处皆为平声韵。韵脚字下以"。"为记。例词为李重元的《忆王孙·春词》：

萋萋芳草忆王孙。柳外楼高空断魂。
杜宇声声不忍闻。欲黄昏。雨打梨花深闭门。③

其二，仄韵格调，顾名思义，是押韵处皆为仄韵之谓也，韵脚

---

① 王兆鹏：《唐宋词史论》，人民文学出版社，2000年。
② 本处分类与引用词均见龙榆生先生所著《唐宋词格律》。
③ 龙榆生：《唐宋词格律》，上海古籍出版社，1978年。

字下以"△"为记。例词为冯延巳的《谒金门》：

风乍起，吹皱一池春水。闲引鸳鸯香径里，手捋红杏蕊。
斗鸭阑干独倚，碧玉搔头斜坠。终日望君君不至，举头闻鹊喜。①

站在今天的立场看，诗词格律已达到中国古典诗歌的高峰，再向前走，路越来越窄。虽然后面还有元曲为继承者，但元曲的特点，一是继承，二是突破，突破乃是它的发展重点，不但风格通俗，而且唱词也向着通俗方面跨越了历史的一大步。元曲之后，格律诗、词已几近无路可走，所以，明代最有影响力的诗歌并非诗、词，而是民歌。清代虽有一时之繁荣，终究难以再现唐诗宋词那样的时代辉煌。再以后，就该五四新文化运动及其白话文、白话诗登场了。

三、格律诗词的"五合"境界

"五合"境界是我的一个总结。那么，什么是"五合"境界？

五合即字与音合，音与情合，情与意合，意与境合，境与人合。

所谓字与音合，即选择的韵脚的字应该平仄和谐，以格律诗、词为例，即当平则平，当仄则仄。

所谓音与情合，即特定的音要反映和代表相应的情感。因为音调有清浊，又有高低，还有长短，选择哪种音调应该与所表达的情感相一致，相密合。所谓悲则大哭，怒则大叫，当音与情相一致时，则可能使原有的诗句产生双倍效应。反之，那效果又有可能走向负面。

所谓情与意合，即诗词的情感要与内容相关相契。所谓世间没有无缘无故的恨，也没有无缘无故的爱，因意而生情，因情而发音，

---

① 龙榆生：《唐宋词格律》，上海古籍出版社，1978年。

因音而择字，这样的逻辑才顺。虽然阅读者的感受顺序与此相反，但那字后面的音与情与意，是可以也应该感悟到的。

所谓意与境合，即意向须与背景相和谐。所谓有其意，商经有其境。欢快的心情伴云飞，愤怒的思绪随涛走。

所谓境与人合，即那内容与情感状态和表达方式应与诗词的主体——创作者相和谐。所谓什么人说什么话，同一件事，苏东坡有坡氏表达法，东方朔有朔氏表达法。这些方式大多是不可改变更不可颠倒的。一颠倒，个性悖谬了，或者模糊了，甚至没有了。人无个性即是平庸，而平庸的表达何以言诗？

当然"五合"不可以理解为一种教条式的方法，有些诗词不必"五合"，"三合"、"四合"已经够了，已经成艺术品了；有的则不止"五合"，而是"六合"、"七合"，人家能合，你不服气咋的？这里分析四首诗（词），这些诗，在我看来，个个符合上述精神。

第一首是几乎人尽皆知的柳宗元的《江雪》。

千山鸟飞绝，万径人踪灭。
孤舟蓑笠翁，独钓寒江雪。

这诗很短，全文不过20个字。诗虽短，容量却大。简而言之，即包括了辽远、寒冷、孤寂、执着这样几个意思。

"千山"、"万径"表现的是辽远；"鸟飞绝"、"人踪灭"表现的是孤寂。虽然是千山万径的辽远场面，然而，却是一个人也没有，一个鸟儿也没有，两相对照，愈其孤寂。孤而且寂，情色幽深；寂而且孤，景象凄迷。

"寒江"与"雪"表现的则是冰冷。寒江已冷了，还覆盖着雪，虽然不是"千里冰封，万里雪飘"——那雪只是大而美，并不冷的；也不是"飞起玉龙三百万"的雪——那雪只是动而美，更不冷的。唯有这雪，却是寒意出自心头的冰冷。这样的冰冷既是外在的，更是内在的，这形象几乎是没有希望的象征了。

但作者是执着的。他不怕这辽远，也不怕这冰冷，更不怕这孤寂。他一身蓑衣，一叶扁舟，一根钓竿，一意追求，便在这辽远、冰冷与孤寂之中，不屈不挠、不卑不亢——"独钓寒江雪"。

能写这样诗篇的人，定然不是常人，柳子厚又岂是寻常人？他既是一位大诗人，又是一位大散文家，还是一位年轻有为的改革者，尤其是一位品节高洁的儒学青年。他支持与参与的变革失败了，本人遭贬斥，流放他乡，寂寂寞寞，苦度光阴。然而，他的心依然是热的；他的意志依然是坚定的；他的追求依然是一如既往的。他的品节与品性，越是艰难困苦越是焕发出梅的光彩、雪的精神。

唯有这样的人，可以作这样的诗；唯有这样的诗，可以表达这样的情与意；唯有这样的情与意，可以运用这样的词、这样的字、这样的韵。

那字的色彩显然是鲜丽孤洁的，那词的对比显然是两极对立的，而那韵脚却又是峻峭与激越的。"绝"字本不常用，"灭"字更不常用，但作者执意使用它们，而且用得精，用得准，用得深，再加一个"雪"字，韵脚尽押仄韵，从而生出多少人生感叹与不平之气。

这一首《江雪》堪称千古之绝唱，而这一首千古绝唱正是柳宗元一生追求的典型写照。

第二个例子是南唐后主李煜的《浪淘沙令》。

> 帘外雨潺潺，春意阑珊，罗衾不耐五更寒。梦里不知身是客，一晌贪欢。
> 独自莫凭栏，无限江山，别时容易见时难。流水落花春去也，天上人间。

这也是一首失意人之作。然而，两个失意人，何其天高地远？柳宗元，虽然失意，虽然遭受人生巨大的挫折，但他并不屈服，不但不屈服，内心依然怀着自信与希望。自信是对自己的人生与人品的自信，希望则是对儒家理想的希望。他其实是一个儒生，一个真儒，而真儒的特点，是宁可放弃性命也不会放弃希望的。

李煜则不然。他是一个亡国之君，不但身为降虏，而且国家也没有了。过去的一切富贵荣华，皆成泡影；过去的一切悠游自在，亦为梦幻。如果说柳宗元的《江雪》乃是一种寂寞与执着之言，李煜的《浪淘沙令》却是一种颓败与绝望之音。

人是绝望的，但人还没有死，或许心也没有死。虽然不能用"执着"这样美好的字眼形容他的内心，却可以用"心有不甘"这样的词句表达他的心境。然而，有什么用呢？窗外是雨，潺潺地下着的雨，虽说是春雨，可哪里有春来之意呢？呈现在眼前的景色，只是一片"阑珊"。阑珊的春意，其第一的感官刺激就是冷。纵然这冷的程度绝对达不到"千山鸟飞绝，万径人踪灭"的地步，然而，这样的冷却与一个亡国皇帝的心境特相匹配。它所表现出来的，就是一个无奈，再加一个无奈。在这无边的无奈之中，他觉得冷啊！这冷连罗衾都压它不住——"罗衾不耐五更寒"。郁闷的是，好不容易在这冷冷的环境中睡去，又梦到想当初的情形。想当初，自己还是一国之君哩！今昔对照，未知当怒还是当哭？禁不住自嘲云："梦里不知身是客，一晌贪欢。"这一个欢字，生生站在面前，显得格外刺眼，而且刺心。

"独自莫凭栏"，一个人是不敢凭栏远眺的；"无限江山"，虽然江山无限好，却不再属于自己了，正所谓"别时容易见时难"——难，难！难得永世不得相见了。那结论是："落花流水春去也，天上人间"——别人在天上，自己在人间；或昔日在天上，今日在人间。然而这又是怎样的一个人间呢。

如此之悲，词的韵脚应为仄韵，或以仄韵为主。但李后主选择的却是平韵格。这似乎有些不合理。一个亡国之君，书写亡国之音，为什么不同柳子厚的《江雪》一样选用更为短促激越的仄声韵而偏偏选用悠悠绵绵的平声韵呢？因为柳子厚基本的风格是执着，执着背后是自信；而李后主基本的情调却是无奈，无奈的后边还是无奈，无可奈何所发出的既是亡国之声，又是无奈之音。

虽然李后主的缺点很多，但这词写得委实是好。单以艺术而论，比之柳宗元的《江雪》写得还要出色，而且词人、词意、词情、词句、词音、词韵样样都好。正是本书说的"五合"之意了。

第三个例子是辛弃疾的《水龙吟·登建康赏心亭》：

楚天千里清秋，水随天去秋无际。遥岑远目，献愁供恨，玉簪螺髻。落日楼头，断鸿声里，江南游子。把吴钩看了，栏干拍遍，无人会，登临意。

休说鲈鱼堪脍，尽西风，季鹰归未？求田问舍，怕应羞见，刘郎才气。可惜流年，忧愁风雨，树犹如此。倩何人唤取，红巾翠袖，揾英雄泪。

这又是一位失意人，而且是一位仁人志士，故他的失意决然不同于李后主。虽然不同于李后主，却也是国仇家恨，一心担着大干系。表现在他的词上，就远比李后主的词作来得激烈，来得慷慨，来得悲歌如潮、激风似雨。何况说，李后主面对的主要是失去的王位与被统一的地方政权，而辛弃疾面对的则是被异族铁骑蹂躏的故土与失去的半壁河山。一个亡国者，一个没有多大志向却有着深厚艺术修养的亡国之君，他的失意是绝望的，又是哀婉的；而一个复国者，一个有才能有抱负有志向又有极高文学天赋的复国者，他的失意是失落的，那情怀也是冷中有热，冷在其外，热在其中，而且不知不觉之间，就有些急切与冲动。

辛弃疾的失意也不同于柳宗元。柳宗元的失意，一大半是个人性质的。虽然与变革有关，与国事民生有关，但至少在他那个时代还看不到亡国的危险。他只是要它好，因为要它好而倒了霉。辛弃疾则不然，他面临的不但是国仇家恨，而且时时有半壁河山都将不在的忧郁与压力。可怕的是，他周围，那些他寄希望的上层集团，尽是一群歌舞升平的人，一群只知做官不知做事的人，一群忘却亡国之恨的人，一群没有志向、没有见识甚至没有心肝的人。

因此，柳宗元的《江雪》所表现的，只是辽远无比的冷寂的自然大背景与他执着的个人心境的强烈对照。那景是大的、冷的、寂的，但他心有不甘，在他的内心深处是充溢着自尊自爱与自信的。

辛弃疾这篇《水龙吟》所表现的，却全然是另一种景象与心得。他眼前的环境，既不是寒冷的，也不是寂静的，又不是茫茫无边，孤寂也无边的。那景色其实不错，不但热闹，而且"繁华"，甚至美丽。然而，凡此种种，在他心中，一一发生了扭曲，产生"坏"感，似乎全然是由于他心情不好所致。所以写"楚天千里"偏要写"清秋"；写"水随天去"又要写"秋无际"；写"玉簪螺髻"，先要写"遥岑远目，献愁共恨"；写"江南游子"更要写"落日楼头，断鸿声里"。那景色纵然是好的，因为心情不好，它们全变坏了。

于是思绪联翩，想到了弃官还乡的张季鹰，又想到了委屈下邳的陈元龙。然而，自己呢？学张季鹰吗？不！做陈元龙吗？难！自己能怎么样呢？那感慨唯朝露叹树之典仿佛似之——"可惜流年，忧愁风雨，树犹如此"。此真大忧伤，大悲愤者也。虽然"男儿有泪不轻弹"，但此时此刻、此境此遇，又怎能不"倩何人唤取，红巾翠袖，揾英雄泪"。

这一首词，同样是写人、写意、写景、写色、写情、写态，且遣词用字，处处讲究。全词为仄韵格，可谓当行出色，音韵通心，更表现出作者悲愤急切而又英雄无用武之地的豪士衷肠。

第四首是杜甫的那一篇脍炙人口的《七律·闻官军收河南河北》。

剑外忽传收蓟北，初闻涕泪满衣裳。
却看妻子愁何在，漫卷诗书喜欲狂。
白日放歌须纵酒，青春作伴好还乡。

即从巴峡穿巫峡,便下襄阳向洛阳。

这诗的特点就是一个"快"字,虽字里行间不见一字,却是快在诗骨,快在心头。

八句诗,句句写"快",句句是"快",而且采用顺时序写法,且不但由此及彼,而且由近及远,一字一顿,都是快意,有字无顿,更是快意。那欢快,那畅快,那爽快,那痛快,既充满字里行间,又溢于字面之外。

"剑外忽传收蓟北",忽字用得妙,喜讯忽然而来,喜讯之快出乎意料。

"初闻涕泪满衣裳",初字又妙,满字尤妙。初者,乍然一闻之谓也;满者,涕泪交流之谓也。初而能满,快意自在其中,正是喜极而泣。

"却看妻子愁何在",泪眼婆娑之间,再看妻子,什么悲呀,苦啊,踪迹全无。那"何"字所表,正是快意。

"漫卷诗书喜欲狂",漫字妙,狂字更妙,因为喜讯忽至,禁不住随手将书一卷放置一旁。因为什么?因为高兴得不能自已,"狂"了。

"白日放歌须纵酒",放字妙,纵字也妙。面对这样的大好信息,不能不歌,又不能不饮。不能不高歌,是为"纵歌";不能不痛饮,是为"纵酒"。

"青春作伴好还乡",春字妙,好字亦妙。喜讯当其令——还是春天的大好时光,春光伴我返故乡,是何等的快意啊!

由此联想到一路归途,更快活了,"即从巴峡穿巫峡,便下襄阳向洛阳"。一个"即"字配上一个"穿"字,一个"便"字配上一个"向"字,那快乐难禁的情感,更是蹦蹦跳跳,跃然纸上。

自然,韵也是好的,一切皆有,没有好"韵",只是心情不是诗。全诗不但用平声韵,而且用宽韵,用洪亮级韵,平而又宽,宽而又响，正当其歌，虽历千百年间，使人一见此诗，便禁不住要大声朗诵起来。

四、散文及其他文字的音调与声韵

除诗词歌赋等韵体文学之外，其他文字例如散文也应该有音韵意识与追求。但应该指出，两者毕竟有质性区隔。如果过于夸大音韵的作用，就文不对题了，毕竟诗歌与散文属于两个不同的系别，粥是粥，水是水，非用熬粥的方法煮水，水也会煮"煳"的。

但音韵意识确有必要，它主要强调的是平仄与音调，而不是韵脚。散文无韵脚，也不需要韵脚。但平仄与音调是需要仔细斟酌的，表现在一些短语或词组方面，就更重要了。

词组的平仄安排，应用广泛，如商铺、商店字号，如人名、地名，以及一些专用名词及词组都是如此。它们或者考虑平仄关系就可以了，或者还要兼顾音调的清浊、高低。

以人名为例，全用仄声字，未免太"狠"了，或者太"急"了，只有平声字，又未免太"高"了，或者太"旷"了。不唯如此，古来的中国历史人物，常有所谓齐名并举的现象，这种齐名并举的现象，在音韵上也有一定的规律可循。

早些年，我写《隋唐五代文学史》，写到初唐四杰王、杨、卢、骆时，就遇到这样一个问题：这王、杨、卢、骆的顺序，何当如此？实际上，就是这几位当事人，除去排在头一位的王勃之外，对这个顺序也颇觉不满，或有微词。后来我看到一种说法，是四杰的排序缘于各自姓氏的发音。

对此，我本一直存疑，不敢妄断，但现在细细回味起来，觉得确有道理。实在中国从古至今的姓氏并列的公认人物甚多，其中，大多与这个规律有点关系。比如唐代大诗人李杜，李属上声——第三声，排在前，杜属去声——第四声，排在后。如果你认为，那排法是因为李白成就高于杜甫，可就不对了。因为中国大书法家中还有钟、王之称，钟繇的书法成就决然比不过王羲之。如果您认为那是因为李白的年龄大于杜甫，就又不对了，因为中国文学史上又有班、马之称。班即班固，东汉人，马即司马迁，西汉人。东汉的班固，他年龄再大，能大过西汉的太史公吗？此外，还有孙吴兵法，也符合这一规则，孙是一声，在前，吴是二声，在后；又有宋代书法四大家苏、黄、米、蔡之称，苏为一声，居前；黄为二声，次之；米是三声，又次之；蔡是四声，最末。同时，还有欧、颜、柳、赵，亦同此。不但如此，连《三国演义》上标榜的西蜀五虎上将关、张、赵、马、黄，也都有这个意思在。这当然不是说因为关夫子姓关才排在第一位的，而是说，因为这排法大体符合汉语音声的阅读习惯，故而它的传播就来得格外顺畅些。

其实曹操手下，也有五良将，这个见诸《三国志》，即张辽、乐进、于禁、张郃、徐晃。一方面是因为他们在《三国演义》中名声不够响亮；另一方面，这五位将军的姓氏在排列方面确实存在音声方面的困难——不好读，也不顺口。张、乐、于、张、徐，这多别扭哇。干脆，没这概念了。

表现在戏曲、小说等方面，这样的例子也很多。京剧中包公手下有四个著名的校尉：王朝、马汉、张龙、赵虎。而且正好符合"平平仄仄平平仄（仄）"的阅读习惯，或略去尾字，又与格律诗的平仄要求十分吻合。不唯如此，每日包老太爷招呼王朝时，还常常将王朝的"朝"字读作"超"音，就更响亮而有力度了。虽然京剧是最讲究字正腔圆的，但为音乐美感，只好有点对不起王朝先生了。

大京剧艺术家裘盛戎先生的代表作《姚期》，其中有马武、岑彭、杜茂三员大将去草桥关替换姚期回朝侍君的情节。这四位人物按序排列，应是姚、马、岑、杜。但剧中道白与唱词则一律改作"马、杜、岑"这样的顺序，那岑彭明明在马、杜之间，为什么将人家"整"后面去呢？无他，也是音韵原因。如果依"马、岑、杜"的顺序来读，马、杜为仄声，岑是平声，不好念了，既不上口，更不好听。尤其放在大花脸嘴里，一下子"杜"住了，声音与声威全没了。两个仄声夹一个平声，又犯了格律诗中"孤平"的禁忌。而禁忌是不能犯的，为着念与唱的音韵要求，只能请岑彭将军位置后移了。

一方面是平仄，一方面又要考虑音调，对此，我国的民族戏曲无论在唱，还是在念方面都十分讲究。如开口音、闭口音以及京剧等剧种中的尖、团字的运用都有特别的规范与规定。他们所遵循的音韵标准，首先主要是"十三辙"。据《辞海》介绍，十三辙为京剧的韵脚分类，"根据中州韵和北京语音划分，也夹杂了一部分湖北音"①。

因为它主要是一种实用规范，不同艺术品种间十三辙的名称略有不同。京剧外的剧种也有分十三辙的，但具体分法与京剧亦不完全一致。十三辙内容为：①发花辙；②梭波辙；③乜斜辙；④姑苏辙；⑤一七辙；⑥怀来辙；⑦灰堆辙；⑧遥条辙；⑨由求辙；⑩言前辙；⑪人辰辙；⑫江阳辙；⑬中东辙。

王希杰先生在他的名作《汉语修辞学》一书中，曾将汉语音调依洪亮级、柔和级、细微级画一表格，对十三辙、十八韵的音调差异，标示得一清二楚。（见下表）②

---

① 《辞海·艺术部分》，上海辞书出版社，1980年。
② 王希杰：《汉语修辞学》，北京出版社，1983年。

响亮程度	韵辙名称	
	十三辙	十八韵
宏亮级	12 江阳辙（宽辙） 13 中东辙（宽辙） 10 言前辙（宽辙） 11 人辰辙（宽辙） 1 发花辙（宽辙）	十六唐 十七庚、十八东 十四寒 十五痕 一麻
柔和级	8 遥条辙（宽辙） 6 怀来辙（宽辙、字少、常用） 2 梭波辙（宽辙） 9 由求辙（窄辙）	十三豪 九开 二坡、三歌 十二侯
细微级	7 灰堆辙（窄辙） 3 乜斜辙（窄辙） 4 姑苏辙（窄辙、字多、不常用） 5 一七辙（宽辙）	八徽 四皆 十模 五日、六儿、 七齐、十一鱼

其实，这规律不仅适用于戏曲，对于商号同样适用。它们的音声响亮程度一般都是洪亮级的，其字音搭配也大多合乎"平仄"规律，例如侯宝林相声中提到的八大祥，即瑞蚨祥、瑞林祥、广盛祥、益和祥、祥义号、谦祥益等[①]。

这些字号都符合这两个要求。平仄是合的，不是一仄两平，就是一平二仄，音调也是响亮的。以祥字结尾的有四个，祥字属阳平字，在十三辙中为江阳辙，在十八韵中为十六唐，都属于洪亮级的第一级，无须多说了。祥义号的号字，虽是仄声字，属于十三辙中的遥条辙，十八韵中的十三豪，既是宽辙口，又是柔和级中的第一级。只有谦祥益的益字属于一七辙，既是仄声系，又属于细微级的末一级，不合规律了。但整体来看，可作为格律诗的变格理解。它的发声发音不在益字而在祥字上。即使不考虑这一点，那么，洪亮级、平声字作尾音的字号依然占绝大多数。

---

① 原相声中只列此 6 个名字。

表现在散文、戏曲白口方面，也是同理如斯。一般地说，表达特别激越的情绪时，句尾音应选用洪亮级仄声音；表现高昂饱满的情绪时，句尾音应选用洪亮级平声字；表现低沉郁闷的情绪时，字尾音应选用细微级仄声字；而表现亲密愉悦的情绪时，字尾音应选用柔和级平声字。这里引一段京剧中的道白作为说明。

一段是周信芳大师在他的代表作《四进士》"公堂"一场的大段道白。这一段道白，内容是宋士杰一人的雄辩性理由陈述，相当于话剧中的长篇独白。其背景情节是：河南上蔡县民女杨素珍的丈夫被他的哥哥嫂子害死，她本人又被他们串通她自己的哥哥卖给了商人杨春。幸而杨春为人正直，知道她的冤情后，撕掉卖身文书，还与她结为义兄妹，陪她到信阳州的州衙门"越衙"告状。后来，巧遇宋士杰。这宋士杰乃是一位具有强烈正义感的老年民间讼师。杨素珍拜他为义父。宋士杰代杨去告状，中途吃酒，人家衙门到点下班，状子没递上去。于是他带杨素珍去衙门"击鼓鸣冤"。当州官顾读听说杨素珍住在他家的时候，便传他上堂，让他"报门而进"，一见面，劈头便问：

"宋士杰，你还不曾死吗？"

他答："阎王不要命，小鬼不来传，我是怎生得死？"

又问："你为何包揽词讼？"

他答："怎见得小人包揽词讼？"

问："杨素珍越衙告状，住在你的家中，岂不是包揽词讼？"①

要知道，在那样的时代，包揽词讼乃是一个大罪名。于是他便有了这样一段独白。为着说明其音声选择情形，于每句话的停顿处都作了四声标记，并将每个整句单列一行。

小人宋士杰，在前任道台衙门，当过一名刑房书吏。

---

① 选自《周信芳文集》，中国戏剧出版社，1982年。

只因我办事傲上，才将我的刑房割掉。

在西门以外，开了一座小小店房，不过是避嫌而已。

曾记得（顿一顿）那年（顿一顿）去河南（微拖一拖）上蔡县（顿一顿）办差（底下念得快一些），住在杨素珍他父家中（渐渐把话接上了）；杨素珍那时节才这长这大，拜在我的名下，以为义女。

数载以来，书不来，信不去，杨素珍她父已死。

她长大成人，许配姚延梅为妻，她的亲夫被人害死；

来到信阳州，越衙告状。

常言道：是亲者不能不顾，不是亲者不能相顾。

她是我的干女儿，我是她的干父；干女儿不住在干父家中，难道还叫她住在庵堂寺院！①

这一大段道白，念得抑扬顿挫，语调铿锵，又帅又好。以平仄而论，论述文字，大抵平仄相间，有轻也有重，有快也有慢。分号处，则或平或仄，斟酌具体情势而定。但作为一个完整句，其全句的尾字字音毫无例外，全部选用仄声字。这是因为：其一，这是对告状情由的解说；其二，这是对官府责难的答辩；其三，这是对世间冤情的反映。为告状情由作解说，不能不斩钉截铁；为官府责难作答辩，不能不理直气壮；为世上冤情作反映，不能不义正词严！

另有一出传统名剧《法门寺》，剧中有一段随从太监贾桂念状子的情节，十分精彩。在我们能看到或听到的表演中，属肖长华先生演得最好，直到今天，也没有哪个演员可以与之媲美的。那状子写得好，是经过清末举人叶肖斋一字一句精斟细酌过的，加上民族戏曲传统，是总在演，总在改，长年累月，日精月华，所以，那演出效果奇佳，固然是肖长华先生艺术高超，却又不是一人之力，一时之功。

---

① 括号等内容均为表演者所加。选自《周信芳文集》，中国戏剧出版社，1982年。

全状 299 字，俗称"大状子"，全文如下：

> 具上告状女宋氏巧姣，求雪夫含冤事（啊）！
> （刘瑾，着哇！照这个样儿慢慢儿往下念！）嚓。
> 宋巧姣系郿邬县学廪生宋国士之女，许字世袭指挥傅朋为妻。六礼已成，尚未合卺。忽闻氏夫身遭飞祸，赶即查问起事情由。方知氏夫因丁父忧，尚未授职；现已服满，前往各处谢孝。经过孀妇孙氏门前，无意中失落玉镯一只，被孙玉姣拾去。适有刘媒婆从旁窥见，藉此诓去玉姣绣鞋一只，令她儿刘彪在大街之上向氏夫讹诈。因此二人争斗一处。当经刘公道解劝，并未公允；随即各散。彼时又出孙家庄黑夜之间，刀伤二命，一无凶器，二无见证；无故又将氏夫拿到公堂，一味刑求，暗无天日。氏夫乃文弱书生，不堪痛楚，只得惧刑屈招，拘留监狱。宋巧姣一闻此信，惊骇异常。家中只有亲母一人，衰朽卧病；是以情急，谨依法律规定条例，具状上告，伏求俯准提案讯究，务得确情，以雪奇冤，而重生命，则衔结之私，永无既极矣！谨状（啊）！[1]

肖长华先生对此状的念法，也曾有专文作解，不但讲得精，而且讲得透。其中关于音韵的地方有这样三段。

一段是关于"一"字的读法，意思是虽同为一个字，但也要根据情节分出平仄。肖先生说，这张状子里，共有七个"一"字，却需三般念法：连用去声或轻声字之前时皆读阳平（夷），如"争斗一处"、"一味刑求"；连用在阴平、阳平、上声字之前时则需读去声（意），如"玉镯一只"、"一闻此信"、"亲母一人"；读阴平（衣）是位于一词一句之后时（如"一一得一"、"合二为一"）。这里，一无凶器的"一"字，需仍读阴平。因为它在这里是作为列

---

[1]《肖长华戏剧谈丛书》，中国戏剧出版社，1980 年。

举事物的数词，如"一……；二……；三……"若阴错阳差，听起来就很难入耳。①

一个"一"字，三种读法，只为听起来悦耳，这个就是音韵学范畴的事了。

另一段，是讲句读的平仄的。他写道：上句下句的字数虽多寡不同，然而都能平仄相衬。如"系郿邬县学庠生宋国士之女（仄），许字世袭指挥傅朋为妻（平）"；"六礼已成（平），尚未合卺（仄）"；"忽闻氏夫身遭飞祸（仄），赶即查问起事情由（平）"；"失落玉镯一只（平），被孙玉姣拾去（仄）"；"一味刑求（平），暗无天日（仄）"；"文弱书生（平），不堪痛楚（仄）"等。分清了"句儿"，明确了平仄，哪句该扬哪句该抑，心里自然有了数。因为平声长，为扬；仄声短，即为抑。②

此外，还讲一些上口字，如"庠生"的庠字读"强"音，"黑夜"的黑字读"喝"音，"不堪痛楚"的楚字读作"粗"的上声音。

这状子其实与前面的"独白"有不同，文体也有别，但这不是最重要的。重要的是两者的情绪差异大。宋士杰是义愤在胸，雄辩在口，非声情并茂不可，侧重点还在于伸张正义这一面。贾桂念的状子，内容固然也是冤狱之事，但一则这是一出情景喜剧，二则念状的人，是一个与案情毫不相干的太监，他可不管你写的是天一样的冤情，还是海一样的怨愤，他一心想的，只是在他主子九千岁和太后老佛爷面前表现自己，讨他们欢心。所以，低沉是不要的，如泣如诉更不要，慷慨激昂也不要，音调激越都不要。他读的是别人的状，卖的是自己的"乖"，追求的就是声音光亮，字字清楚，不但好听，而且好玩。所以，虽然状子的结尾字音，也多以仄声音为主，但在他——贾桂认为需要讨俏的地方，还是要想方设法，转仄

---

① 《肖长华戏剧谈丛书》，中国戏剧出版社，1980年。
② 同上。

为平。如开头一句"具上告状女……雪夫含冤事",事字本仄声字,仄声字没情绪了,难以美声发扬,于是加一个"啊"字于其后,于是字来气转,正好表现贾桂的好嗓子。状子的结尾也是如此,在"谨状"后面,再添一"啊"字,不为别的,为的就是卖弄。其意若曰:"太后、九千岁,您二老听得满意乎?"

再者,这状子的语句,多为散型句,短句多,逗号多,因为这两多,更容易分平仄,定阴阳,于是一路念来,但觉峰回路转,节奏鲜明。

五、音韵应用的特殊例证

音韵可以视为一种规则。规则是必要的,但不是万能的,它不可能适用于所有情况,因为任何规则都有局限。其结果是:一方面,随着规则对象的发展,规则本身也需要完善或改变;另一方面,必然允许规则外的特例存在,且不但允许其存在,还要善待其存在。其方法是,或因韵而变通其字,或因字而变通其韵。

以民族戏剧追求的字正腔圆为例,字正腔圆当然是一个很好很重要的规范性要求,但因为演唱内容、唱词等种种因素的影响,不可能做到百分之百的字正腔圆,有时字正则腔不能圆,腔圆则字不能正。京剧中有一出骨子老戏《三娘教子》,其中老仆人薛保有一句唱词是:

见三娘,发泪啼,机房闷坐。

那个三娘的"娘"字,就必得唱成上声——niǎng 音,即仄声才好听。否则,不但不好唱,简直就不可唱了。还有大戏《杨家将》中有一句"为国家,秉忠心"的唱词,那"国家"的国字,按阳平声走,唱不好,必得将其唱成"果"音,才悦耳。国字是平声字,"果"音为仄声音,碰到这儿,只好字随韵走了。

曲艺中也有这样的例证。如西河大鼓《玲珑塔》，属于经典唱段，其中每数一层玲珑塔，都要衬唱一句"西北风一刮喂儿拉哇拉响喂儿嗡。"那"西北风一刮"的"刮"字，正音为阴平，为"瓜"音，但在唱段中，却要唱作"剐"——guǎ 音，否则，不好唱，也不好听。

不但戏曲，即使现代歌曲也有类似的情况。生歌僻歌，地方音很鲜明的民歌都不管，只说中国人最为熟悉的两首歌的歌词，

一是几近人人会唱的《东方红》。开首一句"东方红，太阳升"的"阳"字，本字属阳平字，但放在这首歌中，却发第三音——上声音，读如"仰"字，否则，同样不好唱，也不好听。

二是《中华人民共和国国歌》，田汉作词，聂耳作曲，词既写得好，曲又作得好，但不能做到所谓的字正腔圆，如末一句"前进，前进，前进，进！"前字应发阳平音，进字应发去声音，即"qián jìn"。但唱起来却必须发声如 qiǎn jīn——浅、金。否则，不但不好听，而且不可唱了。

此为何也？原因是：一个是乐理，一个是字理，两者最好相契相合，字正腔圆，倘不能够，迫不得已时，只能字音服从乐曲，内容通融形式了。

但更多的情况，还是形式服从内容，字音服从字义，尤其是非演唱性的音韵安排，更是如此。

以格律诗词为例，虽平仄要求严格，便更重要的还是这诗、词的内容与意境。词不可伤意，两者不能兼得，自是意境为先。我的证明是：苏东坡固然是宋词大家，李清照还要批评他的词是"句读不葺之诗耳，又往往不协音律"；周邦彦虽然是北宋词人中音律最优的大词人，张炎还要说他的词"于音谱间有未谐者"。可见音韵之事，没有规范不可以，死守规范尤其不可以。李清照、张炎对苏东坡、周邦彦的批评不能说无所本，但不影响苏词的辉煌、周词的杰出。曹雪芹先生对此持有高论，他也曾借书中第一才女林黛玉的

口评说作律诗之道：

> 什么难事，也值得去学！不过是起承转合，当中承转是两副对子，平声对仄声，虚的对实的，实的对虚的，若是果有了奇句，连平仄虚实不对都使得的。①

这末一句，很重要，"若是果有了奇句，连平仄虚实不对都使得的"。

还有一种情况，依照旧字音韵，并无不妥，改为新读，又有突破。在我看来突破旧韵有时也很不错。

鲁迅先生有一首绝句，是悼念杨铨先生的，其诗云：

> 岂有豪情似旧时，花开花落两由之。
> 不期泪洒江南雨，又为斯民哭健儿。

感情诚挚，心态沉重，然而，自有不灭的怒火在胸中燃着。诗的表达既曲折，又强烈，"又为斯民哭健儿"一句，更是诗眼所在。但以韵论，有可思索之处。虽然按十三辙的划分，第一句的"时"字，第二句的"之"字，第四句的"儿"字，都可以归入一七辙，但以普通话的十八韵作标准，"时"字与"之"字属于"i 韵母"，归入"五日韵"，"儿"字却属于"er"韵，应归入"六儿韵"，不是一个辙哩。然而，效果也是好的。且韵辙有些错置，效果反而更加强烈。

朱德总司令在抗战时期有一首五绝，写得出色，其诗云：

> 伫马太行侧，十月雪飞白。
> 战士仍衣单，日日杀倭贼。

诗很短，却气魄宏大，气象非凡，且形象突出，对比强烈，烈

---

① 曹雪芹：《红楼梦》中册，人民文学出版社，1982年。

士之心，凛然如在。以音韵论，第一句的"侧"字属"e"韵的三歌韵，第二句的"白"字，读"博"音，属"o"韵的二波韵，二波三歌在古诗中可以通押，第四句的"贼"字，依古音可以读"zé"音，那么，是押韵的了。但我以为，读"zé"音反不如依着普通话发声直读"zéi"音的好。虽然贼字属"ei"韵，次排十八韵的"八徽韵"，但那效果，却来得更为刺激与坚定。

韵是可以转的，音也是可以变的，《红楼梦》后40回中一回"感秋深抚琴悲往事　坐禅寂走火入邪魔"，虽是续书，写得却好。里边讲到了所谓"变徵"之声。是他写道：

　　二人走至潇湘馆外，在山子石上坐着静听，甚觉音调清切。只听得低吟道：

　　风萧萧兮秋气深，美人千里兮独沉吟。
　　望故乡兮何处？倚栏杆兮涕沾襟。

歇了一歇，听得又吟道：

　　山迢迢兮水长，照轩窗兮明月光。
　　耿耿不寐兮银河渺茫，罗衫怯怯兮风露凉。

又歇了一歇，妙玉道："刚才'侵'字韵是第一叠，如今'阳'字韵是第二叠了。咱们再听。"里边又吟道：

　　子之遭兮不自由，予之遇兮多烦忧。之子与我兮心焉相投，思古人兮俾无尤。

妙玉道："这又是一拍。何忧思之深也！"宝玉道："我虽不懂得，但听他的音调，也觉得过悲了。"里头又调了一回弦。妙玉道："君弦太高了，与无射律只怕不配呢。"里边又吟道：

　　人生斯世兮如轻尘，天上人间兮感夙因。感夙因兮不可惙，素心如何天上月！

妙玉听了，哑然失色道："如何忽作变徵之声！音韵可裂金石矣！只是太过。"宝玉道："太过便怎么？"妙玉道："恐不能持久。"正议论时，听得君弦"嘣"的一声断了。妙玉站起来，连忙就走。①

所谓变徵之声，是中国古乐中的一个音阶，相当于今乐中的"fa"。虽然只有半个音阶高，但在这里，却产生了可裂金石的效果。足见若有真情在，何诗不可为！

更有一些特别的例子，完全可以形容为"反其道而行之"的。一个是梁鸿的《五噫歌》。

通常的诗，是押韵而不能同音，更不能同字。如果韵脚都是同音字，就不好听了；如果韵脚都是同一个字，差不多也就不是诗了。梁鸿的这一首《五噫歌》却反其理而为之，诗分五行——五句，句句的尾字都是一个"噫"字，并以此命名为《五噫歌》。虽然这作法与寻常诗作大相径庭，但那效果也十分不错。其诗云：

陟彼北芒兮，噫！
顾瞻帝京兮，噫！
宫阙崔巍兮，噫！
民之劬劳兮，噫！
辽辽未央兮，噫！②

中国传统相声中，还有更为极端的例子，其中有一首天上地下四不搭调的反韵"诗"，流传尤其广泛，其"诗"云：

湛湛青天不可欺，（这一句属一七辙）
张飞喝断当阳桥。（这一句属遥条辙）
虽然不是好买卖，（这一句属怀来辙）
一日夫妻百日恩。（这一句属人辰辙）

---

① 曹雪芹、高鹗：《红楼梦》第3册，人民文学出版社，1974年。
② 沈德潜：《古诗源》下册，华夏出版社，1998年。

据说那年侯宝林先生将这一"大作"表演给毛泽东看时，毛泽东大笑不止。像这样的诗，是任何诗人也不会作的。

还有一种汉语传统艺术形式——绕口令，也是反平仄反音韵的。它的特点，就是怎么"别扭"怎么来。越不上口越好，越让表演者"为难"越好，越容易出错越好，但作为一种艺术形式，其价值自在，而且也是美的。

简而言之，音韵学在未来还是要存在、发展的，但未来的诗韵必定向简化方向发展。虽然北方艺术尤其传统戏曲艺术依然离不开"十三辙"，但对操普通话的创作者而言，还是以适应普通话要求的"十八韵"为基准更好。未来的诗，也许有相当一部分属于无韵诗，未来的文，则可能在很大程度上与音韵发生联系。这一点，我在后面相关的章节中还会谈到。

文篇 审美

WENPIAN SHEN MEI

整体大于局部之和

文篇之立，是汉语发展的第二次综合。

第一次综合是文句的综合，有字、有词，而且有句，句是字与词的创造性、跨越性发展；第二次综合则是字、词、句、韵规范组合与创造性结构的结果。很显然，它是语言文明中极其重要的一环，可以说，文篇之前，一切只是基础，如建筑中的各种材料一样，有了文篇才有了完整的建筑。但它绝非各种材料的简单堆积，堆积不成建筑；也不是毫无新意的平庸仿制，仿制不成艺术。那么构成文篇生成的组织要素包括哪些内容呢？

一、构成文篇的五项要素

文篇的生成，且不论是散文、韵文、诗歌，还是小说或者戏曲剧本，总而言之均需要五个基本要素，而且缺一不可。

这五个要素分别是：立意、题目、结构、语言与风格。

首先是立意，即文章的主旨是什么，或者更宽泛些，你为什么做文章。这一点，可以说是文章、文篇的缘起。即使你漫无目的，那也是一个缘起，一个立意，立意的内容就是"什么目的都没有"。天、地、风、火四大皆空，这也可以成立，只是这样的立意比较罕见就是了。

一般地说，立意需要目标，也不见得就是功利性的，或者理想性的，或者愉悦性的，但也可能就是功利性或理想性或愉悦性的，甚至是兼而有之。立意有高低，也有大小，但又不见得立意大，文章就大，这可能是一件事，也可能是两回事。文章大不大，不是一个因素决定的。毕竟太阳不等于天空。

其次是题目。题目很重要，一些人做文章不以题目为意，认定只要文章好了，题目简单。甚至没有好题目，该是好文章还是好文章，这是大错特错。题目犹如企业的名称，又如人的姓名。世上企业固多，有不重视名称的吗？如果有，这企业怕是很难做好，更难做大，因为你连自己的"名"声都不在乎，还在乎什么呢？世界上人口固多，有不重视姓名的人吗？如果有，这人若非弱智必定别有他因，人家朱重八一旦立志发迹，还把名字改成朱元璋了呢！

再次是结构，立意是文篇的魂，题目是文篇的目，结构就是文篇的体。没有结构，骨骼没了，虽然有血有肉，就是站不住。更别说什么体格健美、体态风流了。

第四是语言，语言包括文字、文辞、文句与文韵，现代汉语还包括标点符号。不要小看标点符号，用得好时，个个可成为鲜活的生命。语言是文章的容颜。语言好的文字，如同相貌姣好的美人，单这一个美，就足以"惊人"。退一百步说，纵然别的什么都不行，还有一个"美"在哪！

最后是风格，风格是文章的性格。人可以没有性格吗？如果可以，那一定是个最平庸的生命；如果不可以，那么文章也就不可以没有性格。文章最忌千人一面。千人一面，其结果就是只剩下一面，那九百九十九面，因为雷同，等于死了，没了。

更为重要的是，一个好的文章，又是一个有机的系统性组合，即上述各基本因素，都应达到一定的水准才好。二十多年前，我在编写《人才学》的时候，也曾提出过决定人才的三定律，把它略加改动，也可以看做论文章状态的三个标准：

第一个标准是各项基本要素的整体水平决定文章的等级；

第二个标准是单项基本要素的水平决定文章的特色；

第三个标准是任何一项基本要素低于生存水准则文章报废。

怎么讲？

先说第一条标准。各项要素水平都高，那文章至少是第一流水平，甚至是超一流水平。以诗歌为例，如果只是某个字儿用得好，那叫做文字效应；如果只有一个词儿用得好，那叫做名词效应；如果某个句子做得好，那就是名句效应；唯有字、词、句、意全篇都好的，始可以称之为名篇效应。

再说第二条标准。实际上，一篇文章或一本书，样样都是好的，显然是个很难达到的层次。但只要诸种要素中有一个方面突出，它就可能站得住。例如别的一般，唯立意好，也有相当的价值，倘若是理论性文字，价值还更大些。例如，达尔文先生的文字就不怎么样，但《物种起源》一样是经典性巨著；还有康德的哲学著作，文字更难懂，他的《纯粹理性批判》完成之后，给一位哲学友人看，朋友看了一半，就说"不能再看了，再看就疯了"。

也有的文章，项项不突出，只有文字精彩，那也是一个特色。不知道别人怎么样，在我，是很在意那个文字的品级的，且只要文字好，吸引我，一定买下。实际上，真把文字弄好，却又很难。虽然当今之世，美文的名称由来久矣，且四处招摇，但真的想找两篇赏心悦目的文字，还真不容易。

还有结构，还有风格，还有题目，都是如此。

但要注意，还有第三条标准，即构成文篇的基本要素中，任何一种因素都不可出现"死机"状态，只要任何一种要素太烂，不可救药，这文章立马报废。即以方才提到的达尔文与康德的文字为例，虽然难读，毕竟可读，马克思不喜欢达尔文的文字，为看那内容，还是读下去了；康德的友人说再读康文可能发疯，但他终究不曾发疯，所以我们只好承认，那文笔虽然是很难为人的，但是那著作还是经典著作。如果这文字根本读不懂，上帝都不懂，对不起，这书的生命也就完了。

当然，相对不同的文体而言，具体标准或有出入。长篇巨作，有些小瑕疵，或无关紧要，而一篇精美的短文或一首精美的诗作，是任何一点小问题都能引起十分的注意，最好冰清玉洁。用现在的一句流行语讲，就是"细节决定成败"。一首绝句，一共只有四句，您写得"软"一句，"粗"一句，再"错"一句，还能看吗？哪怕只有一句不佳，都占去四分之一的篇幅，这还想成为名篇，是不能够了。

考虑到本书的整体结构，这里仅分别议论立意、题目与结构三个方面的问题。

二、立意是文章之魂

说到立意，早已经不时髦了，甚至有些落伍，有些不招人喜欢了，然而，它是必需的。

实际上，很多伟大的篇章，正是出于伟大的立意。只不过，有时候，那立意的伟大，不是一出世就被人所理解、所认同罢了。

孔夫子述而不作，只在仁心，其实也是一个立意。这立意甚至还有点后现代意味呢！

其他如老子的道论，孙子的兵论，墨子的兼爱论，孟子的性善论，荀子的性恶论，韩非的法、术、势合一论，公孙龙子的白马非马论，都堪称千古名论，也可以看做是他们文章的大立意。

到了汉代，汉武帝"罢黜百家，独尊儒术"，没有那么繁荣的思想局面了，但后世儒家依然有杰出的立意在。如董仲舒的天人合一论，程朱理学的理、道合一论，陆、王心学的儒学即心学论，同样不同凡响。

宋代大儒张载曾提出"为天地立心，为生民立命，为往圣继绝学，为万世开太平"，这样的立意，在他那个时代，显然有着重大的价值。

不但儒、道、法、墨、兵、名等家，太史公作《史记》，也是个大立意的，那立意即"究天人之际，通古今之变，成一家之言"。甚至可以说倘若没有这样高超的立意就不会有《史记》那样的旷世名篇，中国古来历史著述发达，但没有任何一部史学著作可以超越《史记》。在纪传体这个范围内，能与之并驾齐驱的著作绝无。《汉书》或可依肩而立，但文笔差强，见解不足，差了一筹；《后汉书》文、意不逮前贤，又差一筹；《三国志》太过简略，加上裴松之的注，只可与《后汉书》相提并论。除前四史之外，更没有可以与《史记》一论短长的史学著作了。其中一个原因，即彼此的立意有高低。

曹雪芹也是一位伟大的立意者，他的著作志向就是为闺阁中各色女子传布信息、伸张正义。为几个弱女子著书，这在当时，代价不算小哇！而且他的这个立意又是为当时的大儒、小儒、官儒、私儒、醇儒、杂儒们所万万不能接受的。然而，站在后来者的立场看，这样的立意，不但正确，而且伟大，不但伟大，而且荣光。

毋庸讳言，进入20世纪下半叶之后，立意云云，不免有些陈旧了，有些古老了，有些为时尚者所鄙视了，甚至为某些后现代们所抛撒所唾弃了。但我要说，即使是最极端的立意解构者，他们自己也是有立意的，他们的立意，就是不立意，反立意，和一切立意过不去，非把它解构不可。

从某种意义上考量，文章可以无，立意必然存。但无论如何，立意是有条件的，或者说是有禁区的，有道德和人格禁区，可概括为"四不可"。

一是不可谄媚权贵。这在儒学时代也是有传统的，虽然儒学以君为本，但他们的价值结构不是一元的，而是二元的。一方面，是必须忠于君王，不忠则不足以为儒；另一方面，又要忠于礼教，不忠尤其不足以为儒。两者发生矛盾，礼教是首要的。极端的概括，即"民为贵，社稷次之，君为轻"。换个表达方式，忠君是理所当然的，谄媚是绝对不可以的，奸人、佞臣自然要痛加排斥不说了；一些才子，甚至大才子不能把握自己，在权贵面前，腰也是软的，腿也是软的，见个影子也想打躬，见个臭虫也欲下跪，对于这些表现与人品，真的儒生也是不会予以原谅的。

现代文明的价值基础之一，就是独立的人格，且人有人格，文有文格，学有学格。人格即公民平等，在公民价值与尊严方面，我不大于任何人，也不小于任何人；文格即文章独立，用自己的大脑想问题，我的文章我做主；学格即学术自由，坚持自己的研究权利，也支持他人的研究权利，包括人家反对自己的权利。用伏尔泰的语言表达，即我坚决不同意你的观点，但我支持你发表观点的自由。如果连这些都做不到，或者不愿做，那么，不谈立意也罢，即使有立意也是"脏"的。

二是不可言不由衷。我们中国人怕官的历史同样悠久，而且心理定式严重，人云亦云还可以苟且，自说自话难免受到冷遇，遭到批评。因此，产生很多言不由衷的话语与文章。我的看法是，文字原本是神圣的，不可以轻视，更不可以亵渎，我们宁可委屈自己，绝不可委屈它们。

三是不可名利优先。名利并非坏东西，否则还要那么多奖项，包括诺贝尔奖干什么？但不为别的，只为名利，难免误入歧途。

四是不可人云亦云。文章最怕平庸，因此世间的万事万物中，大概第一忌平庸的就是文章了。一个野生动物种群，如果只有千只数量规模了，就危险了；一个服装品牌，如果只做500件，就属于特殊品种了；一种纪念银币，在中国这样的人口大国，如果只发行10000枚，都算限量发行——这些银币全是一模一样的。文章则不然。不问三七二十一，它天生只能独一无二。两首诗歌一样了，必有一首是抄袭；两篇论文重复了，必有一篇无意义。不要说全篇相似，哪怕只有一个段落与他人的太过相似，也非遭到"问责"不可。

人云亦云，还不是抄袭，没达到那么高水平，充其量只是一个平庸级。但即使平庸，也不可以。因为平庸与文章的立意本身就是势不两立的，或者有平庸无立意，或者有立意无平庸。一切与文字打交道的人，就站在这平庸与立意的生死交界处，向生还是向死，这是一个严肃的问题。

不仅是这"四不可"。当我们思考立意的时候，切切不要以为立意是一匹横空出世的天马，想飞就飞，想跑就跑，那就又掉进误区去了。实际上，比立意更"大"的事情还不止一件呢！至少是："事实大于立意；逻辑大于立意；生命大于立意；甚至情感有时都大于立意。"

何谓事实大于立意？即不管你有着自认为多么美好的立意，一旦这立意与事实相违，对不起，这立意要不得了。因为立意再大，大不过事实去。此话并非一句虚言耳。

何谓逻辑大于立意？立意固然重要，但文章有自身的逻辑。想当初，俄国大文豪托尔斯泰创作《安娜·卡列尼娜》，写到最后，这位绝世女子卧轨自杀了。于是读者不满意，认为作者不应该让那么美丽的安娜那么惨烈地死去。托翁回答说，书中人物有自己的逻辑，她生命的逻辑如此，纵然作者心存不忍，又有什么办法？

其实不仅小说如此，而且任何可以站得住的文章，都有内在的逻辑性。你立意合乎逻辑，则这立意存；你这立意不合逻辑，则立意废，你想不废都不可以。

何谓生命大于立意？世间最宝贵的是生命。现在文明的价值体系中，生命是第一价值。万事万物，生命老大。在生命面前，管你什么逻辑，什么立意，套用鲁迅先生的说法，三坟五典也好，百宋千元也好，天球河图也好，万古文章也好，只消有碍生命，统统滚一边儿去。这个叫做"不可立意"。

何谓情感大于立意？即立意要尊重人的情感与自尊。都说人是有情感的动物，这种表达不准确，应该说人是情感丰富又有理性的动物，然而，情与理有矛盾。在理学家看来，情是坏的，理是好的，坏的情必须永远服从于好的理。但现代文明不一样了。它既尊重理性，也尊重感情，两者孰轻孰重，还要商量。但无论如何，尊重情感是重要的，既要自尊——尊重自己的情感，又要敬人——尊重别人的情感。现代人不拒绝，甚至对"骄"、"娇"二气会产生新解："骄"即活得骄傲，女性如公主，男性如王子；"娇"即活得尊贵，生命不能受屈辱，身体不可受委屈。在这个意义上说，如果立意有害情感，它的存在基础就不正确了。好的立意，当以真情为基础，就是少些理性也无妨；坏的立意，没有情感作基础，纵然七抓八挠好不容易立一个意思出来，也没有生命力。

有人对此不放心，认为，跟着感觉走，错了怎么办？——改回来就行了。何况说，尊重情感就错了吗？

也有人担心，情感高于立意，俗了怎么办？俗了就俗了，只要情感在。俗人抒俗情，说俗话，立俗志，做俗事，正是当行本色。而且我们看那些真实情感下的俗笔俗言，自有一种自然妙趣在其中。如河南曲子《关公辞曹》中曹操有这么几句唱，写得的确好：

> 在曹营我待你哪样不好？
> 顿顿饭四个碟两个火烧。
> 绿豆面拌疙瘩你嫌不好，
> 厨房里忙坏了你曹大嫂。[1]

这词俗不俗？你要非考证曹孟德先生会不会说这样的话，那就不是写词的人蠢，而是考证的人蠢了。你要非追究这立意高不高，也就不是写词的人不明白，而是追究者糊涂了。纵然这唱词有些俗，也没什么大意思，但它俗得可爱，它写出了彼时彼地表演者与观赏者的真情实感。

三、题目是文章之目

我估计，在很多人心目中，立意是个大问题，题目是个小问题。但在那些与图书市场有密切关系的人看来，立意或者是个小问题，甚至根本就不是个问题，题目才是大问题。究竟谁是谁非，也是一言难尽。

但题目显然是重要的。一个好的题目代表着一个概念。这概念或者可以影响一段时间，或者可以影响一个时期。不要说影响一个

---

[1] 齐昌、郁采、纪彦：《幽默诗文小品1001》，中国青年出版社，1994年。

时期，现在人们的生活节奏快如"脱兔"，而且是标准的被猎杀者追赶的野兔，就算能影响一个礼拜，也是非同小可之事。

回想这些年产生影响的书名，也真不算少，在我内心留下强烈印象的有：《格调》、《亲爱小资》、《野蛮女友》、《蛋白质女孩》以及"大话"系列、"戏说"系列、"正说"系列，种种。

显然，在这题目日日出新的大潮流中，以新闻记者和专栏作家的表现最为出色，他们无疑是一支生力军、先锋队。记者出身的作家，在捕捉新信息，确立新形象方面，嗅觉更敏锐，反应更快捷，身手更矫健，眼界更开阔，创意也更大胆。

有一位我喜欢、欣赏的专栏作家刘原，原本也是记者出身。2004年他出版了一本集子，名为《丧家犬也有乡愁》，单这名字就吸引人的眼球。以常识说，狗是最忠诚于主人的动物，因而对狗而言，最可怕的事情乃是失去主人。没主人的狗，乃是处境最悲惨的狗，这就是丧家犬。而作者的妙处，在于逆其序而推理之，他不说丧家犬的可悲与可怜，也不说丧家犬丧家的过程与缘由，只管一言直指"丧家犬也有乡愁"。看那文章，有些自嘲，又有些自得。从根上看，更有些自爱，因为自爱而爱人，因为爱人而思乡，因为思乡而受不住寂寞，于是一切收起，"我要回家"。

书的题目好，内文的文章标题也很有特色，俗一点的有"有多少旧不能乱怀"、"陪着80年代一起老泪纵横"；雅一点的有"师殇"、"和六月一起离去"；奇一点的有"看不懂就装傻"；怪一点的有"一道石破天惊的新菜"；逗一点的有"比武招亲，招来泰森"。

这些题目都做得好。我想只要是一个喜欢舞文弄墨的人，一见这题目，会走不动路的。

另有一位我喜欢并欣赏的作家小宝，不知是否也是新闻出身，但那文字的风格是很新闻化的。他的一本集子，名为《别拿畜生不当人》，正好和《丧家犬也有乡愁》属于难兄难弟。集子的名字好，同样很吸引眼球；内文的标题好，同样很有兴味。只是句幅更短些，力度更强些，小李飞刀，一刀致命。如"布衣石榴"，"左右开弓乔志老"，"美国异人"，"优雅的小丈夫"，"不过是斯皮尔伯格"，"非常美，非常罪"，形形色色，很是诗人。

个别的长题目，意思更好，如"以轻薄学术戏弄傲慢时尚"，单那题目就不知费了作者多少精神，涵盖了多少社会文化信息。只是我觉得这么好的题目有点浪费了，如果用它来批评中国内地的学术与时尚，或许更耐人寻味。

还有一位我喜欢并欣赏的专栏作家王小山，他的一本集子，名为《迅雷不及掩耳盗铃之势》。这样"神奇"的句势据说出自体育解说员韩乔生的创意。虽然并非韩先生的发明，但他确实有许多"疑似"性创造。故而，人们也就把这一朵鲜花插在了他这沃土之上。

其实，韩乔生先生很可爱，人们只听见了他的"花样翻新"式解说，不太了解他的可爱，一旦看到他对待批评的诚实与诚恳，就更可爱了。而王小山就是最早发现韩先生可爱的慧眼之一。

王小山文章的题目比之韦尔乔的更"奇"，比之小宝的更"辣"，从而也更与通俗无缘。论及文章的风格、文字的犀利以及对读者眼球的吸引度，这三位剑客式的人物正在伯仲之间，不分高下，甚至不分彼此。小山集子中的文章篇目，一样丰姿劲采，肆意为之。如"经历了风雨没有了彩虹"、"从十个词语看新文化"、"你是哪头蒜"、"倒霉的屁眼"、"你终于把我恶心死了"、"让道德滚蛋"、"比比谁无耻"、"青铜的，结实"，可说刀刀见血，很能刺激人的神经，让初临市场经济的那些有些忙、有些乱、有些郁闷又有些心不在焉的人们禁不住要跟着他试试这生活的水深水浅。

在这方面，本人也有很深的体会。记得1989年我写了一本《中国文化概论》，交到出版社，版都排好了，一征订，只有区区几千订数。社长发愁了，印吧，没得赚，退吧，不好意思。于是想出个折中方案：将书稿退我，将打好的"纸样"也送给我，算是给我的一种补偿。事到如此，既说不得，也怨不得，又哭不得更笑不得，干脆，束之高阁。这样到了1991年，碰到高人了。我初识的几位书界朋友凑在一起，要力推此书。怎么推呢？第一件事就是给它改名，几个人天天聚会，搜肠刮肚，各发奇想，不知哪一位——我想多半是我的多年挚友胡晓林灵光乍现，给这书起了一个新名字：《中国人走出死胡同》。结果首印五万，很快告罄，而且从此一发而难收，到2004年，已出过4个版本。我不知道这书名的作用到底有多大，但我肯定，没有这书名及其他相关因素，至少它连出版都没希望，可谓"万字容易得，一名最难求"。

从这书之后，凡我的书，都要在题目上"狂"做文章。此后又陆续出版了《泡沫经济·透视中国的第三只眼》、《正义，你听我说》、《家庭文化：虎虎虎》、《中西文明的历史对话》、《民间视点：中国现在进行时》等。有些书名有些创意，有的书名则失之空洞，也有的书名奇奇怪怪，但从销路考虑，都还不错。

对于题目又重视又做得奇、做得精、做得好的，台湾同胞似更有心得。像李敖、柏杨、三毛都是个中翘楚，往往一名之出，便吸引无数读者眼球。

先说李敖。李敖自是奇男子。他的书在大陆风行，有读者无数，尤其受到青年读者的欢迎。我读他的书约15年，自觉受益颇多。

李敖之外，柏杨先生也是个高手，尤其他的那一篇《丑陋的中国人》，在大陆的影响，一时几无出其右者。我想，将来如果有人统计20世纪80年代最有影响的著述的话，柏杨的这一篇，定然会在其中。他所起的篇目题名，又是一个路数，然而同样精彩、诱人。如"又要简啦"、"射程与糖浆"、"妖风"、"缝刑"、"灵性被酱住"、"妒眼一瞧"、"画虎不成反类鳖"、"犀牛型的高烧"、"荒芜了的处女地"、"狗打猎人拧"、"死文字统治活事实"、"集天下之大鲜"。

台湾女性作家中，大约三毛在大陆的影响最大——至今为止。

尤其在20世纪80年代，三毛的文章传来，正如"一夜春风花千树"，又如"千树万树梨花开"。读她的书，不仅很时尚，而且很文化，或许在相当多的人的心目中有些前卫感也未可知。三毛显然是很擅长给文章命名的，但她的题目，不似李敖文章题目那么刁钻古怪，也不似柏杨文章题目那么深长老辣，自有一种聪明在，而且有些诗情画意。人家的只是奇，只是酷，她的却是好。如"雨季不再来"、"西风不识相"、"沙漠观浴记"、"哭泣的骆驼"等，说到知名度，总是数一数二的。

再来说鲁迅。因为鲁迅是一个绕不过去的话题。他在一个侧面代表了那个时代的最高成就。

其实在鲁迅先生得以成名的"五四"时代，或说20世纪二三十年代，杰出的文化人物甚多，而且不少都是学贯中西的大家。且不问他们的相互关系如何，也不说他们各自的立场如何，但翻一个过来，便是学贯中西，翻一个过去，又是学贯中西。而当今的一些所谓大师级人物，在他们的时代，不过是二三流的角色。好在当时也没这样滥的称号，什么大师云云，讨人嫌罢了。其中一些在文学、文章方面贡献很大的人物，如胡适、鲁迅、林语堂、梁实秋、老舍、曹禺、沈从文以及稍后的钱锺书等，他们不但文字好，而且学养深。在宏观方面，眼界开阔；在微观方面，细节考究。不但文章质量优良，见解卓异，题目也往往别开生面，独具匠心。

鲁迅显然是更为出色的人物，是精英中之精英，文豪中之文豪。他一生著述很多，有小说，有学术著作，有旧体、新体诗歌，有散文诗。在大陆影响最大的乃是他的杂文。他的杂文，不惟见解深刻、风格老辣，嬉、笑、怒、骂，皆成文章，而且文字极为讲究，虽只小品篇幅，却有宏大气象，即今读来，犹觉力度强劲，锋刃如初。他将自己的杂文比做匕首与投枪，而且并非一般的匕首，差不多就是小李飞刀，也不是寻常的投枪，几乎就是哪吒的火尖枪，不出手则已，出手必有风雷，不临阵则已，临阵必定枪枪不空，刀刀见血。

他杂文的题目，自然很考究，集而成集，同样考究，且无一名无来历，往往一个名称又是一篇新文章。他早期的杂文、集子，有《华盖集》、《华盖集续编》、《华盖集续编补编》等。取名华盖，便有文章。他本人这样说：

> 我知道伟大的人物能洞见三世，观照一切，历大苦恼，尝大欢喜，发大慈悲。但我又知道这必须深入山林，坐古树下，静观默想，得天眼通，离人间愈远遥，而知人间也愈深，愈广；于是凡有言说，也愈高，愈大；于是而为天人师。我幼时虽曾梦想飞空，但至今还在地上，救小创伤尚且来不及，那有余暇使心开意豁，立论都公允妥洽，平正通达，象"正人君子"一般；正如沾水小蜂，只在地上爬来爬去，万不敢比附洋楼中的通人，但也自有悲苦愤激，决非洋楼中的通人所能领会。这病痛的根柢就在我活在人间，又是一个常人，能够交着"华盖运"。①

当时因为鲁迅写了《青年必读书》等文章，正饱受攻击，但他无所谓，并且自嘲交了华盖运。华盖运对有可能成佛的人来说，则是一个大好运，对于俗人而言，可不太好，"华盖在上，就要给罩住了，只好碰钉子"②。

但他不怕碰钉子，哪怕是棺材钉，哪怕这些钉子根根有来头，都是通人、学者、正人君子所制造，他也一概不怕。孟子说："虽千万人，吾往矣。"鲁迅先生的勇气与道德自许一点也不让前贤。

此后一年，又有了《而已集》。"而已"二字也有讲究。鲁迅先生对此专门用一首昔日的"题辞"：

> 这半年我又看见了许多血和许多泪，
> 然而我只有杂感而已。

---

① 鲁迅：《华盖集》、《华盖集续编》等，中国文史出版社，2002年。
② 同上。

泪揩了，血消了；

屠伯们逍遥复逍遥，

用钢刀的，用软刀的。

然而我只有"杂感"而已。

连"杂感"也被"放进了应该去的地方"时，我于是只有"而已"而已。①

集子的名称有来历，有讲究，集中的文章题目也是精心提炼且品味良多。这两个方面其实都不易做到，而且常常相互矛盾。太精心提炼了，就不自然了；而太追求自然了，又往往达不到凝练、精纯，仅而得之于自然，失之于随意。鲁迅的创作特点是认真、一字一句莫不精心构筑，然而，又能达于化境，宛若神工鬼斧，造化天成。他文章多，精美的起名犹多，仿佛信手拈来，便成风流妙语。如："卢梭与胃口"、"文学和出汗"、"女人未必多说谎"、"京派与海派"、"骂杀与捧杀"、"公理的把戏"、"战士和苍蝇"、"论辩的灵魂"、"我还不能带住"等。

也有题目很长的，如"由中国女人的脚，推定中国人之非中庸，又由此推定孔夫子有胃病"；也有名字很短的，如"倒提"、"算账"、"奇怪"，而且不奇怪则已，一奇怪，又有"奇怪（二）"、"奇怪（三）"；有些带学术味的，如"略论梅兰芳及其他"；也有直话直说的，如"关于女人"；但更多的是别有深意在其中的，如"辱骂和恐吓决不是战斗"，"无花的蔷薇"，又如"为了忘却的记念"等。

不惟如此，鲁迅对古代骈体文及对偶句法多有偏爱，领悟颇深。他的一些集子，是可以组合成对联的，或具有对联的意味。如：

《野草》对《热风》；

---

① 见《而已集·题辞》，中国文史出版社，2002年。

《彷徨》对《呐喊》；

《三闲集》对《二心集》；

《伪自由书》对《准风月谈》；

《朝花夕拾》对《故事新编》。

此外，鲁迅也曾有意写一本"五讲三嘘"，因故没有完成，如完成，正好对"南腔北调"。

像这样绝妙的构思，中国历代文学人物固多，也是不多见的。

四、结构是文章之体

结构的重要性，是不言而喻的。比如题目不好，只是丑一点，以文章比儿子，儿子丑一点，毕竟还是儿子呀！

结构就不一样了。结构不好，不是美与丑的问题了，而是正常与残疾的问题。人有残疾，值得同情；文章有残疾，得不到同情，那就废了。

好的结构，需要精心构思，巧妙安排。所谓匠心独运，很大程度上是指结构而言。未作文章，先有思路，思路对了，文章完成一小半了；好的思路变成好的结构，文章完成一大半了。到了此时，你想不把这文章作好都不可以的。

虽然结构的创立需要下大功夫，却又特别忌讳下笨功夫、下死功夫，尤其不可作无用功。累死累活，就是没有效率。

好的文章结构，好在自然顺和，恰似不经意之间。读者在不知不觉之间已觉风光无限，这个才是上乘。

如果令读者或欣赏者处处看到你的奇思妙想：这一边是高不可攀的门槛，那一边是深不可测的机关，反而拙了。

好的文章，其结果原本是不可预测的，虽然不可预测，却又在情理之中。正如一个好电影，你不知道那主人公何时出来，或者以何种面目出来，也不知道这事件究竟向哪个方向发展，当然也无法预测到"大结局"，虽然它的内容99.9%都是虚构的，但因为结构好，不论你横看竖看，都与真的相同，这才是艺术。

对此，批点《三国演义》的大才子毛宗岗有一个高见，他说："文章之妙，妙在猜不着。"

说得实在是太棒了。猜得着的文章，不过是平庸的文字而已。正像一个谜语，十个猜者九个中，这谜就没有成为"谜"的资格了。

现代大剧作家曹禺先生也有一个高论，他说编戏的秘诀是："前面不知后面的事。"

这道理多么简单，然而其中包含多少智慧与艰辛，实在不足与外行人道。

结构设计，不是没头没脑、没根没脚的玄学。实际上，不论是小说的结构还是戏剧的结构，或是别的任何一种文学形式的结构，都有迹可寻，或说都有模式可借鉴、可参照。以好莱坞电影为例，因为它是以产业化形式出品的，就更讲究内容的类型化与剧情的模式化。

什么是类型化，即将"戏"的内容分为各种类型，如歌舞片、武打片、言情片、警匪片、科幻片、恐怖片、西部片，等等。

什么是模式化，即"戏"的情节与展开过程，务求适应观众的心理期待。这模式很具体：什么时段出现第一个高潮，什么时段出现第二个高潮，什么时段故事发生转折，什么时段开始大收盘，等等。这些在反复摸索、试验之后，都有了定规，有了程式化的表达方式，违背了这规则与程式，则观众或者看着"烦"，看着"闷"，或者看着"急"，干脆看不下去了，抬腿走人。

这道理其实是中西相通的，不过因为传统、习惯及受众等原因，其节奏与进度会有些变化就是了。

我在写《中国六大名著的现代阅读》一书时，曾参照过黄金分割率。其结果，当真让我又惊讶又振奋又有些意外之喜。简单地说，像《红楼梦》、《水浒传》、《三国演义》、《金瓶梅》，其故事的起承转合都是合乎黄金分割率的。

所谓黄金分割率即 0.618，符合这个比率时，若是图形，便最好看，若是音调，便最好听。把这比率衍化为 5:8:13 时，其艺术效果处于最佳"时段"。因为 5:8=0.625，8:13≈0.615，两者均近似于 0.618，我在书中分别用此比率对《红楼梦》、《水浒传》、《三国演义》、《金瓶梅》的结构进行了比照分析，现引证其中两段，作为说明。

先看《三国演义》，其表示公式如下：

$$\begin{array}{r}5\ :\ \ 8\ :\ 13\\ \times\ 9\ :\ \ 9\ :\ \ 9\\ \hline 45\quad\ 72\quad\ 117\end{array}$$

按照这种比率，则《三国演义》的第 45 回、第 72 回，无疑是两个主要的转折点。实际情况如何呢？

先说第 72 回，这个转折点比较准确，有些误差，不大。因为第 73 回便是"玄德进位汉中王"。

再说第 45 回。《三国演义》的重点在赤壁之战，转折也是赤壁之战。写赤壁之战的回目，如果从第 39 回"博望坡军师初用兵"算起，到第 50 回"关云长义释曹操"为止，那么前后共计 12 回，这 12 回的最中间一段，便是第 45 回"三江口曹操折兵，群英会蒋干中计"。赤壁大战中最重要的环节，莫过于群英会，而这一回目差不多就在黄金分割率的比例点上。[①]

不消说，这个定律对于《水浒传》、《红楼梦》、《金瓶梅》也同样适用，或者其精准程度还要高些。

一方面，主张"文章之妙，妙在猜不着"；另一方面，又承认

---

① 史仲文：《中国六大名著的现代阅读》，下册，中国发展出版社，2004 年。

特点模式的存在，这不是相互矛盾吗？殊不知，艺术之妙，往往就妙在这矛盾之中，或者换个说法，前者属于追求，后者属于限定。没有追求的限定，犹如有体而无魂，没有限定的追求，又仿佛有魂而无体，利用限定达到追求正是艺术家要做的事情，只是成也在其中，败也在其中，而魅力尤在其中矣。

下面，且对词作与小说两种文体的结构方式作些案例性分析。

1. 词的创作与同调异构

相比之下，词在中国传统诗歌词赋中是条件限制最多的。格式有限制，字数有限制，音韵有限制，平仄也有限制，这些限制构成了词的存在方式，但并非没有变化的空间，更不是没有变化的可能。在严格的限定下闪转腾挪，正体现了创作者词艺的高超之处。如同古代带着枷锁打斗的武士，因为这枷锁，使得那打斗更复杂了一层，更惊险了一层，从而也更精彩了一层。

这里我分别找来几种相同曲牌的词做些比较。这些词牌中有慢词，也有小令。

先看两首《青玉案》。一首是久享盛名的贺铸的"凌波不过横塘路"。词云：

> 凌波不过横塘路，但目送芳尘去。锦瑟华年谁与度？月桥花院，琐窗朱户，只有春知处。
>
> 飞云冉冉蘅皋暮，彩笔新题断肠句。试问闲愁都几许？一川烟草，满城风絮，梅子黄时雨。[1]

这词的结构特色鲜明。先写人物，又写情思，再写景色。且人也是景——人与景合，情也是景——情与景合，景也是人——景与人合，景也是情——景与情合。

---

[1] 《唐宋词鉴赏辞典》，上海辞书出版社，2003年。

但它的描写对象,既非亲眷,又非情人,细细考究,连朋友也不是,只是作者偶遇的一位女性,于是心有灵犀一点通,便把持不住自己的情怀,于是连天带水,引出多少美丽的遐想。

又因为只是偶遇,那形象是实的,又是虚的,恰在虚虚实实之间。若非实的,怎么可能那么打动作者的心?但又不能坐实,毕竟是惊鸿一瞥仙迹难寻,所以又是虚的。作者便从这虚虚实实的美丽倩影出发,写下了这一首名传千古的《青玉案》。

词的头三句是对这一奇遇的描写。开首便妙用"凌波"二字,确是有出处有比拟的。出处即曹植的《洛神赋》,比拟即《洛神赋》中的女主角宓妃。赋中名句"翩若惊鸿,宛若游龙",正是对宓妃的生动写照,用到此处,备觉有神。

"横塘"则是贺方回站立的地方,也是他退居苏州后的居住地。"凌波不过横塘路",奇遇固然奇遇,艳遇固然艳遇,然而,不凑巧,少天合,人家翩然而至,又翩然而去了。作者惆怅无边,也只好"但目送芳尘去"。

人走了,想象来了,这以下,便是一连串的贺氏"想象剧"。

"锦瑟年华谁与度"。这是想象美人侣,且一下子联想到李商隐的"无题诗"——"锦瑟无端五十弦,一弦一柱思华年"上去了。高人出手,果然不同。

"月桥花院,琐窗朱户,只有春知处。"也是想象,这是想象美人居。那美人居住的地方,必然"月桥花院,琐窗朱户"。然而,苦无自由,无缘造访,即使可以造访,但那通途何在呢?即所谓"只有春知处"。

换头,写一点景色,景色无多,却想象无尽,所谓"飞云冉冉蘅皋暮,彩笔新题断肠句"。郁闷。转头一问:"试问闲愁都几许?"

作者自谓"闲愁",当真写得好。若说不是闲愁,怕是作者自己都不认可的;若说就是闲愁,这闲愁又是如此地令人困扰!

可有多少闲愁啊!——"试问闲愁都几许?"

"都几许"是几许呢？回答是："一川烟草，满城风絮，梅子黄时雨。"

妙。

再看一首辛弃疾的《青玉案》。这首同样脍炙人口，而且大陆青年大多对其到了耳熟能详的地步。其词云：

> 东风夜放花千树。更吹落，星如雨。宝马雕车香满路。凤箫声动，玉壶光转，一夜鱼龙舞。
>
> 蛾儿雪柳黄金缕，笑语盈盈暗香去。众里寻他千百度，蓦然回首，那人却在，灯火阑珊处。[①]

贺方回那一首，写得朦胧，妙在虚虚实实之间，以想象为主，以情思为魂，以景色点睛。这一首则不然。它的结构形式，是充分写实的，写实先写景，且先写全景，"东风夜放花千树"就是全景；又写背景，"更吹落，星如雨"就是背景；再写中景，"宝马雕车香满路"就是中景；复写近景，"凤箫声动，玉壶光转，一夜鱼龙舞"就是近景。

换头，又写具景——"蛾儿雪柳黄金缕"，就是具景；情景——"笑语盈盈暗香去"就是情景。笔笔写来，状似层层剥笋，只觉一个画面接着一个画面，由远而近，有声有色，有香有味，写到最后，终于写到了"那人"。那人正是诗眼。那人何在？便在"灯火阑珊处"。这又是一景。

都是《青玉案》，此玉案，却别于彼玉案，正所谓春华秋实，各具风流。

再来比较三首《沁园春》。

一首是毛泽东的《沁园春·雪》。

> 北国风光，千里冰封，万里雪飘。望长城内外，惟余莽莽；

[①] 《唐宋词鉴赏辞典》，上海辞书出版社，2003年。

大河上下，顿失滔滔。山舞银蛇，原驰蜡象，欲与天公试比高。须晴日，看红装素裹，分外妖娆。

江山如此多娇，引无数英雄竞折腰。惜秦皇汉武，略输文采；唐宗宋祖，稍逊风骚。一代天骄，成吉思汗，只识弯弓射大雕。俱往矣，数风流人物，还看今朝。

这词的特色是气魄大，气象大，手笔大。它的难以企及之处，在于虽然写得大，但并不空，而且还写得很美。

上半阕，全然写景，用了多少气力，极写一个"雪"字。写雪的非同凡响，"欲与天公试比高"；写雪的风采，"看红装素裹，分外妖娆"。真真美得"炫"了。

下半阕，掉转笔锋，全力写"史"。中间一句"江山如此多娇，引无数英雄竞折腰"，表现了作者的博大胸怀，千钧笔力。后面写史也是大笔如椽，却又风骚依旧。

这词的结构简洁明确，不以巧取胜，也无须以巧取胜。前一半就是"景"——景自然是非常之景，后一半就是"人"——人自然也是非常之人。这样的结构安排，看似是最平常，其实最难操作，非那样的大景色不能切合这样的大历史，非这样的大历史不能匹配那样的大景色，但在作者写来，虽然力比千钧，却如随手安置，正是其不平凡之处。

另一首是刘过的《沁园春·斗酒彘肩》

斗酒彘肩，风雨渡江，岂不快哉？被香山居士，约林和靖，与坡仙老，驾勒吾回。坡谓："西湖，正如西子，浓抹淡妆临照台。"二公者，皆掉头不顾，只管传杯。

白言："天竺去来，图画里峥嵘楼阁开。爱纵横二涧，东西水绕；两峰南北，高下云堆。"遁曰："不然，暗香浮动，不若孤山先访梅。须晴去，访稼轩未晚，且此徘徊。"

这一首也是名词，同样传播广泛，论到词的结构，却与前一首绝少相同处。唯"须晴"二字，他词不常见，或有借鉴，也未可知。

这词除去第一句引子我把它看成引子之外，简直就是一则梦境，一篇神话，外加一点严肃正面的荒诞主义。

它决然不是"先写景，再写人"的套路，而是从根本上打破了词分上半阕、下半阕的惯例。什么上半阕、下半阕，作者只管依人依事，娓娓道来。

它又不是用高度概括的手法，如"千里冰封，万里雪飘"，也不用拟象性描述，如"山舞银蛇，原驰蜡象"，而是如电影画面一样，一个场景接着一个场景。且有景必有人，有人必有言，如讲故事一般。

它也不发议论，如"秦皇汉武，略输文采；唐宗宋祖，稍逊风骚"，而是你言我语，奇人发奇见，状似讨论会。

到最后，还是一盘没下完的棋，"须晴去，访稼轩未晚，且此徘徊"。虽然好似一盘没下完的棋，但各个人物的形象连同作者的形象，都已经鲜活生动地如在眼前。

再一首，是纳兰性德的《沁园春·梦冷蘅芜》，这是一首悼亡词，但为尊重逝者，作者题为"代悼亡"。其词云：

梦冷蘅芜，却望姗姗，是耶非耶。怅兰膏渍粉，尚留犀合；金泥蹙绣，空掩蝉纱。影弱难持，缘深暂隔，只当离愁滞海涯。归来也，趁星前月底，魂在梨花。

莺胶纵续琵琶，问可及、当年萼绿华。但无端摧折，恶经风浪；不如零落，判委尘沙。最忆相看，娇讹道字，手剪银灯自泼茶。今已矣，便帐中重见，那似伊家。[①]

这词写得哀婉千重，心姿百态，那结构显然与前面两首《沁园

---

① 《纳兰性德词》，中国书店，2001年。

春》又绝不相似，也算凑巧，唯"今已矣"与"俱往矣"三字有些影迹相淆，它的上半阕既在梦中又在梦外，它的下半阕既是过去又是眼前。

先说上半阕，头一句"梦冷蘅芜，却望姗姗，是耶非耶"。说是个梦，又不像是梦，那情形，直如汉武帝当年命方士招魂一般，究竟是梦非梦，连作者也弄不清了。于是自问："是耶非耶？"四字无奇，却恰到心深处。但逝者的遗物却是真真切切，就在眼前，"怅兰膏渍粉，尚留犀合；金泥蹙绣，空掩蝉纱"。且这心上人的遗物，竟如海潮一样，声声打在心头；又似秋雨一般，滴滴皆似泪水。作者的忧思重啊！"影弱难持，缘深暂隔，只当离愁滞海涯"。但他绝不甘心，他希望着，幻想着，企盼着——"归来也，趁星前月底，魂在梨花"。那景色其实美极了，从而更衬托出作者的情之忧、心之痛。

下半阕，句句只写眼前人——他的续弦夫人，却又句句不在眼前，眼前人的存在，只是引起他更多的思念。虽然这情绪在现代人看来是对后来者的不公正，但从作者那一面看，只是表现了对逝者的一往情深。

一往情深，并不只是虚写，或者只是叨叨念念，而是一声一字发自肺腑。一情一景，宛若眼前，写到，"最忆相看，娇讹道字，手剪银灯自泼茶"。如此跌跌宕宕、细细微微，不惟作者心碎，读者都已心惊。然而，"今已矣"，三字重千斤，一切烟消云散，又有多少无奈梗塞其间，"便帐中重见，那似伊家"。更有多少情思尚在不言中。

这样的安置，可谓笔随心动，词由意化，形式种种，莫予关心。

以这三首《沁园春》的结构安置相比，《沁园春·雪》格式规范，内容大气；《沁园春·斗酒彘肩》格式新奇，内容豁达；这首《沁园春·梦冷蘅芜》则格式淡化，情思凸现，一切只在自然间。

再比较四首《浣溪沙》。

《浣溪沙》乃词中小令，全词只有六句。这样短小的词体，因为词作者的无比才华，竟能百转千回，写出不同的结构，不同的风格，不同的意境，真正于细微之处见功夫。

先看一首秦观的《浣溪沙·漠漠轻寒上小楼》

漠漠轻寒上小楼，晓阴无赖似清秋。淡烟流水画屏幽。

自在飞花轻似梦，无边丝雨细如愁。宝帘闲挂小银钩。①

这一首的结构特色，是有景无人——景中无人，而且一句一景，句句都是特写，但那情绪是深沉的甚至有些忧郁的，而那景色又是很别致很能体现作者心境的。

一句一景，好似景景独立，各不相关，实际上却是景景相环，景景相配，而且无论哪一景色都不能少。

因为在那所有景色的后面，都有一双深情的眼睛在观赏着，都有一颗百般忧郁的心在思索着。画面上尽管有景无人，却又多愁多怨。

这样的结构形式，可以看做作词中的"特例"，而且往往是神来之笔，可遇可求而不可多得的。

第二首是苏东坡的《浣溪沙·麻叶层层檾叶光》。

麻叶层层檾叶光。谁家煮茧一村香？隔篱娇语络丝娘。

垂白杖藜抬醉眼。捋青捣麨软饥肠。问言豆叶几时黄？②

这词是苏东坡做地方官时下乡巡访时所写五首《浣溪沙》中的一首，其实首首皆佳。

这词的结构显然不同于秦观的那一首。"漠漠轻寒上小楼"，那一首是一幅幅有景无人的特写画卷，这一首则是使君——东坡先

---

① 刘逸生：《宋词小札》，广州出版社，1998年。
② 胡云翼：《宋词选》，上海出版社，1982年。

生的下乡巡访图。

前三句，是一见——"麻叶层层檾叶光"；一闻——"谁家煮茧一村香"，一听——"隔篱娇语络丝娘"。看到的是繁忙的丰收的景，闻到的是春茧的香，听到的是劳动者娇小的声。而且巧用比喻，一语双关。

后三句，则是一见，一想，一问。一见，见的是"垂白杖藜抬醉眼"，好啊！乡间老人能温能饱才能醉，所以这醉眼是身为地方官的苏东坡特别喜欢看到的，因而也是十分诗意的。一想，想的是"捋青捧䅁软饥肠"。这是一句联想，因"捋青捧䅁"产生的温饱式幸福联想；一问，问的是"问言豆叶几时黄"，欢快之情，溢于言表。

全词虽短，却句句皆活，但见村人忙碌，一片生活景象。

第三首，是辛弃疾的《浣溪沙》。

> 未到山前骑马回，风吹雨打已无梅，共谁消遣两三杯。
> 一似旧时春意思，百无是处老形骸，也曾头上戴花来。[①]

这首词的结构有似于苏东坡的那一首，但细想，也不是的。前一首，是通过苏东坡先生的眼、耳、鼻、口，去看，去听，去闻，去问，主体是东坡，主人公却是乡色乡音乡人。

这一首虽然写的也是个人感遇，但笔笔写来，只是作者一人而已，他的情怀，他的感叹，他的遗憾。

骑着马观赏山色，未及而回的是他——"未到山前骑马回"。讲述原因的也是他，为什么未及山前转马回呢？因为——"风吹雨打已无梅"，梅花都没了，还去看哪个？别个不知，在辛弃疾，是只肯与梅为朋、以梅为友的。产生感慨的还是他——"共谁消遣两三杯？"纵有美酒，也无心情。

[①] 邓广铭：《稼轩词编年笺注》，上海古籍出版社，1978年。

换头。还是作者自身的写照。"一似旧时春意思"——春天还是那个春天，然而，人却老了，青春不再。"百无是处老形骸"——形骸却不再是那个形骸。"也曾头上戴花来"——这一句写得沧桑、老迈，心痛不已，遥想当年俊朗形象，已是黄粱一梦！词太苦了。

再一首，是张泌的《浣溪沙·晚逐香车入凤城》。

晚逐香车入凤城。东风斜揭绣帘轻。慢回娇眼笑盈盈。

消息未通何计是，便须伴醉且随行。依稀闻道"太狂生"。①

这一首，奇了。鲁迅先生也曾称之为"唐人的钉梢"的。

虽只六句小词，却写得跳跳荡荡，且无句不喜，无句不乐，无句不美，甚至无句不狂。

头一句，追着人家小姐的香车，疯跑，锲而不舍——"晚逐香车入凤城"；

第二句，那解人的春风也帮忙，真帮忙——"东风斜揭绣帘轻"；

第三句，总算见到真佛了，而且妙哉妙哉——"慢回娇眼笑盈盈"。

第四句，本当得寸进尺，却又遇到难题了——"消息未通何计是"；

但是，没关系，没有什么事可以难住本"大性情中"人的——于是第五句——"便须伴醉且随行"；

结果呢？结果也不坏——"依稀闻道'太狂生'"，虽然仿佛听到骂声了，那心里却是美滋滋的。

四首《浣溪沙》：以情绪说，一写愁，一写喜，一写忧，一写乐。以风格论，一细腻，一生动，一沉郁，一跳荡。以结构论，一全然写景，不见其人；一处处写景，处处有人；一自思自叹，感慨不已；一来去在我，有色有声。

---

① 《唐宋词鉴赏辞典》，上海古籍出版社，2003年。

2. 古典小说结构类型的经典创造

以中国古典文学而言，结构方式（包括外在结构和内在结构）最丰富的应是散文，结构特征最典型的则是长篇小说，尤其是那些经典性长篇小说，如《红楼梦》、《三国演义》、《儒林外史》、《水浒传》、《金瓶梅》、《西游记》等。

中国古典小说，是以线式结构为基础的创作方法。线式结构乃是中国古典白话小说最重要的结构方式，甚至可以说，其他所有结构都是这一结构的演绎与转化。

线式结构的代表作，首推《西游记》。《西游记》的故事精彩，但真正的主人公、鹤立鸡群式的人物只有一位，就是大闹天宫、亦猴亦仙亦人亦怪的孙大圣。如果这小说的主体结构是一条很有魄力的曲线，那么，孙悟空就是引导这线上下腾挪、左右穿插、惹是生非又化险为夷的针头。他走到哪里，哪里就出现新的故事情节，精彩也靠他，幽默也靠他，滑稽也靠他，搞笑也靠他。

线式结构的复杂化就是产生复式结构，即故事的框架与发展，不是一条线，而是两条线，甚至三条线。线与线之间也有交叉，但主线的脉络清晰。此类结构的典型小说是《金瓶梅》。《金瓶梅》，顾名思义，这名字代表的就是三位最主要的人物。但实际上，更为主要的是潘金莲与李瓶儿，两个人如同两条线，有交叉，有补充，有冲突。不仅你来我往，而且你刚我柔，你辣我甜，直到你死我活。这样的结构形式，显然增加了故事的复杂性，从而扩大了小说的容量，促成了故事的曲折性。

再复杂一点的，则是《水浒传》那样的树根式或水系式结构。所谓"一树之立，万千根条"，所谓"茫茫九派，汇总长江"。书中的第一主人公，自然是宋江，而小说倾心描写的人物，则是武松。全书的结构安排，别有机杼。宋江最主要，他偏不从宋江写起，武松最倾心，又不从武松写进，甚至也不从林冲、李逵这样突出的角色写起。而是未写宋江，先写晁盖；未写晁盖，先写刘唐；未写刘唐,先写杨志;未写杨志,先写林冲;未写林冲,先写鲁达;未写鲁达,先写史进;且未写史进,先写王进,王进却不合梁山一百单八将之数;而未写王进,又先写高俅,高俅则连个正面人物都不是。这样的安排,依金圣叹的观点,正是因为作者胸有成竹。

不惟如此,还要依次为出场的主要人物一一立传,且写史进要写两回,写鲁达要写三回,写林冲要写四回,写武松要写五回。从而一加二,二加三,三加四,四加五,真个似花团锦簇,好看煞也。然而单独看去,却似树的一枝一杈,水的一流一脉,所以南方评书,说《水浒传》,就有"武十回"、"鲁十回"、"宋十回"的分法,但无论多少十回,毕竟千头万绪,结于一系。

比树式结构更复杂的则属于网式结构,网式结构乃线式结构最充分的发挥。但它过于复杂,既不是线式结构可以表现的,也不是复式结构可以表现的,甚至不是树式结构可以表现的。其中最突出最有成就的代表性著作,是《三国演义》与《红楼梦》。

以《三国演义》为例,那结构形式很是复杂。说是三国,并非自三国讲起,虽然并非自三国讲起,却一开篇就安排三国的各个代表性或开拓性人物迅速登场;虽然安排这些人物迅速登场,可他们又实实在在不是那一时期的主宰性人物。先有黄巾起义,又有董卓进京,再有十八路诸侯讨董卓,然后是曹操渐次统一北方,直到赤壁大战,那书已写了一小半时,才算有了三国的雏形。

网式结构,离不开大事件,大事件就是这网的纲。没有大事件,这网就"网"它不住,或者撒得出去,收不回来。三国的大事件,主要是三次大的战争:一是官渡之战,二是赤壁大战,三是彝陵之战。尤其是赤壁大战,可说前联后结,左顾右盼,上牵下动,正是《三国演义》的一座高峰。高峰一立,全景生辉,故事即达到高潮,人物亦光芒四射。可以这样说,《三国演义》的情节,无论前后,都可以再少些,或更少些。可以没有古城相会,可以没有东临沧海,可以没有六出祁山,可以没有九伐中原,就是不可以没有赤壁大战。

但反过来讲，正是有一个一个已经很精彩的小事件、中事件，才更好地推动、酝酿、铺垫和衬托了那几个大事件。世上无鹰犬，安知虎为王？

有事件还有人物，两者相辅相成，事件是人物运动的平台，人物是事件的推动主体。这网式结构的网要好看，没有千姿百态的人物是万万不可的。依理论三国的代表人物自是曹操、刘备、孙权。但作者最着力最赋予理想、写得也最成功的人物却不是这三位，而是诸葛亮与关羽。曹操当然也极有特色，但他是反面的。二正一反，合称"三绝"：一个是"智绝"，一个是"义绝"，一个是"奸绝"。

这三个人物，可以分作两组，首先是曹操与孔明，两位都是宰相。要知道，宰相在中国传统文化中的地位之高，几可重于泰山。曹操与孔明虽均为宰相，却一个是"奸"的化身，一个是"忠"的符号。这一个是"挟天子以令诸侯"，目的在于夺取刘氏天下；那一个却是"鞠躬尽瘁，死而后已"，目的是重兴汉室，报刘玄德的知遇之恩。

曹操与孔明是一对，与关羽又是一对。前面一对是奸与忠的对立，这一对则是奸与义的对立。一个是"宁使我负天下人，不使天下人负我"的天字第一号的负心人，一个是大信大义的至诚君子。但绝不脸谱化。写曹操的奸，是奸而有智，且不是小聪明，而是大智慧，甚至是大智大勇，故而被人总结为"乱世之枭雄，治世之能臣"。写关羽的义，也不是一般的江湖义气，而是忠义千秋，义薄云天，既要写"温酒斩华雄"，又要写"千里走单骑"，既要写"过五关、斩六将"，又要写"华容道义释曹操"，还要写"水淹七军"。

除去这几位绝顶人物之外，更有猛将如云，谋士如雨，且云蒸霞蔚，如火如荼，又云驰雨骤，火烈风威。

写谋士，曹操一方，写了一个郭嘉，又写了一个程昱；写了一个荀彧，又写了一个荀攸；写了一个许攸，又写了一个贾诩；写了一个刘晔，又写了一个司马懿。孙权方面，写张昭还需写顾雍，写顾雍还需写阚泽，写阚泽更要写鲁肃。但无论是曹方的郭、程、荀、贾也好，还是孙方的张、顾、阚、鲁也好，没有一个比得过徐庶的，连徐庶都比不过，更比不过庞统了，连庞统都不及，更不要比诸葛亮了。从整体上看，那些谋士，都带有陪衬的色彩，或说他们只是绿叶，唯诸葛亮才是红花。前有徐庶，中有庞统，后有法正，衬托着无与伦比的诸葛亮，那状况，真如众星捧月一般。

猛将尤其多，东吴有程普、黄盖、韩当、周泰、甘宁、吕蒙、丁奉、徐盛、太史慈等；曹营中有曹仁、曹洪、夏侯惇、夏侯渊、张辽、徐晃、许褚、典韦、乐进、张郃、庞德等，这些人物不但威风八面，而且个性鲜明，但论武功，都不是吕布的对手；论声威、论事迹、论影响、论作为、论忠肝义胆、论卓尔不群，则比不过西蜀的五虎上将——关、张、赵、马、黄。如果说前面那些人物直比山中猛虎，海里蛟龙，那么这五位上将就如同天神一般了。

如此等等。

将这些人物、事件以及种种高超的谋略、奇异的情节、变幻不测的人物命运等交织在一起，才成为《三国演义》那样一种五彩缤纷、精彩迭至的网式结构。

或许应该说，正是这些人物与事件成就了书的结构，也或许应该说，正是那书的结构成就了这些人物与事件。

中国古典小说在结构方面的登峰造极之作则是《红楼梦》。为什么这样评价？因为举凡《三国演义》中所有的结构性长处，《红楼梦》是"人有之，我必有之"。例如，众多的人物、复杂的情节、举足轻重的大事件。不但"人有之，我必有之"，而且"人有之，我必优之"，甚至"人无之，我亦有之"。与《三国演义》相比，《红楼梦》的文字更考究，情节更严谨，安排也更巧妙，不但匠心独具，而且溢彩流光。

《红楼梦》虽是网式结构的代表，又不仅仅是网状而已，而是一个立体性的大网络，天上人间重叠发展。人间有大观园，天上有太虚仙境；人间有林黛玉，天上有绛珠仙子；人间有贾宝玉，天上有神瑛使者。另有一僧一道；虽是天上人，却阅尽人间事。这样的写法是《三国演义》所没有或者没有细致处理的。

《红楼梦》在关节点上的安置也是一绝，那些大关节，如刘姥姥三进荣国府，贾元春大观园省亲，且不说它。只说书中有一位傻大姐，照翁偶虹先生的意见，这位大姐虽然傻些，那作用却万万不可小视。她本人虽是一个小到不能再小的人物，而且智力低下，有些残疾，但只凭她的一哭一笑，就引发了惊天动地的大事件。因为捡到绣春囊，见之而发笑，一笑便笑出了查抄大观园，笑死了忠贞侍女晴雯。后来因为谈论贾宝玉成亲的事，挨了打，一哭，又哭死了绝世佳人林黛玉。这样的关节安排，可说一木支大厦，一巧破千斤。

对于《水浒传》、《三国演义》、《金瓶梅》的结构处理，金圣叹、毛宗岗、张竹坡等人都有非常高明的分析与评点。金氏评点在前，毛氏评说在后，两者多有相似之处，考虑到他们之间的关系，可以知道毛宗岗自金圣叹处得益不少。若在今天，也许会引发版权争议，但在当时，也没人理会。

金圣叹评论《水浒传》的写法，颇有些见解，这里摘引几段与结构相关的内容，以飨读者。他说：

《水浒传》有许多文法，非他书所曾有，略点几则于后。

有倒插法。谓将后边要紧字，蓦地先插放在前边。如五台山下铁匠间壁父子客店，又大相国寺岳庙间壁菜园，又武大娘子要同王干娘去看虎，又李逵去买枣糕、收得汤隆等是也。

有弄引法。谓有一大段文字，不好突然便起，且先作一段小文字在前引之。如索超前，先写周谨；十分光前，先说五事等是也。庄子云："始于青萍之末，盛于土囊之口。"《礼》云："鲁人有事于泰山，必先有事于配林。"

有横云断山法。如两打祝家庄后，忽插出解珍、解宝争虎越狱事；又正打大名府时，忽插出截江鬼、油里鳅谋财倾命事等是也。只为文字太长了，便恐累坠，故从半腰间暂时闪出，此间隔之。①

似这样的方法，一直讲了十几种之多，可说《水浒传》的结构技巧，精华已尽在其中了。

前些年，我写《中国六大名著的现代阅读》一书时，也曾将六大名著的结构归纳为七个问题，内容无须细讲，简单概括：中国古典白话小说的结构方式是多种多样的，成就是十分巨大的，其对于后世中国文学与文化的影响也是无可限量的。

但也有不足，与西方小说相比较，中国古典小说的结构至少有三个缺失：

一是没有颠倒时序的时间结构。凡中国传统小说，对于故事的发生、发展与结局，千篇一律，都是顺时序进行，结构性倒时序或逆时序写的，一篇也没有。

二是没有以第一人称为主旨的长篇小说，短篇小说中大约也没有——至少就我的阅读范围而言。

三是没有书信体、日记体小说文本。

这些缺点到了五四运动前后发生了变化，自兹而始，便开始了中国小说的现代历程。

3. 当代小说与结构安排的新鲜创意

我这里主要分析改革开放之后的作品。

"文革"结束，特别是实行改革开放国策之后，新的小说的创作高潮渐次到来。各种题材、各种风格、各种写法、各种结构乃至受各种"流派"与"主义"影响的小说都在中国内地有所探求，有

---

① 宋俭等：《奇书四评》，湖北辞书出版社，1996年。

所发展，有所收获，有所本土化。

单以结构而论，我以为可以分为常态型与非常态型两大类别。非常态型主要是先锋派小说。它的特点就是情节复杂，人物复杂，一直复杂到读此类小说如坠五里雾中，且越是用功还往往越找不到进出的门径。

更多的小说，还是属于常态型结构，它的特色，一是传统品性，二是写实风格，三是虽有先锋因素，却能找到两者的契合点，从而纵然写得"绕"，也能读懂。

两者比较而言，还是常态型结构的小说的读者更广泛。两者的成就，亦在伯仲之间。前者有筚路蓝缕之功，后者有广泛传播之力。我这里举六篇不同结构的小说，借一斑以窥全豹。

一为一气呵成式的小说，篇目为池莉的《冷也好热也好活着就好》。

这是一篇短篇小说。虽是短篇，依考试兼分段专家的意见，也一定要分为几个大段落的，大段落中再分为几个小段落。但在我看来，这不是主要的，甚至是无可无不可的。小说讲述一对恋人的故事，不写全貌，也不关心全貌，是通过这一对恋人，极写武汉的热、武汉的民情、武汉市民的生存状态，以及他们特有的现代市民精神。其最典型的特色，就是一气呵成。那结构状如行云，恰似流水，虽东曲西折，只是一股清溪，奔波向前，又仿佛高空中的猎隼，但见左盘右旋，只是展翅飞翔。就此而言，也可以将其看做一体性结构。采用这样的结构，其主要之点，是具备流畅的语言、欢畅的情节、顺畅的节奏和一股内在的勃然跃然欣然郁然绵绵然沛沛然的青春气息。顺便说，这小说是我最喜欢的短篇小说之一。每每有人问起我最喜欢的小说时，我常常不假思索，首先是它。

二为阴阳对照式的结构，篇目为王朔的《一半是海水，一半是火焰》。这结构的特色是：后一半是前一半的回光返照，而那结局又截然不同。这结构未免有刻意安排之嫌。而大凡刻意的安排，其艺术效果都不很妙，王朔的这一篇，当时的市场效应虽好，就结构而言，也算有点新意，但从整体来评价，不很成功，甚至有些失败。但这样的结构方式并非不能为之，不可为之，在我的记忆中，阿拉伯小说中就有运用这样结构的成功之作，只是其取材与设计的要求更严格罢了。

三为主次相间式结构，篇目为方方的《风景》。《风景》写得好，不但小说视角独特，取材文化内涵深，且故事既传统又现代，既生动又深沉，而不浅、不浮、不煽、不矫，就是好看，尤其那结构方式更好。小说的叙述者为书中一家十兄妹中的八弟，是一个夭折了的幼儿。他父亲脾气古怪，就将其埋在自家居室的窗下。于是他便就此成为这故事的叙事者。小说共分十四章，主人公乃是死者的"七哥"。其结构方式是：一章写七哥，二章写父母；三章写七哥，四章写大哥；五章写七哥，六章写二哥，七章写七哥，再一章写三哥；一章写七哥，后一章写四哥；一章写七哥，复一章写五哥、六哥；又一章写七哥，末一章写全家。

故事内容当然也不是这样斩钉截铁，冰雪不同炉，而是主线如此，泾渭分明；又穿插来往，在在有致。这样的故事——结构安置，不但读来兴趣盎然，那感觉也是穿园过厦，花团锦簇。

四为三色交织式，篇目为毕飞宇的《武松打虎》。

定它为三色交织式，因为毕飞宇的《武松打虎》，绝非施耐庵武松打虎的翻版，当然也不是戏说，翻版就平庸了，戏说就离谱了。这一个打虎，分为三个基础的部分：一部分为武松打虎的故事，一部分为一个有极高才艺的说书人，一部分为各式各样的听书者。三部分各为一色，且三色间起承有序，转合得宜，一时写今，一时写古，一时写事，一时写艺，一时写日常琐碎，一时写大笔如椽，一时写虎虎生威，一时写旦夕莫测。这故事其实是广为人知的熟套路。然而，作者拾旧立新，不但立意好，而且结构新，又有节制，有取舍，有分寸，有内涵，故而虽为新作，却似老酒陈酿之品，一滴在口，清醇于心。

五为流光溢彩式结构，篇目为刘震云的《单位》。

《单位》的主人公虽然是大学毕业生进入机关单位上班的小林，但作者既然写的是单位，就不仅写了一个小林，还写了一个长着猪脖子的张副局长，写了一位孙副处长，写了一个没本事、没机会也没太多缺点的老科员老何，又写了一位即将退休，却又十分机关气、十分琐碎——用北京话说就是很事儿妈的女老乔，还写了一位专门与老乔作对，有点姿色，有点天真，但绝对不喜欢也不承认天真，加上几分任性更有些浑不吝的小彭，于是生、旦、净、丑，各色人等齐全。

那故事自然也是有主线的，但又不是单线的，也不是板块的，连三色交织的都不是；那故事自然也是有事件的，但又绝对没有什么了不起的大事件，别说大事件，连中事件也没有；但有阴阳消长，也有起承转合。这样的写法实在不是很容易。但作者把握得好，虽然那内容令读者感到多少有些郁闷和压抑，但文笔却是快乐的，充满生活气息，而且或多或少总是给人以希望。闭卷思之，颇有些光来影去，走马花灯一样的感觉。

六为捕风捉影式结构，篇目是李洱的《堕胎记》。

这故事其实不复杂，也不煽情，更不媚俗，在当今的开放之世，实在也没有什么可煽可媚的。但作者有本事把它写得时隐时现，有张有弛，弛是叙事节奏，张是内在动力。它的主人公像是那个处处明处的"我"，但产生张力的却是那个与"我"有些关系，又没有大关系，虽没有大关系，毕竟有些连带关系的黄冬冬。偏这黄冬冬怀孕了，未婚先孕，又是个在读研究生，有点麻烦，准备堕胎。堕胎要找熟人，还不能是本地的熟人。总算联系好了，然而，一去而不得，再去又不得，不是爽约，就是走散，弄得相关人员好不烦心。故事虽然简单，却写得千回百转，曲折无限，让你花来一片红，水走一片绿，红红绿绿之间，找不到回头路。但到最后，却又一切归于平常。"我"与黄冬冬在舞场上又见了面，跳了舞，舞罢，"相向而去"。

这样的结构安置，确实有些小题大做，又有些出人意料，还有些捕风捉影。然而，看身边之事，有几件不是小题大做，又有几件不是出乎意料，更有几件不是捕风捉影的？然而，当一切归于平静之时，也不过一声感叹罢了。这也许就是捕风捉影结构的妙处所在。

小说的结构，自然还有更为极端的样式。例如，法国当代作家马克·萨波塔写了一本《隐形人和三个女人》，副标题为"第一号创作"。这书的结构特色是它根本没有固定的结构，或者从另一面说具有最为多变的结构。它的构成方式是扑克牌式的。书不合订，也不标明页码，看这书如同玩牌，可以任意洗牌，任意阅读。然而，不管阅读者怎么去"洗"，各页纸上的故事情节都是可以衔接得上的，自然那故事的发展过程会有N种可能。对于这样的创作，无以喻之，硬作比喻，可以比做西方的"璇玑图"。

这种结构的小说，在汉语的作品中还没有。但我想，也许不久的将来，就可能创造出来，而且那形式，或许更为奇异也说不定。

4. 理想的结构境界：自由书写状态

所谓自由书写状态，在我看来，至少包括以下三种情况。

第一种情况是，对于各种结构方式成竹在胸，可以任意选用，而且能用得恰到好处。这个就是京剧业内常说的"文武昆乱不挡"，或者武术界中说的"十八般武艺，样样精通"。

清代大文艺批评家刘熙载对此颇有高见，奇异的是，他不用结构二字，而用"叙事"一词，可见，流行于当今世界的叙事学，在中国却是"古已有之"。

刘熙载论说叙事，内涵丰富，范围阔大。他说：

> 叙事之学，须贯六经九流之旨；叙事之笔，须备五行四时

之气。维其有之，是以似之，弗可易矣。

　　大书特书，牵连得书，叙事本此二法，便可推扩不穷。

　　叙事有寓理，有寓情，有寓气，有寓识。无寓，则如偶人矣。

　　叙事有主意，如传之有经也。主意定，则先此者为先经，后此者为后经，依此者为依经，错此者为错经。

　　叙事有特叙，有类叙，有正叙，有带叙，有实叙，有借叙，有详叙，有约叙，有顺叙，有倒叙，有连叙，有截叙，有豫叙，有补叙，有跨叙，有插叙，有原叙，有推叙，种种不同，惟能线索在手，则错综变化，惟吾所施。①

　　前面讲的"旨"呀，"笔"呀，还不是叙事——结构本身的事，后面的种种分解，就是结构的具体方法——范式了，对这些方法如能统统掌握和运用，不愁不能"惟吾所施"。

　　惟吾所施，便进入了自由运用的境界，不是"打哪儿指哪儿"，而是"指哪儿打哪儿"了。

　　第二种情况是，结构形式特殊，无须多虑，其结构自在。这样的例子也有不少。极端一点的，如一首诗，它全篇只有一句话，这一句话就是它的结构，这个叫做结构与内容的统一。

　　也有不那么极端，但结构的组合方式是单一的，虽不是一句诗，却又类于一句诗，它不过是某种方式的考量。你不能说他没结构，但那结构形式太简单了，简单到犹如无。

　　然而，也中用也好看也好听。其代表性作品如金圣叹的《三十三个不亦快哉》，这在金先生那里，原本不是一篇文章，而是他点评《西厢记》时写下的一段话，然而，可以独立成文，且兴奋了后来好几位大手笔的创作神经，让他们见之手心发痒，便禁不住也要仿制。如林语堂、梁实秋都用这种结构写过文章，李敖则不但用这种格式写了一篇《不讨老婆之"不亦快哉"》，而且还写了另一篇《不

---

① 刘熙载：《艺概》，上海古籍出版社，1997年。

交女朋友不亦快哉》。

这里录他几句——"不亦快哉"：

不必巧言令色学哈巴狗样，对女友作讨欢状，不亦快哉！
不必三更半夜，爬起来对纸谈情写情书，不亦快哉！
不必时时刻刻手拿"照妖镜"整饰仪容，不亦快哉！
可使少女以为我是个"理想丈夫"而穷追不舍，不亦快哉！
考试时，不必受约会的"惠泽"，而导致《满江红》，不亦快哉！
不必在公园里望眼欲穿的等候芳驾，不亦快哉！①

第三种情况是，文章达到某种境界时，不再为结构费时费力，信手写来，皆成章法。三种情况中，第一种属于对文章结构精研细考，在结构方面苦用功的；第二种属于对文章结构予以淡化，不在结构方面苦纠缠的；唯这第三种，才是真正意义上的自由书写境界。在前辈的文章大家中，鲁迅属于第一种，金圣叹的"不亦快哉"种种，属于第二种，周作人则属于第三种。据说周作人接受约稿，从来不问写什么，只问写多少。你说600字，好，就600字；你希望1000字，行，就1000字。而且篇篇写来，绝不雷同。

有评论者说，好的写手，是不会给人重复感的，太多重复必然引起审美疲劳。有人评价杨朔，说他散文写得很好，单篇读来，很是有趣，集结成集，就有结构雷同之感。我对杨先生的文章读得不多，不知是耶非耶？但周作人的文章绝对没有这样的毛病，你只管去读，读10篇或100篇，都不会有重复感，你想"似曾相识"，没有，只有篇篇如新人。

达到这样的境界，是需要条件的。

一是知识渊博。周作人的知识博，而且杂，博而又杂，且又真

---

① 《20世纪中国奇文大观》，群言出版社，1997年。

知真懂，因而下笔不单、不浅、不村、不涩，没有土地主气，也没有暴发户气，而是写得安安逸逸，读之轻松愉快。他的文章体式极多，单以随笔而论，所写的内容之多，涉猎范围之广，足以令人惊诧不已。

他写神话，写歌谣，写谜语，写古董，写厂甸，写萤火虫，写考试，写命运，写贞节，写分娩，写"文章的放荡"，写"柿子的种子"，写"畏天怕人"，写入厕读书，写金圣叹，写傅青主，写玩具，写儿童的书，写国粹与欧化，写"生活之艺术"，写唁辞，写体操，写故乡的野菜，写北京的茶食，写文法之趣味，写神话的辩护，写茶，写酒，写苍蝇，写死法，写乌篷船，写"与友人论性道德书"，如此等等。

因为知识太多了，即脑海中的材料就如同阿拉丁神灯一般，要什么，来什么，信手拈出，皆成妙趣。

二是见解高明。见解高明，不可一概而论，即使如周作人一样的大学问家，也不见得样样高明，但在许多方面，确实有高见，虽然过去了几十年，而今读之，犹然觉得有味道，有启迪，甚至有"新"意。例如，他讲到贞节时，也曾说到自己的女儿。这样的引证本来就不寻常，加上写法的从容不迫，就来得越发有底蕴也越发有力量。他这样说：

> 我的长女是二十二岁了，（因为她是我三十四岁时生的，）现在是处女非处女，我不知道，也没有知道之必要，倘若她自己不是因为什么缘故来告诉我们知道，便是她的丈夫或情人——倘若真是受过教育的绅士，也绝不会来问这些无意义的事情。①

三是心态平和。写文章最好心态平和，当然也不能一概而论。西方有"愤怒出诗人"之说，中国有"诗穷而后工"之见，各有各

---

① 周作人：《女性的发现·导言》，文化艺术出版社，1990年。

的道理，但以常态论，平和为上。周作人自己的见解是写文章不要"太积极"，而且他对自己也不满意的，因为在他看来，自己还是太积极。他的结论是：

> 我想写好文章第一须得不积极。不管他们卫道卫文的事，只看看天，想想人的命运，再来乱谈，或者可以好一点，写得出一两篇可以给人看的文章，目下却还未能，我的努力也只好看赖债的样以明天为期耳。①

以上三条，结合起来且结合得好，便类似今天人们喜欢说的"综合实力"了。综合实力强，功力深厚，而使大象无形，大音希声。倘功力不够，只能负重100斤，偏负重150斤，固然可以坚持，难免气喘吁吁；或者只有英语二级水平，非考四级不可，没的见谁烦谁，不免心浮气躁。写文章很怕气喘吁吁，因为气喘吁吁，多少好材料给浪费了；写文章更怕心浮气躁，因为心浮气躁，多少好题目又给糟蹋了。

读周作人的美文，是会忘记结构的。

---

① 周作人：《苦茶随笔》，岳麓书社，1987年。

文体 审美
WEN TI SHEN MEI

群峰竞秀，百舸争流

文体的重要，极而言之，它是书面语言的存在方式，又是构成文学百花园的基础形式。

举例而言，如果将文章比方为植物，那么，文体代表的则是品种，无论如何，只有一个品种的植物园是不好的，也是不美的。虽然日本有樱花节，中国有杏林图，但都属于特例。一种植物，长不成一座花园。

真的花园，是需要植物的多样性的，在汉语的园地里，代表文章多样性的存在方式，就是文体。

一、汉语文体的四大特色

这四大特色相互关联，不可缺少亦不可割裂，之所以分而述之，只是为了叙述的方便。

1. 文体丰富，代有其骄

汉语文体的丰富，可以说罕有其匹。这自然也与中国的传统文化数千年未曾发生文化断层有直接的关系。

文化传承久远，文字的历史同样久远，不但久远，而且有特色。最为突出的特点，即日积月累，渐变转化为突变，每个大的历史朝代都有自己的特别贡献。

俗语谓"唐诗宋词汉文章"，只是一个较为通俗的形象说法，实际情况，远比这丰富得多，也伟大得多。

先秦以诸子散文与《诗经》、《楚辞》为最大亮点。

先秦散文的成就，可说是中国历代散文之祖。正如西方人研究自己的文化史一定要大谈大论古希腊文明，尤其是它的哲学，西方后来的几乎所有哲学流派，都可以从中找到自己的历史萌芽。中国先秦文化也具有类似的地位，而且我们的特点，是不分学科的，哲学与文学不分，哲学与史学也不分，甚至文学与史学都不分。总体而言,可以说没有先秦的散文成就,就不会有两汉文章的兴达与辉煌。汉代文学都没有,更遑论六朝文与唐宋八大家了。

《诗经》与《楚辞》则是中国古典文学的另一奠基之作。《诗经》之后,未必无诗,《楚辞》之前,未必无歌,但能达到它们那样的成就并对后世产生那么巨大影响的,则并无第二家。

《诗经》中有六艺之说。六艺者,赋、比、兴、风、雅、颂是也。风、雅、颂是对诗歌品类的划分,赋、比、兴则是对创作手法的概括。尤其是十五国风,更是水平高超,佳作奇多。这里引一首《邶风·式微》:

式微式微,胡不归?
微君之故,胡为乎中露!

式微式微,胡不归?
微君之躬,胡为乎泥中!

这样沉郁的诗风,这样深刻的劳动写照,正是杜甫、白居易等诗人作品的滥觞。

楚辞则另成一脉。如果说没有《诗经》即难有杜甫,那么,少了《楚辞》又难有李白。楚辞名声大,屈原的名声尤其大。屈原名气大,因为他创作了绝世之唱《离骚》。《离骚》的艺术价值,在世界范围内也是屈指可数的。若非要找一部西方经典与之相比较,大约只有荷马的《荷马史诗》、但丁的《神曲》、歌德的《浮士德》等可以与之一论短长。《离骚》虽没有那几部作品那么篇幅浩大,故事曲折,但却写得更为美轮美奂,珠光异彩。

《离骚》诗风瑰丽,想象丰富,比喻优美。诗风瑰丽,语言尤其令人炫目;想象丰富,天上人间,无所不能,龙飞凤舞,无所不可;比喻优美,诗人以芳草自喻,不但具象优雅,而且笔法高洁。屈原创立的这些作品风范,直到今天,影响犹在。

汉代以文章著称，虽然诗歌也好，那是第二位的。文章中有散文，也有韵文。再往下分，既有贾谊、晁错的政论宏文，也有《淮南子》那样的典雅之章，还有众多的抒情文字，但影响最大的无疑是司马迁的《史记》与司马相如的赋作。

《史记》文字高超，鲁迅先生誉之为"无韵之离骚"。它与《离骚》正是中国古典文学史上最早出现的两座丰碑。《史记》不仅开创了纪传体史书的编写方式，而且其文学价值卓异，世无其匹。《史记》的作者不但是运用古代汉语的圣手，而且通过自己的伟大实践为汉语作了新的规范。我们常说，学习写文章的人，是遵循着规范写；擅长写文章的人，是运用着规范写；那些伟大的写作者，则是创造出规范写。司马迁就是这样一位为汉语立千古之范的人。

汉赋则是另一大贡献。汉赋的特点就是铺张陈事，不怕繁花似锦，喜欢花团锦簇；不厌浓墨重彩，嗜好叠墨丹青。这样的风格正好与西汉王朝的雄强伟烈相一致。它是巨人身上的刺青，是高山之上的草木。不但要其美，尤其要其大。不大不足以与巨人、高山相匹配。正如东北的大山林中，一定要有东北虎，非洲的大草原上，一定要有非洲象，若非那样威猛的野兽，不足以匹配那样的环境。

魏晋南北朝时期则是文学自觉的时代。既是文学自觉的时代，相关文论便成为时代的骄子。其中最具影响力的乃是刘勰的《文心雕龙》与钟嵘的《诗品》。只要关心中国古代文学批评史的人，一定不会错过这两本书。

这时代最有价值的文学创作，则是六朝赋。六朝赋既是汉赋的继承者与变革者，也是楚辞的继承者与借鉴者。清容居士袁桷说："至后汉，杂骚词而为赋，若左太冲、班孟坚《两都赋》，皆直赋体。如《幽通》诸赋，又近楚辞矣。"[①]

这意见很是精当。六朝赋中的名作者多，名篇更多。最著名的

---

① 《唐宋八大家汇评》，齐鲁书社，1991年。

人物，首推曹植。对后世影响特大的人物，还有庾信与鲍照。尤其庾信，他的一些赋作，虽千秋之下，犹光彩照人。

南北朝之后，唐以诗名，宋以词名，元以曲名，明、清以小说名，民国则以新文学名。

汉语文学这种历代皆有其骄的发展特点，不但丰富了作品，而且丰富了文体。

2. 潜移默化，一脉相承

这个特色与前一个特色相关相切，甚至可以说，这不过是一个问题的两种表现。

中国汉语文学代有其骄，不像西方文学那样中间发生历史性大断层。这个断层不出现则已，一出现就是　千年的历史长度，直到文艺复兴时代，才又与古希腊文明重新接上榫头。

中国汉语文学也不像西方近代文学那样，后来者总要否定先前者，不打击别人，便不能抬高自己。每每一个新的流派出来，总要对旧的流派进行批判、颠覆和清算。

汉语文学及文体不是这样，它走的是一条一脉相承的历史道路。它的表现形态不是前后对立，也不是前后冲突的，而是代代传承，后者身上总有前代的基因，而且喜欢这基因，以有这基因感到自豪。改变固然也要改变，创造固然也要创造，甚至批评固然也要批评，不改变不创造不批评，怎么能做到"代有其骄"呢？但那方式是潜移默化的，套用梅兰芳对京剧改革的一个总结，叫做"移步不换形"。

一方面是潜移默化的"变"，不知不觉之间，孩子长大了。儿女虽然酷似父母，但绝对不等同于父母，它的方式用现代话讲，是自然生育而不是克隆。正如六朝赋脱胎于汉赋但不同于汉赋，唐、宋赋继承六朝赋也不同于六朝赋一样。

再以魏晋南北朝诗歌为例，先是建安风骨，后是齐梁体，两者都很有成就。五四运动后，学界主流对齐梁体不感兴趣，其实有些偏颇。应该说，没有汉诗的苍凉雄健，没有魏晋诗的风骨追求，固然不会有唐诗的兴达与辉煌；没有齐梁体的旖旎、精致与华美，也不会有唐诗的兴达与辉煌，他们至少在技术层面，在细腻情感的表达方面，为唐诗的繁荣提供了基础条件。当然还有民歌的推动与涵育。六朝民歌尤其不可小觑，如《木兰诗》、《孔雀东南飞》、《子夜歌》，特别是汉末蔡文姬的《胡笳十八拍》，其影响力均不容轻估。后人对"十八拍"是否为文姬所作，尚有些争论，但这并不影响那诗的伟大。

唐代以诗为骄，宋代以词为傲，但彼时的文学、文体成就，亦不只诗、词而已。透过唐宋八大家，可以知道那时代散文的成就；透过唐宋传奇，又可以知道那时代小说的成就。且唐五代词虽不及宋词，自有开基立业之功；宋诗虽不及唐诗，却又别开生面，品格独具。

大抵言之，宋诗的路子有点走偏，表现出某种奇、硬、新、瘦的宋人特色。其中几位大家，如苏东坡，几可与唐代大诗人一论长短；如黄庭坚，又以自己的作品在先前的各种传统风格流派中出奇出新，而独树一帜。

同样，明清文学以小说为骄。但明代戏曲成就同样卓著，出了大剧作家汤显祖；明代散文尤其小品文也是冠绝一代，而它的民歌似乎亦有超越前贤之势头。清代诗、词、剧、文均有大家出现，如词家中的纳兰性德，剧作家中的洪昇与孔尚任，都在一定程度上改变了前人，发展了前人，重塑了自我。

另一方面，旧的文体依然存在，并且也在发展，其中大部分内容还会继承下来。以赋而论，最早见诸历史文献的赋是荀子做的。他生活于公元前4世纪到前3世纪，是战国时代人，至今已经2300多年了，但直到今天，依然有热衷于做赋的人。例如，川剧大手笔魏明伦先生就是其中的一位。即使如鲁迅先生这样的文学革命家，对于赋体也很喜欢，而且他的一些文言文中颇有些赋体的痕迹，自己也曾作过一首骈体文，那是一篇序言。据许广平先生回忆，成文之后，先生也自觉满意，还与许先生一起朗读过的。本人写至此处，忽发奇想，也许50年后，赋体写作成为某种时尚也未可知。

赋体尚且如此，古体诗更不消说了。现代中国的那些第一流文化人物中，极少有不能作几首旧体诗词的，而且大多作得很有水准。如柳亚子、鲁迅、陈寅恪、吴宓、钱锺书都是个中高手。这里引钱锺书与陈寅恪的两首七律，可以明白他们在旧体诗文方面有怎样浑厚的功力与精湛的艺术表现力。

钱先生的一篇题为《立秋晚》，作于1942年。

枕席凉新欲沁肌，流年真叹暗中移。
已闻蟋蟀呼秋至，渐觉灯檠与夜宜。
一岁又偷兵罅活，几绚能织鬓边丝。
暮云不解为霖雨，闲处成峰只自奇。①

文字俊雅奇健，对偶旧式新声，立意忧思隽永，正是秋之正声。陈寅恪先生的一首，另是一种心境。

横海楼船破浪秋，南风一夕抵瓜洲。
石城故垒英雄尽，铁锁长江日夜流。
惜别渔舟迷去住，封侯闺梦负绸缪。
八篇和杜哀吟在，此恨绵绵死未休。②

其忧思之深，立意之重，至今读之，犹觉心惊。

我不敢说，中国的古体诗就会这样一代一代永远存活下去，但我敢说，汉语文学与文体传统，是有强大的生命力的，它正处在年富力强之期。

---

① 钱锺书：《槐聚诗存》，三联书店，2002年。
② 陆键东：《陈寅恪的最后二十年》，三联书店，1995年。

3. 体以人名，人以体兴

体以"人"名，"人"即作者。作者是创作的主体，当然非常重要，然而，"体"的作用也很重要，它至少不是全然被动的。"人"是主体，"体"是机遇。有人才，无机遇，其结果往往会耽误了天才。

比如您是一位具有巨大潜能的篮球苗子，但您偏偏生活在清代，没戏了，那个时候中国人连篮球为何物都不知道呢！比如您是一位极具潜能的足球天才，但您偏偏生活在宋代，又没戏了。虽然有人考证，足球发祥在中国，只不过当时不叫踢足球，叫蹴鞠。就算是那样吧，但宋代一定产生不了球王贝利，充其量只配产生个球痞高俅——尽管他因为踢球踢出个"高太尉"。

文体的作用，仿佛若此。比如关汉卿，他自然是最伟大的古典剧作家，造就他的原因固多，其中重要的一条，是他生活在元代。生活在元代，是他的福分。虽然元代这个王朝很不招人喜欢，但那个时代，正是杂剧这种文体品式走向成熟之期。他生当斯时，正是如鱼得水。如果他生在北宋，甚至唐代，十有八九会浪费了天才。

又如明末小品文大家张岱，张岱虽不幸，适值亡国，但以文体创作而论，也算生逢其时。因为那是一个小品文兴达的时期。明代文言创作，以小品最有成就，而他的种种经历与潜质，正好玉成了他。他的小品文可说前无古人，后少来者，虽为小品，自有光辉。倘或生在汉代，没他事了，人家汉代尤其是西汉讲究的乃是鸿篇巨制，不写则已，一写就是一篇《治安策》，一写就是一部《史记》，或者一写就是一本《淮南子》。你小品文写得再好，再有味道，对不起，没那文体，也是枉然。

故此，我才说"人以体兴"，有其体才有其人，而中国古来人才众多，故而又可以说有其体必有其人。

但文体毕竟是人来创造的，虽然这种创造不是没有规律的任意戏说。一个文体，因为有了创作大家，它才成熟了，有影响了，有经典了，从而永垂青史，不朽于人类了。这个就是"体以人名"。

这里以魏晋南北朝的四位诗人为例。举凡对中国古代诗歌有些了解的读者，一提到四言诗，必会想到曹操；一提到五言诗，又会想到曹植；一提到田园诗，马上会想到陶渊明；一提到山水诗，还会想到谢灵运。

这四位人物，在魏晋南北朝时代，个个占据非凡的地位。

曹操自是一位大政治家、大军事家，同时也是一位大散文家、大诗人。他的诗作既是四言诗的另一个高峰，也标志着这诗体的整体离去。在他以后，除去嵇康之外，再也没有可以与之相提并论的四言诗作家了，就是嵇康，也不及他。他的散文别具一格，主要是应用文，但有很高的文学品位，特别是写法特别，鲁迅先生称之为"打破了一切旧的写法"。所以曹操既是旧诗体的一位结束者，又是新时代文体的一位开拓者。一人当此二任，可说千古罕见。

曹操是四言诗的整体性结束者，曹植则是五言诗的成熟性代表者。曹植的诗才与诗作，以狭义的诗歌而论（不含楚辞），可以说自他那个时代之前，一直到陶渊明，在有名有姓的创作者中，都是无与伦比的。他不但诗好，文章也好，赋写得尤其好，他的赋也是开一代风气的，甚至可以说正是他与他的一些同道开拓了六朝赋的赋体与赋风。

谢灵运则是山水诗歌的大家与专家，山水诗作或许古已有之，但专心为此、特意为此的最早的诗人非他莫属。这里举他一句《登池上楼》，写得真个是好。

> 潜虬媚幽姿，飞鸿响远音。薄霄愧云浮，栖川怍渊沉。……徇禄反穷海，卧疴对空林。衾枕昧节候，褰开暂窥临。倾耳聆波澜，举目眺岖嵚。初景革绪风，新阳改故阴。池塘生春草，园柳变鸣禽。……[1]

---

[1] 林俊荣：《魏晋南北朝文学作品选》，吉林人民出版社，1980年。

谢灵运首创山水诗，但其诗作的整体水平，有待商榷，即所谓"有佳句而少佳篇"，但那美言佳句，确实不同凡响。

陶渊明则是一位异峰突起的大诗人。那地位，几可与屈原遥遥相望，又可与唐代大诗人一论短长。尤其是他的田园诗，地位更尊，影响更大。他是一位旖旎时代的大自然讴歌者，又是一位乱世当中的贞节隐士。他的田园诗，在他的时代不但高洁到了孤单的地步，而且独特到了超越时代文学主流的程度。其历史地位，可以说是王维、孟浩然、柳宗元、韦应物一派诗人的先驱。

曹操、曹植、陶渊明，可以说是那个时代最为杰出文体的三个代表人物，一个代表了四言诗，一个代表了五言诗，一个代表了新方向的六朝诗。陶渊明的不凡之处还在于，他与二曹不同：曹操是大政治家、大官僚，官高位重；曹植出身贵胄，虽后半生境遇有些波折，但毕竟不同于一般士人。唯陶渊明，他是一位半官半隐的人物，做官——官也不大，而且为了不为五斗米折腰，终于辞官做他的五柳先生去了。他有骨气、有志向，又有品位、有情趣。他的自由自主的士人精神与带些平民化的诗人定位，使他超越了那个时代的同仁，写出许多他们想不出更写不出的奇篇佳作来。

不惟如此，只要提到格律诗，马上会想到杜甫与李商隐，因为这两位正是七律诗体的最重要的代表人物；只要提到词体，又会想到温庭筠与柳永，因为前者是唐五代词的巨擘，后者则是宋代慢词写作的第一位大家。同样，只要一提纪传体史学，便会想到太史公；只要一提到白话小说，又会想到罗贯中与施耐庵；只要一提新式杂文，就会想到鲁迅；只要一提起白话诗，便会想到胡适。

创作者的伟大功绩在于，只有他们才是新文体的奠基者或规范者，"微斯人，吾谁与归？"

4. 文与体恰，体与言谐

"文与体恰，体与言谐"说的是文体的运用及文体与语言的关系。

所谓文与体恰，即做文章须懂得并善于选择文体。换句话说，作文作诗不是随心所欲的，而是要斟酌材料，量体裁衣。

以古体诗歌为例，有的题材，宜作古风，您非把它写成律诗或绝句，结果把一篇大材料，写小了；反之，一块小材料，宜作绝句的，您非把它写成《长恨歌》，又把好端端的一首诗写"水"了，结果成了泡沫诗或诗的泡沫。

曹雪芹对此深有研究。他在《红楼梦》中，曾借贾宝玉等人之口，解说过自己的这一艺术见解。彼时，呆子贾政正与一班清客议论巾帼女子林四娘的事迹，说到兴头处，便命贾宝玉、贾环、贾兰三人以此题材作诗。贾兰写了一首七绝，不坏，贾环作了一首五律，也不坏。轮到贾宝玉时，他就说了："这个题目似不称近体，须得古体，或歌或行，长篇一首，方能恳切。"① 为什么？因为：

> 每一题到手必先度其体格宜与不宜，这便是老手妙法。就如裁衣一般，未下剪时，须度其身量。这题目名曰《姽婳词》，且既有了序，此必是长篇歌行方合体的。或拟白乐天《长恨歌》，或拟咏古词，半叙半咏，流利飘逸，始能尽妙。②

这个是了。

所谓体与言谐，即不同的文章体式应配之以相应的语言形式。

虽然有些内容可以用两种甚至两种以上的文体形式表达，但说到最适宜的形式，怕没有那么多。在我的记忆中，唯有苏东坡的文体使用可以视作一个特例。因为他创作了《念奴娇·赤壁怀古》这样堪称绝唱的诗作，又创作了前后两篇《赤壁赋》，这赋也到了绝唱的水平。但细细考较起来，两种文体的描写对象依然大有区分，

---

① 曹雪芹：《红楼梦》中册，人民文学出版社，1982年。
② 曹雪芹：《红楼梦》中册，人民文学出版社，1982年。

此外，我想不出还有没有这样特别的例证。

一个好的体裁，务必找到特别适宜它的文体，还要找到特别适宜这题材与文体的语言，从而三位一体，其艺术的成功，庶几指日可待。

同样以《红楼梦》为例，没有那题材固然是"无本之木"，没有古典长篇白话小说这样的文体也一样是"无渠之水"。不信，你将《红楼梦》改写成《长恨歌》，看看走得通走不通。有了恰当的题材与文体，还需要相应的语言来表达，没有相应的语言又会成为"无衣之人"。不穿衣服，站在大庭广众之下，虽然人还是人，却一准不是正常的人。

用《三国演义》的语言绝写不成《红楼梦》，用《水浒传》的语言也写不成《红楼梦》，用《金瓶梅》的语言同样写不成《红楼梦》，甚至用《儒林外史》的语言都写不成《红楼梦》。

用《三国演义》的语言写《红楼梦》，就把它写"凶"了；用《水浒传》的语言写《红楼梦》，又把它写"粗"了；用《金瓶梅》的语言写《红楼梦》，会把它写"野"了；用《儒林外史》的语言写《红楼梦》，又会把它写"俗"了。

应该说明的是，无论"文与体恰"，还是"体与言谐"，都处在不断的历史演变过程中，其发展曲线，有起也有伏，有分也有合。但从总的趋向看，文体越来越丰富，创作者的选择余地也越来越大。

且中国古代对文体的划分方式，与现代有很大区别。六朝之前，没有文学的自觉，文学出自文章，又约略等同于文章——与文章合，与美文等。文学寓于文章，文体意识尚不明朗，不是没文体，而是少自觉。进入六朝，文学开始觉醒，随之有了文体意识。对于什么是文体，也有了两种不同的定义。

罗根泽在《中国文学批评史》中说："一是体派之体，指文风的格（风格）而言，如元和体、西昆体、李长吉体、李义山体……皆是也。一是体类之体，指文学的类别而言，如诗体、赋体、论体、序体……皆是也。"[1]

后世所说的文体，主要是后面这一种。那个时候，连风格与体式都可能混为一谈，可见创业之难。

对文体的体式区分，也有一个过程。最早的分法，是文、笔之分。但何者为文，何者为笔，也有不同见解。这个也不奇怪，因为处在自觉自醒的阶段，没有歧见，反不正常。基本的见解是：有韵者为文，无韵者为笔。

对文笔之分集中研究且提出新的见解的乃是《文心雕龙》的作者刘勰，而他这个见解在中国文学史上有着巨大的影响力，且长时间内都被人奉为圭臬。刘勰不同意"有韵者为文，无韵者为笔"的划分方法，但他的新分法实在太过古老也太过复杂了。古老便不切实用，复杂则易于混淆，又不便记忆与操作。故本书的文体分析，依然以世界通行方式，即将文体分为四大类加以叙述，这四个大类是：诗歌、小说、戏曲与散文。

二、关于诗、词、曲、歌的体式分析

中国古来诗、词、歌、赋的历史极长，样式与体式极多，这里采用典型体式，分大类言之。

1. 结合唐诗说体式

唐诗分为古体诗与近体诗（格律诗）两大类。

古体诗中有乐府一类，本是可以唱的，也有不可唱的，到了唐代，两者的区别不大了，合称为古体诗。可见古体诗是个总称，细分其类，包括歌、行、辞、引、咏、谣、吟等。就诗的分行字数而言，包括四言诗、五言诗、七言诗、杂言诗，也有少量的六言诗。

---

[1] 罗根泽：《中国文学批评史》第一册，上海古籍出版社，1984年。

但最重要的体式还是五言、七言及以七言为主的杂言诗。一般的划分方法，是将杂言诗也列入七言诗内。

唐人虽以格律诗为时代骄子，但古体诗的成就同样远超前贤，与格律诗呈双峰并峙的创作局面。

其中最有成就者，当推李白、杜甫、王维、白居易、岑参、韩愈、李贺、柳宗元等。

杂言诗中最出色的代表，自然是李白。这也是他的个性使然。他原本就是一位极富想象力又极富生命活力的人物，整齐划一的诗歌形式难免会束缚他的天才。他被称为谪仙人。本人很喜欢这雅号，多少有些以仙人自诩。在那样的历史时代，大致只有杂言形式，最能为其所用，从而纵横天地一骋仙才。如他的《蜀道难》、《梁父吟》、《将进酒》、《梦留天姥吟留别》，篇篇皆为世之绝唱，不但脍炙人口，而且几近妇孺皆知。这里引一篇《远别离》：

> 远别离，古有皇英之二女。乃在洞庭之南，潇湘之浦。海水之下万里深，谁人不言此离苦？日惨惨兮云冥冥，猩猩啼烟兮鬼啸雨。我纵言之将何补？皇穹窃恐不照余之忠诚，雷凭凭兮欲吼怒。尧舜当之亦禅禹。君失臣兮龙为鱼，权归臣兮鼠变虎。或云尧幽囚、舜野死，九嶷联绵皆相似。重瞳孤坟竟何是？帝子泣兮绿云间，随风波兮去无还。恸哭兮远望，见苍梧之深山。苍梧山崩湘水绝，竹上之泪乃可灭。[①]

诗风奇异，语言尤其奇异。诗风奇异，是说它讲悲伤之事，依然风格浪漫、卓尔不群。语言奇异，是说它不受约束，无所拘束，诗句或长或短，有三言句、有四言句、有六言句、有七言句，也有八言句，甚至有十言句；或二句一结，或三句一结，且有的句子似口语，也有的句子如散文，但整体观之，却又浑然一体，似非如此

[①] 高步瀛：《唐宋诗举要》，上海古籍出版社，1958年。下述诗词引文，均出自本书。

不可，非如此不能尽显李白之才华，非如此不能极尽杂言古体诗的全部潜力。音调则或低或昂，或如泣，或如歌，虽悲哀并不放弃希望，虽郁郁不得其解依然一派真情正气充沛其间。

杜甫是唐代古体诗创作的另一巨人。他的理想是醇儒式的，但又能接触社会底层，深深同情人民疾苦，这一点又是一般的官场之儒所无法比拟的。他的儒学理想是如此之远大，又如此之坚定，一生一世没有动摇，且老而弥坚，愈是艰难困苦愈表现得执着。后人独尊杜甫为诗圣，信有由矣。

杜甫的古体诗是史诗性质的，或者说是带有史诗风格的，虽不似西方史诗那样的鸿篇巨制，波澜壮阔，但自有汉语古体诗特有的风格：情感诚挚哀伤，音调沉郁顿挫，诗情虽深而声声有度，篇幅虽短而余韵无穷。如他的《北征》、"三吏"、"三别"等诗篇，单篇欣赏时，便是现实生活的真情写照，合在一起就有了史诗的风范。

白居易是乐府诗的圣手。他也是一位儒者。大的方向看，正与杜甫一脉相承。他也了解民间疾苦，同情也是真的，讽喻尤其深刻。他的诗又写得通俗，乃至人人可懂，加上与元稹唱和，成为那个时代最具传播力的诗人。但他又是一位官僚，他的官做得很大，而且是越做越大，这一点他不同于李白、杜甫那两位没做过什么官的诗人。杜甫做过左拾遗，官也不大，任期更短，还差点因为触怒了皇帝而招来大祸。李白、杜甫不会做官，白居易会做官，也有行政能力，他做地方官时，在西湖筑的湖堤，世称"白堤"。他尤其能品味生活，享受生活。他的《琵琶行》、《长恨歌》，与李、杜的古体诗，恰好成三足鼎立之势。

汉语诗歌从整体上看，尤其相对于西方诗歌而言，叙事是它的短项，抒情则是其长项。长于抒情，贵于言志。言志也有抒情的成分在内，从而情、志交融，再与美景相谐相趣，这个才是汉语古诗歌的看家本领。唯白居易的古体诗是长于叙事者也，但那又是中国古典诗歌的叙事，写得简却写得精，写得约却写得透。且情在其中矣，志亦在其中矣，幽怨讽喻尽在其中矣。他的诗风又以通俗为长为优为本，通俗不是庸俗，通俗而又优美，深合雅俗共赏之意。这是很难的。他的《长恨歌》篇幅很长，却千锤百炼，字斟句酌，通脱晓畅中自有诗情画意在焉。在中国古体诗歌中，《长恨歌》固然不是最长的，却是最好的。在古体诗的叙事体式中，白居易理所当然应排在首位。

单以语言论，韩愈与李贺也是唐代古体诗中的大师级人物。

韩愈的散文最是文从字顺，但他的诗却走奇崛一路。一般的诗句，例如五言诗，多以3-2字节为节拍，七言诗以2-2-3字节为节拍。他的诗句，有时偏不这样，而是以1-4字节为节拍，或者以4-1字节为节拍。一些长篇，不但怪句多，而且僻字多。若以树木为喻，很像铁叶钢枝的虬然古松树；若以花草为喻，又似大沙漠中奇形怪状的仙人掌。他的诗在整体水平上不如李、杜、王、白，但在语言的创造性方面却是别具其功。这里引他《月蚀诗效玉川子作》的一个片断：

> 元和庚寅斗插子，月十四日三更中。
> 森森万木夜僵立，寒气屃奰顽无风。
> 月形如白盘，完完上天东。
> 忽然有物来啖之，不知是何虫。
> 如何至神物，遭此狼狈凶？
> 星如撒沙出，攒集争强雄。
> 油灯不照席，是夕吐焰如长虹。
> 玉川子泣泗下中庭独行，念此日月者为天之眼睛。
> 此犹不自保，吾道何由行？

李贺的特色是风格诡谲奇异，语言瑰丽无比。他出身贵胄，但家道已败落，一生怀才不遇，身体也不强健，更彰显了他的特立独行的诗人风采。他的诗作不多,但绝无平庸之作,可说篇篇皆为精品,句句皆有特色。他一生仕途无望,心里不免忧郁,他郊游甚多,对自然又别有感悟。他的诗想象力丰富,而且视角特别,且多用魂、月等字,又喜欢与日月神仙为邻、秦皇汉武为伴,人称"鬼才"。他生命不长,作品不多,但传播广远,影响巨大,如《李凭箜篌引》、《金铜仙人辞汉歌》皆为不可多得之作。这里引他一首《官鼓》:

晓声隆隆催转日,暮声隆隆催月出。
汉城杨柳映新帘,柏陵飞燕埋香骨。
磓碎千年日长白,孝武秦皇听不得。
从君翠发芦花色,独共南山守中国。
几回天上葬神仙,漏声相将无断绝。

这样的才华与创作,又怎一个"鬼才"了得!

格律诗是唐诗的另一大类,基本体式有四种:五言绝句、七言绝句、五言律诗和七言律诗。另有长篇排律,等闲不可为,唯老杜偶然能之。

五言绝句的第一人,自是王维。大抵五言绝句特别适宜写小景,写静景,或写一时之态、一时之照。王维称"诗佛",虽然仕途心也是有的,有时也会热的,但总体上看,他是一位悠游闲散的富贵闲人,加上他亲近佛学,通达佛理,化而为诗,别具一种禅的精神在。但好的五言诗未止于王维,如李白、孟浩然、李商隐、白居易都有精品佳作传世,只是总体水平不及摩诘。

这里引诗三首,一首是张九龄的《赋得自君之出矣》。

自君之出矣,不复理残机。
思君如满月,夜夜减清辉。

一首是王维的《栾家濑》:

飒飒秋雨中，浅浅石溜泻。

跳波自相溅，白鹭惊复下。

一首是许浑的《塞下曲》：

夜战桑干北，秦兵半不归。

朝来有乡信，犹自寄寒衣。

一种体式，几类题材，因为构思好，语言好，意境好，都能各尽其妙。

七言绝句的顶级人物当是李白、王昌龄、李商隐。李白不喜欢律诗，一生所作律诗无多，但他的七绝奇才天纵，得心应手，颇能体现他的个人风范与诗才诗性。他的七绝，用字贴恰，用语清新，风格飒利，比喻奇妙，不似缜思密想得来，仿佛顺流而下，应声而至，又有些口语意味，更觉好读好听好记。他有《陪族叔刑部侍郎晔及中书贾舍人至游洞庭》五首，其一云：

洞庭西望楚江分，水尽南天不见云。

日落长沙秋色远，不知何处吊湘君。

三人之外，王之涣、刘禹锡、杜牧、白居易亦是七绝高手。其中，刘禹锡的《石头城》尤其名头响亮，享千古绝唱美誉。白乐天曾感叹说："潮打空城寂寞回，我知后之诗人无复措词矣。"这诗的妙处，在于可感可悟不可言，妙到难言之处，真的妙之极矣。其实白居易亦有佳作在，如他的《暮江吟》：

一道残阳铺水中，半江瑟瑟半江红。

可怜九月初三夜，露似真珠月似弓。

既明白如话，又韵味犹多。

五言律诗这个体式的超级人物当是王维与杜甫。

王维的特点是虽为律诗，亦有禅意，似在不经意间就写出千古佳句。杜甫的特点则是精思细想，百雕千琢，一字一句，皆有讲究。王维的五言律诗给人的感觉是，它不需雕琢，已有味道，仔细品来，意思更深。杜甫的五言律诗给人的感觉却是，不琢磨便不明就里，越琢磨越体会其难。然而，那文字，那音韵，那结构，那意境都是美的，美得扬抑有致，顿挫有度。

古人对王维五律中的佳句，如"日落江湖白，潮来天地青"，"大漠孤烟直，长河落日圆"，更是评点入微，赞不绝口。这里引他那首《使至塞上》：

> 单车欲问边，属国过居延。
> 征蓬出汉塞，归雁入胡天。
> 大漠孤烟直，长河落日圆。
> 萧关逢候骑，都护在燕然。

七律最杰出的代表诗人，非杜甫莫属，可与之分庭抗礼的人物似唯有李商隐。杜甫的一生诗路，昭示了他无疑是唐代诗歌的全能大才，而且是天生的律诗之才。他的五律已是顶级水准，排律堪称千古独步，七律尤其"前无古人，后罕来者"，有人所难及之处。他的七律当之无愧地代表了盛唐诗歌在七律这个文体上的最高成就。无论是意境、风格、具象、创造力、音韵，还是遣词造句，可以说都达到了浑然天成的高度，然而又分明可以体会到诗人的用意之诚，用心之苦。先看他的《送韩十四江东省觐》：

> 兵戈不见老莱衣，叹息人间万事非。
> 我已无家寻弟妹，君今何处访庭闱？
> 黄牛峡静滩声转，白马江寒树影稀。
> 此别应须各努力，故乡犹恐未同归。

此为送友人诗，然而写得"深"，写得"大"。深是情感之深，大是气象之大。虽为送友,不仅情关朋友情,还情关天下,情关人间;既有对友人的切切关照,又有内心声声感叹。但文字考究,对偶极见功夫。评论者说:"黄牛峡是所经之地,白马江是送别之地","因峡静而闻滩声之转,因江寒而见树影之稀,上下相生"。又说:"纯以气胜,而复极沉郁顿挫,不比莽莽直行。"

再引老杜的七律名作《秋兴八首》之一:

昆明池水汉时功,武帝旌旗在眼中。
织女机丝虚夜月,石鲸鳞甲动秋风。
波漂菰米沉云黑,露冷莲房坠粉红。
关塞极天唯鸟道,江湖满地一渔翁。

虽只短短八句,却写得"包容天地,气象万千"。写历史人物、写风、写月、写沉云、写冷露、写菰米、写莲房、写关塞艰险,身心感受,浑然一体,宛若天成。其遣词造句,合声合韵的功夫,真真令人叹服。

李商隐七律的特色,是技术高超,音韵精美。但其风格大有别于杜甫。既不似杜诗的浑厚天成,也不似杜诗的沉郁顿挫。他的七律在技术层面是无可挑剔的,甚至无人可及的,但在气象层面不及老杜,这大约也是进入王朝的衰落时代诗人的共通性特征。这般时候,那艺术形式是熟透了,但蓬勃向上的精神却也消磨殆尽。它不再具有那么强大的说服力与生命力,然而却有如开放到盛极之点的花朵一样美丽,只是这美丽中不免有些惊艳又有些凄然;又有如处在盛年之末的女人那样的成熟已极的美貌,但这美貌遮不住历练与沧桑,给人的印象是根根神经都带些疲惫又带些紧张。而那命运也大半类乎于"夕阳无限好,只是近黄昏"了。前面已引过他的《锦瑟》,这里引他一首七律《安定城楼》:

迢递高城百尺楼,绿杨枝外尽汀洲。

贾生年少虚垂涕，王粲春来更远游。
永忆江湖归白发，欲回天地入扁舟。
不知腐鼠成滋味，猜意鹓鶵竟未休。①

2. 结合宋词说体式

宋词也是一种文学体式，但比诗歌变化多。宋词是一个概称，可以细分。词的具体体式是以"调"为单位的。宋词词调众多，前面已经提及。"据《花间集》、《尊前集》、《阳春集》、《南唐二主词》和《敦煌曲目初探》统计，共用147调……而据南京师范大学研制的《全宋词》计算机检索系统统计，现存宋词所用词调为881个。这仅仅是指词牌正名，若计入同调异名者则有1407调。"②

可见词的样式比之唐诗更为丰富和复杂。以词的历史本源看，它都是可以演唱的，又因词调不同，所表现的情感也有异，或哀婉、或清平、或平和、或刚健、或柔情似水、或欢情如雨，但到后来，情况变了，词本身慢慢脱离演唱而独立，其地位也随着词的受众日广，以及词的表现对象的不断扩大而日益升高，终于有了可以和诗歌并驾齐驱的资格。

以宋词为例，名篇既多，名家也多，这情形与唐诗很相似。唐诗人中，依本人一管之见，最重要最有成就的诗人乃是李、杜、王、白、李（商隐）；而宋词人中最重要最有成就的也有五位，即苏、辛、周、柳、姜，不是说这五位词人的词在整个时代没有比肩者，而是说他们对宋词发展的历史作用更关键，贡献也更多些。我称之为宋词五变。

苏、辛、周、柳、姜，按时序排队，不是这个样子，而是柳、苏、周、辛、姜。

---

① 《唐诗选》下册，人民文学出版社，1978年。
② 王兆鹏：《唐宋词史论》，人民文学出版社，2000年。

首先是以柳词为代表的词体之变。柳永之前，词以小令为主，经柳永、张先等人的开拓，开始大量出现慢词、长调，从而将词的创作提升到了一个新的艺术层面。

尔后是苏东坡主导的词体之变。苏词之前，词的基调是婉约。柳永有所不同，他的词向着通俗俚野方向跨出一大步。委婉固然脂粉情浓，俚野却又青楼色重，这两条在那样的时代，那样的文化环境，显然不利于词的地位的提升。苏东坡的功劳，则是变婉约为豪放，自他开始，词的地位真正发生质性改变，由诗之余，成为诗之友。

再以后，是周邦彦代表的词艺之变。毫无疑问，周邦彦是宋词艺术的集大成者，他本人还做过宋词官方机构大晟寺的主管官员。他的词有如李商隐的诗，又不像李诗那样有那么多的委婉凄苦之气。他的词在宋人中评论很高，属于"圈内圈外"都认可的那种，他本人也俨然成为南宋新婉约派词人的一面旗帜。

之后则是辛弃疾代表的词风之变，这变化显然与当时的国难家仇有内在联系。金兵入侵，北宋政权灭亡，一半江山沦于敌国之手。宋词虽然出生于温柔之乡、歌舞之所，但当此时，不能不为国忧，不能不为民怨，这样的情势与情绪，转而为词，便有了岳飞的《满江红》、张孝祥的《水调歌头》等一大批爱国词章，辛弃疾则是这一豪放词派中的最有成就者。辛词其实包罗万象，但最有影响的部分还是这个层面。

再后来，又有了以姜夔为标志的词技之变。自姜夔始，加上后面的吴文英、史达祖、陈允平、周密、王沂孙、张炎，这些词人多半生于末世，又出身高贵。生于末世使他们锐气尽消，出身高贵又使他们修养很高，二者叠加是昔日的希望没有了，连爱国的情怀也没人理睬了。他们不再有晏殊那样的优悠生活态度，不再有苏东坡那样的高情奇见，不再有周邦彦那样的艺术机遇，甚至不再有辛弃疾那样的报国热忱——不是他们不爱这个政权，实在那些当权者，没有人再有兴趣看他们一眼了。他们已经远离朝廷，而近于江湖，但他们往往有高贵的出身，有着或者有过极为富足的生活，差不多个个怀有极高的艺术修养与天赋。在上述种种因素的推动下，他们便把自己的精力投入词的创作之中，故而，他们的词技常常是最精湛的，他们的眼光常常是最敏锐的。他们眼高，手也高，但却没有他们前辈的运气与抱负。他们中的一大半人只是艺术的知音。梁启超的女公子梁令娴选评宋代八大词人，他们就占了其中的六位。由此可以知道他们的词艺词技确实非同小可。但论到词的传播力与影响力，却得不到广泛的社会认同。宋词专家王兆鹏先生曾根据各方面资料挑选出 30 名宋词名家和 40 篇唐宋词名作，前十位名词人依次为：

①辛弃疾，②苏东坡，③周邦彦，④姜夔，⑤秦观，⑥柳永，⑦欧阳修，⑧吴文英，⑨李清照，⑩晏几道。

十位词人中，被梁令娴认定的八个词人只有四人。

前十首名词依次为：

①苏轼：《念奴娇·大江东去》

②秦观：《满庭芳·山抹微云》

③苏轼：《水调歌头·明月几时有》

④姜夔：《疏影·苔枝缀玉》

⑤柳永：《雨霖铃·寒蝉凄切》

⑥姜夔：《暗香·旧时月色》

⑦苏轼：《卜算子·缺月挂疏桐》

⑧史达祖：《双双燕·过春社了》

⑨苏轼：《水龙吟·似花还似非花》

⑩辛弃疾：《摸鱼儿·更能消》[1]

---

[1] 王兆鹏：《唐宋词史论》，人民文学出版社，2000 年。

十首词中，苏东坡独占四首，姜夔二首，其余秦、柳、史、辛各一首，足见苏东坡的地位无可动摇。

重要的也是与本节密切相关的是，名列宋词榜首的十首名词用了十个词牌，且有三个词牌为自度曲，可见体式对于词艺的价值确实无可低估。

这里分析不同词牌、不同风格、不同作者的八首宋词。

第一首，柳永的《雨霖铃·寒蝉凄切》：

寒蝉凄切，对长亭晚，骤雨初歇。都门帐饮无绪，留恋处，兰舟催发。执手相看泪眼，竟无语凝噎。念去去千里烟波，暮霭沉沉楚天阔。

多情自古伤离别，更那堪冷落清秋节！今宵酒醒何处？杨柳岸，晓风残月。此去经年，应是良辰好景虚设。便纵有千种风情，更与何人说？①

这词的优长是情景交融，且景写得真，情写得切。景写得真，因为它改变了亭台楼榭的园中小景致；情写得切，因为它抛弃了"欲说还休"的娇媚小情调。真真切切，正好抒情，考虑到作者生活的时代，还是雅词、小令的天下，极少有像他这样直抒胸臆的长调体式的词作，这词的价值就来得更高了。

第二首，苏东坡的《江城子·十年生死两茫茫》：

十年生死两茫茫，不思量，自难忘。千里孤坟，无处话凄凉。纵使相逢应不识，尘满面，鬓如霜。

夜来幽梦忽还乡，小轩窗，正梳妆。相顾无言，惟有泪千行。料得年年肠断处，明月夜，短松冈。②

---

① 刘逸生：《宋词小札》，广州出版社，1998年。
② 《唐宋词鉴赏辞典》，上海辞书出版社，2003年。

前一首写生离，这一首写死别。生离固然情长长，意脉脉，苦涩之心难以与外人道，但苦还是有希望的苦，涩也是有希望的涩。死别则不同，从此阴阳两界，永无再见之期，虽无再见之期，那往昔的真情美感又怎生割舍得下？从此生死两茫茫，相会唯有梦中人。这样的梦，不但难得，尤其难忘！这首词虽然是东坡夫人死去十年后的作品，但那人那情那景，一颦一笑，仿佛鲜鲜活活就在作者眼前。而词的风格依然是很东坡化，很个性化的。后人读之，会被传染感动，却不会被传染颓废——苏东坡哪里是颓废之人！

第三首，是秦少游的《迎春乐·菖蒲叶叶知多少》：

> 菖蒲叶叶知多少。惟有个、蜂儿妙。雨晴红粉齐开了。露一点，娇黄小。早是被、晓风力暴。更春共、斜阳具老。怎得香香深处，作个蜂儿抱。[1]

这一首，活泼了。风格活泼，用字也活泼。谁说秦少游只会写"两情若是久长时，又岂在朝朝暮暮"。用现在的眼光看，那是中年心态，少了青春勃发，如苞如绽的气息。他的一些"艳"词其实写得好，这样的咏物词又写得好，可说句句生动，字字清新。自然也没有什么深意，以致有评论者说："此词咏蜜蜂采菖蒲花，托意难明。"花开了，草绿了，蜂来了，能有什么深意？既然没有深意，就不必硬去搜寻什么深意。托意难明，不明更好。殊不知深意太多了，反而活得累。

第四首，是周邦彦的《少年游·并刀如水》：

> 并刀如水，吴盐胜雪，纤手破新橙。锦幄初温，兽烟不断，相对坐调笙。
>
> 低声问：向谁行宿？城上已三更。马滑霜浓，不如休去，

---

[1] 秦观著，杨世明笺：《淮海词笺注》，四川人民出版社，1984年。

直是少人行！①

这一首可是含情脉脉的了。柔柔媚媚的青春气息扑面而来。中年人难作此语，老年人难作此想。那环境，那设置，那动作，那语言都是精致设计，细腻安排，颇有点古典"小资"情调。虽曾遭人指责，被人批评，但我要说，这样的词作，是只可遇而不可求的。

第五首，是李清照的《诉衷情·夜来沉醉卸妆迟》：

夜来沉醉卸妆迟，梅萼插残枝。酒醒、熏破春睡，梦远不成归。人悄悄，月依依，翠帘垂。更挼残蕊，更捻余香，更得些时。②

李清照的词质量很高，风格很独特，把握体式的能力很高超，传播也很广远。一词在心，量体裁衣，虽有严格规范，偏能无拘无束。她应该是中国文学史上最有才华的女性，其地位至今也没人可以超越。她的名作如《永遇乐·落日熔金》、《凤凰台上忆吹箫·香冷金猊》、《声声慢·寻寻觅觅》、《如梦令·昨夜雨疏风骤》，品品具有独特的艺术视角与强烈的情感冲击力。她的这一首《诉衷情》并非最有代表性的作品，但也很能体现她的作品的品位与特性。这词写得细腻，细腻入微；写得柔，柔情似水。特别是结尾三句"更挼残蕊，更捻余香，更得些时"，其人其心其象，历历如在眼前，更加触人情怀，令人痴迷。

第六首，辛弃疾的《破阵子·醉里挑灯看剑》：

醉里挑灯看剑，梦回吹角连营。八百里分麾下炙，五十弦翻塞外声，沙场秋点兵。

马作的卢飞快，弓如霹雳弦惊，了却君王天下事，赢得生前身后名，可怜白发生。③

---

① 《唐宋词鉴赏辞典》，上海辞书出版社，2003 年。
② 王兆鹏：《唐宋词史论》，人民文学出版社，2000 年。
③ 《唐宋词鉴赏辞典》，上海辞书出版社，2003 年。

这一首风格迥然，写的全是爱国之志，忧国之情，字字刀光剑影之事，句句金戈铁马之声，词能为此，有资格与盛唐边塞诗对话了。然而，不中用的。并非作者辛弃疾不中用，老了，有了白头发了，而是那皇朝不中用，由于它的昏庸与怯懦，已渐次失去了复国的机会与可能。这词运用体式的能力极佳。它的上半阕越是张扬，那后面的悲凉心境越是沉重，这实在比所谓慷慨悲歌更能震撼人心。

第七首，是姜夔的《疏影·苔枝缀玉》：

> 苔枝缀玉，有翠禽小小，枝上同宿。客里相逢，篱角黄昏，无言自倚修竹。昭君不惯胡沙远，但暗忆、江南江北。想佩环、月夜归来，化作此花幽独。
>
> 犹记深宫旧事，那人正睡里，飞近娥绿。莫似春风，不管盈盈，早与安排金屋。还教一片随波去，又却怨、玉龙哀曲。等恁时、重觅幽香，已入小窗横幅。①

变化大了，仿佛由硝烟弥漫的战场顷刻到了冰清玉洁的隐士之家。

这词属于姜白石的自度曲。所谓自度曲，即原先本无此种词牌，作者根据内容需要，首创而成之的新词牌。此曲虽为自度，但品性成熟，词句精美，意境疏朗，影响特大。为什么？就因为它的艺术品位高，技术含量大。历史上也曾有不少人从中探求复国之情、亡国之恨的，其实未见得正确，这不过是一首咏物词，写的就是梅花，只是写得真切，写得生动，写得有品节，有联想，有掌故，有情韵，又有节制，有风范，写思如诗，写景如画，虽未必有深意存焉，但肯定有深情在焉。顺便说一句，姜夔的词以"疏派"立世，以疏风写疏影，正是当行出色，本门本功。

第八首，是史达祖的《双双燕·过春社了》：

---

① 刘逸生：《宋词小札》，广州出版社，1998年。

过春社了！度帘幕中间，去年尘冷。差池欲住，试入旧巢相并，还相雕梁藻井，又软语商量不定。飘然快拂花梢，翠尾分开红影。

　　芳径，芹泥雨润。爱贴地争飞，竞夸轻俊。红楼归晚，看足柳昏花暝。应自栖香正稳。便忘了天涯芳信。愁损翠黛双蛾，日日画栏独凭。①

史达祖并未进入十大名词人之列，但他这一首《双双燕》却入选十大名词，并位列第七，足见这词的艺术魅力着实了得。

这也是一首咏物词，与姜夔的上一首咏物词相比，它的长处不在精致与气节，却在亲切与活泼，拟人化手法尤其运用得纯熟、得体、自然、贴切。特别词中的"还相雕梁藻井，又软语商量不定"等句，传神写照，活灵活现。其"还"字好，仿佛故人返故里；"相"字好，没有"相"字哪来商量；"雕梁藻井"好，这等佳处还要商量，更有意思了；"又"字好，虽是虚写，却万万少它不得；"软语"尤好，惟其软语最传神；"商量"又好，这个才是用最平常的字眼写最不平常的拟人风采；"不定"更好了，"不定"即商量起来没完没了，不是"烦"得没完没了，而是"好"得没完没了。

3. 结合元曲说体式

使用元曲这名称其实不确切，确切地说是散曲。这也是中国文学不同于西方文学的一个地方。即使散曲，论到其谱系关系，可谓借鉴甚多，来路复杂，但比较而言，还是与元杂剧的关系更密切。从这个意义上说，它原本应该归于戏曲的。但后来几经变化，散曲本身出现两个"强化"性态势：一是它的独立性增强了，可以独立或者已经独立了，从此与戏曲无关；二是它的"诗"的品征强化了，而"唱"的品征弱化了，那路数有一点像宋词，从而在大的范畴上，

---

① 刘逸生：《宋词小札》，广州出版社，1998年。

它更多地被划入诗歌的范畴之内，而且后来人"得寸进尺"，干脆连"赋"也给包括进来了。

因为散曲既是以"唱"出身，必然有音韵方面的要求，所以它的体式也以曲调为基础，以曲牌为定式，依照《中原音韵》所记，它共有十二宫三百三十五个曲调。"其中出自大曲的十一调，出自唐宋词调的七十五调，出自诸宫调的二十八调"①。

曲调如此之多，可以知道元曲的写作体式也像宋词一样，是十分丰富又是十分复杂的。唐诗或者可以凭天才与经验而就，元曲必须有专业性训练才行。

概而言之，也可以说元曲直接继承并发展了宋词，但二者区别明显。最重要的一点，是它们风格截然不同。词是雅的，与元曲相比，即使俗词也算雅。可以说，在中国的一切广义诗歌之中，词是最雅的一种，如果我们比喻唐诗为京剧行当中的"生"，那么，宋词就是京剧行当中的"旦"，且不是彩旦，不是老旦，而是花旦或花衫。曲的品性却是努力由雅而转俗，它与宋词恰成鲜明对照，它是一切广义诗歌形式中最"俗"的一种，与宋词相比，即使雅曲也是"俗"。那么同样以京剧行当作比喻，它就是"丑"了。

唐诗擅长国情民怨，文人骚客。宋词擅长离情别绪，才子佳人，但在初始阶段，连才子都不包括在内，主要是佳人。书写者、观赏者才是才子，书写对象与演唱者才是佳人。到了柳永那里，开始俗化、文士化，但不是正襟危坐之士，而是天涯羁旅之文士。词一转俗，一般文人雅士尤其仕宦文士便不高兴，表现出不容、不屑甚至于不耻。苏东坡就对柳词很是不满，他最喜爱的学生秦观的一些词写得有些柳风柳意，还受到过他的批评。

柳风向俗，未能远去；苏词向诗，则有了回声。到辛弃疾时代，豪放派词声大振，可以看做是苏词走诗化道路的胜利。

---

① 邓绍基主编：《元代文学史》，人民文学出版社，1991年。

宋词一路向雅，虽有过通俗，有过滑稽，也有过豪放，但不能动摇其根基，到了姜、吴、周、史、王、张时代，又回归婉约，而且把词的技艺发展到了极致，再向前走，路太窄了，没路走了，况且大宋王朝都灭亡了，宋词的命运到此终结。

　　词走雅路，走不通了，元曲——散曲应时而作，顺时而发，有了广阔的前程。有研究者认为，柳词通俗，代表了元曲的先声，也有道理。

　　散曲走俗的道路，不俗不足为散曲，这个就是赵景琛先生强调的"蒜酪味"。"蒜酪味"岂登大雅之堂。比如参加某个庆典，您非得先吃五瓣大蒜，五米之内，蒜气熏人，这个怕是不行。就是不吃大蒜，先来两碗肥肠、爆肚，怕也不行。但是，作为地方风味小吃，有些品种没有大蒜还真是不可以，它要的就是这个"味儿"。您不喜欢，嫌它"俗"、"低级"、"没品位"，没办法，只怨您不知这小吃的美味所在。元曲的本性中天生就带有这"蒜酪味"的，这个味没了，对不起，就不是元曲了。

　　元曲——散曲既走俗的道路，其体式就不能不随之变化。散曲的特点，是口语使用愈来愈多，句形随之愈来愈灵活，相应的衬字、垫字也愈来愈多。这样的体式，既是风格使然，也是语言使然，还是文体使然。

　　散曲又分为小令与散套两种。但无论小令还是散套都必须一韵到底。小令是单支的曲子，也有把两三个音调相同、音律也恰恰可以衔接的单曲连接在一起的情况，但是事不过三，以三支曲子为度，没有三支以上的组合形式。散套亦称套曲，套曲的创作方式，是将同一音调的多支曲子连接而成的有序组合方式。它的安排有特定规则可循，一般用一、二支小令开端，而以"煞调"或"尾声"结束。中间使用的调数，可以多也可以少，短的套曲中间不过三、四调而已，长的有达到二三十调的，但那样极端的情况也不多见。

　　散曲中写家多，名作更多，因为它与元杂剧有着互动性关系，所以那些元代大剧作家，也常常就是散曲巨匠。这一点，与本题有关。需要补充的是，真的大家，必定诸体皆能，极少有单打一的情形出现。如关汉卿、白朴、马致远、王实甫都是杂剧、散曲的两体英杰，郑光祖所作散曲较少，但也有佳作传世。

关汉卿作为元代首席大作家，他的一些散曲流传极广。他的那篇《一枝花·不伏老·我是一粒铜豌豆》，尤其名声响亮，几近尽人皆知，那本是一支套曲的结尾部分。为着读者阅读方便，现将全曲抄录如下：

〔一枝花〕攀出墙朵朵花，折临路枝枝柳。花攀红蕊嫩，柳折翠条柔。浪子风流，凭着我折柳攀花手，直熬得花残柳败休。半生来折柳攀花，一世里眠花卧柳。

〔梁州第七〕我是个普天下郎君领袖，盖世界浪子班头。愿朱颜不改常依旧，花中消遣，酒内忘忧；分茶攧竹，打马藏阄，通五音六律滑熟，甚闲愁到我心头。伴的是银筝女银台前理银筝笑倚银屏，伴的是玉天仙携玉手并玉肩同登玉楼，伴的是金钗客歌金缕捧金樽满泛金瓯。你道我老也暂休，占排场风月功名首，更玲珑又剔透。我是个锦阵花营都帅头，曾玩府游州。

〔隔尾〕子弟每是个茅草岗沙土窝初生的兔羔儿乍向围场上走，我是个经笼罩受索网苍翎毛老野鸡蹅踏得阵马儿熟。经了些窝弓冷箭铁枪头，不曾落人后。恰不道"人到中年万事休"，我怎肯虚度了春秋。

〔尾〕我是个蒸不烂煮不熟捶不扁炒不爆响珰珰一粒铜豌豆，凭子弟们谁教你钻入他锄不断砍不下解不开顿不脱慢腾腾千层锦套头。我玩的是梁园月，饮的是东京酒，赏的是洛阳花，攀的是章台柳。我也会吟诗，会篆籀；会弹丝，会品竹；我也会唱鹧鸪，舞垂手；会打围，会蹴鞠；会围棋，会双陆。你便是落了我牙，歪了我口，瘸了我腿，折了我手，天赐与我这几般儿歹症候,尚兀自不肯休。则除是阎王亲自唤,神鬼自来勾,三魂归地府,七魄丧冥幽,天哪,那其间才不向烟花路儿上走!①

这套曲写得可有那么好。俗——通俗,闻者明白;活——鲜活,见者喜欢;可谓声声色色,栩栩如生。岂但栩栩如生,干脆就是活蹦乱跳,不惟个性张扬,而且棱角分明。

马致远也是散曲大家,他最具传播力的作品则是《天净沙·秋思》:

枯藤老树昏鸦,小桥流水人家,古道西风瘦马。夕阳西下,断肠人在天涯。

一共写了十件景物,妙在十样景物,都很有典型性,叠加在一起,更来得意境清远,韵调十足。

但整体思之,还是有些诗化了,虽为佳品,似非元曲本色。倒是他的套曲《般涉调耍孩儿·借马》写得更通俗化、口语化。另有一篇小令《双调·清江引》,也很俏皮。

西村日长人事少,一个新蝉噪。恰待葵花开,又早蜂儿闹,高枕上梦随蝶去了。②

散曲中很有些批评时政的作品,用语尖锐,一针见血。如无名氏作品《醉太平·无题》:

堂堂大元,奸佞专权。开河变钞祸根源,惹红巾万千。官法滥,刑法重,黎民怨。人吃人,钞买钞,何曾见。贼做官,官做贼,混愚贤,哀哉可怜。③

---

① 王季思等编:《元散曲选注》,北京出版社,1981年。
② 同上。
③ 《元人小令选》,四川人民出版社,1981年。

开口就好,"堂堂大元",先弄个高帽戴上——要知道那些专权的人最喜欢戴高帽儿的,然而,往下看,糟糕了,讨厌了,昏暗了,倒霉了,且越看越可怕,越可鄙,越发不可收拾了。

著名散曲作家中,也有如张养浩一般的人物。张养浩是一位做过高官的人,这在元曲作家丛中原本少见,属于"另类"花朵。他是一个清官,又是一位主张改革的官,站在圈儿里看官场,有时反而来得更为真切。他的一篇《山坡羊·潼关怀古》,最是为人称道:

> 峰峦如聚,波涛如怒,山河表里潼关路。望西都,意踟蹰,伤心秦汉经行处,宫阙万间都做了土。兴,百姓苦!亡,百姓苦![1]

元曲又是特别擅长写情爱与相思的文体,而且不下笔则已,下笔绝不含糊其辞,也不遮遮掩掩,更不拖泥带水。这里引一首查德卿的《一半儿·春情》:

> 自调花露染霜毫,一种春心无处托。欲写写残三四遭,絮叨叨,一半连真一半儿草。[2]

这是描绘一位美人——我想她一定是位美人——起草情书的情形的。写得何等逼真!那神那态,笔笔活,字字动,声声气气,宛若眼前。

散曲作家中有一位因一篇套曲而享大名的睢景臣。他一生创作不多,写了三个杂剧,也没有流传下来。小令,也是如此。流传至今的只有三个套曲和四个断句。值得庆幸和自豪的是,这三个套曲中就有那一篇大名鼎鼎的《般涉调哨遍·高祖还乡》。这首套曲,堪称杰作,甚至绝世之作。它虽只是套曲,却有完整的故事、动人的情节、丰富的内涵与别致的创意。他以写杂剧的风范写套曲,这

---

[1] 《元人小令选》,四川人民出版社,1981年。
[2] 同上。

套曲便成了浓缩的精品。他以游戏的笔法写刘邦，又有了些"后现代"或者说"戏说"的意思。然而，并非无中生有，虽然那细节甚至那事迹也是没有办法考证的，但至少在逻辑上属于"虽或无之，理应有之"，或者"虽不中，亦不远矣"。这套曲篇幅大，流传广，接触的人也多，全引则太长，不引则不忍，这里选择四个段落：

〔哨遍〕社长排门告示，但有的差使无推故。这差使不寻俗：一壁厢纳草除根，一边又要差夫，索应付。又言是车驾，都说是銮舆，今日还乡故。王乡老执定瓦台盘，赵忙郎抱着酒葫芦。新刷来的头巾，恰糨来的绸衫，畅好是妆幺大户。

……

〔五煞〕红漆了叉，银铮了斧，甜瓜苦瓜黄金镀。明晃晃马鞍枪尖上挑，白雪雪鹅毛扇上铺。这几个乔人物，拿着些不曾见的器仗，穿着些大作怪衣服。

……

〔三煞〕那大汉下得车，众人施礼数。那大汉觑得人如无物。众乡老展脚舒腰拜，那大汉挪身着手扶。猛可里抬头觑，觑多时认得，险气破我胸脯。

……

〔尾声〕少我的钱差发内旋拨还，欠我的粟税粮中私准除。只道刘三谁肯把你揪捽住？白甚么改了姓更了名，唤做汉高祖。[①]

散曲名家中，又有甜斋、酸斋之说，可见一种体式，两种风格。酸斋的主人是贯云石，甜斋的主人是徐再思。二人有唱和，后人好事，专门编有一部《酸甜乐府》。

徐再思曲风清丽，有些诗化的，擅写风景，更擅写风情。他写春情的曲子不少。这里选二首，可说一般题材，二种笔墨，两样情致。

---

① 王季思等编：《元散曲选注》，北京出版社，1981年。下述元曲均选自本书。

一首是《折桂令·春情》，写得很有"文化"：

平生不会相思，才会相思，便害相思。身似浮云，心如飞絮，气若游丝。空一缕余香在此，盼千金游子何之。症候来时，正是何时？灯半昏时，月半明时。

另一首《双调沉醉东风·春情》写得很是"生活"：

一自多才间阔，几时盼得成合？今日个猛见他门前过，待唤着怕人瞧科。我这里高唱当时水调歌，要识得声音是我。

酸斋主人贯云石，风味很是不同。虽然也写儿女情怀，但那格那调另是一路。他也写景色，也写风情，但更擅长的还是那些带有反讽性的作品。从这些作品中可以看出他是一位关心时政的人，有正义心肠的人，又是一位见到官场腐败不吐不快的人。他有一首《双调·殿前欢·吊屈原》，写得很是独特。

楚怀王，忠臣跳入汨罗江。《离骚》读罢空惆怅，日月同光。伤心来笑一场，笑你个三闾强，为甚不身心放？沧浪污你？你污沧浪？

从字面上看，是对屈原的埋怨，骨子里，却是对那王朝的不信任。初一读，只觉那末一句写得尤其伤心愤世，入木三分；细一品，又觉得头一句写得更为精彩，劈头一声断喝："楚怀王，忠臣跳入汨罗江！"有多少幽怨激愤在心头！

顶级元代散曲家，首推张可久与乔吉。两个人不但作品数量大，而且水平高超。乔吉既写散曲，也写杂剧，但以散曲的艺术水准更高，影响更大。张可久则全身心创作散曲，他的散曲数量，至少从流传至今的情况看，是全元第一。他是第一，乔吉位居第二。张可久创作小令855首，套曲9篇；乔吉创作小令209首，套曲11篇。两个人的作品数量占到全元曲的1/3。二人成就卓然，有曲中李、杜之说。

乔吉有一篇《双调水仙子·吴江垂虹桥》，是曲中上品，又是曲中异品。实在像这样极力描绘一座名桥的情况，在唐诗、宋词、元曲中都很少见。他不但全力为之，而且写得有形象、有气派、有精神。虽在今人读来，一些句子或有生涩之感，但那品位，实是高的。

飞来千丈玉蜈蚣，横驾三天白螮蝀，凿开万窍黄云洞。看星低落镜中，月华明秋影玲珑。鼉顲金环重，狻猊石柱雄，铁锁囚龙。

乔吉也有很活泼、很生活化的作品。就用同一调式他也曾写过一篇《双洞水仙子·怨风情》，两相对照，更看出大手笔运用体式的不凡手段，体式虽一，却能春绿秋黄，变幻无穷。

眼前花怎得接连枝？眉上锁新教配钥匙。描笔儿勾销了伤春事，闷葫芦铰断线儿。锦鸳鸯别对了个雄雌，野蜂儿难寻觅，蝎虎儿干害死，蚕蛹儿毕罢了相思。

这一连串的比喻，真真写得活，写得恰，写得切，而绝无诗意词风，只是风味元曲。

张可久自是一位大散曲家。他的特点，是一生游历极广，阅历颇多。他游历的地方，包括湘、赣、闽、皖、苏、浙各省，晚年定居杭州，又有闲暇。他文化视野宽，对唐诗宋词很是熟稔，他作品中时有诗声词韵，从传统文人学士的角度看，那品位自然非同一般。自他开始，元曲发生转折，所谓极高明时，亦是极定式时，从此渐渐走向了末路。因为元曲的本色是市民化的，市民性的作品一旦走上了文人化的道路，既是幸事，又非幸事。格调高了，固然很好，土壤丢了，却又很坏，从此无论在内容上还是在体式上都不会再有大的创造力，那命运正如词的命运一般。只不过在张可久那里还不似南宋后期那一班末世词人那样，但其基调也大半闲适化与专艺化了。

先看他一首《双调水仙子·次韵》：

蝇头老子五千言，鹤背扬州十万钱，白云两袖吟魂健。赋庄生秋水篇，布袍宽风月无边。名不上琼林殿，梦不到金谷园，海上神仙。

语言是道家的，风格是洒脱的，特色是散曲的，三者合一，妙哉，妙哉！

他又是关心时事的，有正义之心的，话说回来，连正义心都没有，怎么可以成为作家呢？别冒充了，快回家吧！他的《中吕卖花声·怀古》，乃是读书人本色之作。

美人自刎乌江岸，战火曾烧赤壁山，将军空老玉门关。伤心秦汉，生民涂炭，读书人一声长叹。

张可久作品中也有十分口语化的创作，可见他并非不能写得更"散曲"些，只是不愿向这方向努力罢了。或者时势使然，也未可知。这里录他一首《中吕山坡羊·闺思》，写得鲜灵鲜美鲜辣，活泼活脱如见，我喜欢。

云松螺髻，香温鸳被，掩春闺一觉伤春睡。柳花飞，小琼姬，一声"雪下呈祥瑞"，团圆梦儿生唤起。谁，不做美？呸，却是你！

4. 结合民歌说体式

民歌的历史是诗、词、曲、赋中最长的一种，也是最原生态最草根性最乡土化的一种，完全可以称之为历代诗歌之母本。

这包括两个意思，一个意思是诗歌经典，民歌为本。例如，儒学经典中的《诗经》，其中最主要最有影响的部分就是民歌；另一个意思是，民歌不仅原发性第一，而且代有其传。每当中国文人诗，或文人词，或文人曲，盛极而衰，竭泽而渔，到了几乎无法为继、无路可走的时候，民歌就理所当然成为他们再生的希望。可以这样说，汉乐府固然影响巨大，没有民歌的支撑与涵育，它就无法成立；唐诗固然史称第一，没有民歌作支撑与涵育，它也是无法发达的；宋词的一大源脉就是民歌；元曲尤其如此。民歌的基本品征就是通俗化口语化，它的推动与助力显然占据特别重要的位置。

民歌也有一定的体式，但那体式更为灵活，约束益少，变通益多。就其内容而言，基本无拘无束；就其形式而言，有些约束也不多；就其音韵而言，有所限制但不算严格。

民歌天性自由，甚至肆意，同时，又是非常生活化民俗化的。它的特色就是生动、活泼、比喻形象、地域色彩浓重。

它自由，但并非没有章法；生活化并非没有水平；生动、活泼并非没有规范，比喻形象也绝不与常识对立；地域色彩浓重，虽有些字、句不太好懂，却来得风味十足。

之所以产生这些特点，因为它是民间长时期多人群创作的结果。因而，它本身是没有作者权的，大部分民歌也根本无法追溯出作者，只是口传心授，代代相传。故此，它的久远性传播就需要有识者的搜集与管理，而那些特别有眼光又有能力的搜集者与整理者也就顺理成章成为中国文学艺术史上功劳卓著的伟人。

这方面，有四本书尤其值得注意。第一本自然是《诗经》了，其中儒学创始人孔子，与功大焉；第二本是《乐府诗集》，整理者为南北朝时宋人郭茂倩；第三本是名为《阳春白雪》的几种明清民歌集，时人命名《明清民歌时调集》，整理者为冯梦龙；第四本即《古诗源》，整理者为清人沈德潜。这还不包括现代人整理的民歌集，更不包括仍存活在民歌歌手口中的民歌。这四种集子，在整理过程中，或者留下些整理者的个人痕迹，或者掺杂了不少文人语调与文人习气，但基本风貌应该是有公信度的。

《诗经》已然说过了。这里且从《古诗源》谈起。这虽是一部后起的书，但它收集的资料却十分久远而且相对完备。

《古诗源》开篇第一首歌,便是《击壤歌》。这歌传播久矣,影响大矣。因为它重要,此处不避重复之嫌,依然照录于下:

> 日出而作,日入而息。
> 凿井而饮,耕田而食,
> 帝力于我何有哉!①

此等风范,应为诗三百篇所无,那气魄与艺术表现力也是不在《诗经》之下的。

又有《渔父歌》,出自《吴越春秋》:

> 日月昭昭乎寝已驰,
> 与子期乎芦之漪。

> 日已夕兮,予心忧悲。
> 月已驰兮,何不渡为?
> 事寝急兮,将奈何?

> 芦中人,岂非穷士乎?②

这样声情并茂的民歌,着实少见。较之很多煞费苦心作出的诗、词、曲等,更有一种浑然天成的表现优势在。

又有一首引自《新论》中的民谚,风趣、智慧、警策人心。

> 人闻长安乐,则出门而西向笑;
> 知肉味美,则对屠门而大嚼。③

《乐府诗集》所收民歌甚多,最有影响亦最具艺术表现力的,

---

① 沈德潜:《古诗源》上册,华夏出版社,1998年。
② 同上。
③ 同上。

当属《清音曲辞歌》，其中的《子夜歌》、《子夜四时歌》等，言情则情在，抒情则情真，诚所谓民歌妙语，句句如新。今举《子夜歌》中的两首。

> 芳是香所为，冶容不敢当。
> 天不夺人愿，故使侬见郎。①

又：

> 始欲识郎时，两心望如一。
> 理丝入残机，何悟不成匹。

再如《子夜四时歌》的《春林花多媚》，写得一样简明轻快，却又风情依依。

> 春林花多媚，春鸟意多哀。
> 春风复多情，吹我罗裳开。②

又有《丁都护歌》五首，情态激变，更为感人。

> 都护初征时，侬亦恶闻许。
> 愿作石尤风，四面断行旅。
> 闻欢去北征，相送直渎浦。
> 只有泪可出，无复情可吐。③

南方民歌，以曲折缠绵为主调，北方民歌则以刚健直白为特色，所谓：

> 北方有胡奴，扬鞭黄尘下。

---

① 《魏晋六朝乐府文学史》，人民文学出版社，1984年。
② 同上。
③ 同上。

健儿须快马，快马须健儿。

文人诗盛于唐，文人词盛于宋，文人曲盛于元，到了明代，诗、词、曲的黄金段落一一逝去，都走了下坡路，成为"过气"性体式，但诗歌不会消亡。在这一途，最具艺术力与创造力的便是民歌了。这些民歌，经大批评家冯梦龙收集、整理，达到了一个空前的文本水平。即今读之，尤觉花花草草，尽通人意；风风雪雪，振奋人心。其基本特征，只是言情；艺术特征，还是言情。但言情并非只会说"我爱你"或"你爱我"，常常别有所托，妙用比、兴。如它吟唱《纽扣》，另是一种机杼。

纽扣儿，凑就的姻缘好。你搭上我，我搭上你。两下搂得坚牢。生成一对相依靠。系定同心结，绾下刎颈交。一会儿分开也，一会儿又拢了。①

也有以蚊子为题的歌辞。苍蝇入诗，已属罕见，蚊子入诗，更少见了，但在民歌这里，不过一件寻常之事。而且一字一句，只觉熨熨帖帖，绝无半点牵强的意思，其歌辞曰：

蚊虫儿，你惺惺伶俐。善趋炎，能逐队，到处成雷。吹弹歌舞般般会。小脚儿在绣帏中串惯了，轻嘴儿专向醉梦里讨便宜。随你悭吝贼，逢他定是出血也。你这小尖酸少不得死在人手里。②

这样的蚊虫歌，怎不讨人喜欢。

另有一首《青山绿水明如画》，则是另一种情调，但见嗔嗔怪怪，满是小儿女情怀。曲寄《寄生草》：

青山绿水明如画，转过游廊又见他。羞答答全不提起昨晚

---

① 冯梦龙：《明清民歌时调集》，上海古籍出版社，1987年。
② 同上。

的话。小金莲轻轻过了葡萄架。柳眉一挑，云鬓堆鸦，喜孜孜半真半假将人骂。①

5. 结合白话诗说体式

白话诗的体式是最多的，多到无以为类；也是最自由的，自由到无以复加。从字数上看，有三言诗、四言诗、五言诗，也有多言诗。实际上，各行字数齐整的白话诗固然也有，作为主流体式的还是字数参差不齐的。参差不齐若非它的本质性特质，也是它的本质性特质之一。当然，也有主张白话诗的字数、行数相对整齐的——这个，怕行不通。可以整齐，那是特例，普通的体式还是不整不齐。因为白话的词与词组原本字数难定，词与词组性质如此，你硬要它们组合成的诗体齐整，除非撞上大运，难免削足适履。

行数同样自由，无拘无束。自一行诗起，二行诗、三行诗、四行诗，以此类推，从理论上讲，一直可以到千行诗、万行诗，简称N行诗。汉语古体诗不会如此，不能如此，不可如此，白居易的《长恨歌》算是长的了，也不过120行。这个问题，到了现代白话诗这里，已经不再成为问题，有问题也是伪问题。如果说，现代白话诗中还没有那样的鸿篇巨制，也无须忙的。诗歌若无明天，一切免谈；诗歌若有明天，那么，那样的诗歌便随时有可能迎着某个早晨的太阳一同升起。对此我特别要补充一句，诗歌可以没有明天吗？

早在20世纪80年代末，王尔碑、流沙河二先生选编过一本《小诗百家点评》，那书真正编得好。诗也选得好，点评也做得好，尤其大陆部分自一行诗、二行诗依次编起，直到六行诗，不但令人读着爽利，而且查阅十分方便。

一行诗中有一首朔望先生的《梦花》，写得妙而且深刻。

---

① 冯梦龙：《明清民歌时调集》，上海古籍出版社，1987年。

若教园子开百花无一草此人非痴即赵高①

二行诗中选了顾城的那篇名作：

> 黑夜给了我黑色的眼睛
> 我却用它寻找光明②

三行诗中选了冰心《春水》中一首诗，但吕进先生为选本作序时另荐了一首，似乎更佳：

> 嫩绿的叶儿，
> 也似诗情吗？
> 颜色一番一番的浓了。③

四行诗中选了许伽的《幸福》，又别致，又有哲理：

> 幸福呀，
> 你究竟是什么？
> 我徘徊在你的门外
> 总也走不过去。④

如此等等，这些诗，诗行不限，字数不限，行的位格也不限，虽似自由舞来，艺术品质自在，更能启迪人智，亲近人生。

我手边也有几首类似的作品，多少有点"小资"情调的，附录在此，不知读者以为如何？

一行诗一首：

> 书页折了，她会疼的。

---

① 《小诗百家点评》，重庆出版社，1991年。
② 《小诗百家点评》，重庆出版社，1991年。
③ 同上。
④ 同上。

二行诗一首：

　　满山的花儿开了，
　　最疼我的人哪去了？

三行诗一首：

　　苍茫宇宙，
　　太阳在天上走，
　　我在地上走。

四行诗一首：

　　如梦的白夜，
　　续写着七彩光华；
　　如潮的大雨，
　　鲸吞了万种情思。

五行诗一首：

　　天边，
　　云儿在飞；
　　梦中，
　　妻子在笑；
　　小儿子说：我要撒尿。

不仅字数、行数自由，连韵脚也是自由的，极端的自由体式，就是无韵诗。诗而无韵，自古未闻，可以没押上韵，却不能主张无韵，这是汉语诗一贯的传统，但到了现代白话诗时代，这个传统被打破了。

还有散文诗，例如鲁迅的《野草》。这事情复杂，散文诗究竟是诗还是散文，也有不同见解。单以这名词的组合方式看，应该是

"诗",若不是"诗",则应该叫"诗散文"。但汉语的词组变通性强,"熊猫"既不是猫,散文诗也应该可以不代表"诗"的。但无韵诗,确实是诗,而且也有不俗的成绩。

毋庸讳言,整体上看,白话诗的成就怕还不及古体诗,而且,从中国内地的受众一面考虑,现代白话诗反而成了小众体式、小众文学,唐诗、宋词反而成了大众受体。白话诗成就不够,不足为怪,只要想想唐诗的前承有多么久,宋词的前承有多么久,就可以明白:诗这个文学体式是需要广积而薄发的。而且,诗既为诗,又不能单纯以市场法则去看待它,因为它在投入产出方面可能永远都不会平衡的,一般难于赢利,赢利也是为后人造福。到了那时候,当初的创业者,怕是早已灰飞烟灭,不知何处去也。

白话诗历史未久,但名家不少,名作也不少。最早的也是影响非凡的人物与作品是胡适和他的《尝试集》,此后又有郭沫若、冰心、徐志摩、戴望舒、闻一多、朱自清、宗白华、康白情、李金发、汪静之、田汉、冯至等。他们的诗,或是西化的,或是本土的,或是激情澎湃、奔腾万里的,或是闲情逸致、带有新思维新感受的,或是带有浓浓的传统抒情色彩的,或半是抒情半是叙事的,或是政治色彩强烈的,或是躲进小楼成一统的。

诗的体式,有长也有短,有西也有中。句子有整也有散,格式有旧也有新。这里面既有民歌的影子,又有古诗的基因,还有西诗的自由,更多的则是这些新派诗人的心血与精神。

这里先选宗白华一首。首选宗白华,因为他在当时虽非诗歌显要,但他的诗十分耐读,今日读来,依然很是感人。诗名《小诗》,体式为六行诗。

> 生命的树上
> 雕了一枝花
> 谢落在我的怀里,

我轻轻的压在心上。
她接触了心中的音乐
化成小诗一朵。①

　　再选一首汪静之的《时间是一把剪刀》。这比喻其实古老，爱诗的人，谁不知贺知章的名作："碧玉妆成一树高，万条垂下绿丝绦。不知细叶谁裁出，二月春风似剪刀。"然而，此剪刀非彼剪刀也，那剪刀如春风化雨，这剪刀却是催命凶神。诗为二节，每节五行，另是一体。

时间是一把剪刀，
生命是一匹绵绮；
一节一节地剪去，
等到剪完的时候，
把一堆破布付之一炬！

时间是一根铁鞭，
生命是一树繁花；
一朵一朵地击落，
等到击完的时候，
把满地残花踏入泥沙！②

　　选一首徐志摩的《再别康桥》。这诗影响大，是白话诗中的成熟之作，体式适中，不很长，也不很短；不强力，也不弱势；不刺激，也不松懈；不像一般的白话诗那样缺少经典句子，也不像一些前卫诗那样形状古怪。全诗分七节，每节分四句，且句型基本相似，字数大体相当，意境也有，立意也明，当初也曾传颂一时，而今依

---

① 《新诗选》，上海教育出版社，1979年。
② 同上。

然不乏读者。这里选录其中的一、四、七节：

> 轻轻的我走了，
> 正如我轻轻的来；
> 我轻轻的招手，
> 作别西天的云彩。
> ……
>
> 那榆荫下的一潭，
> 不是清泉，是天上虹
> 揉碎在海藻间，
> 沉淀着彩虹似的梦。
> ……
>
> 悄悄的我走了，
> 正如我悄悄的来；
> 我挥一挥衣袖，
> 不带走一片云彩。[①]

改革开放以后，新诗的发展有了一个新的历史机遇，例如当年的朦胧诗，其影响远远超出诗的范围，但随着市场经济大潮的一波又一波冲击，诗人的处境似乎到了很困难的时期。有的出国；有的改行；有的激愤；有的沉寂。但我相信，这只是历史长河的一瞬而已，今日如此，明日未必依旧如此，且诗的事业乃是一种需要些热烈又需要些寂寞的事业，伟大诗作的诞生需要机缘巧合，其中最重要的是需要才华出众、与时交辉，且恒久执着的个体化诗人与诗人群。

这么说，仿佛有些悲凉慷慨之气。其实，新时期以来，新人、

[①] 《新诗选》，上海教育出版社，1979年。

新作很多，认清他们的价值或成就，或许需要用相当长的一段时间。正因为他伟大，远看则清，近看则迷。站在巨人脚下，怎么看他的头顶？站在巨著面前，怎么看它的历史命运？当然也有一些特别幸运的诗篇，无须假以时日，便可以一鸣惊人、一飞冲天。但毕竟不是人人可以成为胡适之的，也不是人人可以成为郭沫若的。处在另一种境遇中的诗人，所需要的，首先是做好自己。

但仍有惊人之作在，不但常常引起我们内心的共鸣，而且常常为我们带来心灵的震撼。

这里选录周伦佑的《自由方块》中的两个段落。这一诗篇，不但立意新异，而且结构新奇，旧的体式无可望其项背，就是保守些说新派诗人也未必可以与之较量。

其一，《动机Ⅰ·姿势设计》：

>姿势是应该考虑的。就像仕女注意自己的表情。比如笑不能露齿，比如不许斜视。皮尔·卡丹选你作时装模特儿。你按现代标准重新设计自己。坐如钟。夜来钟声到客船。你不在船上。在宝光寺数那些数不完的罗汉。面南而坐。面壁而坐。皆是圣人的坐法。你不是圣人。不想君临天下。可以坐得随便一些。任意选一个蒲团，或想象古代的某一位隐士。或模仿一只猴子。古来圣贤多寂寞。坐为悟道之本。你不坐便不学无术。孔子坐而有弟子三千。芝诺坐然后发现飞矢不动。阿基里斯永远追不上乌龟。而你看见杨朱坐得像一朵花。无风也摆动。引来三五只蝴蝶。男人喜欢摆尾巴的女孩。睡如弓。大雪满弓刀。挑选睡式非常重要。最好不要白天杀人。据说释迦牟尼就是因为宫女睡姿不雅而愤世出家的。从此他特别讲究睡的技巧。你是喜欢侧睡的。你想换一种睡法。你试着翻身。那种感受很强烈……①

---

① 周伦佑、蓝马：《打开肉体之门》，敦煌文艺出版社，1994年。

没有引完，但意思有了。从体式上看，说诗也好，说散文也行。诗也是新式的诗，散文也是新式散文。它的高处或许也在此，它的奇处或许也在此。

第二段：《动机Ⅱ·人称练习》：

练习一：你住在楼上。我住在楼下。他在楼外。

谈卡夫卡的小说。有时是一只耗子。有时是一只甲虫。

甲虫是你。耗子是我。他谈卡夫卡的小说。

某一次在笼里。我住上层。他住下层。你在笼外。

谈卡夫卡的小说。

甲虫是我。耗子是他。你谈卡夫卡。

去城堡的途中。我逃了出来。

在寓言外无书可读。

甲虫是他。耗子是你。

我读无书。[①]

这一段，另作一种体式，然而，与前面的衔接没有困难。仿佛奇花应该配异草。否则，反倒因为不般配而平庸了。

我不知道对这内容这体式的诗该怎样解说，但它造就的视觉与思维冲击是实实在在的。我想，世间的一些诗，原本也是无解的，至少有一种诗应当如此。

三、关于散文的体式研究

在体式方面，散文与诗歌正是两个极端。

诗歌尤其是格律体诗歌，限制是最多的，古体诗，非押韵不可。诗歌为首；传统戏曲次之，至少它的唱词也是需要押韵的；小说又

[①] 周伦佑、蓝马：《打开肉体之门》，敦煌文艺出版社，1994年。

次之，一部小说只有一种风格，一种笔调。而散文是限制最少，自由度最高，文体体式最丰富、最复杂的。

汉语散文的一大特点，是历史特别长，成就尤其大。这一点与西方文学史很有区别。西方文学史上也有重要的散文家，如古罗马大演说家西赛罗。但占据文学史主流的还是诗歌、戏剧及小说，虽然法国哲学家柏格森与英国政治家丘吉尔也因为各自的散文成就而获得过诺贝尔文学奖，但论到散文在西方文学史上的总体地位，毕竟差了一层。

汉语文学史则不然，自先秦时代起，散文就处在与诗歌并驾齐驱的位置。春华秋实，各有所长。而两汉时期，竟是文章独占鳌头的时代，所谓唐诗晋字汉文章。当然，彼时的文章，不仅散文而已，还包括韵文在内。魏晋南北朝时期，散文成就稍逊，诗歌成就不是很高，最重要乃是韵文——赋。此后，虽然唐以诗名，宋以词显，但唐宋时的散文同样光芒四放，其主流性地位依然无可动摇。再以后，明代的小品文，清代的抒情文、议论文，例如桐城派散文，都有很深很远的影响。或许可以这样说，汉语文学中的小说、诗、词、曲、赋与戏曲，各有自己独盛或极盛的时代，而无论哪一个时代，散文的成就都是不可低估的。五四新文化运动之后，这样的情况也没有改变。站在今天的立场反思，或许应该认为：散文的名家更多些，地位更高些，成就也更大些。包括改革开放以后，排列诗歌、小说、戏曲、散文四家的贡献，大约还是该让散文名列第一。当然，我这里说的散文，不是狭义上的抒情写景文等小范畴而已。

汉语散文的另一个突出特点，是它的审美追求。西方文学史上的散文主要是指那些具有文学品性的说理文、抒情文与写景文。但中国的情况是，无论哪一种典型的散文，抒情文也好，说理文也好，包括应用文也好，毫无例外，都是要追求美的。不但要中吃，而且要中看，所谓尽其善还要尽其美，这个才是好文章。

汉语审美传统，有时到了以文侵质的程度，例如中国古代美文中，史书是一个重要的不可或缺的方面，金圣叹评古来六大才子书，《史记》位列第三。而史书的最重要的品征是"史实"，以史为本。但中国的古代史书，不仅要求真，而且要求美，还要求雅。早有学者指出，包括一些经典史书的细节记事也是靠不住的。比如对话。史书中对话很多，而且大部分有声有色有个性，但那样的历史时代，一没有录音资料，二没有速记手段，那些宫廷对话、外交对话、帅府对话乃至密室私语是怎么传下来的？《左传》中既有这样的生动记载，《史记》、《汉书》中也不乏这样的实例。然而，你说它不可信，不足为信，这个却是汉语史书的传统，它虽然不曾做到字字皆实，却往往做到了字字皆美。而且从更深的逻辑层面看，这些记载也应该是可以采信的。

汉语散文的历史久远，成就卓越，文体非常丰富。丰富到了复杂，到了令今人目眩头大的程度。所以从古至今，究竟有多少文章体式，已难确知。至少古文散失的部分肯定远远大于流传下来的部分。从《昭明文选》的分类情况看，所收文章分为38类，其内容为：

  一赋，二诗，三骚，四七，五诏，六册，七令，八敎，九文，十表，十一上书，十二启，十三弹事，十四牋，十五奏、记，十六书，十七移，十八檄，十九对问，二十设论，二十一辞，二十二序，二十三颂，二十四赞，二十五符命，二十六史论，二十七史述赞，二十八论，二十九连珠，三十箴，三十一铭，三十二诔，三十三哀，三十四碑文，三十五墓志，三十六行状，三十七吊文，三十八祭文。[①]

38类文体，够多的了，但那是散文、韵文不分的。而且《文选》所收，韵文为多，但联前想后，可以知道，中国古代的散文体式是很繁复的了。

[①] 罗根泽：《中国文学批评史》第一册，上海古籍出版社，1984年。

然而，还有更详细的统计与归纳。南梁任昉曾专门研究文体的成果，在他看来，中国文体可以分为84题。这84题包括：

> 三言诗、四言诗、五言诗、六言诗、七言诗、九言诗、赋、歌、离骚、诏、策文、表、让表、上书、书、对策、上疏、启、奏记、牋、谢恩、令、奏、驳议、议、反骚、弹文、荐、教、封事、白事、移书、铭、箴、封禅书、赞、颂、序、引、志录、记、碑、碣、诰、誓、露布、檄、明文、乐府、对问、传、上章、解嘲、训、辞、旨、劝进、喻难、诫、吊文、告、传赞、谒文、祈文、祝文、行状、哀策、哀颂、墓志、诔、碑文、祭文、哀辞、挽词、七发、离合诗、连珠、篇、歌诗、遗命、图、势、约等。①

这个分法过于细了，不赞成中国传统的也许会批评为"繁琐哲学，头脑混乱"，那么，即使大大合并同类项以后，其种类也绝不会太少。

从创作者的角度研究，苏东坡显然是一位文体大家。他流传至今的文集中，不包括诗、词作品在内，仍计有73卷，列目的文体为61种，其中也有不少是可以合并的，例如有关题跋的就有8种，可以归于一类，杂论又分为7种，也可以归于一类，再除去一些内制文之外，尚有35种之多。它们分别是：

> 赋、证、书论、策、序、说、记、传、铭、颂、箴、表状、制敕、行状、碑、赞、偈、奏议、宣、国书、表本、责问、批答、启、书、尺牍、疏文、祝文、斋文、祭文、表词、杂著、史评、题跋、杂记。

以今人的眼光看，其中的"赋"可以说不算散文，但苏东坡先生的赋，有些就是"散"的。文体如此之多，还不过是苏东坡的一

---

① 罗根泽：《中国文学批评史》第一册，上海古籍出版社，1984年。

家所涉，至少在他那里，还没有清言，没有日记，也没有对话这样的体式呢！

数十种文体，难于一一评说，这里以古文例证为度，分八个问题作些案例性说明。需要补充一句，八个方面，并非只是八种文章体式。

1. 古文五体忆当初

汉语文字，始于商代，汉语文学则始于春秋。到了战国时期，已经文体大备。那些对后世影响巨大的散文体式都取得了经典性成绩，少数体式，至迟到汉武帝时也得以完成。

我个人有"四风五体"之见，虽思考久矣，不知道能否为读者朋友所接受。

所谓四风，即四种最具基础性的散文风格，这个在"文风"一章中另议。

所谓五体，即五种基本的散文体式。这五种体式是：

①以《论语》为代表的格言体；

②以《孟子》、《庄子》、《荀子》、《韩非子》为代表的论文体；

③以《春秋左传》为代表的编年叙事体；

④以《史记》为代表的纪传体；

⑤以《盐铁论》为代表的对话体。

五种体式中的前三种均为先秦时期的产物，后两种完成于西汉中期。

说是五体，其实未止于五体，其他如寓言体、信函体、奏议体、铭文体都已经出现，而且完全有资格成为后世的范本。只是有些体式含在上述五种体式之中，如寓言；有些体式的成就与影响远不及上述五种体式影响大而已。

考虑到本书的结构安排，这里议论第一与第五种体式。

先说对话体。

对话体文章,在中国少见,在古希腊却是主流性文体之一。尤其柏拉图的著作,看一部是对话体,再看一部还是对话体。对话体的优长,在于交流、雄辩或者说论辩性强。

先秦文章中,没有这类体式,它的主要体式为论文体,使用最广泛、水平也最高。但缺少对话体,总是一个缺憾,直到有了《盐铁论》,这个缺憾弥补上了。可见中、西文化虽然差异很大,到了一定层面,也有普适性规律可循。

古希腊的对话体,多是哲学性思想性文学,《盐铁论》却属于政论性文章。虽是政论性文章,却又很有文采,不但写得尖锐,而且写得漂亮。单那文字,也是很吸引人的。

这里引"论儒第十一"中的两段,可以体会到论辩双方都是很有语言才华的人,比之早些年风行一时的大学生辩论会,另是一道"风景"。

> 御史曰:"文学祖述仲尼,称诵其德,以为自古及今,未之有也。然孔子修道鲁、卫之间,教化洙、泗之上,弟子不为变,当世不为治,鲁国之削滋甚。齐宣王褒儒尊学,孟轲、淳于髡之徒,受上大夫之禄,不任职而论国事,盖齐稷下先生千余有人。当此之时,非一公孙弘也。弱燕攻齐,长驱至临淄,湣王遁逃,死于莒而不能救;王建禽于秦,与之俱虏而不能存。若此,儒者之安国尊君,未始有效也。"

> 文学曰:"无鞭策,虽造父不能调驷马。无势位,虽舜、尧不能治万民。孔子曰:'凤鸟不至,河不出图,吾已矣夫。'故轺车良马,无以驰之;圣德仁义,无所施之。齐威、宣之时,显贤进士,国家富强,威行敌国。及湣王,有二世之余烈,南举楚、淮,北并巨宋,苞十二国,西揽三晋,却强秦,五国宾从,邹、鲁之君,泗上诸侯皆入臣。矜功不休,百姓不堪。诸儒谏不从,

各分散，慎到、捷子亡去，田骈如薛，而孙卿适楚。内无良臣，故诸侯合谋而伐之。王建听流言，信反间，用后胜之计，不与诸侯从亲，以亡国。为秦所禽，不亦宜乎？"[①]

唇枪舌剑，各不相让，引经据典，学问多多，并非一味攻击，更不是肆意辱骂，而是有事实，有论辩，事实是一个接着一个，再来一个，论辩则一波未平一波又起，波起波落，目不暇接，仿佛其人在旁，其音在耳。这样的文字，真的很好看，这样的论说，真的很好听。

而且那些历史的经验，直到今天，仍有重要的借鉴价值。单以盐铁而论，这一次的辩论，是以御史大夫桑弘羊的胜利而结束，但那只是王朝的胜利，而非平民百姓的胜利，盐铁买卖权利归于国家，富的是朝廷，穷的是人民。国家富了，为汉武帝的北伐匈奴提供了经济条件，而最终结果，仍不免"海内虚耗，生民减半"。"国家不可无经济之道"，这是一条历史经验，若在今天，就不仅是个经济问题，而是个生死存亡的大问题了。

再说《论语》体。

《论语》体与问答体区别显著，后者优在论辩，妙也在论辩，前者则以格言警句为主，贵在以理服人，长在妙语深言。

《论语》体影响很大。当然，造成这样影响的，不仅是文体的原因。因为儒学既是中国历史上地位至尊、影响至大的文化学派，孔子又是人类历史上顶级的文化巨人之一。但《论语》本身的价值也是不可低估的。所谓"文以人兴，人亦以文兴"。夫子与《论语》可谓人、文俱大。读《论语》，给我最重要的启迪是：

第一，他不说空话，不说套话，更不说假话。他不说空话，因为他有坚定的信念。他最得意的门生颜渊死了，他悲痛至极，但讲到葬礼的规格时，还是坚持自己的信念，拒绝了颜渊父亲为儿子提

[①] 桓宽：《盐铁论》，上海人民出版社，1974年。

出的破格的要求。这说明,他的信念不但高于他的"情",甚至高于他的"命"。他因为有极其坚定的信念,所以一生发表意见固多,绝对不说一句没有礼乐根基的废话,而是有比方,有事实,常常从常识入手,从身边可见的生活经验入手,不但说来头头是道,而且务求有根有据。

第二,他不摆先生的架子,更不以圣人自居,实在他也不认为自己是圣人的。圣人怎么能不知道鬼神之事,圣人又怎么能"朝闻道,夕死可矣"呢?但他所说的,一定是自己相信的。信而后道,绝不以势压人。他也有对自己学生很不满意的地方,有时气急了,还要骂上几句,但基本态度是谦和的,有来有往的。他可以批评学生,他的学生也可以批评他。有时他觉得学生的批评不对,也会解释几句,但肯定不会"恼羞成怒",或者给学生来个不及格的。

第三,他的语言能力卓越。《论语》之所以可以成为一种重要的文本体式,一是它的内容,二是它的文字。《论语》其实就是一部格言集萃。孔子既是运用古老格言的能家,又是创造格言的圣手,故阅读《论语》一定要慢,因为它篇幅虽小,却由语言精华凝固而成。读得快时,便有可能食古而不化;读得粗时,又可能遗珍宝而不见。其中很多经典性文字,早已成为中国人的日常用语,虽为日常用语,又能常用常新。如"知之为知之,不知为不知,是知也";"知无不言,言无不尽";"人而无信,不知其可";"己所不欲,勿施于人";"四海之内,皆兄弟也";"岁寒,然后知松柏之后凋",等等。

《论语》体影响固大,但效仿者不算很多,因为它看似容易而做起来难。南北朝时的《世说新语》与它比较相近,后来的各种"语录"与"清言"集,也类乎此式。去年有一本《非常道》,很受读书人青睐,那体式既可以说是《论语》式的,也可以说是与之一脉相承的;今年又有一本《非常事》也很好,采用的也是这个体式;就连张驰、石康的一些小说,似乎也有这体式的影子。

对话体、《论语》体之外，以论文体文章影响更大，此处不议。编年叙事体的影响同样令人瞩目，如司马光的《资治通鉴》；纪传体的影响仿佛还要更大些。古来的文化人士，大多有一些传记作品传世，如韩愈的《圬者王承福传》、柳宗元的《种树郭橐驼传》、《段太尉逸事状》、苏东坡的《方山子传》、袁宏道的《徐文长传》，这些技艺高超、影响巨大的传记文章无疑都受到纪传体的影响。而中国历代官修史书，更无不以《史记》为范本，自《史记》至《明史》，合称二十四史。甚至可以说，不知道自己六代以上祖先名讳的中国人一定不少，但不知道二十四史名称的人一定不多。一个文章体式，作为书写规范，历时2000多年而为同业所尊重，为读者所接受，为政府所支持，这在人类文明史上怕是不多见的。

2. 政论精华短文章

由于中国从来都不是一个宗教国家，而是一个世俗性国家，所以政治文章的地位来得尤其显赫，但列入现代散文阅读视野的，更多的还是那些短文章。

虽是短文章，同样写得有章有法，有情有性，另成一种审美情态。这里讲的，既有古代的"谕"，也有"对"，还有"疏"，凡此种种，在古代批评家眼中都是文体各列的，但在今天看来，似可归于一大体类，简而言之，都是帝王与臣子或帝王与臣民之间采用的公文体例。

这里先说刘邦的《约法三章》。《约法三章》正名为《入关告谕》，也是一种文章体式，用今天的话讲，就是公告体。其文曰：

父老苦秦苛法久矣：诽谤者族，耦语者弃市。

吾与诸侯约，先入关者王之。吾当王关中。与父老约，法三章耳：杀人者死，伤人及盗抵罪。余悉除去秦法，吏民皆安堵如故。凡吾所以来，为父兄除害，非有所侵暴，毋恐。且吾所以军灞上，待诸侯至而定要束耳。①

文章表述，非常得体，那意义与作用，更是非同小可。

秦王朝的统治，把全国弄成了一个大监狱。刘邦此谕，抓住要害，快刀利刃，一挥而决。全文不过六个完整句，一句一件事理，且环环相扣，大理服人。

头一句："父老苦秦苛法久矣：诽谤者族，耦语者弃市。"开门见山，直奔要害而来。

第二句："吾与诸侯约，先入关者王之。"解说发布告谕者的来历，来历不凡，有凭有据。

第三句："吾当王关中。"此句与前句接，强调自己的身份。本人有资格与父老相约。

第四句："与父老约，法三章耳：杀人者死，伤人及盗抵罪。"这是全文的核心内容。简约明确，属于高端设计。

第五句："余悉除去秦法，吏民皆安堵如故。""余"字恰当，自余字开始，尤显得大度如君。主要内容其实是要求——命令，但说来宽宽厚厚，淡定从容。

第六句："凡吾所以来，为父兄除害，非有所侵暴，毋恐。"似乎不是一句很重要的话，却在七句话中，用语最长。其实这样的位置，恰恰表现出告谕者的用心诚恳与苦心经营。

第七句："吾所以军灞上，待诸侯至而定要束耳。"有理有节，姿态雍容。

这样的告谕，当真不可多得。难怪评点者要赞誉说：

入关一诏，不独四百年帝业所基，实一代文章之祖。②

这是一位伟大开国者的声音，到汉文帝时，又有了杰出治国者

---

① 《小品文咀华》，书目文献出版社，1983年。
② 《小品文咀华》，书目文献出版社，1983年。

的高见。汉代皇帝，总以汉高祖、汉文帝、汉武帝为最出色。汉高祖为开国者，文帝为治国者，武帝为强国者。开国者奠基业四百年，治国者成就了历史上久享盛名的"文景之治"，强国者攻匈奴于漠北，播国威于四海，但于老百姓的生活而言，还是汉文帝带来的实惠更多。

文帝有仁心，所以专门下《除肉刑诏》；有身份，所以专门下《却千里马诏》；有自我反思精神，所以专门下《日食引咎诏》。

文帝的高明处是他身居至尊之位，却无虚荣之心。所以有人献千里马给他，他不接受，但也不矫情，故作清高，假撇清，或者龙颜不快，给献马者下不来台。真的虚心者，是不作秀的，他只是平心说话，娓娓道来。其诏曰：

鸾旗在前，属车在后，吉行日五十里，师行三十里，朕乘千里之马，独先安之？①

文章真好，品性更好，锡周先生就此评点说："着眼千里二字，极蕴藉风流。"

更重要的，他有自责精神。帝王自责，原本是一件难事。然而，可能是天下人之福。他的《日食引咎诏》是这样的：

人主不德，天示之灾，以戒不治。天下治乱，在朕一人。朕下不能治育群生，上以累三光之明。其悉思朕之过失，概以启告，及举贤良方正，能直言极谏者，以匡朕之不逮。②

这里最重要的一句，是"天下治乱，在朕一人"，这个难哪！此后约1800年，崇祯皇帝刚愎自用，终于亡国，临终之际，愤慨"君非亡国之君，臣皆亡国之臣"，与汉文帝比，相差岂止万里。可见

---

① 《小品文咀华》，书目文献出版社，1983年。
② 同上。

1800年的时光，未必能进化出贤明的君主。

关乎国家大事的文章中，诸葛亮的《隆中对》自是一篇奇文。当然，论到重要性，不能与刘邦的《约法三章》相提并论，但它对当时政治形势的认识，无疑是最为清醒与高明的。

诸葛亮一生，前有《隆中对》，后有《出师表》，议论国情、指点方略，不惟忠心耿耿，而且富于实事求是精神，外加苦口婆心。《出师表》中说"鞠躬尽瘁，死而后已"，他说了这样的话，也做了这样的事。在他那个时代，他确实是出类拔萃的人物。《隆中对》、《出师表》文本甚多，此处不具。

和他一样对政治形势有清醒认识并作出清晰表达的人物，还有曹操、鲁肃与司马懿。难得的是像赵云这样的武将，也有高明之见，也有佳作传世。且说关羽失了荆州，刘备执意伐吴，而伐吴是有悖于《隆中对》的战略大计的，也有悖于刘备"兴汉室、灭奸曹"的立国大义。于是赵云上疏，陈说利害。其文曰：

> 国贼是曹操，非孙权也。且先灭魏，则吴自服。操身虽毙，子丕篡盗。当因众心，早图关中，居河、渭上流，以讨凶逆，关东义士，必裹粮策马以迎王师。不应置魏，先与吴战；兵势一交，不得卒解也。[1]

这文章的好处，在于内容、体式、身份、用语，俱得理得体，而且得宜。所谓"得理"，是言之有据，不是小根小据，闲言碎语，而是大义在心，不能不讲，必须要讲；所谓得体，是上书文字，不急不躁，或说急在内心，礼在文章；所谓得宜，即文章合乎臣子身份，虽立论严整，有凛然不可犯之意，结论却说得婉转，耐人寻味。

可惜，刘备没有听从这么好的"良言相劝"，以至于猇亭一败，蜀汉的前程从此没了希望。

---

[1] 《小品文咀华》，书目文献出版社，1983年。

3. 招贤、自荐、论人文

中国古有招贤纳士的优良传统。虽然说相马不如赛马，但在那样的社会条件下，超历史的想法也不切合实际，反之，进入"赛马"时代，你还死抱着"相马"的秘籍宝典不放，也等于陷入时代的误区。

招贤纳士，先要能发现人才理解人才，一是慧眼识珠，二是知人善任。这方面的杰出人物中，有一个刘邦。刘邦出身贫贱，个人品行也不优秀，智慧又不高，武艺又不强，但他却能一统诸侯，取得天下。最重要的有两条：一是亲民爱民，标志之一就是《约法三章》；二是知人善任，最重要的是重用了萧何、张良、韩信三位大才。这三个人可以说是那个时代精英阶层的总代表。用了萧何便理顺了"政"——行政，用了张良便理顺了"谋"——战略，用了韩信就理顺了"兵"——战争。刘邦本人对此也很自得，他有一段评价萧、张、韩的话，给一个题目，可称之为《汉三杰赞》，不需另作修饰，也是绝好文章。他说：

> 夫运筹帷幄之中，决胜千里之外，吾不如子房。镇国家，抚百姓，给馈饷，不绝粮道，吾不如萧何。连百万之军，战必胜，攻必取，吾不如韩信。此三者，皆人杰也，吾能用之，此吾所以取天下也。项羽有一范增而不能用，此其所以为我擒也。[①]

东汉的光武皇帝也是一位求贤若渴的人，而且他有极高的语言天赋，又有很好的文学修养。他对自己的那些得意将领，多有评价，句句说到肯綮之处，你想不心悦诚服都不可以。他有一封给严子陵的信，写得尤其曲折入微、打动人心。其文曰：

> 古大有为之君，必有不召之臣。

---

① 司马迁：《史记》第二册，中华书局，1982年。

（立论就好，不卑不亢，有本有源——引者注，下同此）

朕何敢臣子陵哉！

（补充更好，难怪评点者说："谦甚，然身份越高。"）

惟此鸿业，若涉春冰，譬之疱痔，须杖而行。

（虽出语平和，却有大义在其间。）

若绮里不少高皇，奈何子陵少朕也！

（比喻更妙，而且愈其亲切了。）

箕山颍水之风，非朕之所敢望。①

（结论平净有力，不由你不动心。）

对人才有独特见解，且有"另类"性文章的人物，则是曹操。他是一位人才学大家，他最著名也最具颠覆性的人才理念，叫做"唯才是举"。我认为，中国历史上所有人才理念中，有两个观点是最为重要的，一个是"有教无类"，这是孔夫子的名言；另一个就是"唯才是举"。曹操的这一篇文章题为《举贤勿拘品行令》。

> 昔伊挚、傅说出于贱人，管仲，桓公贼也，皆用之以兴。萧何、曹参，县吏也，韩信、陈平，负污辱之名，有见笑之耻，卒能成就王业，声著千载。吴起贪将，杀妻自信，散金求官，母死不归，然在魏，秦人不敢东向，在楚则三晋不敢南谋。今天下得无有至德之人放在民间，及果勇不顾，临敌力战；若文俗之吏，高才异质，或堪为将守；负污辱之名，见笑之行，或不仁不孝而有治国用兵之术：其各举所知，勿有所遗。②

"令"也是一种文体，但分得细了，此处不论。

只说这文章。没什么理论，实在这样的内容你想在儒学中找理论根据，也一定找不到的。全用事实说话，而且件件都是安邦定国

---

① 《小品文咀华》，书目文献出版社，1983年。
② 《曹操集》，中华书局，1959年。

无可辩驳的大事例。所以虽然没有理论，却很有说服力，遗憾的是，我们中国人常常宁可为一个立论左右，或一个规矩左右，就不能直起腰杆面对事实。书写至此，亦不由得"读书人一声长叹"。

　　有推荐的，也有自荐的。我们中华民族，自荐的历史其实悠久。早在战国时代，就有毛遂自荐这样的著名掌故。以后历朝历代，都不乏自荐之人。然而，大部分的自荐文章都是词语谦和，有些欲说又止，又有些羞羞答答。很多才子，例如李白、杜甫、韩愈、白居易等，都是很热衷于找靠山或找进身门路的，而且有一个很婉转的词来概括这样的行为———干谒。其中李白就是一位百折不挠的干谒者，不过结局很令人失望罢了。写自荐文章别开生面的人物是东方朔，他的那一封自荐信，不但表述另类，而且词语惊人。文章题为《上武帝书》。

> 臣朔少失父母，长养兄嫂，年十二，学书三冬，文史足用，十五学剑术，十六学诗书，诵二十二万言；十九学孙、吴兵法，战阵之具，钲鼓之教，亦诵二十二万言。凡臣朔固已诵四十四万言，又常服子路之言。臣朔年二十二，长九尺三寸，目若悬珠，齿若编贝，勇若孟贲，捷如庆忌，廉若鲍叔，信若尾生，若此可以为天子大臣矣。臣朔冒死再拜以闻。[①]

　　这文章的好处，首先在于作者那一种自信自得且有些张扬无所忌讳复有些诙谐与幽默的精神。人有此精神，文章必然生气勃勃；文章有这精神，文字必写得虎虎生威。

　　到了后边，知人用人、举才荐才的文章多了。也有些体式讲究文笔高超的；也有些质胜于文，重在内容的；也有些别无新意，老生常谈的，但即便老生常谈，也是一件美事。这其中，王安石有一篇谈人论才的短文，写得极有特色。那是一篇读书心得，题为《读

[①] 《小品文咀华》，书目文献出版社，1983年。

孟尝君传》，是他写道：

> 世皆称孟尝君能得士，士以故归之，而卒赖其力以脱于虎豹之秦。嗟呼！孟尝君特鸡鸣狗盗之雄耳，岂足以言得士！不然，擅齐之强，得一士焉，宜可以南面而制秦，尚取鸡鸣狗盗之力哉！鸡鸣狗盗之出其门，此士之所以不至也。①

作者不但见解高明，而且很会"做文章"。全文不过短短四句话，却写得一波三折的。仿佛一水东来，忽然打住，竟自向西而去，若没有千百斤的力气，又怎能把持得住它？然而，单论那观点，却有商量的余地。鸡鸣狗盗之徒，固不足以成为国家栋梁之材，但国家也不需要那许多的栋梁之材。一座大房子，是梁也必要，檩也必要，椽也必要，砖、瓦、土、石、泥样样必要。你别的不要，一心只想做栋梁，能够造出房子吗？还是李世民高明，他的人才观念是："用人如器，各取所长。"

4. 明心明志议抒情

抒情文字适用于一切文学体式，这里介绍的，有"令"，有"表"，也有"书"，但从今天的高度理解，三者也多有相似之处。但在古代，却很有区别。令是自上而下的；表是自下而上的，表又是有专门对象的。通俗地说，"表"是写给皇帝的"信"。"书"也是一种信，但更具个人性质，不像"表"那么正式。书的书写对象可上也可下，当然也可以写给朋友，甚至写给敌人。书亦称尺牍，二者的区别在于，书可为信的正式名称，尺牍则是对书信的概括。比如嵇康有《与山巨源绝交书》，不可以有《与山巨源绝交尺牍》。

说到明心明志，也是中国的传统，我们的先人作诗，一大半倒与"言志"有关，所谓"诗言志"是也。但志与志也有别，言志亦

---

① 《小品文咀华》，书目文献出版社，1983年。

可以视为"言情"。志中既有报国之志，也有孝亲之志，还有立德立言立行之志。志虽不同，其情则一也，其理亦一也。有情有理而后可以打动人心。抒情文的根茎在这里。当然，写得好时，还需要与之相应的种种的文学因素。

最广为人知的古代抒情文中，李密的《陈情表》应当排在很靠前的位置。但抒情美文，又不止于《陈情表》。一个《陈情表》，一个《出师表》，一个《祭十二郎文》都是具有特殊影响的抒情文章，我以为再加上李清照的《金石录后序》，可以合而为四。古人云："读《出师表》不下泪者，其人必不忠；读《陈情表》不下泪者，其人必不孝；读《祭十二郎文》不下泪者，其人必不友。"我再加上一句："读《金石录后序》不下泪者，其人必不贞。"不贞并非从一而终之"贞"，而是男女真爱之"贞"。

这几篇文章，都与传统道德相密切，尤其是前三篇，一言忠，一言孝，一言友，正是儒学必修之功课。明个人之志，不涉及忠孝仁义，又写得有个性、有文采、有见识、有真情的，曹操的《让县自明本志令》，可以算是一篇难得的奇文。

他写这文章时，已经有些意得志满。此时北方已基本平定，他大权在握，名为朝臣，实则已成为最高的决策者。也因为此，孙权、刘备自然不能相信他，就是朝中的各种议论也一定不少。他于是借"上还"封地之机，便写了这一篇明志令。但这文章奇异的是，他一不讲忠，二不讲孝，只是说厉害、讲事实，追古问今，侃侃而谈，那风格全然与"唯才是举"属于一路，堪称曹氏文章。这样的文章，甚不合古义，所以历来范文选家，没有选它的，但那写法，却与今天的社会人情，有不少相契合处——我做了，我说了，不可以吗？全文长，不能全引，有几个段落，确实很有意思。

第一段，讲自己年轻时的志向及以后的变迁，写得平实，又很自信。虽很自信，又不夸张。

> 孤始举孝廉，年少，自以本非岩穴知名之士，恐为海内人之所见凡愚，欲为一郡守，好作政教以建立名誉，使世人明知之；故在济南，始除残去秽，平心选举，违迕诸常侍。以为强豪所忿，恐致家祸，故以病还。去官之后，年纪尚少，顾视同岁中，年有五十，未名为老，内自图之，从此却去二十年，待天下清，乃与同岁中始举者等耳。故以四时归乡里，于谯东五十里筑精舍，欲秋夏读书，冬春射猎，求底下之地，欲以泥水自蔽，绝宾客往来之望，然不能得如意。后征为都尉，迁典军校尉，意遂更欲为国家讨贼立功，欲望封侯作征西将军，然后题墓道言："汉故征西将军曹侯之墓。"①

"汉故征西将军曹侯之墓"，这样的志向，也不算小了。然而，比之他当时的地位还是低了很多。所以这样的开头，不但写得从容，而且写得聪明。

此后，情况变了，不是人家曹孟德不满足于做"征西将军"了，而是时势造英雄，另成一番新天地。于是续写后面的经历与功德，但同样写得从容而且自信，写了"举义兵"，写了"破黄巾三十万"，写了袁术对自己的忌讳，写了破袁绍的艰难，写了平定刘表的理由与作用。笔笔写来，所征所剿者全是些叛国奸佞之徒，而自己只以寻常文字出之，且时时以侥幸者自居。一直写到"身为宰相"，笔锋忽地一转，多少感慨涌上心头。且听他说：

> 身为宰相，人臣之贵已极，意望已过矣。今孤言此，若为自大，欲人言尽，故无讳耳。设使国家无有孤，不知当几人称帝，几人称王。或者人见孤强盛，又性不信天命之事，恐私心相评，言有不逊之志，妄相忖度，每用耿耿。齐桓、晋文所以垂称至今日者，以其兵势广大，犹能奉事周室也。《论语》云："三

---

① 《曹操集》，中华书局，1959年。

分天下有其二，以服事殷，周之德可谓至德矣。"①

以后，又写了乐毅，写了蒙恬，总之全是些能臣大将且受了委屈之人。再后来，气也出了，心情也平静了，于是讲出"让县"的理由，一篇奇文，到此结束。而它表现的情感与个性，若说曹操没有做皇帝的想法，连他自己也有点嘀咕；若说他一心平定北方统一全国的目的就是为了篡位，似乎也有不通之处。这样一个复杂的人，说明这样一件复杂的事，非有这样复杂的文章不可。而这文章也和他本人一样，到底成了人们歧见迭出的一个"故事"。

明志者中又有一位曹操的老前辈乐毅，曹操的明志令中也写到了他。他原本是战国时代燕国的大将，率军攻败齐国，差不多就要将齐国灭亡了。但人家齐国出了一位田单，这田单率领军民，死守孤城，绝不投降。乐毅一时攻城不下，恰在这时，信任他的燕昭王去世了，继位的燕惠王对他失去信任，派骑劫为将，取了他的兵权。他心生畏惧，不敢回燕，转而赴赵国。乐毅走了，田单用火牛阵，一举击败燕军，收复了失去的70多个城池与土地。燕惠王后悔了，也害怕了，但他不知自责，反而派人去责备乐毅，指责他辜负了先王的恩德，于是乐毅写作作答，有了一篇《报燕王书》。

这其实是一封长信，类似公开信，信虽然长，却绝不枯燥。因为他有理有据，且立论好，论说逻辑好，抒情尤其好，自然，结论也是好的。

先说他的立论：

> 臣不佞，不能奉承先王之教，以顺左右之心，恐抵斧质之罪，以伤先王之明，而又害于足下之义，故遁逃奔赵。自负以不肖之罪，故不敢为辞说。今王使使者数之罪，臣恐侍御者之不察先王之所以畜幸臣之理，而又不白于臣之所以事先王之心，

---

① 《曹操集》，中华书局，1959年。

故敢以书对。

开口就讲臣不佞，态度多么谦和。虽然"不佞"——没本事，但在解释这"不佞"时，却又"绵里藏针"。怎么说呢？我害怕因为自己没本事，不能遵守先王的教诲，也不能顺应您身边臣子的心意，（这个还不是主要的，更重要的是）怕因此损伤了先王的知人之心（听听，说得多好！），也害怕给您带来一个无情无义的名声（再听听，说得更好！），因为有这两怕，我才不声不响地逃到赵国，且自己宁可承担着不才的罪名，而没有发出辩明的声音。

可是这样还不行，现在您又派人来指责我，说我这个啦，那个啦，总之言之，全错了，所以为了让您明白先王信任我的道理，也明白我效忠先王的原因，现在只好答复您了。

这样的言论，稍有人心者，不能不为之动容。

以下分别讲了他对燕昭王的观察，以及燕昭王对他的破格待遇与信任，讲了燕昭王与齐国的宿怨，讲了他攻打齐国的方略，讲了战败齐国的过程与功绩，讲了昭王对他的封赏和自己的态度，又讲了昭王的故世与遗愿。然后，笔锋一转，又讲了春秋末年，吴王夫差的昏庸与二世老臣伍子胥的悲惨命运。"书"至于此，可以大大地舒上一口气了。于是便由此引出结论道：

> 夫免身全功，以明先王之迹者，臣之上计也。离毁辱之非，堕先王之名者，臣之所大恐也。临不测之罪，以幸为利者，义之所不敢出也。
>
> 臣闻古之君子，交绝不出恶声；忠臣之去也，不洁其名。臣虽不佞，数奉教于君子矣。恐侍御者之亲左右之说，而不察疏远之行也。故敢以书报，唯君之留意焉。[①]

可说耿耿忠心，唯天可表；智士情怀，别有安排。

[①] 《古文观止》上册，长城出版社，1999年。

但他还算是幸运的,而中国历史上不幸的人正多。他们或因一事,或因一言,便惨遭监禁,甚至丢了性命。

这里举一封三国时蜀国的谋臣彭羕的辩白信。这信是他在狱中所写的。彭羕布衣出身,但遇到刘备入川的机遇,又加上法正等人的推荐,也曾为刘备夺取四川立过功劳,并得到了封赏。但他作风有些生猛,说话也不注意,一副得意狂生的派头,这使一生谨慎的诸葛亮对他很不满意,这看法影响了刘备,刘玄德也不高兴他了,于是调他去做江阳太守。他自负甚高,对这个安排,不免"私情不悦",拜会马超时,又和马超说了一些过头的话。马超害怕受牵连,便把这些话报告了刘备,于是大祸临头,被交付有司。他其实忠诚并无二心,便在狱中给诸葛亮写下了此信。

仆昔有事于诸侯,以为曹操暴虐,孙权无道,振威闇弱,其惟主公有霸主之器,可与兴业致治,故乃翻然有轻举之志。会公来西,仆因法孝直自衔鬻,庞统斟酌其间,遂得诣公于葭萌,指掌而谭,论治世之务,讲霸王之义,建取益州之策,公亦宿虑明即,相然赞,遂举事焉。仆于故州不免凡庸,忧于罪罔,得遭风云激矢之中,求君得君,志行名显,从布衣之中擢为国士,盗窃茂才。分子之厚,谁复过此,羕一朝狂悖,自求葅醢,为不忠不义之鬼乎!先民有言,左手据天下之图,右手刎咽喉,愚夫不为也。况仆颇别菽麦者哉!所以有怨望意者,不自度量,苟以为首兴事业,而有投江阳之论,不解主公之意,意卒感激,颇以被酒,侻失"老"语。此仆之下愚薄虑所致,主公实未老也。且夫立业,岂在老少,西伯九十,宁有衰志,负我慈父,罪有百死。至于内外之言,欲使孟起立功北州,戮力主公,共讨曹操耳,宁敢有他志邪?孟起说之是也,但不分别其间,痛人心耳。昔每与庞统共相誓约,庶托足下末踪,尽心于主公之业,追名古人,载勋竹帛。统不幸而死,仆败以取祸,自我堕之,将复谁怨?

足下，当世伊、吕也，宜善与主公计事，济其大猷。天明地察，神祇有灵，复何言哉？贵使足下明仆本心耳。行矣努力，自爱，自爱。①

信的态度诚诚恳恳，过程讲得明明白白，理由讲得头头是道，然而，没用，还是被杀了。

这信的语言、结构与体式原本极好的，联系到作者的获罪缘由与最终结果，每一读之，备觉惊心。

这么有才华的人怎么可以忍心杀害呢？刘备虽以爱才著称于世，但也是一个没文化的。诸葛亮虽然对彼时天下形势有超人的见解，对刘家父子有"死而后已"的忠心与决心，但看他对待彭羕与魏延的态度，可以知道：即使刘备不曾去世，即使刘禅并不昏庸，即使没有司马懿那样老谋深算的对手，他也十有八九不能成功。

最后，还要讲几句司马迁的《报任安书》。那也是一封抒情明志的信，而且是写得"字字血，声声泪"的感天动地的绝好文章。凡能用心读者，必生震撼之感。现代小资类文明人读之，怕是会不忍卒读的，文章易见，篇幅又大，无奈而割爱。

5. 激情贞情思题记

题记在古代曾是一种应用非常广泛的文体，可以记景，可以记物，也可以记事，但都是短篇之作。

古人题记固多，唯志士之作与众不同。特别是在特殊的年代、特殊的环境中，那些特殊的人物的题记尤其彰显出独特人格魅力与艺术感染力。这里举两个范例，一个写己，一个写人。

写己的是南宋最著名的爱国将领岳飞。1129年，金兵再次举兵攻宋，建康失守。当时岳飞驻军宜兴。此后，经一年苦战，岳飞屡败金人，于1130年收复建康，再次回驻宜兴。其间，便在宜兴

---

① 陈寿：《三国志·蜀志》，中华书局，1986年。

张清镇五岳祠，题了这一篇《五岳祠盟记》：

> 近中原板荡，金人长驱，如入无人之境；将帅无能，不及长城之壮。余发愤河朔，起自相台，总发从军，大小二百余战。虽不及远涉遐荒，亦足快国事于万一。今又提一垒孤军，振起宜兴；建康之城，一举而复。今且休兵养卒以待，如或朝廷见念，赐与器甲，使之完备；颁降功赏，使人蒙恩，即当深入边庭，迎二圣复还京师，取故地再上版籍。他时过此，勒功金石，岂不快哉！此心一发，天地知之，知我者知之。
>
> 　　　　　　建炎四年六月望日　河朔岳飞书[①]

文字不长，不过区区几百字，但情绪复杂，文风激荡。情绪复杂，因为有批评，有渴望，有期待，也有踌躇满志；文风激荡，因为那是一个特殊时代特殊环境特殊人物所作的特殊文章。可以说这样的文字只能出于岳飞，而后来种种胜利与悲哀，也都与他题记中反映的情绪和认知有关。个中悲剧根由，此处不说也罢。

另一篇是明人倪元璐的《题元祐碑记》也是一篇题记，不过是记述他人之事的，却一样有震撼人心的力量。其文曰：

> 此碑自靖国五年毁碑，遂稀传本，今获见之，犹钦宝篆矣。当毁碑时，蔡京厉声曰："碑可毁，名不可灭也。"嗟乎！乌知后人之欲不毁之更甚于京乎！诸贤自涑水、眉山数十公外，凡二百余人，史无传者，不赖此碑，何由知其姓氏哉？故知择福之道，莫大乎与君子同祸，小人之谋，无往不福君子也。石工安民，乞免著名，今披此籍，诸贤位中，赫然有安民在。[②]

说到元祐党碑，却是一桩大大的公案。这件事的起因，其实与

[①] 转引自《岳飞正传》，学林出版社，2005年。
[②] 《小品文咀华》，书目文献出版社，1983年。

王安石变法有关联，但弄到最后，却成了一场残酷的党争。党争的结果，是投机者胜利了。投机者既然成了胜利者，就把一切反对者和他认为的反对者统统打入元祐党中，指认他们结帮成党反对朝廷，并立下石碑昭示他们的罪恶，且刻上他们的姓名。这办法很像西方所谓的耻辱柱，那意思：既然你们如此不知羞耻，索性让你们遗臭万年。然而，事与愿违的是，名字被刻上碑的人反而得到各方人士的支持，到后来，人们不但不以名刻此碑为耻，反而以名列其中为荣，这下轮到没刻上名字的人不自在了，急了——那碑上怎么没我呀！刻上名字的人反倒坦然了，愉悦了，好，终于可以成为"活烈士"了。以后，碑毁。但碑文已在人们心中，不是因碑毁就能毁得掉的。这事到了明代，便有了倪元璐的这一篇题记。可谓：

碑事千年成不朽，题记笔笔有真情。

题记未必都像上面两篇那么严肃，也有许多是清新、愉快的。题记之外，还有自画像。自画像其实也算题记的一种，不过是写给本人的罢了。但使用这文体的，多是些性情诙谐个性斐然又有闲情逸致或玩笑人生的人，所以那文章往往格外有趣。这里引徐渭的《自书小像》二首之一。

吾生而肥，弱冠而羸不胜衣，既立而复渐以肥，乃至于若斯图之痴痴也。盖年以历于知非，然则今日之痴痴，安知其不复羸羸，以庶几于山泽之癯耶？而人又安得执斯图以刻舟而守株？噫，龙耶猪耶？鹤也凫耶？蝶栩栩耶？周蘧蘧也？畴知其初耶？①

文字妙，意思更妙。不但写出自己的外在特色——最大的特点就是胖瘦之变，终于变胖——傻胖，尤其写出自己的人生感悟。这

---

① 《徐文长小品》，文化艺术出版社，1996年。

感悟不是死写，痴痴呆呆，没有趣味，而是写得有些哲学，又有些飘忽，虽然哲学，虽然飘忽，但那个性却左盼右顾，跃然纸上。

6.私书密信赏尺牍

古人的尺牍是书信的总称，但这里只说完全私人的小品性质的信，不像前面所引的书与表都是很正式的函件，那些函件——尺牍写得都是很严肃很严整的事情，比如李密的《陈情表》，还不正式吗？又如嵇康的《与山巨源绝交书》，还不严肃吗？再如朱浮的《与彭宠书》更严肃了。虽然文字未必句句生硬，但那内容一般都是很重大的事情。

私人信函则不然，它属于秘密空间，说的都是很个人化的。它的内容自然也是包罗万象，有欢乐，也有哀怨；有愤怒，也有期望；有喜不自禁，也有怒不可遏；有滔滔不绝，也有三言两语。通过这些尺牍，更可以见出作者的真性格与真性情。

先引一封袁中郎的尺牍，是诉说做官的痛苦的。这个，有点"个色"。因为我们中国人——多数中国人的脾气还是更喜欢做官，且有能力的人喜欢做，没有能力的人也喜欢做；能考上科举的渴望做，实在考不上的花钱捐个官儿也断乎要做。但袁中郎却不然。这一点他很像陶渊明。但比起陶渊明来，他的表达更强烈，也更尖锐。他是实在烦了这官场了。不是"官儿"不好，而是官场上的种种规矩烦琐死人，无端风雨厌恶死人。他这样写道：

> 人生作吏甚苦，而作令为尤苦。若作吴令则其苦万万倍，直牛马不若矣。何也？上官如云，过客如雨，薄书如山，钱谷如海，朝夕趋承检点，尚恐不及，苦哉！苦哉！然上官直消一副贼皮骨，过客直消一副笑嘴脸，薄书直消一副强精神，钱谷直消一副狠心肠，苦则苦矣，而不难。惟有一段没证见的是非，无形影的风波，青芩可浪，碧海可尘，往往令人趋避不及，逃遁无地。

难矣！难矣！①

真是太要命了？这样的苦恼的官儿、乌黑的官场怎么让大才子袁中郎受得了哟！

尺牍小品中颇有些性情之作，如明代藏书大家宋懋澄的那些小品件件写得"风流倜傥，个性凸然"，然而不做作，有真情，说的固是私房话，写的却是一片心。他有一件《与洪二》的信，全文不过25个字，比一首七绝还短，但那风格与内容，很是动人。

　　自七岁以至今日，识见日增，人品日减，安知增非减而减非增乎！②

这样的观点，用时下的语言表达，就是知识多了，童心——纯真少了。这其实是一般性规律，不足为奇的，然而，能承认这规律并用自己作为实证的，自古以来怕也不多。平庸如我辈，是常常会看到别人的缺童心，少纯真，谈到自己，那道德的鞭子就软了，或者"高高举起轻轻落，打在身上也不疼"，还是七弯八转，把自己大大美化一番来得"赏心悦目"。

另有一首《与范大》，写得又好。

　　村居遇雨，来往绝人，自晨昏侍食之外，虽妻子罕见。居植修竹，间有鸟鸣，女墙低槛，疑似山岫，昼则雠校史书，夜则屈伸一榻，谢绝肥甘，疏远苦醴，胸中无思，或会古今得失，一顿足而已。如此数日，天亦将晴，人亦将至，我亦将出，不可以不记也，因就灯书之。③

都是些最平常的事，然而有不同寻常的理解，正如同样一个山

---

① 《袁中郎小品》，文化艺术出版社，1996年。
② 《历代尺牍小品》，湖北辞书出版社，1993年。
③ 同上。

洞，在盗贼眼里便是一窝赃之地，在诗人看来却是一首好诗。

也有严肃的，如支大纶给儿子的信，虽是父子私语，却有如铁钉钻硬木，一丝一毫都是精神。

> 丈夫遇权门须脚硬，在谏垣须口硬，入史局须手硬，值肤受之愬须心硬，浸润之谮须耳硬。①

能做到这五硬，不是大丈夫也是大丈夫。

也有情势惨烈的，那就是绝命书，当这绝命书是写给自己心上人时，又不仅仅是惨烈了。

明代有一位名叫柳儿的少女，极有才情，是一位文姓书生的侍女。二人有情意，但不为文生的妻子所容，她被逐后，有几封给文生的书信，写得柔肠百结，如泣如诉，特别是那一篇永别书，更是地苦天悲，痛人肝肠。她写道：

> 红粉飘零，青衣憔悴。柔情薄命，遗恨千秋。命也如此，时乎不再。生离死别，春来秋往。黯然销魂，悲哉永诀。
>
> ……
>
> 嗟乎文生！芦花江上，柳絮楼边，烟雨凄然，知郎心矣。郎心若此，妾恨如斯。葳蕤之锁九重，难遮去梦；宛转之山千迭，不断来愁。恨耶恨耶！寸心不忘，千里如重闱耳。新旧忽移，匪红楼之自眩；屠沽相对，比青冢而尤哀。天乎？人乎？果何道乎？②

此等用生命写就的文字，何敢为评！

也有写父子情怀、父女情怀的。

表现父子情怀的，有一篇梁武帝的《诫昭明太子》，题目很硬，

---

① 《历代尺牍小品》，湖北辞书出版社，1993年。
② 同上。

不足怪，人家是皇帝嘛，但内容却一字一句，都是舐犊之情。看来虽是帝王，也有天良。书云：

> 闻汝所进过少，转羸弱。我比更多余病，为汝胸中亦忔甚，应加馆粥，不使我恒悬。①

表现父女情怀的，有一篇王羲之的杂帖：

> 期小女四岁，暴疾不救，哀愍痛心，奈何奈何！吾衰老，情之所寄，唯在此等。奄失此女，痛之缠心，不能已已，可复如何？临纸情酸。②

这是一种克制的悲痛，然而，终于克制不住，说了出来。及至说时，又觉痛定思痛，痛随语出。父女情深，一至于此。

7. 山川物景说游记

古文中"记"是一大门类，应用十分广泛，那意思类似今天的纪实文章或新闻报道，然而不以公众化为基本目标，而是记事以抒怀，记人以写感，多是些有血有肉有灵魂的审美之作。

"记"中一大部分是游记。游记可长可短，可大可小，甚至可虚可实。游记中最经典的作品，如《大唐西域记》、《徐霞客游记》和《洛阳伽蓝记》，那都是皇皇巨著，可以藏之于名山，传之于不朽的。此外，陶渊明的《桃花源记》也是一篇奇文，具有经典地位。另外，柳宗元的《永州八记》，虽然篇幅短小，影响力却大，也具经典资格。《永州八记》广为人知，但不引难免缺憾，且有负于前贤。这里引其中篇《小石城记》：

> 自西山道口径北，逾黄茅岭而下，有二道：其一西出，寻

---

① 同上。
② 《历代尺牍小品》，湖北辞书出版社，1993年。

之无所得；其一少北而东，不过四十丈。土断而川分，有积山横当其垠。其上为睥睨梁欐之形，其旁出堡、坞，有若门焉。窥之正黑，投以小石，洞然有水声，其响之激越，良久乃已。环之可上，望甚远，无土壤而生嘉树美箭，益奇而坚，其疏数偃仰，类智者所施设也。噫！吾疑造物者之有无久矣，及是愈以为诚有。又怪其不为之中州，而列是夷狄，更千百年不得一售其伎，是故劳而无用。神者，倘不宜如是，则其果无乎？或曰：以慰夫贤而辱于此者。或曰：其气之灵，不为伟人，而独为是物。故楚之南，少人而多石。是二者，予未信之。①

用字斟酌，刻画细密，虽只寥寥数语，其形其色，如睹如在，又夹叙夹议，更有影射在其中矣。千年雅士，犹在目焉，拳拳心语，如在耳边。

另有一篇戴名世的《意园记》，很值得一书。

所谓意园，即想象之园也，实际上是没有的。没有是园而写是园，故以"意园"名之。但也因为没有实物，而不受局限拘束，于是作者充分展开想象的双翼，把一个子虚乌有之园直写得美轮美奂、活色生香，但细细品味，又能真切地感受到作者与清朝入侵者的不合作。

也因此故，戴名世终于成为康熙五十年一疯狂文字狱的受害者。他本人被凌迟处死，又牵连全家数十口人。"其祖父父子兄弟，异姓伯叔兄弟之子，俱解刑部立斩。其母妇妻妾、姊妹之妻妾，伯叔父兄弟之子，给功臣为奴。同案方孝标事发之前已死，剉其遗骨，财产入官，表弟方苞等方氏族人及《南山集》中挂名者全部获罪入狱"②。

知道这背景，再读这意园，自会有另一种心情与体悟。其文曰：

---

① 《小品文咀华》，书目文献出版社，1983年。
② 田望生：《百年老汤：桐城文章品味》，华文出版社，2003年。

  意园者,无是园也,意之如此云耳。山数峰,田数顷,水一溪,瀑十丈,树千章,竹万个。主人携书千卷,童子一人,琴一张,酒一瓮。其园无径,主人不知出,人不知入。其草若兰,若蕙,若菖蒲,若薜荔。其花若荷,若菊,若芙蓉,若芍药。其鸟若鹤,若鹭,若鹇,若鸥,若黄鹂。树则有松,有杉,有梅,有梧桐,有桃,有海棠。溪则为声如丝桐,如钟,如磬。其石或青,或赭,或仰,或偃,峭立百仞。其田宜稻宜秋,其圃宜芹,其山有蕨,有薇,有笋,其池有荇,其童子伐薪、采薇、捕鱼。主人以半日读书,以半日看花,弹琴饮酒,听鸟声、松声、水声,观太空,粲然而笑,怡然而睡,明日亦如之。岁几更欤,代几变欤,不知也。避世者欤,辟地者欤,不知也。主人失其姓,晦其名,何氏之民?曰无怀氏之民也。其园为何?曰意园也。①

  文字自是很好,语句尤其很好。不但写得真,而且写得活,并且写得美,美而不浮不艳,因为他有品度,有个性,所谓"清水出芙蓉,天然去雕饰",又所谓"出淤泥而不染"。

  还有一篇薛福成的《观巴黎油画记》。这一篇重要,因为他是走出国门的作品。大约中国自古以来,唯唐三藏是一位走出国门的又有特别文化建树且留下许多经典性文字的人物。薛福成的这一篇画记,未必经典,肯定新潮。未必经典也无须乎非经典不可,肯定新潮则顺应了历史发展的总趋势。它的价值在于:作者看到了西方文化中与中国传统文化不同的东西,并且饶有兴致地把它们"记"了下来。特别这"记"的末尾,发一声问,写一声答,真真"意深长矣",今日读来,尤觉"意深长矣"。先记游蜡像馆,"见所制蜡悉仿生人,形体态度,发肤颜色,长短丰瘠,无不毕肖",又听翻译说:"西人绝技尤莫逾油画;盍驰往油画院一观《普法交战图》乎?"遂去观之,但见:

---

① 田望生:《百年老汤:桐城文章品味》,华文出版社,2003年。

其法为一大圆室，以巨幅悬之四壁，由屋顶放光明入室。人在室中，极目四望，则见城堡、冈峦、溪涧、树林森然布列。两军人马杂遝：驰者、伏者、奔者、追者、开枪者、燃炮者、搴大旗者、挽炮车者，络绎相属。每一巨弹堕地，则火光迸裂，烟焰迷漫。其被轰击者，则断壁危楼，或黔其庐，或赭其垣；而军士之折臂断足，血流殷地，偃仰疆卧者，令人目不忍睹。仰视天，则明月斜挂，云霞掩映；俯视地，则绿草如茵，川原无际。几自疑身外即战场，而忘其在一室中者。

余闻法人好胜，何以自绘败状，令人丧气若此？译者曰："所以昭炯戒，激众愤，图报复也。"则其意深长矣。①

8. 遗令、祭文与墓志铭

遗令，即遗命，是身居高位者的遗嘱。曹操与郝昭的两篇都可谓惊世骇俗、名传千古的。祭文，则是古代追悼性文章，属专体专用。墓志铭则是请人写的碑文，虽然也不见得都真的或仅仅刻在墓碑上。

先看曹操的那一篇"遗令"，它的特点就是文风独具，内容有别于常人。他既讲大事，讲一生中最重要的经验，也讲生活细事，比如巾帻——帽子之事，尤其念念不忘他身边的各位夫人与美人，说她们平日辛苦，"使著铜雀台"，好好对待她们。主旨是薄葬，虽说得婉转，"未得遵古"，意思就是不让大办丧事。虽不许大办死事，但嘱托细致，并不轻看生死之事。古人云："人之将死，其言也善。"遗令最能代表真情，曹孟德遗令若此，真乃一位可人。其文曰：

吾夜半觉小不佳，至明日饮粥汗出，服当归汤。吾在军中

---

① 田望生：《百年老汤：桐城文章品味》，华文出版社，2003年。

持法是也,至于小忿怒,大过失,不当效也。天下尚未安定,未得遵古也。吾有头病,自先著帻,吾死之后,持大服如存时,勿遗。百官当临殿中者,十五举音,葬毕便除服;其将兵屯戍者,皆不得离屯部,有司各率乃职。敛以时服,葬于邺之西岗上,与西门豹祠相近,无藏金玉珍宝。吾婢妾与伎人皆勤苦,使著铜雀台,善待之。于台上安六尺床,施繐帐,朝晡上脯糒之属,月旦十五日,自朝至午,辄向帐中作伎乐。汝等时时登铜雀台,望吾西陵墓田。余香可分与诸夫人,不命祭。诸舍中无所为,可学作组履卖也。吾历官所得绶,皆著藏中。吾余衣裘,可别为一藏,不能者兄弟可共分之。①

郝昭的那一篇,尤其震撼人心。

郝昭在三国人物中知名度不是很高,但读过《三国演义》的人对他是会留下印象的。他就是那位死守陈仓,令诸葛亮想尽办法,终于无计可成的魏国将领。他有才,更有志,有才有志又有德,是一个很不平凡的人。以其能力与品节论,他原本应该在《三国演义》中占据一个突出位置,只是因为种种原因,没有给他这样的机会罢了。

遗令不长,但分量沉重。中心思想就是薄葬,但不是一笔带过,更非硬性指认,而是有大道理在,且立论精奇不同凡响。那立论是:"吾为将,知将不可为也。"三个字说明身份,一句话说明立场。为什么"知将不可为也"?因为"吾数发冢,取其木以为攻战具"。取坟墓中的木料作为战争的工具,这在古人心目中是损阴德的。做这样的事的人怎么能厚葬呢?但这样的话,不可直说,不便直说,举出事实点到而已。

第三句,又是一个理由:"厚葬,无益于死者也,汝必敛以时服。"将这一句与前一句连起来,意思就是我本没有厚葬的资格,

---

① 《曹操集》,中华书局,1959年。

厚葬对死者也没有好处。所以，儿子有孝心，不必在厚葬上想办法，只须"敛以时服"，穿平时的衣服就好。

第四、第五句："且人生有所处耳，死复何在耶？今去本墓远，东西南北，在汝而已。"把它翻成现代语言，即人生自有处所，死了，已经不在了，又何必再去费大心思考虑墓地的位置呢？加上这里离祖先的坟地很远，就更不用考虑了。结论是："东西南北，在汝而已。"埋葬什么地方均可，这个就听儿子的了。

我想，中国这样一个大国，有那么悠久的历史，好文章当真数不胜数，但像这一篇的，在我的阅读视野中，确实不多。

祭文又是一大类。其中最著名的当属韩退之的《祭十二郎文》，那真是一篇绝代之作。

它的好处很多。

首先，是它的情深、情切又情贞。虽然也有技巧，不是重要的，——好的祭文最好不见技巧，最好如这文章一样，虽痛心悲切，只是浑然天成。

文章既是浑然天成的，又是全力写出的。因为作者的悲深情意，不用十二分气力又怎能写得出来！

这祭文篇幅很长，然而，必要。因为他要说的话多，他要忆的事多，他要抒的情更多。长歌当哭，没有这样的长度不能匹配这样的内容。

这祭文的另一奇处，是他并不局限于死者，而是写人也写己，写己又写身世，写身世又写与死者父母非同寻常的关系，写与死者父母非同寻常的关系，更写与死者的特殊情谊。

且既写过去，又写现在，还写将来。写到逝者的儿女时，尤其情长意重。如此反复回环，一时生，一时死，一时人，一时我，一时情，一时悟，一时悔，一时怨，一时痛，一时伤。如泣如诉，痛断肝肠。没有韩退之的情感，不会有这样的祭文；没有韩退之的经历，也不会有这样的祭文；没有韩退之的才学与修养，更不会有这样的祭文。此所以古来祭文固多，唯此不可比肩的原因。

祭文中也有"另类"情况，如宋代大散文家欧阳修有一篇《祭城隍神文》。古来祭神也是常规性行为，但这一篇的不俗之处是，尽管祭神明，也要讲道理、问责任，那意思似乎是说："阁下既然是神明，可不能尸位素餐啊！"其文曰：

> 雨之害物多矣，而城隍者，神之所职。不敢及他，请言城役用民之力六万九千工，食民米一千五百石。众力方作，雨则止之；城功既成，雨又坏之。敢问雨者，于神谁尸？吏能知人不能知雨。惟神有灵，可与雨语。吏竭其力，神祐以灵；各供其职，无愧斯民。①

欧阳修不愧为欧阳修，他虽与城隍对话，也要讲道理、论责任，问这城隍，你是否无愧于百姓？读这样的祭文，怎能不高叫一声"妙哉"！

墓志铭另是一种文体，因为它的本意是要镌刻在墓碑上的，文字不宜太长，文笔尤应严肃庄重，且只能说好，不能说坏。说逝者的坏话，不合人情物理，且于阳德有伤，但也不能有悖于事实，明明你没有发明原子弹，硬说你发明了，听着也不像，于是便要用心思，做文章。简而言之，一是合乎墓主实际，二是满足家人愿望，三要合乎这文体的范式。

这里引的一首墓志铭，却是一个特例。那是明代小品文大家也是散文巨匠张岱为自己作的一篇《自为墓志铭》。为自己写嘛，顾虑少了，忌讳没了，但也不是一心把自己写坏，或者只是为了取乐，或者为了搞笑，而是因情而发，有感而发。以常理论，有情有感什么地方不能发呢？但在他生活的时代，却不是这样。那是一个被清兵侵略灭亡的时代，又是一个文字狱横行的时代，还是一个举目四

---

① 《古今小品精华》，天津古籍书店影印出版，1981年。

望复明全无希望的时代，于是回首往事，不觉心潮起伏难平，便以特别方式对自己的一生行状作了一个"死"一般的回顾。但他对自己的一生经历，不后悔，有自信，他骨子里正是一个有品有节有情有致的高品文人。其文较长，录其四段与同道人共赏：

> 蜀人张岱，陶庵其号也。少为纨绔子弟，极爱繁华，好精舍，好美婢，好娈童，好鲜衣，好美食，好骏马，好华灯，好烟火，好梨园，好鼓吹，好古董，好花鸟，兼以茶淫橘虐，书蠹诗魔。劳碌半生，皆成梦幻。年至五十，国破家亡，避迹山居，所存者破床碎几，折鼎病琴，与残书数帙，缺砚一方而已。布衣蔬食，常至断炊。回首二十年前，真如隔世。
>
> ……
>
> 故称之以富贵人可，称之以贫贱人亦可；称之以智慧人可，称之以愚蠢人亦可；称之以强项人可，称之以柔弱人亦可；称之以下急人可，称之以懒散人亦可。学书不成，学剑不成，学节义不成，学文章不成，学仙学佛、学农学圃俱不成。任世人呼之为败子，为废物，为顽民，为钝秀才，为瞌睡汉，为死老魅也已矣。
>
> ……
>
> 甲申以后，悠悠忽忽，既不能觅死，又不能聊生，白发婆娑，犹视息人世。恐一旦溘先朝露，与草木同腐，因思古人如王无功、陶靖节、徐文长皆作墓铭，余亦效颦为之。
>
> ……
>
> 铭曰：穷石崇，斗金谷。盲卞和，献荆玉。老廉颇，战逐鹿。赝龙门，开史局。馋东坡，饿孤竹。五羖大夫，焉肯自鬻。空学陶潜，枉希梅福。必也寻三外野人，方晓我之衷曲。[①]

---

① 《张宗子小品》，文化艺术出版社，1996年。

上述八类文章之外，古散文各种品类尤多，美文佳文更多，不能一一引证。唯有两篇表现散文家、艺术家生活情趣与个性的文字，实在不忍割舍。

一篇是苏东坡的父亲苏洵的《名二子说》。这文章短而精，精而妙，最好的地方是对景，不但对景又有深意焉，一方面表现了作者的文化修养与学识，一方面也表达了他对两个儿子的挚情与厚望。

> 轮辕盖轸，皆有职乎车，而轼独若无所为者。虽然，去轼则吾未见其为完车也。轼乎，吾惧汝之外饰也。天下之车，莫不由辙；而言车之功，辙不与焉。虽然，车仆马毙，后患不及辙。是辙者，祸福之间。辙乎，吾知免矣。①

另一篇是郑板桥的一则"广而告之"，题为《板桥润格》，换成俗语，就是郑板桥书画价目表。文字俏皮，姿态诙谐，但不是开玩笑的。作者的个性与风采，如写如画，好不风流。而那意识，即使放在今天，也不滞后。

> 大幅六两，中幅四两，小幅二两，条幅对联一两，扇子斗方五钱。凡送礼物食物，总不如白银为妙；公之所送，未必弟之所好也。送现银则中心喜乐，书画皆佳。礼物既属纠缠，赊欠尤为赖账。年老体倦，亦不能陪诸君子作无益语言也。
>
> 画竹多于买竹钱，纸高六尺价三千。任渠话旧论交接，只当秋风过耳边。

我在前文说过，汉语散文，代有所成。当今改革开放时代，其散文成就也是全方位的，正与这时代变化的品质相契合。但最有影响的，还是那些与人民生计血肉相连的散文，与改革开放息息相关

---

① 《小品文咀华》，书目文献出版社，1983年。

的散文，与艺术家血脉相承的散文，与先锋意识和后现代遥相呼应的散文。这里摘录两段新派之作，以示一斑。

一段，摘自《华山论贱》，是一篇寓言式文体的搞笑文章。

一天，小白兔跑到药店里，问老板："老板老板，你这里有胡萝卜吗？"老板说："没有。"小白兔就走了。

第二天，小白兔跑到药店里，问老板："老板老板，你这里有胡萝卜吗？"老板说："我都跟你说过了，没有！"小白兔就走了。

第三天，小白兔跑到药店里，问老板："老板老板，你这里有胡萝卜吗？"老板急了："我跟你说过多少次了？！没有！！你再烦人，我就拿老虎钳子把你的牙都拔下来！"小白兔害怕了，跑掉了。

第四天，小白兔跑到药店里，问老板："老板老板，你这里有老虎钳子吗？"老板说："没有。"小白兔问："那，你有胡萝卜吗？"老板口吐白沫，昏了过去。

第五天，小白兔跑到药店里，问老板："老板老板，你这里有胡萝卜吗？"老板二话没说拿出老虎钳子来，就把小白兔的牙给通通拔掉了。

第六天，小白兔跑到药店里，问老板："老板老板，你这里有胡萝卜汁吗？"[1]

这是一篇兼有短信与解构双重特征的寓言体作品，特点是幽默风趣，惹人发笑，然而——好。

另一篇出自 SOHO 小报编辑的《那一年》。这里引的是截录的一段编者的话，是以猪与人的关系作话题的：

猪和人到底是什么关系，很难说清楚，猪的生活既为人所

---

[1] 黑漆板凳：《华山论贱》，华夏出版社，2003 年。

不齿，又为人所美慕，甚至于爱人们之间最动人的昵称也是小猪、猪崽地叫着。如同在猪的问题上至关重要的另一环，自由和安逸，懒惰与勤奋，思辨及蠢钝，有知的生或无知的死……到底哪一个才是更为可取的呢？！

常常是这样，我们想要的越多，得到的越少；回忆的越多，把握的越少；痛苦的越多，感恩的越少；购买的越多，拥有的越少……学哲学，学文学，学历史，学社会学，信基督，信佛教，念咒语……一切的一切都不管用，该走的都已经走了，该来的也已经来了，该混沌的却依然混沌着，该不自由的依然不自由着，砍了别人同时又伤了自己。

如果人生是一出不落幕的大戏，人就是戏里的台词，你方唱罢我念白，什么都可以说，什么都可以讲，除了猪。[①]

两篇作品都是讲动物的，讲动物也讲人。其实人也是动物，而且站在人的立场看，人不是一般动物，而是又聪明，又时尚，又文明的动物。其实，未必如此。站在动物的角度看，如果它们会"看"的话：人的高尚，常常变成虚伪；人的聪明，常常化作愚蠢；人的文明，常常就是野蛮。一言以蔽之，地球上的灾难极少极少极少是由其他动物造成的，却极多极多极多是由人类造成的。现在是到了人类对自身进行认真分析的时候了，也到了该对动物界认真地说一声对不起的时候了，更到了人与动物共享伦理、共享平等、共享自由的时候了。对此，亲爱的读者朋友们，你们认真想过吗？如果未曾想过，请读后现代散文；如果想过了，也请读后现代散文。

---

① 《那一年》，江西人民出版社，2004 年。

文法 |审美|

WEN FA SHEN MEI

语林深处啄木鸟

文法问题，既是个很重要的问题，又是个很复杂的问题，还是一个很不容易说清楚说舒服的问题，本章从四个方面讨论它。

一、文法事大，不可或缺

有语言必须有语法，有文章必须有文法，这是一个不争的事实，连讨论它似乎都是多余的。

文法的存在，如同医生的存在。医生的存在是人类文明的一大标志。虽然现在我们对医院、医生整体评价不高，意见挺大，但没有医院没有医生绝对不可以，对于这一点，解释也是多余的。

人类需要医生，因为人会生病；文章需要文法，因为文章也会生病，也有感冒发烧，也有五官挪位，也有脑血栓，也有心脏病。你不要说，语法文法，一点小错，哪个没有？有是有，但马虎不得，以人作比方，现在美男如云，靓女如雨，脸上长几个小痘痘，请问算不算大问题？或者鼻子长得矮了一点，头发生得少了一点，眼皮薄了一点，乳房平了一点，这都算不算大问题？你说不是大问题，不就是丑一点吗？那么要那许多美容院做什么呢？何况文法所管的，常常不仅是丑的，主要是错的，很显然，错是比丑更严重的事，而且错的也是丑的。文法不对，丑啊！反对那么难看的东西，没有文法，怎么可以？

别的不说，只说有几个常用的词，我们在报刊上常常看到或在电视节目中常常听到的，但它就是错，不但一错再错，而且错了还错。哪几个词呢？

第一个词：参差不齐。这个词词意明白，读音常错。参差两个字，在这个地方，读做 cēn（岑的阴平音）cī（瓷的阴平音），而不读 cān chā。但以我的经验，我听到的错误读音并不比正确读音少。

第二个词：差强人意。这个词主要不是读音错，而是意思错。差本音读 chā（阴平声），作甚至的"甚"讲，差强人意就是甚为不错——比较不错，语出东汉光武帝之口，是表扬他手下大将吴汉的，原话是这样说的："吴公差强人意，隐若一敌国矣。"现如今，一些体育记者似乎特别喜欢用这个词，往往用成"不太好"、"不能令人满意"的意思。明明甚为满意，变成不满意，令明白"差强人意"意思的人，觉得气闷，而且"不能令人满意"。

第三个词：明日黄花。这个词常常错在写法上，不是写做"明日黄花"，而是写成"昨日黄花"。"明日黄花"的意思就是过时了、过景了的意思。此语出自苏轼的诗，诗云："相逢不用忙归去，明日黄花蝶也愁。""明日"指重阳节后；黄花，指菊花。古人多于重阳节赏菊，明日黄花兼有迟暮不遇之意。后人用来比喻已过时的事情。一些使用者硬将其改为"昨日黄花"，是出于对原词的理解错误，属于另一种望文生义。

还有一些人名、地名，也有类似的问题。以人名为例，著名电影演员刘蓓，那个蓓字，是"蓓蕾"之"蓓"，作花骨朵讲，是很好听又很好看的一个字，正确的读音为 bèi，音如"备"，三国时大汉皇叔刘备，就发这个音儿。现在好了，有人叫刘蓓为"刘培（音）"，也有人叫刘蓓为"刘备（音）"。我想，当初的意思，或许是想发"培"音的，然而，错了。

这说明什么？说明文法很重要。

自1999年起，我开始在高校做学报编辑工作，真是不做不知道，一做吓一跳。我看的稿件多了，才知道不讲语法、不讲文法、不讲用字规范的还大有人在。我编辑过一些论文集，据不完全统计，即使只算非改不可的地方，每页也平均有六处之多。而这些作者，绝大多数都是受过大学本科或本科以上教育的人。

这说明什么？说明文法很重要。

那么，我自己呢？本人出版过不低于600万字的专著，主编过不低于6000万字的套书或丛书，但是，某一天，具体说是2004年8月28日下午3时许，却委实吃一大惊。因为我当时正阅读一本刚刚由朋友送的王小山的《迅雷不及掩耳盗铃之势》，其中第一篇文章，有这样一个例证。

我们患了 gǎn mào 往往会发烧、流鼻涕。gǎn mào 这两个字怎么写，你知道吗？不要借助电脑，在纸上写写看。

怎么写呢？提问者如此回答：

> 我是在一本叫《咬文嚼字》的小开本杂志上学会这个字的写法的——"冒"字上面部分，不是"曰"，而是"竖、横折、两短横"。要点是，最后那两个小横跟两边并不相连。《咬文嚼字》中说，中国人中有99%不会写这个字。而在那之前，我的确是错了许多年。[1]

王小山为此郁闷，本人更郁闷，因为当我知道这个错误时，我已经错了大约50年了。而且我刚刚说过，我是出版过600万字专著，主编过6000万字丛书或套书的人，然而，我不知道，也从来没注意过"冒"字是应该这样写的。

这说明什么？说明文法很重要。

此外，这些年，名人出书的非常之多，有些卖得也非常之好，但批评与为之挑错的人也很是不少，而且，一挑，就挑出不少毛病。有的作者对此坦然；有的作者对此不高兴；有的还强词夺理，恼羞成怒。但我说，能被挑错是一种幸福，因为你终于知道哪儿错了；最可怕的是，虽然错了，却没人告诉你。就这样"冒"一样的糊涂下去，《吕氏春秋》中有一则故事，说齐宣王好射箭，射箭是讲究臂力的，齐宣王很喜欢听别人夸奖他的臂力大。虽然他用的弓只有三石，周围的人却异口同声说他的弓有九石。他听着高兴，且十分自豪。作者批评他说，宣王之射，所用不过三石，而终身以为九石，岂不悲哉！

---

[1] 王小山：《迅雷不及掩耳盗铃之势》，天津人民出版社，2004年。

我担心会成为一辈子不知道吃几碗干饭的齐宣王。

这说明什么？说明文法很重要。

二、尊重文法，不可迷信

为什么这样呢？因为：

第一，文法是要变的；

第二，文法是会错的。

先说第一点，文法是要变的，而且必然改变。

文法为什么要变？因为语言在变。

一方面，语言是世界一切事物中最稳定的事物。以我们这些居住在北京的人员为例，在我们所能接触到的属于人类及人类所创造的文明中，大约除去周口店的猿人骨化石、故宫博物院等院馆收藏的那些古老文物之外，语言与文字就是最古老的了。但字的特别长处在于，它虽然古老，人们还在用它，而且年年月月，日日、时时离不开它。这样的情况，除去语言及其繁衍物之外，还有什么？

但另一方面，语言又是变化最快的事物之一。它虽然在整体品性方面，具有极强的稳定性，但在现实存在方面，又有极强的可变性。它无时无刻不在丰富自己，扩充自己，改变自己，创造自己。而这，太好了，太让我们人类满意了。说实在话，虽然汉字使用了几千年，但如果您徜徉在北京街头，忽然碰上一位说《论语》腔、说《史记》腔、说《西厢》腔，甚至说《三国演义》腔的人，一定会惊一个跟头，虽然那决计不是你的错。

语言在变，语法必然随之而变。只是二者的变化并不同步。语言如同战马，语法仿佛缰绳。缰绳的作用既有约束之意，更有保证、促使这马跑得更快更好之意，否则，就是一根"坏"缰绳。

举一个例子，《诗经·周南》中有一首《桃夭》：

桃之夭夭，灼灼其华。

　　之子于归，宜其室家。

　"桃之夭夭"——树木茂盛之意。

　然而，未知何时，它的意思变了，桃之夭夭，成为逃之夭夭。

　何为逃之夭夭？就是逃跑了，开溜了，没影了。

　但我想，当第一个中国人把桃之夭夭理解并用为逃之夭夭时，一定是不合语法的。但终于约定俗成，事已至此，就算不合语法，也就是它了。倒是硬去使用原意的做法——如果有的话，令人不能理解又不合时宜。

　其二，语法本身也会有"缺失"。换句话说，就是这语法规则确定得不全面、不实用，或者不合理。

　哪些规定不全面？例如一些汉字，在用做姓氏时，另有读音，比方"仇"字作姓氏时，读"求"字音，"祭"字作姓氏时，读"寨"字音。这些在一般字典中有注释。也有的姓氏，被忽略了，忽略了就等于不承认人家的合法存在了。如"盖"字，作姓氏时应该读"葛"字音，但这在一般词书中是查不到的，没这个音；又如"郝"字，至少在山东地区是读"何"字音的，在常见字典里也找不到这个读法。于是老郝（何）变了老郝（好），老盖（葛）变成了老盖（gǎi）。以北方习俗，你叫人家老好，也就将就了，叫人家老盖（gǎi），人家会不高兴的。

　还有大学问家陈寅恪先生的恪字，旧音读"确"音，如诸葛瑾的儿子诸葛恪。后来经过正音，"恪"字的"确"音没有了，一律改为"客"音了。但人家陈寅恪一辈子就叫陈寅恪（确），谁有权力给人家的名字改字音呢？改字音差不多就等于改名字，至少听起来已经是两个人了。

　还有一些规定，变来变去，让发音者尤其是青年学生不知所从。例如"暂"时的"暂"字，旧读音为 zhǎn（"展"字音），后来改了，改作"zàn"（"赞"字音）。于是跟着改，"赞"就"赞"吧，"赞"也赞成，好不容易习惯这"赞"的发音了，人家又改回来了。又如分析的"析"字，旧时读作 xì（"细"字音），广播员也是这样读法，现在不可以，非要读"稀"。我每每听到电视台的主播或主持人这样的读法，就觉得很不入耳，用一句年轻人惯用的语言形容——真够傻的。

还有好似的"似"字，这个字在口语中发"式"字音，如两个人好的什么"shì"的！"现在也不行了，非要读作"sì"，听起来咬文嚼字，脱离生活。

三、在冰与火之间确定游戏规则

一个成熟的事业或文明，需要各种各样的人，而且能在最大的限度上发挥他们各自的潜力。语言的发展，何尝不是如此。这需要创造者，甚至需要激进的创造者；也需要保守者，甚至需要顽固的保守者。因为有了激进的创造者，这语言才能取得最充分的发展；因为有了顽固的保守者，那语言的传统才能最大限度地受到保护。

记得"五四"时代，也有激进的文字改革者，要求从根本上废除汉字，改用拼音字母。这主张在今天看来，有些幼稚了。但今人应该理解，在那样一个新文化运动时期，面对的又是如此悠久与强大的传统文化，若没有点激进的观点，怕是向前走一小步都会困难重重。

创造者中既可能有成功者，也可能有失败者，无论成功失败，这精神总是好的。以科学和技术实验为例，你能保证一次性成功吗？如果总能一次性成功，这实验恐怕也就平庸了。

创造者有时需要一定的理念作支持，有理念，行为会更自觉。更多的情况，还是从实用或方便出发。记得过去一段时间，菜摊卖菜，都在小黑板上写明价目，一些字生僻，或笔画多不易写，卖菜的师傅就把它们给简化了，如将韭菜的"韭"字写成"艽"，把"菜"字写成"芛"。这办法固然与汉字规范相抵触，但细想起来，与许慎的构字方法还有些相通处哩！

大抵说来，识字的人越多，字的用途越广，其简化的要求与尝试就越强烈、越普遍。

无论创造者、建设者、激进者还是保守者，都应该有充分的情感投入。我知道一些对汉字传统充满情感的人，他们哪怕看到一丁点儿的不规范行为，都会痛心疾首，甚至发雷霆之怒。或有人说，这反应太过激了，但我认为这反应是很可爱的。因为保护一个传统，实在绝非易事。

无论是创新还是保守，都应该有相当的专业准备、艺术准备、理论准备与文化准备。否则可能只是投机与鲁莽。所以，我同情一切对汉字汉语或变革、或创新、或涵育或保守的同仁们，但我更钦佩那些有专长、有见解、有胆识、有准备，又有高超能力的"圈里人"。

就我所接触到的相关文字看，朱正先生的《留一点谜语给你猜》是我所佩服的。首先佩服的当然是那文字，想其为人，又有多少感慨在心头。

书中有一篇题为《看懂了再点》的文章，批评了江苏某出版社出版的《白坚武日记》的标点错误。虽然这题目听起来有些尖刻，但能平心读此文，便会体会到批评者的仁厚之心。书中举例甚多，今捐取三则，以为范式。

例一：标点误点为："其内部则葛豪内勾，内宠外结，张子武以施其包揽排斥。"

标点应点为："其内部则葛豪内勾内宠，外结张子武，以施其包揽排斥。"

例二：标点误点为："圣人云：'过犹不及'。不及固不中，节过亦虑招愆尤。"

标点应点为："圣人云：'过犹不及'。不及固不中节，过亦虑招愆尤"。

例三：标点误点为："家人言前一日赵弁来津，以余不在而返，并事之相左有若此者。"

标点应点为："家人言前一日赵弁来津，以余不在而返并，事之相左有若此者。"①

这样的错误，不纠正，可以吗？

又要最激进的创新者，又要最忠诚的保守者，怎么处理这些不同人群的关系呢？关键在于"游戏规则"。好的游戏规则，能为语言的繁荣与发达提供相应的环境；坏的规则就有可能对语言与文字造成严重的伤害。

1949年以后，由专家制定、国家颁布的汉语拼音方案和第一批简化字方案，都是成功的，经得起历史考验的。2001年1月1日开始实行的《中华人民共和国国家通用语言文字法》，也是符合汉语发展要求的。其中一些相关规定，较以前的做法，显然更全面更合乎实际也更具有人文关怀的特点。例如，该法规定了可以保留或使用繁体字、异体字的几种情形：（一）文物古迹；（二）姓氏中的异体字；（三）书法、篆刻等艺术作品；（四）题词和招牌的手书字；（五）出版、教学、研究中需要使用的；（六）经国务院有关部门批准的特殊情况。

这规定实事求是。因为有这规定，很多极好极有价值的匾额、题字、对联等都可以堂而皇之、合情合理地存在了；很多人名用字也可以心安理得又理直气壮地使用了。如"荣宝斋"等处的匾额，没这"法"的保护，它虽然挂着，却不合法，因为那三个字都被简化了。又比如我的一位前辈徐洒翔先生，他那个"洒"字也是被简化了的。我们编《百卷本〈中国全史〉》的时候，请徐先生做顾问，

---

① 朱正：《留一点谜语给你猜》，上海远东出版社，1995年。

遇到困难了，用"逎"字吧，不是简化字规定的，改用"乃"字吧，又不合人情事理。左想右想，办法不多。有的地方用了这个字，有的地方又用了那个字，现在想来，很对不住徐先生。

在目前的研究条件下，我以为有三个语言理念是务当确定的。

这三个理念是：尊重传统；尊重公众意愿；尊重专家意见。

第一个理念，尊重传统。传统两个字，字字重千钧。一个传统，来之不易，也许需要几百年的积淀，也许需要几千年的积累，那里边有多少泪，多少血，多少艰苦卓绝与牺牲，都是无可估量的。早几年，我主编《中国经典藏书》，请北京大学的一位专家点评刘知几的《史通》，点评到入情之时，不觉泪下。为什么？因为他感到刘知几写《史通》，下的功夫太大了。这事情令我感动。所谓唯有个中人方知个中事。或说，是个中人，虽千古以往可以心心相通；非个中人，难免碰到鼻子也没感觉。

做文字工作的，首先应敬畏传统。就像我们写文章，为着一个字的使用，或者一句话的调整，可能花费一夜时间。如果一位编辑，大笔一挥，就把这个字或这句话给"灭"了，那感觉，真如挨了一脚恶踹似的不舒服。

第二个理念，尊重公众意愿。从历史的宏观考虑，公众的意愿总是对的。当然不是说，一切都要盲从，也不是说只要有了多数人意见，你就照着办吧！但在保护传统的前提下，在尊重和遵守法律规定的前提下，公众的意愿有其天然的合理性。比如简化汉字这件事，第一次，成功了，第二次，没有成功。虽然第二次没有成功，但这件事还是应该走下去。毕竟汉字太复杂了，因为它太复杂，不便于推广与使用，它的公众基础必受影响。汉语与汉字终将走向世界，而且现在已经开始走向世界，其公众的含义，以其高端目标而言，就不仅是中国人，而包括全人类了。

第三个理念，尊重专家意见。专家即精英、精英的一种。公众与精英乃是车之两轮，鸟之双翼，缺一不可的。从某种意义上讲，尊重公众必定尊重精英，反之，尊重精英也不能脱离公众。

中国文化传统，有尊师重教的传统，所谓"三尺讲台，无上权威"；也有敬重读书人的传统，所谓"宰相还须读书人"。但与现代文明的要求相比，显然还不够。尊重专家意见，应有立法性程序性保证，从而使专家之专、精英之精转化为社会、全民之福。

四、文法发展的几个关键词

文法研究，内容极多，不可一一尽述，但有几个同现实生活与专业基础很密切的问题，需要特别提出来，予以关注，我称之为"关键词"。

1. 关于语文教学

现在人们对教育的意见很大，其中相当一部分和语文教育相关联。语文教育目标关系到汉语的前途，不可不重视，亦不可不慎重。

在我看来，中国内地教育的问题属于结构性的，即不是一个层面或一个具体领域的问题，最主要的当然是应试教育这样的体制性问题。这些年虽然对应试教育批评很多，也做了不少调整，但最主要的环节——高考体制问题，改变不大。这体制不变，素质教育包括语言文化素质教育都要面临一个迈不过去的坎儿。

也有教学方法的原因，最突出的问题，就是满堂灌。这当然也和中国的文化传统有关。儒学传统，自古以来就是这方法，老师台前一站，他讲你听。讲得好，你听；讲不好，你也得听。否则，批评；否则，考试；否则，不及格。

满堂灌的方式，对任何一个学科都不利，对语文教学尤其不利。语言学习，首先是练，不但要听，而且要说、要读、要写。不听，则没有语音感；不说，则没有语言感；不写，则没有文字感。三感皆无，无语无文。吕叔湘先生生前曾对语文教学提出批评，认为从小学到大学，学习语文用了如此长的时间，如此多的学时，结果却并不理想，不能不说是一个很大的浪费。

从教学内容上看，还存在过度诠释的问题。例如讲一篇文章的结构，不诠释不可以，但过度地发挥就很可怕，又讲主题思想，又讲文章层次，又讲段落大意，又讲起承转合，又提出无数的疑问，结果讲得天花乱坠，佛见了都晕，连作者听了都不免惊讶，这就适得其反了。过度诠释的结果，是袈裟大于和尚。结果，袈裟活了，和尚死了。

再一个问题，是任何语文试题都只有一个答案——答案是法定的。殊不知文法非刑法，就是刑法还有减免条款，您一条道走到黑，结果钻进了死胡同。

唯一答案的做法，对于数学等学科也许可以，但答案是唯一的，解出答案的方式一定不止一个。语文的特点，是它的多样性，有多样性才有文学。比如一个上联，只能有一个下联，若不是那上联过于艰深，就是那对下联的人本领不大；一篇文章只有一种做法，若非文人的悲剧，一定是这文章的悲剧；一个经典文本只有一种讲法，若非这经典是伪经典，便是那讲解人的思想僵化。

最后，还有学习者的能动性问题。依我看，语文学习，最重要的是多读书，读各类作品，尤其是适龄的经典之作或对一些特殊人群的超龄的经典之作。多读书尔后知文法，多读书尔后知创造。这样的正面典型例证不少。如鲁迅是几岁读《水浒传》的？

最平庸最失败的教育者，才会低估青年人的能力与潜力，不要怕这怕那，认为您讲台下的学生这个也不行，那个也不行。君不见"80后"的青年作家乎？人家连小说散文都写得那么出色，且卖得一塌糊涂，若肚子里没有几筐书，是可以写得出来的吗？

2. 关于汉语语法的借鉴

现代汉语语法在很大程度上是借鉴西方的，其中最早一批的代表性人物是清代大学者马建忠。他的《马氏文通》在中国现代汉语语法史上的影响，可以说是无与伦比的。汉语、汉文学的历史虽长，但重要的理念经典数量却不算多，堪称巨著的，大约也只有许慎的《说文解字》、刘勰的《文心雕龙》与马建忠的这一部《马氏文通》。

汉语借鉴西语，例如借鉴英语语法，就存在一个两者如何衔接的问题。比如英语非常重视动词、谓语，没有动词做谓语几乎不成完整的句子。汉语不是这样，汉语中的谓语，未必由动词承当，形容词既可以作谓语，副词也可以作谓语，连名词都可以作谓语。且名词动用，在古汉语中十分普遍，在现代语言中又有旧火生辉之感。旧的用法，如《史记·项羽本纪》中有一句"汉王军灞上"，其中"军"字就是名词，在这里做动词谓语用。这种情况，现代书面语言中少了，但口语中还有。侯宝林先生20世纪40年代在天津说文明相声，红了。他开始穿西服，有人不习惯，说他："哟，你人了。"侯先生说："我人了怎么样？"就是这用法，而且来得格外生动。现代网络语言与时尚语言中，这样的情况更多了，如"我幸福了"、"我傻子了"。不但名词可以做动词，还可以做形容词，比如说一个人很有中国味，就说他"很中国"，形容一个人很开放，又说他"很国际"。

不仅语法，包括文风、文体、文句、文字乃至标点符号，汉语都有自己的特色。不考虑或不认真考虑汉语的这些特色，有可能对汉语的继承与发展产生负面影响。以文句为例，汉语的句子一般比较短、习惯和擅长使用省略句，而英语的句子一般比较长，现在的不少大陆学者，文章句子的欧化现象比较严重。欧化并非不可以，但过度或整体性欧化却令人生畏甚至生厌，那情形正与对文章的过度诠释相同，不免给人学了皮毛、忘了根本，舍两本而求一末，抓住了僧帽、弄丢了和尚之感。

3. 关于"网络语言"及其文化环境

网络语言发展快，创造的新词尤其多。词的使用与创新，相对于非网络者而言，有些匪夷所思，又有些惊世骇俗。于是引起种种反应，早几天，看中央4台的"海峡两岸"节目，说台湾地区这个问题也相当严重，并且引了一段用网络语言写成的文字，那大意是这样的：

我和妈妈星期天去ZOO，我GG带他的GF来了，哇，原来是个恐龙！真7456，GG见我不高兴，赶紧给我PMP，我和他们886。

大意如此，手边无文本，差异之处，敬请原作者谅解。这内容，这用法，这破坏文法的行为让没有接触过网络语言的人都看不懂，真是很生气。

其实不止这些，节目中还举了一个例句。这例句中，既有符号"↓"，又有英文字母"B"、"D"，还有谐音汉字"挖"。写出来是这样的：

↓B倒挖D。

什么意思？问专家。专家说，是"吓不倒我的"。

"↓"，箭头向下，故而读"下"音，意为"吓"；"B"是不字的拼音字头，故而读"不"；"挖"是"我"的谐音，意思是我；"D"则是"的"的代表性符号。

哇！真够怪的。虽然怪，也不必大惊小怪。

其实，新奇的乃至奇特的语言符号寓意代码正是网络语言的特性之一。如果没有这些符号与代码，虽然不能说就没有网络语言了，至少它对于上网主力军——年轻的网民而言，会减少相当的吸引力。

用语求新，其实是人之本性。实际上我们人类，天天都在创造着新的语言、新的语法与新的词汇，只是没有网络那么发展迅速、形式尖锐、形态另类，更没有他们的影响那么大就是了。

举个例子，近几十年，我们特别喜欢使用动词"搞"这个字。文言中其实没有，"五四"时期也没有见它有多么活跃，但在1949年以后，它的使用范围却是越来越大，出现频率也越来越高。

如：搞对象，搞卫生，搞运动，搞革命，搞阴谋，搞鬼，搞地下活动，搞钢铁，搞木材，搞烟，搞酒，搞车皮。

以及现在又开始成为时尚用语的，如搞笑、搞定、搞怪，还有连接成短语的"搞什么搞"等。

这个"搞"字，因用法不同，其意义可说在在有别。

如：搞对象是谈恋爱的意思；搞卫生是打扫卫生的意思；搞革命是参加革命的意思；搞运动是发动及参加运动的意思；搞阴谋是进行阴谋活动的意思；搞烟、搞酒、搞车皮是组织或找到烟、酒、车皮等货物的意思；搞笑是弄噱头的意思；搞怪是出洋相的意思；搞定是把事情办妥，而且含有用自己的智慧和能力让对方同意或屈服的意思；搞什么搞是胡来乱来、瞎胡闹的意思。

此外，还有搞不懂、搞不通、搞大了、搞砸了、搞不准、搞光光等，更有特别含义的，如瞎搞、乱搞，种种。

而且，其中还有约定俗成的规则，这规则，就是把它看成文法也正确。比如说，可以说搞不通、搞不懂，却很少说搞通或搞懂的，但在南方，有"搞搞懂"这样的说法；又比如可以说"搞大了"，却很少有人说"搞小了"；再比如胡搞、乱搞，单用时，是指男女关系不正常，但把两个词连在一起时，胡搞乱搞变成了"搞什么搞"，意指做事没有章法。

这样的字的用法，都合乎传统的或既有的文法方面的要求吗？

虽然未必合乎某种规则或要求，却实实在在丰富了汉语的词汇内容，也提高了汉语表达的生动性，像这样的例证还有不少，如最近走红的东北话"忽悠"一词即是一例，"整"字又是一例。

有人担心，这种无规则发展会不会把汉语文法弄乱，甚至最终有一天会毁坏汉语。

这担心，也是不必要的。

对这样的担心，我想问一句：汉语是那么容易毁坏的吗？如果因为网络语言出现了一些这样那样的不规则不规范不合非网络语言规则的常规与习惯，汉语就遭到毁坏了，那汉语也太禁不起风风浪浪了，果真如此，就算毁坏了，也不足惜。

其实，这些年来对主流汉语形成冲击的并非只有网络语言，其他如流行歌曲，如先锋文学，如广告用语都有许多所谓"不伦不类"的说法，但它们往往受到青年人的欢迎。例如前面提到的名词他用，几成时尚之风，如很中国、很北京、很人类、很农民，以至太中国了、太人类了、太农民了等；也有一些故意改变词序的说法，也已然成为一些青年人的日常用语，如"给我一个理由先"。这顺序有点像古汉语，又有点像英语，然而都不是的，这只是现代青年的一种时尚用语。这里且举几句罗大佑的歌词，因为我对歌曲陌生，是我从《迅雷不及掩耳盗铃之势》中搞来的。那歌词写道：

> 黄色的蓝色的白色的无色的你，阳光里闪耀的色彩真美丽，有声的无声的脸孔的转移，有朝将反射出重逢的奇迹。①

请问，这样的句子组成合乎语法吗？王小山的评价是："罗大佑的一些歌词，喜欢堆砌辞藻，不知所云。"这批评自然也有道理，但是小山先生本人的著作，用的就是韩乔生先生的一句"妙"语——"迅雷不及掩耳盗铃之势"，请问，这个题目就能知其所云了吗？

由这书又联想到张驰先生的《我们都去海拉尔》，那书中的人物名字，似乎都属于这种范式。现随机摘引一段，请不习惯这"范式"的读者体会一下，看看感受如何。

> 那天晚上，唐大黏糖、杨志颉独占杨葵、石老康有为、方

---

① 王小山《迅雷不及掩耳盗铃之势》，天津民出版社，2004年。

文绉绉的和披着狼皮的老狼也来了。杨志颓独占杨葵说他是从单位来的，我奇怪他背包里为什么没带注射器，他兴冲冲地说，他的任命已经下来了，以后往书里注水这种事可以让下属干，他在旁边监督就行。唐大黏糖则说他下午逛琉璃厂，发现买一得阁墨汁的地方变成了一个澡堂子，他主张大家哪天到那儿用墨汁洗澡。①

凡此种种，真的都那么不可接受吗？

否。

不但可以接受，而且有时还会欣然接受，觉得很有趣味，很有意思，很有点创造力呢！实话实说，我对他们挺喜欢。

我的理解：文法一事，不可以没有的，而且需要有那么一些人，尤其是那些专业人士，年年月月、兢兢业业地去关心、去批评、去找错儿、去挑刺，这个不能没有，也不能掉以轻心。

同时，对不同的人群，应有不同的语言规范。对专业人员，例如对语文教员和汉语语言的专业研究人员，对公务员，对媒体工作者，尤其是主持人与播音员，要求应该是既规范又严格的。

对一般公民的文法要求，包括对文学语言、艺术语言、网络语言的规定范标，则应该是宽容的，且只要符合下述各种条件中任何一项条件的，就应该准其存在并自由使用之。

其一，可以听懂且不发生明显歧义的，例如流行歌词；

其二，虽有歧义，但很有意思的，例如某些文学用语；

其三，虽然不是多数人可以听懂，但有所依归的，例如地方话；

其四，为一部分特定人群所认同的，例如行业用语；

其五，具有特殊语言价值或创新价值的，例如网络语言。

诚能如是，汉语文法至少可以变得更有效也更可爱。

---

① 张驰：《我们都去海拉尔》，中国社会科学出版社，2003 年。

文风

WEN FENG SHEN MEI

|审美|

环肥燕瘦，各臻其妙

风格是作品成熟的标志。从逻辑上讲，凡作品都应有风格，正像凡人都应该有人格一样。所谓人有人格，文有文格。那"格"就是个性与品质。但是文学作品是需一定标准的，不是你说文学了你就文学了。达不到这个标准，就谈不上风格，正如，人人都应该有人格，却不见得人人都活得出人格来一样。

由此也可以看出风格的重要。如果批评一件作品，说它还没有形成自己的风格，那就等于说这作品不成熟，或者平庸了，但不成熟或平庸的文字堆砌可以称之为作品吗？

这里先将话头打住，书归正传。

一、个人风格、流派风格

从根上说，真正的风格只是属于作家个人和作品的。依此类推有多少成熟的作品就该有多少种风格。在这一点上，似乎古人比现代人更明白，而且中国的文学传统，从来很少有把风格主题化或简化的情况。比较极端的乃是将词风分为豪放与婉约两大派的分析法，但那也是很晚以后的一种见解。最早的文人词出现在唐代，相传李白已开始作词，但提出豪放、婉约两派词风的人却是明代的张綎，其间相隔好几个朝代！张綎之前，已有众多议论到词风的著作，但没有这么简化的。宋人论词，有清空与质实之别，有淡雅与浓艳之别，有悲凉与温婉之别，还有疏风与密风之别。大词人兼大评论家张炎论宋词词人，他说：

> 中间如秦少游、高竹屋、姜白石、史邦卿、吴梦窗，此数家格调不侔，句法挺异，俱能特立清新之意，删削靡曼之间，自成一家，各名于世。[①]

[①] 梁令娴，《艺蘅馆词选》，广东人民出版社，1981年。

同为大词人兼大词论家的周济也说：

> 清真集大成者也。稼轩敛雄心，抗高调，变温婉，成悲凉。碧山餍心切理，言近指远，声密调度，一一可循。梦窗奇思壮采，腾天潜渊，返南宋之清泚，为北宋之秾挚。是为四家，领袖一代。[①]

自然也有豪放，婉约之说，那不过是众多风格中的两家罢了。词如此，诗更是这样了。司空图作《二十四诗品》，品的今译就是风格，而且不品则已，一品就品出24种风格之多。它们分别是：

> 雄浑，冲淡，纤秾，沈著，高古，典雅，洗练，劲健，绮丽，自然，含蓄，豪放、精神，缜密，疏野，清奇，委曲，实境，悲慨，形容，超诣，飘逸，旷达，流动。

风格如此繁纷美丽，可是浪漫主义与现实主义能够完全概括的吗！

还是那句话，风格本质上是属于作者本人的，因此，从纯逻辑上讲，它也是不可胜数的。实际上，倒也不全然如此。如果认定风格数不胜数，那么也几乎等于没有风格或者无必要研究风格了。

风格，虽然从本质上看是属于个人的，但在一定的历史条件下，它有可能形成某种流派，或者说形成主题性风格。在中国文学史上，这种情况并不鲜见。如众所周知的建安风骨，就是一种主题性风格的概括；又如南北朝时期的齐梁诗体，也是一种主题性风格的概括。

此外，一些成就特别的文学人物，他们个人风格的影响既深且长又大，加上别的原因的推动，也可能促成新的流派的出现。如杜甫、李商隐的影响就是一个显例。杜甫的诗风，可说影响了中国诗史1200年，李商隐的诗风也在宋代找到了众多的追随者从而形成了新的流派。这样的情况在西方世界也有明证。特别是西方19世

---

① 梁令娴，《艺蘅馆词选》，广东人民出版社，1981年。

纪浪漫主义文学思潮的影响，尤为巨大。它几乎影响了整个欧洲文学创作的方向及成就，而且作为一种特殊形态的人文精神，也极大地影响了西方文明的走向与提升。其中最著名的人物，如雨果、乔治·桑、雪莱、拜伦、巴尔扎克、司汤达等，均为西方文学史上的大师级人物。但这样的情况并不多见，不可以把它作为一种普遍性规律而施加于任何其他时代。不仅浪漫主义，任何一种流派都不可以施加于人，最多可以作为一种理论借鉴或导向，而这种借鉴与导向，显然也应该是符合创作主体与作品的实际情况与追求的。否则，只不过是无的放矢而已。

且中国文学、风格一向多样，这不惟是中国文学史上的一个特点，而且是一个突出的优点。

二、形成作品风格的内外原因

南北朝大文学、批评家刘勰提出过文章的八种风格，又提出造成这八种不同风格的四种因素。这些因素，都属于内在原因，它们是：气——气质，才——能（才）力，学——学识，习——习染。

我认为，他的这种对形成作品风格的文体构因的认识，是很深刻的，且直到今天，依然有珍贵的借鉴价值。

造成作品风格的四个原因中，有先天的，也有后天的，还有两者合成的。

先说先天的。他说的气——气质，即心理类型就属于先天的。

实际上，一个人的文学创作究竟能够形成什么样的风格，绝不是随心所欲的，而是势所必然的，正像一个人不是想有什么性格就可以有什么性格一样，而是这性格自你一出生起，就有了基本的生理类型基础。张飞是个粗人，但他成不了李逵，尽管李逵也是个粗人，他到底没有李逵那样的野性，也不具有李逵那样的天真；燕青是个精细人，石秀也是精细的人，但燕青成不了石秀，他毕竟没有石秀那样的阴狠，也没有石秀那样的刻毒。这两组人物在大的类型方面还属于基本一致，更遑论林黛玉与顾大嫂、贾宝玉和鲁智深这样不同类型的人物了。林黛玉会写诗，顾大嫂会杀人；贾宝玉痛苦了会写《芙蓉诔》，鲁智深高兴了会倒拔垂杨柳。

不仅心理类型，还有文学艺术潜质。文学艺术潜质不等于文学艺术才能，它是未开发的文字艺术才能，但有这潜质与没有这潜质那差别可就大了。潜质等于天分，天分关乎大脑。

大脑有分区：有语言区，有计算区，有行为区，有音乐区。以音乐潜质为例，你这个大脑区域不行，再怎样下苦功，也没大前途。不是不让您做专业歌手，实在是您一张嘴就跑调，就算拜金铁霖做老师，也没办法助您成功。我在一个电视节目中听一位京剧艺术家说过，对孩子的京剧启蒙教育，一定要相"材料"而定，材料即潜质。他的观点是：你有七分材料，老师努力教，你也努力学，还有点希望；如果只有五分材料，怎么办？该干吗干吗去，就甭费这事了。

艺术潜质，又有综合能力与单项的区分，有的人综合艺术潜质极好，那么，很有可能成为苏东坡。苏东坡的特点是什么？就是举凡他那个时代所有的文学艺术形式，他几乎样样出色，而且凡他所能，必有超常成就。他的文章举世无双；他的诗并列宋王朝第一；他的词至少位居宋词的第二；他的书法名列宋代书法四大家之首。他精通佛、道、儒学，又是一位美食家，还是一位烹调高手，不但会"吃"，而且会"做"。这样的奇人，无以名之，强为三名，名为"超级大通才"。

如果只是单项艺术潜质好，那么，虽然不能成为苏东坡，却可能成为杜甫或者李后主。杜甫的文章不怎么样，也没有写过词，更没有写过传奇之类，但他的诗做得好，在唐代，只有李白与他并驾齐驱，在唐以后，更是一峰独立，被尊为"诗圣"。李后主的才能却主要表现在词作方面，别的不通，只是作词，然而，那词是做得真好，整个五代词坛，都没有敌手。

此外，还有智商高低。换句话说，有潜质，也不见得这潜质的潜力就很大，好像自然界的矿藏：有富矿，也有贫矿。从一个角度看，贫矿也是矿，他纵然不会写诗，很可能能理解诗；但从另一个角度看，虽然贫矿也是矿，如果真的开发就麻烦了，很可能费尽九牛二虎之力，开发出来的东西却很可怜。现在一些家长，不顾孩子的兴趣，看人家孩子学钢琴成功了，也非逼自己的孩子学钢琴；看人家孩子打台球成名了，又非逼迫自己的孩子练台球。这着实不足取，弄不好既累坏了、急坏了自己，也严重地伤害了孩子。在现代科学技术的理论上，每个孩子都可以成材，关键看你找不找得到适合孩子发展的方向与专业。形象地说，鸟儿不是老虎，但它可以飞；兔儿不是狗熊，但它可以跑；鱼儿不是孔雀，但它可以游；蟋蟀不是热带鱼，但它可以叫。

一是心理类型，二是艺术潜质，三是智商高低，这三者就构成了作品风格的先天因素。

再说后天因素，学识是后天的。纵然有极高的艺术潜质，不学依然不能成材。这道理简明不过，不说也罢。

习染也是后天的。习染即生活习惯与环境的熏陶。习染亦十分重要。两个同样具有杰出文学才能的人物，一个生活在书香富贵之家，一个生活在社会下层，假如他们都有机会成为文学家的话，那么，最好的结果，前者就有可能写出《红楼梦》，后者大约只能写出《金瓶梅》了。

环境的影响，不仅指社会生活环境，还包括自然环境。许多南方地域，山清水秀；而一些北方地区，则是山寒水瘦；有些地方，山也没有，水又奇缺，不是山寒水瘦，而是大漠荒沙。生活在不同地域的人，文风也会不同。一个北方词家，可能会成为李清照，但很难成为王沂孙；一个南方词家，很可能成为史达祖，却很难成为辛弃疾。不是他们的才能不够，或性格不对，而是各自家乡的山川地貌以不同方式涵养了他们，从而使他们对自然有了不同的心理感受与文学体悟。

还有先天、后天相结合的，那就是才——能（才）力。

能力与先天因素有关。人家智商120，本人智商25，还讲什么风格，会穿裤子就不错了。但人的才能不能只靠甚至迷信先天潜质。你的潜质再好，开发坏了，也是白费！梁山泊第二十三条好汉为九纹龙史进，先前也曾拜过好几个师傅，其中有一位也算是一条好汉——打虎将李忠，但论到真才实学，却没有了。所以，史进固然潜质极佳，本人又十分好学，但学来学去，没学到真本领，让王进师傅三招两式，打了一个跟斗。后来拜王进为师，才"十八般兵器，样样精通"。可以这样说，若无王进，便无史进；纵有史进其人，也断不会成为梁山好汉九纹龙的。

构成外部影响的因素众多，择要而言，也有以下种种。

首先是社会主流文化的导向作用，例如儒学的作用。自汉武帝实行"罢黜百家，独尊儒术"的国策之后，儒学的影响可以说是最重要、最长久，也是最强大的。

其次是社会重大事件的冲击作用，特别是诸如改朝换代或者出现社会动乱。这影响常常不是作者所期盼的，而是他们所担忧、所反对、所仇恨的，但它一经发生，你就不可能摆脱它的影响。

最后是最高统治集团的影响，古代社会，主要是帝王的影响。魏晋时期文学发达，与曹氏父子的文学创作呼吸相关，而唐诗的辉煌，也与唐太宗、武则天、唐玄宗这几位有作为有影响的帝王的大力提倡与亲历亲为草木相关。

除了这些社会因素之外，最后还有文学理论与受众的影响。

文学理论的影响，自然不可轻视。它的地位既在文学之内，又在文学之外。无论如何，没有理论的创作，属于盲目的自在性创作，它可以有很优秀的作品，却不会有灿烂的前程；而没有创作的理论，一大半都该归入臆想与空谈，这样的理论家常常可怕又可厌！它对于哲学或者别有意义在，对于文学的影响，最多也不过是隔靴搔痒。

读者的影响尤其不可小觑。有一种理论叫接受美学，说通俗点，就是有什么样的受众，必然有什么样的作品；有什么样的时尚，必然会出现什么样的风格。更何况，各式各样的著作者，如果他或他们打算让自己的作品进入市场的话，怕是没有一个人敢于轻视读者的作用。因为没有读者，就没有市场份额；没有市场份额，就等于进入了死胡同。

历史上最好的文学机遇，乃是上述种种因素积极结合的年代，这样的年代，大约只有盛唐最为典型。那个时代，上至帝王，下至平民，旁及寺、观、青楼，无论士、农、工、商，还是僧、俗、男、女，没有不爱诗的，没有不吟诗的，没有不读诗、论诗的，因此，诗人的地位到了最高，诗的创作到了极致，诗的风格也做到了最充分的多样化。

三、小说语言风格简析

汉语小说的历史非常长，成就也非常大。简而言之，先秦两汉时有寓言、神话小说；魏晋时期有志人、志怪小说；唐宋时期有传奇小说；明清时期有古典长篇白话小说和著名的文言小说；五四运动前后有现代白话小说；改革开放后有各种体式与风格的新时期小说。

小说如此之多，不可一概而论，用简单的风格去套就更行不通了。如浪漫主义与现实主义，这两个主义都很不错，但不能用它们为一切中国小说硬性分类，那么既会累死分类者，也会烦死阅读者。

我这里删繁就简，以"六大名著"为例，专门讨论一下它们各自的语言风格。

单单讨论语言风格也殊非易事。实在这几部著作太过丰富、太过高明，也太过伟大了。我的办法，是将它们的语言风格，分为三个侧面六个维度，即语风的粗与细、语调的刚与柔、语性的雅与俗，以求观一斑而知全豹。

1. 语风的粗与细

首先解释一句，粗非贬义。粗，不见得不好，反之，细也不见得都好，那不过是两种不同的风格罢了。比如京剧行当，净行是粗的，但粗中有细；旦角是细的，但也不能品味过于单调。

以粗与细的语言风格为六大名著排座次，最细的乃是《红楼梦》，最粗的则是《三国演义》。《红楼梦》的第一语言特色就是细腻，所谓女儿家的骨头是水做的，不细腻，怎么可以呢？语言粗如沙粒，不免伤了女儿肤，痛了女儿心；《三国演义》的语言风格首先是粗放的——所谓粗线条、大笔触。

以对人物形象的描写为例，大约所有古典小说乃至我所看的现代小说中，说到细腻二字，没有超过《红楼梦》的。书中对贾宝玉、林黛玉、王熙凤的形象描写，就不用细说了，已经细到了"形"，又细到了"神"。就是对那些次一级人物的描写，也多有细腻之笔，如写迎春、探春、惜春这三位的形象，依然笔笔写来，如描似画。作者写道：

> 第一个肌肤微丰，合中身材，腮凝新荔，鼻腻鹅脂，温柔沉默，观之可亲。第二个削肩细腰，长挑身材，鸭蛋脸面，俊眼修眉，顾盼神飞，文彩精华，见之忘俗。第三个身量未足，形态尚小。[①]

写三个人，唯有写惜春时简单了，但那是表面上的，表面上写得简，内里则观察细，因为惜春还小哩。这正是《红楼梦》的简而细致之处，难怪脂砚斋对此要特别批注道："浑写一笔，更妙！必个个写去，则板矣。可笑近之小说中，有一百个女子，皆是'如花似玉'，一副脸面。"

---

① 曹雪芹：《红楼梦》上册，人民文学出版社，1982年。

到写史湘云的时候，越发细腻且越发好了。想那史湘云自然是作者十分心爱的人物，然而，难写。对她的描写既不能压过林黛玉、贾宝玉的风头，又不能平平常常无颜色，且这一色又绝不同于那一色，而是一定要写出她独有的情致与风采，于是作者直到该书的第四十九回，才找到一个恰当的机会。作者这般写她：

> 一时史湘云来了，穿着贾母与他的一件貂鼠脑袋面子大毛黑灰鼠里子里外发烧大褂子，头上戴着一顶挖云鹅黄片金里大红猩猩毡昭君套，又围着大貂鼠风领。黛玉先笑道："你们瞧瞧，孙行者来了。他一般的也拿着雪褂子，故意装出个小骚达子来。"湘云笑道："你瞧我里头打扮的。"一面说，一面脱了褂子。只见他里头穿着一件半新的靠色三镶领袖秋香色盘金五色绣龙窄䘺小袖掩衿银鼠短袄，里面短短的一件水红妆缎狐肷褶子，腰里紧紧束着一条蝴蝶结子长穗五色宫绦，脚下也穿着麀皮小靴，越显得蜂腰猿背，鹤势螂形。①

写得多细呀！尤其写衣服，直如工笔画一样，一笔一笔，毫厘不差；但也不全是工笔画，结尾的八个字概括，又像大写意了，然而，也是细腻的，八个字讲了四个比喻，四个比喻强调了史湘云形象的四个特点。使用比喻本是中国文学的一大传统，但这里的比喻却是这样奇、这样切、这样真，和起来又这样美，我没有见过第二个。

《三国演义》就不是这样了，它无论写人物还是写事件，都是粗线条、大笔触，浓彩重抹，三笔两笔，就行了。人物出场，别的不说，单是那代表性人物的身高，就甚是夸张。曹操个子不高，只有七尺；刘备高些，七尺五寸；张飞身高八尺，是大个子了；关羽更高，身长九尺。这四位站在一起，一定好看。那张松个子矮，一矮，矮大发了，只有不足五尺。想来张松与关羽是一定不能拥抱的，

---

① 曹雪芹：《红楼梦》中册，人民文学出版社，1982年。

要拥抱,张松只能对着关老爷的肚脐眼儿。但《三国演义》从它的整体风格出发,不能不这样写,否则就不"像"了。

《儒林外史》的语言风格则是真切。《红楼梦》写得细,因为细,有时不免有些理想化了。《儒林外史》写得真,可说一笔一画都有来处,理想化语言在它这里纵有也不多,那光景就和现代人所喜欢的"老照片"差不多少。且看他怎样写那一帮童生与范进的形象。

> 周道台坐在堂上,见那些童生纷纷出来:也有小的,也有老的,仪表端正的、獐头鼠目的,衣冠齐楚的,褴褛破烂的……落后点进一个童生来,面黄肌瘦,花白胡须,头上戴一顶破毡帽。广东虽有地气温暖,这时已是十二月上旬,那童生还穿着麻布直裰,冻得乞乞缩缩,接了卷子,下去归号。①

《金瓶梅》的语言风格虽然也应该归于"细"的大范围之内。但论细腻,就不如《红楼梦》;论真切,又不如《儒林外史》。它其实也是写实的,但市井气多了,不知不觉之间,已有些漫画化了。

我们看《红楼梦》,觉得那人物"应该是这样的",虽然我们没见过贾宝玉,也不认识林黛玉;我们看《儒林外史》,觉得那人物"干脆就是这样的",虽然那人物形象不如《红楼梦》写得靓,却与左邻王小二、右舍张大婶形也同,人也似。《金瓶梅》笔下的人物,既不属于"应该这样的",也不属于"就是这样的",而是"也有这样的"。实在这书中的人物,正面的罕见。人物如此之坏,你一个平头百姓或一正人君子怎能达得到人家的"水平"?比如他写武大郎被害死了,潘金莲为他请和尚作法事,这本是一件丧事,又是一件充满阴谋的"奸杀案",但作者一写,却写出了笑料。

那众和尚见了武大郎这个老婆,一个个都昏迷了佛性禅心,一个个都关不住心猿意马,都七颠八倒,酥成一块。但见:

---

① 吴敬梓:《儒林外史》,大众文艺出版社,1998年。

> 班首轻狂，念佛号不知颠倒；维摩昏乱，诵经言岂顾高低。烧香行者，推倒花瓶；秉烛头陀，错拿香盒。宣盟表白，大宋国称作大唐；忏罪阇黎，武大郎念作大父。长老心忙，打鼓错拿徒弟手；沙弥心荡，磬棰打破老僧头。从前苦行一时休，万个金刚降不住。①

《水浒传》的语言风格则是写意的，江湖写意，写意江湖。它并非没有生活，但那生活实在有点特别，很特别。上山做山大王，不特别也不可以。别说上山聚义了，就是开一家黑店，用人肉做包子馅，那生活也不是寻常人可以想象的。

《水浒传》的写意手法，不是大写意，而是小写意，这一点它不同于《三国演义》，《三国演义》是粗线条，大笔触，妙在如椽大笔，非那样的语言风格不足以写那样的人物与事件。《水浒传》则是粗中有细，虽是写意，也有生活依据。但它写的毕竟是些非同寻常的江湖人物，故，虽然也有生活依据，却不能不有所张扬与粗放了。比如写鲁智深倒拔垂杨柳，这在现实生活中是不可能的，但作者写了，读者也认可它。又如写武松的神威，写他将一个三五百斤的石墩，"只一抱，轻轻地抱将起来。双手把石墩只一撇，扑地打下地里一尺来深"，"再用右手去地里一提，提将起来，望空中只一掷，掷起去离地一丈来高；武松双手只一接，接来轻轻地放在原旧安处，回过身来，看着施恩并众囚徒。面上不红，心头不跳，口里不喘"。

这更离奇了，现实生活中愈发不可能了。试想，将一块三五百斤的石头向上一掷，而且是"只"一掷——没费多大劲的，便有一丈多高。这个不算，待它落下时，还要"双手只一接"，"轻轻地"放在原处，我不通力学，算不出那石头下降的力量有多大，但以常理度之，怕就是超人也不一定接得住。但《水浒传》的作者这样写

---

① 兰陵笑笑生：《金瓶梅》，人民文学出版社，2000年。

了，读者同样认可它。

《西游记》的语言风格则是浪漫的，浪漫中又有些顽皮天真，倘用"粗"笔，写粗了，就不顽皮了，但也不用"细"笔，写细了，又不浪漫了。大抵以浪漫为主，以顽皮与天真辅之，语言风格正在不粗不细、半粗半细之间。写孙悟空一个筋斗十万八千里是浪漫，写他上天做官，做了一个弼马温就是顽皮；写金箍棒重一万三千五百斤是浪漫，写他丢了棒子前倨后恭又是顽皮。我幼年时读此书，也曾为那棒子的大小与轻重的关系而困惑，这铁棒是否因体积变小也随之变轻呢？如是，则用着趁手时不可能有一万三千五百斤了；若非，则虽然变为一根绣花针那么小，可仍然一万三千多斤，这猴子的耳朵不免太过惊奇。想来想去，没有结果。其实那不过是小孩子读书的突发奇想罢了，《西游记》既以浪漫风格为主，必有非常的想象力，既有非常的想象力，就不能以常理度之，事事以常理度之，还有《西游记》吗？

《西游记》也有细致的描写，妙在两者结合得好，浪漫还有生活，生活偏要浪漫，以语言风格为论，正所谓当疏则疏，当密则密，如写沙和尚的忠厚老实，写唐僧的头脑偏执，写猪八戒的贪吃好色爱小，都是很生活化的。

这一点又和《三国演义》不同了。《三国演义》关心的全是军国大事，一些生活细节，全不在心上，诸如餐前便后，刷牙洗手，头疼感冒，说说笑笑，也一概全免，其意若曰：此等小事，何必管它。想来那笔调不粗也不可以，要细也是没有用处的了。

2. 语调区别：刚与柔

不用说，刚与柔也不代表好与坏，而是因人而发，因事而发。《红楼梦》的语言风格是缠绵的。缠缠绵绵，自有无限情思在里头，而且越是写到青春男女恋情的地方，那笔调还要越是缠绵。读这样的文字，倘若境遇相似，不知不觉之间便有些心旌摇曳，又有些耳红心跳。第十九回"情切切良宵花解语，意绵绵静日玉生香"，二十九回"享福人福深还祷福，痴情女情重愈斟情"，三十四回"情中情因情感妹妹，错里错以错劝哥哥"以及五十二回"俏平儿情掩虾须镯，勇晴雯病补雀金裘"等，均把古典时代少男少女的情感生活写得风来雨去，意重情浓。或许应该这样说，没有这样的情节，用不来这样的语调；没有这样的语调，也写不好这样的情节。

《红楼梦》的语言主调是缠绵的，《儒林外史》的语言情调则是幽默的。如果说《红楼梦》是一部有情人的述说史，那么《儒林外史》就是一部睿智者的回想录，而且他的幽默常常如舞台上的冷幽默一样，表演者的态度是认真的、严肃的，恰恰因为他认真，他严肃，那效果才来得更为强烈，也更为可笑。这样的笔墨在《儒林外史》中比比皆是。这里举一段陈木南在青楼与郭泰来下棋的情节。且说那陈木南在对方连让七子的情况下，费尽心智，总算赢了两子，那聘娘道：

> "郭师父从来不给人赢的，今日一般也输了。"陈木南道："郭先生方才分明是让。我哪里下得过？还要添两子再请教一盘。"郭泰来因是有彩，又晓的他是屎棋，也不怕他恼，摆起九个子，足足赢了三十多著。陈木南肚里气得生疼，拉着他只管下了去。一直让到十三，共总还是下不过。因说道："先生的棋实是高，还要让几个才好。"①

《儒林外史》的语言情调以幽默当行，《金瓶梅》的语言特点则以泼辣出色。一路写来，只是个"辣"，直如重庆火锅一样，不辣得大汗淋漓，就算没有达到美食效果。

《金瓶梅》的辣色，尤其表现在"骂人的艺术"方面。在这个特别的语感区域，可以说打遍天下无敌手，没有任何一本文学著作

---

① 吴敬梓：《儒林外史》，大众文艺出版社，1998年。

可以比得过它的。不但潘金莲是骂人的魁首,庞春梅也是斗嘴的将军,就是一般人,不骂则已,一骂也必骂出一个超常发挥的水平。此处笔录几句惠祥的"骂人艺术"。这惠祥不是什么重要人物,没仔细读过该书的人,对她纵然有些印象,怕也不深。且说:

> 这惠祥在厨下忍气不过,刚等的西门庆出去了,气恨恨走来后边,寻着惠莲,指着大骂:"贱淫妇,趁了你的心了!罢了,你天生的就是有时运的爹娘房里人,俺每是上灶的老婆来?巴巴使小?坐名问上灶要茶,上灶的是你叫的?你我生米做成熟饭——你识我见的。促织不吃虾蟆肉——都是一锹土上人。你恒数不是爹的小老婆就罢了,是爹的小老婆,我也不怕你!"①

《水浒传》的语言情调,则是另一路风格,简而言之,就是俊爽。俊是俊朗,斩钉截铁,英气勃发;爽是爽利,绝不拖泥带水。此无他,因为作者写的主要是江湖好汉,朋友见面,就要大碗喝酒大块吃肉;说起话来,自然也是叮叮当当乱响;打起架来,拳拳生风,刀刀见血。它的语调俊美,不是奶油小生式的,不是温文尔雅式的,而是一种俊烈的美、狂放的美、豪爽的美。笑既是爽朗的声震屋宇的大笑,哭也是"英雄有泪不轻弹"。即使写"穷",也一定穷得威风,穷得蛮横,有几分霸气。请看他是怎样写赤发鬼刘唐的:

> 众人拿着火,一齐照将入来,只见供桌上赤条条地睡着一个大汉。天道又热,那汉子把些破衣服团作一块作枕头,枕在项下,鼾鼾的沉睡着了在供桌上。雷横看了道:"好怪,好怪!知县相公忒神明,原来这东溪村真个有贼。"②

---

① 兰陵笑笑生:《金瓶梅》上册,人民文学出版社,2000年。
② 施耐庵,罗贯中:《水浒传》,上海人民出版社,1975年。

《水浒传》的语调是俊爽的，《西游记》的语调则是趣味的，说白了就是"逗"，也没有什么大意思，看了便觉好玩，想发笑。笑也不是幽默级的会心之笑，也不是高潮迭起的畅怀大笑，也不是看了条好玩儿的短信那样的捧腹爆笑，而是自自然然地欣然一笑。且说孙悟空在车迟国与虎力大仙斗法，二位先比打坐，悟空为难了——他猴性天成，绝对坐不住，唐僧不怕——平时练的就是这功夫。于是老和尚出马，两边坐上高台，斗起法来：

> 却说那鹿力大仙在绣墩上坐看多时，他两个在高台上，不分胜负，这道士就助他师兄一功：将脑后短发，拔了一根，捻着一团，弹将上去，径至唐僧头上，变作一个大臭虫，咬住长老。那长老先前觉痒，然后觉疼。原来坐禅的不许动手，动手算输。一时间疼痛难禁，他缩着头，就着衣襟擦痒。八戒道："不好了！师父羊儿风发了。"①

《三国演义》的语言情调主要是夸张。说通俗点，就是脸谱化。脸谱化在现代文学批评中决然不是一个好字眼，谁写小说写成了脸谱化，难免有"倒霉"在前面坡儿上等着他。《三国演义》的夸张却别有意义，或许他要追求的就是这脸谱化，而且不化则已，一化就化出了经典水平。

比如他描写关羽、张飞等人的形象，个个生着一张非常上谱的脸。写关羽，则写他：

> 身长九尺，髯长二尺，面如重枣，唇若涂脂，丹凤眼，卧蚕眉，相貌堂堂，威风凛凛。②

写张飞，又写他：

---

① 吴承恩：《西游记》，人民文学出版社，1980年。
② 罗贯中：《三国演义》上册，同心出版社，1996年。

身长八尺，豹头环眼，燕颔虎须，声若巨雷，势若奔马。①

这两位古代英雄的脸谱，稍作加工，即从小说经典转而成为戏剧经典，而且关羽的形象不但成为戏剧经典，还成为千千万万关帝庙中的法像。张飞的脸谱在京剧脸谱中也具有特别突出的地位，俨然成为京剧脸谱中"笑脸类型"的最典型最杰出的代表。

夸张，非喜剧性夸张也能成为一种绝佳的艺术，乃是《三国演义》对汉语文学尤其对文学语言的一个特别的贡献。

3. 语性区别：雅与俗

从雅与俗的角度看，六大名著的语言风格不但差异很大，而且个性鲜明。

最为雅声雅调的自然是《红楼梦》。《红楼梦》的语言简直就是一种独特的诗。且无论写悲、喜、怒、怨，都是诗情画意的。这一点，其实难得。宝玉甫一出场，书中便有两句赞语："虽怒时而若笑，即嗔视而有情。"这两句话颇能代表《红楼梦》的语言特色，那实在是一种西方绅士般的话语风格。

《红楼梦》语言似诗，而且书中的诗、词、歌、赋各种文体都写得很好。其他几部名著中固然也有诗、词、歌、曲等，但雅的雅度都不及这一部。与它相比，《三国演义》中的诗，未免写得"水"了；《水浒传》的诗，又写得"粗"了；《西游记》中的诗，写得"平"了；《金瓶梅》中的诗，又写得"俗"了；唯《儒林外史》中的诗、词均好，但多少有些书生气了。《红楼梦》中的诗、词、曲、赋几乎首首皆有水准。尤其其中的《葬花诗》、《秋风辞》和《芙蓉诔》，即使单从其本身的文学价值论，也是杰出的。

难得的是，把这些绝好的诗、词、歌、赋一一安排在全书中，却并无突兀、生涩或不和谐之感，这书本身差不多就是一首优雅凄

---

① 罗贯中：《三国演义》上册，同心出版社，1996年。

婉的长诗了。

《金瓶梅》的语言特色则是俗，市井气息浓郁。无论什么事，到了它那里全是俗的。西门庆不做官时，只是一个庸俗兼恶俗的市井有钱无赖，后来，做官了，要跨马游街了，那俗气依然如故。书的第七回写这阿庆当了官儿的"风采"："这西门庆头戴缠综大帽，一撒钩绦粉底皂靴。"张竹坡就此批评道："富贵气象却是市井气。"

当然，西门庆的品性之俗不等于《金瓶梅》语言之俗，但它的男一号如此，就奠定了一个主调。其余写吴月娘、潘金莲、庞春梅，写李瓶儿、孟玉楼，无不配之以这样的市井之笔、市井之气，更不消说写那些贪财爱小的媒婆、穿门入户的尼姑、相面算卦的先生、装神弄鬼的神汉，以及各式各样的女婢男仆，加上一些朝官、一些显类，写来写去，尽在这俗云俗雾之中。

《红楼梦》中也有不少俗人，例如刘姥姥，例如醉金刚倪二。特别是刘姥姥，正是一个很实用很世故又很风趣很有见识的农村老太太，要说她不俗，就不靠谱了。但曹雪芹的着眼点不局限在"俗"上面，即使写她的俗，也是文人眼中的有情有趣的"俗"。结果，既是俗的也是雅的。《金瓶梅》则不然，它即使写美人，也必定用俗语，非俗言俗语，便不能表现出它那特有的风格。

但要说明的是，"俗"的并非是"劣"的。那只是一种风格，这风格其实难得，至少跟雅语，同样难得。它的语言写得好时，甚至是很难得的一种很文学的语言。《红楼梦》中人物众多，雅言雅调，很不简单；《金瓶梅》中同样人物众多，俗声俗气，又是一种文采。论到其语言的文学价值，也不低的。比如同样写风骚美人，曹雪芹要写"一双丹凤三角眼，两道柳叶吊梢眉"，《金瓶梅》则写"从头看到脚，风流朝下跑；从脚看到头，风流朝上流"。这种写法，雪芹先生是无论如何写不出来的。

《金瓶梅》写潘金莲的美貌，是这样用笔：

但见她黑鬓鬓赛鸦鸰的鬓儿，翠弯弯的新月的眉儿，清泠泠杏子眼儿，香喷喷樱桃口儿，直隆隆琼瑶鼻儿，粉浓浓红艳腮儿，娇滴滴银盆脸儿，轻袅袅花朵身儿，玉纤纤葱枝手儿，一捻捻杨柳腰儿，软浓浓白面脐肚儿，窄星星尖翘脚儿……[1]

《水浒传》的语言也不求雅，也不刻意说市井话，总有几句市井话，也是顺其势而为之。虽然写的是江湖，说的是好汉。江湖人物的特征就是讲义气，讲义气不能太雅，太雅就不是江湖了；做好汉又不能太过细碎烦琐，好汉的特点就是路遇不平，拔刀相助。《三国演义》擅长写打仗，《水浒传》擅长写打架。写打架就怕写得水了，写得泄了。凡此种种，决定了《水浒传》的语言特色必定简约——稳、准、狠。从而使一拳一脚，都有来头，有去处，有个性，有精神。最精彩的段落是鲁智深拳打镇关西，林冲棒打洪教头，杨志、索超校场比武，武松醉打蒋门神，李逵、张顺水旱大比拼，燕青打擂，都写得既经济，又生动，还精彩。这里引一段燕青打擂，可以体会那语言的特色。

当时燕青做一块儿蹲在右边，任原先在左边立个门户，燕青只不动弹。初时献台上各占一半，中间心里合交。任原见燕青不动弹，看看逼过右边来，燕青只瞅他下三面。任原暗忖道："这人必来算我下三面。你看我不消动手，只一脚踢这厮下献台去。"任原看看逼将入来，虚将左脚卖个破绽，燕青叫一声："不要来！"任原却待奔他，被燕青去任原左胁下穿将过去。任原性起，急转身又来拿燕青，被燕青虚跃一跃，又在右胁下钻过去。大汉转身终是不便，三换换得脚步乱了。燕青却抢将入去，用右手把住任原，探左手插入任原交裆，用肩胛顶住他胸脯，把任原直托将起来，头重脚轻，借力便旋四五旋，旋到献台边，

---

[1] 兰陵笑笑生：《金瓶梅》，人民文学出版社，2000年。

叫一声"下去!"把任原头在下,脚在上,直掼下献台来!这一扑,名唤做鹁鸽旋,数万的香客看了,齐声喝采!①

写得精到。尤其值得一提的是中间燕青那一句断喝:"不要来",果然奇异!联想到林冲棒打洪教头时,那洪教头连声大叫"来,来,来!"这一次,燕青却"提示"任原,让他"不要来",可见英雄出语,自有声口。

《西游记》的语言风格就是通俗,通俗也是一美,好在老少咸宜,虽然也有不少古典诗、词在其间,也有不少佛门用语和不少饶舌之语,但最主要的特点还是通俗,一听就懂,一看就明白。例如写孙悟空七十二变,写妖怪的奇形怪状,写各种宝物的相生相克,写猪八戒的贪吃好色小聪明,都写得俏俏皮皮,明白如画。在所有的中国古代文学名著中,孩子们最喜欢的还是这一部《西游记》,而在拍成电视剧的各种名著中,也属这一部的播出次数最多。中国俗语谓:少不读"水浒",老不读"三国"。那么,读什么呢?终不成让他们倒过个儿来,让老人去读"水浒",让少年去读"三国"吧。我的看法,《西游记》既是一部最适合青少年的古典名著,又是一部适合各种人群的趣味之书。

《三国演义》的语言风格是古朴的,文字表现形式则是半文半白。半文也不是雅,半白又不是俗。雅了,就成了《红楼梦》了,不对路;俗了,就俗成《金瓶梅》了,更不对路。用写贾宝玉的笔墨写诸葛亮,怎么可以呢?用写西门庆的笔墨写曹孟德或周公瑾就更不可以了;但也不是如《西游记》一样的通俗,那就没有王者之风、霸者之气了。半文半白自然是简洁的,有点像《水浒传》。但两者区别明显,《水浒传》的语言属于古典白话性质,《三国演义》的语言还带有浓重的文言痕迹。所以有人批评它属于过渡性文字,是由文言向白话的一种过渡,即一种不成熟的白话文。其实也不尽

---

① 施耐庵,罗贯中:《水浒传》,上海人民出版社,1975年。

然。它之所以选择这样的文字，和它所写的题材、所写的人物、所写的事件均密切相关。非使用这样的文字，才易于写好那样的历史事件与人物，也易于与"粗线条、大笔触"的文章风格相适应、相契合。

比如写关云长温酒斩华雄，真是神来之笔，用语十分洗练，寥寥数语，关公的神威尽现，而且连具体的场合都省略了，如何叫阵，如何出马，如何对刀，如何取胜，一概不讲，反而在出马之前的铺垫方面下足了功夫，真的出马，简单极了。且说：

> 操教酾热酒一杯，与关公饮了上马。关公曰："酒且斟下，某去便来。"出帐提刀，飞身上马。众诸侯听得关外鼓声大振，喊声大举，如天摧地塌，岳撼山崩，众皆失惊。正欲探听，鸾铃响处，马到中军，云长提华雄之头，掷于地上。——其酒尚温。[①]

《三国演义》中也有写得细致周详的情节，最典型的莫过于三顾茅庐，写人、写遇、写曲折、写心情，而且很少见地写了自然风景。但那文字依然是半文半白的，却同样洗练明达。他写道：

> 时值隆冬，天气严寒，彤云密布。行无数里，忽然朔风凛凛，瑞雪霏霏，山如玉簇，林似银妆。张飞曰："天寒地冻，尚不用兵，岂宜远见无益之人乎？"[②]

只用34个字，且为7个四字短句，惜墨如金，古朴俨然，那效果却如一幅大写意画一般。

《儒林外史》的语言特色是白描。白描不是俗，与俗隔着"界"呢！也不是雅，或者说，论那精神，与雅有些相通处。白描的优长在于简而真。用笔是简的，不像《红楼梦》、《金瓶梅》那样一写

---

① 罗贯中：《三国演义》上册，同心出版社，1996年。
② 同上。

就是一大篇；但又是逼真的，因为逼真，也不似《三国演义》和《水浒传》那样的有些文辞跳动、语势夸张，更不是半文半白的了。它既是很白话的，又是很散文化的。书中也有几段诗、词，然而，都与情节密合，与人物血脉相关。他并不使用诗、词来加强书的气氛，更不像《三国演义》那样，常常写一重要情节之后，便来一首诗，或一首词，借以抒发作者的感慨，否则那就不是白描了。

《儒林外史》的白描功夫深，用非常白话、非常典型、非常经济的语言，三言两语，就能勾画出人物的个性与神韵，然而，功夫自在其中矣。它的语言排列不是那么工整，也不是那么花团锦簇，但把它写得好时，似乎比工工整整更难。这里录三段马二先生游西湖的描写。一段是写马二先生眼中群相的，类似远景概写：

> 见那一船一船乡下妇女来烧香的，都梳着挑鬓头，也有穿蓝的，也有穿青绿衣裳的，年纪小的都穿些红绸单裙子。也有模样生得好些的，都是一个大团白脸，两个大高颧骨，也有许多疤、麻、疥、癞的。一顿饭时，就来的有五六船。那些女人后面都跟着自己的汉子，掮着一把伞，手里拿着一个衣包，上了岸，散往各庙里去了。①

一段也是马二先生所见，却是中景速写：

> 看见西湖沿上柳荫下系着两只船，那船上女客在那里换衣裳：一个脱去玄色外套，换了一件水田披风；一个脱去天青外套，换了一件玉色绣的八团衣服；一个中年的脱去宝蓝缎衫，换了一件天青缎二色金的绣衫。那些跟从的女客十几个人，也都换了衣裳。这三位女客，一位跟前一个丫鬟，手持黑纱团香扇替他遮着日头，缓步上岸，那头上珍珠的白光，直射多远，裙上

---

① 吴敬梓：《儒林外史》，大众文艺出版社，1998年。

环佩叮叮当当的响。①

还有一段是写马二先生个人风采的，就属于近景特写了：

马二先生身子又长，戴一顶高方巾，一副乌黑的脸，腆着个肚子，穿着一双厚底破靴，横着身子乱跑，只管在人窝子里撞。女人也不看他，他也不看女人。②

文字如此传神，真可谓白描之圣手。

那么，综合上述种种特征，可以画一张表了：

书名/文字风格	粗与细	刚与柔	俗与雅
红楼梦	细腻	缠绵	诗化
儒林外史	逼真	幽默	白描
金瓶梅	漫画式	泼辣	市井
水浒传	小写意	俊爽	简约
西游记	浪漫	诙谐	通俗
三国演义	粗放	夸张	古朴

对六大名著语言风格的上述分析，也是为了说明，对于文章风格问题，万万不可简单、抽象地概括，而只可以作为一种归纳方式，不可以作为一种思维方式。如果作为一种思维方式，就有可能把一个复杂的多层面的事物简单化和庸俗化了。

四、戏曲与戏曲语言风格简析

本意是分析戏曲语言的风格，实际情况却比较复杂。因为戏曲首先与剧本有关，所谓"剧本，一剧之本"；剧本又与演出有关，演出即与戏种有关；剧种又与音乐和流派有关，音乐和流派再与语言（道白、唱词）有关。

---

① 吴敬梓：《儒林外史》，大众文艺出版社，1998年。
② 同上。

这里简化一点，依次讨论剧作、流派与语言风格。

1. 剧作风格分析

西方传统经典戏剧的风格，是以悲剧、喜剧与正剧来划分的，最具影响力与震撼力的当然是悲剧，最具类型特征的则是喜剧。正剧并非不重要，但其重要性似乎比不过悲剧。最杰出的悲剧作家当属古希腊时代的三大悲剧作家与文艺复兴以后的莎士比亚，最具经典品性的剧作则是《哈姆雷特》。《哈姆雷特》在西方戏剧史上的影响约略相当于中国戏曲史上的《窦娥冤》与《西厢记》，但其地位更高，影响也更大，在文学史上的地位则相当于中国文学史上的《离骚》与《红楼梦》。

对中国传统戏曲，过去也有过类似的风格分类方式，但细细研究，其实并不见得恰当，用西方戏曲的分类方式硬套中国传统戏剧作品，多少有些削足适履之感。

以悲剧为例。中国传统戏曲中，并非没有悲剧，但无论在内容、结构方面，还是在价值取向上都与西方悲剧有着重大的差异。

西方传统悲剧常常与崇高相联系，且既是悲剧，那结局一定是很悲壮的，很悲情的，至少是很悲惨的。西方人自古希腊时代起，对悲剧与崇高的理论探索就非常重视，不但有专文，并且有专著，到了近代，其悲剧与理论在美学史上也占据了重要位置。

中国传统戏曲不走这个路子，即使有悲剧，也与崇高不很搭界。像黑格尔主张的，悲剧并非好人杀死坏人——那是正剧，亦非坏人杀死好人——那是仇恨剧，又非坏人杀死坏人——那是喜剧，而是好人杀死好人。正因为被杀者是好人，杀人者同样是好人，才体现出悲剧的本质。

中国传统戏曲中纵然有这样的事实，也没有这样的理念，我们原本也不喜欢读"好人杀死好人"之类的高深哲学，我们宁可论善恶，也不愿意去找本质。

中国传统悲剧的两大特色是：

第一，它不重视"悲"的冲突而特别重视悲的过程。因为重视过程，那过程常常不但很长，而且很曲，尤其很苦。王宝钏身为宰相之女，为着自主婚姻，便住进破瓦寒窑等自己的丈夫回来，且一等就是十八年，这个苦不苦？赵五娘的丈夫进京赶考，她的公公婆婆盼子不归，相继死去，她剪掉自己的头发卖些银钱，埋葬两位老人，又身背琵琶，千里寻夫，这个苦不苦？孟姜女的丈夫被强迫戍边，她寻夫不见，悲天痛地，一哭将万里长城哭倒了一大片，这个苦不苦？其中有万般的苦情悲歌，但崇高是不存在的，顶多是人心的善良道德的高尚。所以中国的传统悲剧——如果非要用这个词的话，它也是过程悲剧，更确切地表达，应该叫做苦情戏。

第二，中国传统戏曲特别重视团圆，尤其喜欢大团圆。大团圆的意思就是无论多么悲情、苦情的戏，无论多么情节曲折的戏，到最后必须团圆，而最后——结尾的团圆，就是大团圆。

对于大团圆式的结局，我们中国人，尤其是传统中国人似乎有着一种近乎走火入魔的偏好，几乎对于任何一种剧目，都希望、都喜欢、都要求，并且千方百计地让它们达到大团圆的结果。例如《御碑亭》，男女主人公误会了，闹得七乱八乱，要在西方，非成为《奥赛罗》不可，但在我们这里终于高高兴兴，冰释前嫌。例如《玉堂春》，一位贵公子爱上一位名妓，后来钱花完了，被老鸨儿赶出妓院，穷困潦倒，这名妓——玉堂春偷着出来与他会面，送他银两。后来，玉堂春被人买走，又遭人陷害，成了死囚。这位贵公子做高官，来审她的案子。这样的戏，在西方也许会成为《茶花女》，但在我们这里，依然是大团圆。

不仅如此，就是一些结局原本很悲惨的戏，也一定千方百计让他出现亮点，例如《李慧娘》，团圆是不可能的了，就让屈死的鬼魂来复仇；《铡美案》，虽经多少曲折，终于遇到清官，报仇雪恨；《梁山伯与祝英台》，活着时不可能团圆了，死后化做两只美丽的蝴蝶，化做蝴蝶也要团圆。

这样的传统，直到当代，依然有很大的影响力。比如传统京剧《泗州城》，水母娘娘看中一位人间的公子，两人相爱，天廷不许，结局是悲剧性的。但因为我们不喜欢悲剧，20世纪50年代，就把它改为《虹桥赠珠》，虽然是旧情节，却有了新结局，结局是两位情人用"宝珠"战败了天将——终于团圆，大团圆。

这样的历史其实久矣，最典型的例证，以唐朝大才子写的《会真记》——莺莺传，那故事本来是悲剧性的，莺莺小姐始被乱之，终被弃之，但到了元代，已经变悲剧为喜剧——中国式的喜剧，最终还是团圆。直到现在仍在上演的荀派剧目《红娘》或张派剧目《西厢记》，走的依然是大团圆的路子。

真正如黑格尔所说的那样的悲剧，也不是没有，例如长篇小说《红楼梦》就是这样一种性质的悲剧，但我们很多中国人的内心深处，并不接受它。所以自它问世以来，各种续书层出不穷，其中还是绞尽脑汁让贾宝玉、林黛玉团圆的居多。仿佛若没有一个大团圆的结局，我们便死不瞑目似的。

悲剧如此，喜剧也另成一路数。鲁迅先生说："喜剧是将那些无价值的撕破给人们看。"这样的喜剧，自然也是有的。但中国的传统喜剧中，更多的还是所谓玩笑戏。它的主要价值取向，就是弄噱头、开玩笑，让观众听着好玩，看着开心。你非追求什么深层意思，对不住，那不是我们中国人喜欢的喜剧——玩笑戏了。

玩笑戏——中国喜剧的极端表现形式，则有反剧情戏和反串戏。

所谓反剧情戏，即没有实质性剧情，剧情只是个形式，主要内容是借这形式由剧中人演唱各个流派的经典唱段。传统京剧中有四出这样的剧目，《十八扯》、《弹棉花》、《戏迷传》与《盗魂铃》，那形式与一些西方现代派剧目倒有些相类相通之处。

反串戏则是每当年节之时，专取一乐的剧目。所谓反串，即所有出场演员都不演自己的本工戏，而演其他行当的戏，如唱老生的改唱青衣，唱青衣的改唱花脸，唱花脸的改唱老旦，唱老旦的改唱武丑，等等。这当然是搞笑的，要说这戏有什么思想、艺术价值，那就"左"了。没什么思想价值，也没什么艺术价值，顶多就是展示一下演员的多才多艺，其结果也就是台上台下同欢共乐而已。

以此观之，中国传统剧岂止以悲、喜、正剧这样的类型来区分，我们先人的区分方式显然更为复杂也更能找住剧目的特色。

一种是按流派划分，如京剧中的谭派戏、马派戏、麒派戏、杨派戏等。

另一种是按戏的主要表现方式划分，如唱功戏——以演唱为主的戏，做功戏——以做派为主的戏，文戏——以唱、念尤其以唱为主的戏，武戏——以武打为主的戏。

最后一种是按剧目情节及风格划分，如吉祥戏、团圆戏、清官戏、苦戏、玩笑戏等。

这后一种划分方式就与悲、喜、正的划分方式有些相近了。节日庆典之时，一定唱吉祥戏或团圆戏，如《龙凤呈祥》，不仅戏好，剧名也好；或者《玉堂春》，不但结尾大团圆甚合观众的心理，而且那戏还有一个特色，就是多数主演均穿红色行头，红色表吉祥，满堂红，喜气洋洋。

2. 流派风格

流派风格自然与剧目风格相关联，但不同步，更不同构。有些剧目是某一派专演的，称本门本派戏，如梅派的《贵妃醉酒》、《霸王别姬》，程派的《锁麟囊》、《春闺梦》，尚派的《昭君出塞》，荀派的《红娘》。有些则是各个相同行当流派共演的，如方才提到的《玉堂春》，梅、尚、程、荀、筱、张各派皆演，且各有所长；又如《打渔杀家》，则谭、余、高、言、麒、马、杨、奚，各派无不能之，同样各有特点；再如《四进士》，麒派创始人周信芳擅长此戏，马派创始人马连良也擅长此戏，虽是一般剧情，却是两般风物。

这一点与西方戏剧有莫大区别。其主要原因在于西方戏剧演的就是"戏",观众看的也是"戏",虽然因演员的演技不同,演出水平也参差不齐,但绝对没有中国传统戏曲中那么强烈的流派——角儿的意识。中国传统戏曲,不但演"戏",尤其强调演什么流派的"戏",中国观众进入剧院,则不但看"戏",尤其看"角儿",而"角儿"是有流派的;所以同是《失·空·斩》[①],有的观众就非谭派不看,有的观众则非杨派不看。按说,不论哪个流派,演的不都是诸葛亮的事儿吗?那不行,您那个诸葛亮不是我"捧"的这派的,对不起,"不认"。所以流派风格,在中国民族戏曲中,占有很重要很特殊的地位,而且在很大程度上也表现了不同流派剧目的语言风格。

3. 中国传统戏曲语言风格

首先应该说明的是,中国传统戏曲,例如京剧的语言风格是由剧作与流派或说是由剧本与演出相互作用而形成的,这也与西方话剧存在"质"性区别。西方话剧,是剧本怎么写,你就怎么演。虽然说,一万个观众心目中会有一万个哈姆雷特,但你不能按自己的演出想法改变剧本的语言。哈姆雷特说:"生还是死,这是一个问题。"你不能说,这个不好念,我把它改一个字吧!可以吗?不可以!改了,就不是莎士比亚笔下的哈姆雷特了,而且改动剧本词句,哪怕只改一句,是需要征得著作权人或著作权继承人同意的,否则,便有侵权之嫌疑。即使已超过著作权年限,也有一个社会舆论与观众能否接受的问题。

中国传统戏曲的路子就不一样了,它不是没有固定的剧本,而是只将剧本作为一个基础,甚至半个基础,在这个基础上,你也可

---

① 京剧:《失·空·斩》,包括《失街亭》、《空城计》、《斩马谡》。

以改，我也可以改，他又可以改。从理论上说，任何演出者都有改动的权利，在实际操作中，那些成为角儿特别是成为流派创始人的大角儿，完全可以根据自己的演出路子与风格改动剧本。

以《玉堂春》为例，荀慧生先生是要演全本的，因为他以花旦当行，演全本更能表现他的特点。梅兰芳先生则只演《苏三起解》与《三堂会审》两折戏，而且两个人的演法不一样，不少唱词也是不同的。程砚秋先生也只演《苏三起解》与《三堂会审》两折，但他根据自己的需要改了唱腔，也改了部分唱词，比如那一段脍炙人口的"苏三离了洪桐县"，程先生的唱法就与他人不同，后面的唱词，差别更大。以词论戏，是程砚秋先生的更为合理；以腔论戏，是花开两朵，各表一枝；以传播论戏，则梅兰芳先生的唱腔流传更广。

单以剧作语言而论，京剧与各种近现代地方戏相比没有太多优势。相比较而言，还是昆曲代表的元、明、清等古典剧作的水平更高，更具文学价值。《中华古曲观止》一书应该算是比较全面的选本了，所讲63个剧目中，绝大多数——57个剧目都属于这一类作品。

中国戏曲历史很长，至少在唐代，戏曲演出已然成熟，且成为皇宫中主要的娱乐形式之一。民族戏曲的代称——梨园一词即出自唐玄宗时代，而后世戏曲的行业神也正是唐明皇本人。戏曲历史虽长，说到流传下来的剧本，那时代就晚了。宋代剧作只有三种流传下来。成规模、有影响、文学水准很高的剧目，应从元代杂剧算起，继而明、清，其中特别著名的剧作家，包括关汉卿、白朴、马致远、郑光祖、王实甫、高明、汤显祖、洪昇、孔尚任、李渔等，最著名的剧作包括《西厢记》、《窦娥冤》、《琵琶记》、《牡丹亭》、《长生殿》、《桃花扇》、《倩女离魂》、《四声猿》等，最受今人推崇的折子戏，则非《孽海记·思凡》莫属。

元代是中国戏曲的鼎盛时期，最伟大的剧作家应该是关汉卿，最伟大的剧作应该是《西厢记》；明、清两代有继承，有发展，最伟大的剧作家应该是汤显祖，最杰出的剧作应该是《牡丹亭》。现代人编古代剧本，常将《西厢记》、《牡丹亭》、《长生殿》、《桃花扇》合编，称为古典名剧四种或中国传统四大名剧，这样的选编方式我以为是正确的，那四个剧目确实代表了中国传统戏曲的最高水平。

中国戏曲语言的风格，也是多种多样的，有清新的，也有婉媚的；有细腻的，也有生动的；有沉郁的，也有火爆的；有诗歌化的，也有很生活化的。其中最具代表性的——排在前三位的，我认为是关汉卿、王实甫和汤显祖。

关汉卿不但是戏曲圣手，而且是多面手。他一生别无所好，只是作曲作戏。他的杂剧出色，散曲同样出色。一些散曲名篇，语言生动，个性鲜明，是公认的杰作。他是多产剧作家，流传至今的杂剧有十八出之多，仅从这十八出来看，已是内容广泛，类型全面。以戏曲类型论，有文戏，也有武戏；有悲剧，也有喜剧；有公案戏，也有爱情戏；有彼时的古典人物戏，也有现实生活戏。以剧中人物论，依京剧行当的标准看，有青衣，有花旦，有小生，有老生，有丑角，有老旦，有花脸，还有红净。且他的戏，几乎全为首创之作，或者有些借鉴，其分量也抵不住他的创造性发展。最令人称道的是，他十八种剧作中至少有五种直到今天依然被今人所继承，并以各种民族戏曲形式活跃在舞台上，所以无论从哪个角度看，他都是中国剧作的第一人。

关汉卿的戏曲语言也是极有成就的。最突出的特点表现在两个方面的结合上：一是写戏多，戏多人物更多，但能写谁像谁，各类人物，均自有各自的口吻——这个已经不易，但还不是最难得的；二是他个人的文笔色彩鲜明，使人一见，便知这是关氏所作，别人写不来的——这个同样不易，但也不是最难得的。最难得的是他将这两个方面结合得好：读关汉卿的作品，既能感到剧中人物的脉动，又能真切体味到作者的心声。这个就是关氏的语言风格。换句话讲，不仅一字一韵都能体现作家的个人语言风格，又能千变万化，写龙是龙，写虎是虎，龙腾虎跃，异彩纷呈。

总之，关汉卿的剧作语言，既个性鲜明，又变化多端。它能豪放，也能婉约；能通俗严整，也能生动有趣；但比较起来，其激越、慷慨之声，似乎更是他独门特具的看家本领。

最有代表性的剧作当然是《感天动地窦娥冤》，那剧情固然是惊心动魄，那唱词也是激越悲愤。人是感天动地之人，情也是感天动地之情，词还是感天动地之声。这戏传播极广，但不引便有缺憾，录第三折三段唱词：

〔快活三〕念窦娥葫芦提当罪愆，念窦娥身首不完全，念窦娥从前已往干家缘；婆婆也，你只看窦娥少爷无娘面。

〔鲍老儿〕念窦娥伏侍婆婆这几年，遇时节将碗凉浆奠；你去那受刑法尸骸上烈些纸钱，只当把你亡化的孩子荐。婆婆也，再也不要啼啼哭哭，烦烦恼恼，怨气冲天。这都是我做窦娥的没时没运，不明不暗，负屈衔冤。

〔一煞〕你道是天公不可期，人心不可怜，不知皇天也肯从人愿。做甚么三年不见甘霖降？也只为东海曾经孝妇冤。如今轮到你山阳县。这都是官吏们无心正法，使百姓有口难言。[①]

唱词激愤，无限悲哀。

王实甫的戏剧语言风格则另成一路。以剧作家的历史地位论，王实甫不及关汉卿，但以单本剧作的水平论，王实甫则超越关汉卿。不但超越关汉卿，而且超越迄今为止的所有汉语剧作。关汉卿的剧作特点，是群峰起伏，有山有水有森林；王实甫的剧作特点，是一山飞峙，群峰作小。不但与他人相比，就是与自己的其他剧作相比，也是如此。他本人也写过不少剧本，但流传下来的不多；他也写过一些散曲，影响也不大。那影响既比不过乔吉、张可久等散曲家，

---

① 《关汉卿戏剧集》，人民文学出版社，1976年。

也比不过马致远、关汉卿等剧作家。但这些对他都不重要，重要的是，他创作了一部《西厢记》，这《西厢记》就足以使他有资格傲视峰峦，跌宕沧海。

《西厢记》实际上是一部改编加创作的剧本。这一点也与关汉卿不同。以常理论，原创作品应该更难，但事实是，改编作品也不易，改编作品达到原作的水平就更不容易了，再超越原作水准显然是难上加难。或许可以这样说，除去《西厢记》之外，还没有哪一部改编作品可以超越原先的经典性原著的，而《西厢记》所依据的两部基础作品，正是两件极具经典品格的创作。故事原创者，乃是唐代大才子元稹，他创作了传奇《会真记》，那自然是唐代传奇中的翘楚之作。300多年后，又有了金代无名大作家董解元创作的鼓曲《西厢记诸宫调》，后人称之为"董西厢"。这部作品在当时的主流社会影响小些，但也是宫调制作中的极品之作。一个元西厢，起点已经很高了，一个董西厢，起点更高了，王实甫在巨人肩头立论，在鸿篇巨制中作戏，可谓有志者敢为艰难，有心人独行异事。但他成功了，不但成功了，而且创造了一个奇迹。

一是剧作结构的奇迹。元杂剧一本即一出戏，通常只有四折，加上楔子便为一部完整的剧作，王实甫作《西厢记》，这样的"四折加楔子"的结构不够用了。他连写四本或说五本（第五本有争议，如金圣叹便坚决指认为伪作），即使四本结构在当时也已经是破天荒的了。事实证明，没有这样的结构便没有《西厢记》，它的形式与内容珠联璧合，浑然天成。

二是语言融会贯通的奇迹。《西厢记》的唱词极具功夫。这功夫，不仅仅是作者的个人原创，重要的是作者善于借鉴。他所借鉴的唐诗宋词等佳句佳作，几乎到了无可复加的程度。更为可贵的是，他的借鉴，不是生搬硬套。他是既借得准，又借得活，还借得巧。有时原诗不动，拿来就用，但别有意境在里头；有时略加变化，韵味犹然，却更加合身合体；也有时转意为之，虽转意为之，却给人以天衣无缝之感；且不论使用哪种方式，都取得了锦上添花之效。

《西厢记》不但大量使用奇文奇句，而且与口语化词语结合得好。它是能风能雅，又能雅能俗，从而把俗言俗语也变成雅腔雅调了。

三是文字优美，冠盖一世。语言风格优美，是《西厢记》的基调。美有多种，优美最难。因为它是一种最没有特色的美，通常情况下，它总不如壮美、奇美、俊美、艳美、雅美、流行美、时尚美，乃至于怪美、丑美来得容易出彩。但也因如此，它有更大的包容性。优美之难，恰如梅派青衣之难。有人说，梅派唱腔是最没有特色的一种唱法，殊不知，最没有特色的特色，那才是最难达到的境界！《西厢记》的语言风格，有美如斯，即使称之为奇迹，似亦不算过分的。

《西厢记》唱词优美，可以说从头到尾都是这个风格。佳句美句，俯仰皆是。如第一折，张生一出场便唱：

〔仙吕点绛唇〕游艺中原，脚根无线、如蓬转。望眼连天，日近长安远。

〔混江龙〕向诗书经传，蠹鱼似不出费钻研。将棘围守暖，把铁砚磨穿。投至得云路鹏程九万里，先受了雪窗萤火二十年。才高难入俗人机，时乖不遂男儿愿。空雕虫篆刻，缀断简残编。①

唱词不多，容量很大，不少用语均自唐宋大诗人的诗作中来。他的高明之处在于，虽征引甚多，非但没有喧宾夺主之感，反而愈其从容不迫，文采飞扬。

又如《拷红》一节，老夫人自是怒气冲冲，红娘的应对却是高屋建瓴，不但有理，而且有力；不但有力，而且有节；只消三言五语，便将个顽固又世故的老夫人说得一腔邪火，火散烟消。

---

① 王实甫：《西厢记》，上海古籍出版社，1978年。

〔麻郎儿〕秀才是文章魁首，姐姐是仕女班头；一个通彻三教九流，一个晓尽描鸾刺绣。

〔幺篇〕世有、便休、罢手，大恩人怎做敌头？起白马将军故友，斩飞虎叛贼草寇。

〔络丝娘〕不争和张解元参辰卯酉，便是与崔相国出乖弄丑。到底干连着自己骨肉，夫人索穷究。①

最能体现《西厢记》语言水准的，则是第四本第三折长亭送别的成套曲词。这一折不但写得情景交映，丝丝入扣，而且运用了当时几乎可以运用的一切写作手法，有借鉴、有创造、有诗词、有口语、有叠字、有排比、有白描、有彩绘，其效果是既诗情画意，又本色当行。

鉴于这一折唱词几乎收入各种选本，易寻常见，此处不再援引。

关汉卿与王实甫实为中国古典戏曲的两座高峰，堪与之鼎足而立的人物，则是明代大戏曲家汤显祖。

汤显祖实际上是另一个时代的人物。关汉卿、王实甫代表的是元杂剧的最高水准，汤显祖代表的则是明传奇的艺术高峰。他的剧作虽然没有关汉卿剧作的博大与激越，也不具备王实甫剧的开拓与丰厚，却是中国古典戏曲中最为成熟的艺术珍品。他的剧作以"四梦"为代表，"四梦"又以《牡丹亭》为代表。汤显祖既是关、王之后最杰出的戏曲作家，《牡丹亭》也是《西厢记》后中国戏剧史上的又一座丰碑。

汤显祖的语言风格是优雅，优雅不是优美，它比优美深了一层，也窄了一层。他的剧作尤其是《牡丹亭》，可以称为中国戏曲语言中的优雅之极品。

主调是优雅，但不是一般意义上的优雅，而是青春之优雅，清醇之优雅，轻灵之优雅。《牡丹亭》的语言，最具青春之美。喜也

---

① 王实甫：《西厢记》，上海古籍出版社，1978 年。

是青春，愁也是青春，焦也是青春，闷还是青春。七情六欲，总是青春一脉通。实际上，古代凡写爱情的剧作，主角几乎全是青年人，但真正写出青春气息的，却又十分鲜见。即使伟大的《西厢记》，也重在爱情眷属之伦，青春气息，不能说没有，但不似《牡丹亭》那样的如花美貌，吹气如兰。

不但青春之美，尤其清醇之美。中国儒学推崇中庸，中国艺术重视中和。但轮到戏曲这里，却往往以斗争为主，或喜，或悲，少有清醇。《牡丹亭》独不然，它写爱情，注意力只在男女之情上，不但青春靓丽，而且醇美如酒，自然这酒也是浓的，浓到生人可死，死人可生。然而，其意只在其醇，其美亦在其醇。中国古来没有唯美主义的理念，也少有唯美主义作品，《牡丹亭》虽非唯美主义，但论其格调，仿佛似之。

而它的整体风格，又是轻灵的。虽生死攸关，却并不沉重，纵有一时沉重，总体依然轻灵。核心结构乃是一个梦，梦为爱之舟，不能沉重，不能沉郁，不能沉闷，只能轻灵，只该轻灵，最好轻灵。

《牡丹亭》的语言风格就在这青春、清醇，轻灵的背景下，得以充分表达。使人一见便觉其美，再见还是其美，反复阅读只觉其美。

最著名的唱词，如：

〔皂罗袍〕原来姹紫嫣红开遍，似这般都付与断井残垣。良辰美景奈何天，赏心乐事谁家院！朝飞暮卷，云霞翠轩；雨丝风片，烟波画船——锦屏人忒看得这韶光贱。[1]

优雅、缠绵，但不失青春本色，这等文字，自是不可多得。

清中期之后，京剧开始发达。以古典戏曲与京剧等仍然存活在演出舞台的民族地方戏曲相比，我以为京剧的语言优势不在唱词，

---

[1] 汤显祖：《牡丹亭》，人民文学出版社，1980 年。

而在道白。当然也有唱词很优美、很精到的经典作品。特别应该一提的是翁偶虹先生，他创作的《锁麟囊》、《将相和》等作品，可以说已经达到了炉火纯青、雅俗共赏的境界。其中一些经典唱段，不但音韵恰当，文辞尤其讲究。此外，李少春的《野猪林》中的"大雪飘"等唱词也具有很高的文学价值。

京剧语言的优长还在念的方面。唱词的文学性其实不如元、明、清时代的经典剧目，但道白的水准却后来居上，超越前贤。

京剧的道白分为韵白与京白两种。韵白是上口的，有特定的念法。如《问樵·闹府》中范仲禹的道白，《失印救火》中白怀父子的对白，《一捧雪》中陆炳的道白以及《四进士》、《清风亭》、《义责王魁》中大段道白，都是很杰出的作品。

京白则以北京话为之。多为丑角——俗称小花脸的台词。也有很成功的范例。如《连升店》、《搜府盘关》以及《打严嵩》中均有极好的表演。《打严嵩》的主角不是丑角，而是老生与花脸，但韵白中偶有几句京白，念得尤其有精神、有个性、有风采、有味道。特别是周信芳与裘盛戎的表演，可谓百听不厌。这里录一段《连升店》中店家与王明芳的对白，那店家是个势利小人，王明芳是一位赶考的秀才，穷，但有文化。

店家：你又来啦！这是你念的书哇？

王明芳：不错，正是。

店家：拿来我瞧瞧。

王明芳：店主东要看？

店家：噢，过过目。

王明芳：请看。

店家：拿来，我瞧瞧。（看）哟！这是书吗？

王明芳：书呀。

店家：哪弄这么本儿《戏考》来呀，别招说啦。一边去吧！

（小锣一击，把书扔在地上）

王明芳：哎呀！这还了得！毁谤圣贤！罪过哇罪过！圣贤老师不要怪罪于他，他是蠢牛木马！横骨插心！（边说边拾书）

店家：好说。

王明芳：脊背朝天！活畜类一般！

店家：那是你。

王明芳：弟子这厢磕头赔罪了，（边说边拜）磕头赔罪了！哎呀，毁谤圣贤，毁谤圣贤！

店家：水都叫你搅浑啦！①

4. 中国现代戏剧的语言风格

这里说的现代戏剧，主体是话剧。

中国传统戏曲，到五四运动后，经历了一番大变革。但这变革有它很特别的地方，即它不是着力于改变旧的，就像小说、散文和新诗那样，而是另起炉灶。对旧的戏曲形式，如昆曲、京剧等民族戏曲，你想怎样尽管怎样，我这里别开生面，另是一家了。这一家就是中国话剧的诞生。

话剧出现在中国舞台上无异于一场革命。话剧的到来，对中国传统戏曲从根本上进行了改变。

体式变了。这体式自然是西方式的，中国自古以来没有这样的剧作形式。

基本表演手段变了。中国传统戏曲，例如京剧，讲究的是"四功"、"五法"，是一门融唱、念、做、打为一体的综合性艺术，可话剧的基本表演手段，就是"说"，而且说的几乎全是"大白话"。

机制变了。中国传统戏曲，至少自京剧始，实行的是主演兼班主制。主演既是头牌头名演员，又常常是该剧团的老板。一人而兼

---

① 《京剧选编》第一辑，中国戏剧出版社，1990年。

三职：主角是他，导演是他，制作人也是他。话剧全然不是如此。它的基本构成是一编——编剧，二导——导演，三演——演员。编、导、演顺序排列，相互支撑。以剧作为基础，以导演为中心，以演员为实现载体。这样的机制，随话剧进入中国。

内容变了。传统戏曲，主要的表现对象是帝王将相、才子佳人，也有小人物，但注意力不在下边，而在上边。话剧改变了这种局面，相比之下，它更擅长写穷人的生活，写带有巨大社会变革意义的生活，写与社会、人生息息相关的生活。

风格也变了。例如我在前面说过，中国传统戏曲中没有西方美学概念中的悲剧，有的多是些苦戏、苦情戏，顶多是过程悲剧。话剧东来，不但悲剧有了，连现实主义、浪漫主义乃至现代主义、后现代主义都有了，从而使中国戏剧有了更广泛的内涵，也有了更丰富的表演天地。

当然，话剧进入中国，不是一下子就成熟了的，世间哪有这般容易的事。它的成熟，经历了多年的努力与磨炼，其中有成功也有失败，有高潮也有低潮，伴随这一过程，涌现出了一批杰出的剧作家、剧目与表演艺术家。

其中最著名最有影响的演员，我认为是石挥与于是之；最有影响的剧作家，我认为应该是曹禺、老舍、吴祖光、郭沫若、田汉；最具经典性的作品应该是《雷雨》、《茶馆》、《原野》与《风雪夜归人》。

单从剧作语言这个角度看，吴祖光的剧作语言是民族戏曲化的，老舍的剧作语言是北京风土化的，郭沫若与田汉的剧作语言是现代诗歌化的，曹禺的剧作语言则是很本色的——全然话剧性的。

当然这不是说，曹禺之外，那几位剧作大家的语言都是非话剧性的，无论哪一位话剧作家，其创作语言基础都是话剧的，但在倾向性或组合成分方面，确又有些不同。

郭沫若的剧作语言，诗感诗性，很擅长抒情，而且是屈原式的抒情、李白式的抒情，不但风格瑰丽，而且朗朗上口。他为《屈原》所写的《橘颂》，很能代表他的这种语言风格；《蔡文姬》中的大段独白与对白，也都很富有乐感与诗意。

　　田汉的剧作，大抵说来，也属于这个路子，但细细品味，还有另一种诗情，它诗意盎然，又有些激烈与冲动。他的剧作语言，对白相对较长，每每到了激情之处，一"说"就是十几行字。这样的语言风格，在老舍、曹禺那里大约只是特例，而在田汉的剧作中，差不多就是惯例了。他的诗情如东方喷薄欲出的一轮朝阳，没有相当的篇幅不足以支撑其语势；他的诗才又如夏日骤然而降的暴雨，没有相当的篇幅亦不足以匹配其语锋。这里引一段《名优之死》中刘振声劝告其女儿的肺腑之言：

　　　　马马虎虎？凤仙儿……新戏跟我们开路，更不应该马虎，对不对？（有许多话想说又不愿意说似的，但终于这么吐出来一部分）你还是听我的话爱重咱们的玩意儿吧。学咱们这一行，玩意儿就是生命。别因为有了一点小名气就把自己的命根子给毁了。玩意真好人家总会知道的，把玩意丢生了，名气越大越加不受用，你看多少有名的脚儿不都是这样垮了的吗？……人总得有德行。怎么叫有德行呢？就是越有名越用功，我望你有名气，可更望你用功。[①]

　　老舍的文学语言，我在前面有过介绍了，那是很纯正很精练又很文学化的北京方言。这方言非有深厚的功底不能把它的文学性表达出来。作为剧作，第一位的不是看，不是读，而是"说"。说，又非有特别的发音方法与劲头，才可以说好，说得有分寸、有韵味、有性格、有精神。《茶馆》剧中写小二德子、小宋恩子逼迫王掌柜的一段戏中，王掌柜有一句"不怕我跑了吗"，这句话我以为非老

---

① 《田汉剧作选》，人民文学出版社，1981年。

舍先生写不出来，非于是之先生"说"不了那么活灵活现。于先生差不多就是《茶馆》中的一个神了。

老舍的剧作语言，与郭沫若的剧作语言，堪称一物之二极。郭沫若的语言是诗化了还要诗化，老舍的语言则是口语了还要口语。老舍的剧作语言，独白不多，大段独白更少，主体组合皆为对白，而且语句短，衔接紧，虽也有较长的独白台词，那句子、句式，依然是京腔京韵的。短语、散语、俏语，语式灵活，巧妙安排，声声韵韵，都有讲究。请看王利发的一段台词：

> 改良，我老没忘了改良，总不肯落在人家后头。卖茶不行啊，开公寓。公寓没啦，添评书！评书也不叫座儿呀，好，不怕丢人，想添女招待！人总得活着吧？我变尽了方法，不过是为活下去！是呀，该贿赂的，我就递包袱。我可没作过缺德的事，伤天害理的事，为什么就不叫我活着呢？我得罪了谁？谁？皇上，娘娘那些狗男女都活得有滋有味的，单不许我吃窝窝头，谁出的主意？①

吴祖光的剧作语言则是民族戏曲化的。他有诗意，但不是那么强化它；他也擅用口语，却也不那么区域化。他的剧作语言似乎更与民族戏曲相通，如他的名作《奔月》差不多就是一出不用唱腔的大戏了。那语言风格，多多少少总有些戏曲的影子，台词不但好念，尤其好听，一音一韵之中，仿佛有锣鼓点似的。不信，请欣赏《风雪夜归人》中的几句台词，看看在潜意识中加上点锣鼓点，打不打得出味儿来？

> 玉春：莲生，尽管天上那两颗大星星永远见不着面，我可是要找一个朋友，（伸一个指头）不过有这么一桩……
>
> 魏莲生：有一桩什么？

---

① 老舍：《茶馆·龙须沟》，人民文学出版社，1994年。

> 玉春（抱着膝盖，眼睛向窗外看）：就是啊，这个人得是个"贫苦之人"，得是个不得意的，凡是得意的人，我都高攀不上。
>
> 魏莲生（冲动地）：四奶奶……
>
> 玉春：不，叫我玉春吧。
>
> 魏莲生（惊喜）：玉春！①

曹禺的剧作语言是本色的，非常话剧性的。这么说有点拗口，但本人才能有限，一时找不到更好的语言来表达。

他写的台词，不是方言味道，虽然他是天津人，却没有一丁点津腔津味掺杂其中；也不是诗歌化的，诗歌化的语言常常更适合于"颂"，适合于浪漫的抒情，而他的台词，只是要"说"，旨在其说，要在其说，尽在其说；他的台词又与民族戏曲语言的关联不多，外在关联既不多，内在关联更少。无论如何，是不能像《奔月》那样，可以加上锣鼓点伴奏的，它纵然有音律在其中，也与民族戏曲的方式不同。然而，却写得凝练、准确，有文学品位，有听觉冲击力。特别是在中国这样一个具有悠久民族戏曲传统的国家，虽没有唱、念、做、打诸般手段，单是一个"说"，也支撑住了那一幕幕戏剧的大厦。

先看一段《雷雨》中的对白，是周萍与蘩漪之间的：

> 周蘩漪：我不后悔，我向来做事没有后悔过。
>
> 周萍（不得已地）：我想，我很明白地对你表示过。这些日子我没有见你，我想你很明白。
>
> 周蘩漪：很明白。
>
> 周萍：那么，我是个最糊涂，最不明白的人。我后悔，我认为我生平做错一件大事。我对不起自己，对不起弟弟，更对不起父亲。

---

① 《吴祖光剧作选》，中国戏剧出版社，1981年。

周繁漪（低沉地）：但是你最对不起的人，你反而轻轻地忘了。

周萍：还有谁？

周繁漪：你最对不起的是我，是你曾经引诱过的后母！①

20世纪80年代以后，中国戏剧进入一个新的历史时期，一方面是西方文艺理论与作品大量涌入，一方面是本土作品在新的基础上的推陈出新。不仅话剧，还包括民族戏曲，都发生了巨大的历史性改变。传统的剧作形式，固然也得到了保留和发掘，但真正成为社会所关注的、引起轰动的、产生艺术冲击力与文化冲击力的，还是新风格的剧目。其内容丰，立论新，形式奇，影响深，不是一章一节可以完整叙述的。其中包括：陶骏、王哲东的《魔方》，刘树纲的《一个死者对生者的访问》，尚长荣、言兴朋首演的京剧《曹操与杨修》等。其中最具影响力与经典性的剧本，应该是魏明伦的《潘金莲》。这里说说《潘金莲》。

《潘金莲》是一出新风格的川剧。题材是旧的，虽是旧题材，却有新演绎与新视点。其实，对潘金莲命运的文化思考，以前也有过的，因为她值得思考。做翻案文章的还要更多些，因为她具备翻案的空间与依据。但这文章并不好做，立论就有些麻烦，毕竟潘金莲是一个同谋杀人犯，艺术上也难突破，尤其是民族戏曲，你写得再好、演得再好，比得过周信芳先生的《坐楼杀惜》吗？

魏明伦的高明之处在于他并不在翻案层面上下笨功夫，他选择的乃是一种比较性质的文化思考，是带有荒诞剧形式的比较性文化思考。这一下，一箭双雕，把两个极难解决的问题都解决了。

在他的这一剧作中，不仅有"剧中人"，而且有"剧外人"。"剧外人"其实也是剧中人，作者把这些不同时代、不同国别、不同身份、不同论点的人统统都作为比较性主体写进剧本里了。

这些剧外人包括：吕莎莎（现代小说《花园街五号》的主人公，

---

① 《曹禺选集》，人民文学出版社，1978年。

女记者）、施耐庵（《水浒传》作者之一，明代作家）、武则天（中国历史上唯一的女皇，唐代人）、安娜·卡列尼娜（19世纪俄国大文豪托尔斯泰经典小说《安娜·卡列尼娜》中的女一号）、贾宝玉（清代古典小说《红楼梦》中的男一号）、芝麻官（河南豫剧《七品芝麻官》的主人公）、红娘（元代大作家王实甫《西厢记》的主角之一）、上官婉儿（武则天的御前女官，著名女才子）。

此外，还有"人民法庭女庭长"与"现代阿飞"。

先不说剧情，单这一堆身为剧外人的剧中人物，就够乱的了。然而，乱了旧伦理，乱不了魏明伦。魏明伦因乱作乱，因乱作戏，从而表现了种种为时代关心的理念，丰富了川剧的手段与戏曲形式。

其结果，便成就了这样一台新观念的戏，一台具有荒诞味道的戏，一台具有新风格又不失川剧本色的戏，一台具有文化震撼力与传播力的戏。在那个时代，观看和关注这台戏的人，显然超越了任何一出传统民族戏曲。

这戏引起的轰动不小，至今思之，犹觉那经典时刻历历在目前。语言自然也很有特色，既是川味的，也是戏曲的，还是很时尚很文化的，这里引一段潘金莲、武大郎与阿飞的台词：

> 武大郎：这个木脑壳娃娃，白白胖胖，笑笑嘻嘻，权当我家的孩子，陪伴妈妈解闷。（作逗孩子状）推磨磨，赶晌午，娃娃不吃冷豆腐！（逗金莲）妈妈，要笑。笑了，笑了，哈哈……
>
> 潘金莲（苦笑）：有个木娃娃，总比莫得好。（自嘲）如今出嫁从夫，以后夫死从子，靠你两父子，度过一辈子，我认命喽，逗娃娃耍哟。
>
> （夫妻玩木偶，下。三泼皮上）
>
> 三泼皮（唱）：手拿扇儿凉风快，
> 　　　　　　　肩托鸟笼画眉乖。
> 　　　　　　　鱼尾鞋儿摇摇摆，

龙头袖子高高抬。

幕内（人声）：前辈等着。

现代阿飞上，蛤蟆镜、长卷发、花衬衫、小裤脚、港气十足。

三泼皮（惊异）：哪里飞来的怪物？

现代阿飞：各位前辈，好事成双，你们才三个，加上我凑成一堂！①

5. 中国先锋戏剧的语言风格

其实在20世纪80年代，《潘金莲》就是先锋戏剧，以后，一些评论家也把它归入探索戏曲中，但以今天的标准看，都不够先锋了，你"现代"，人家还有"后现代"哩！可见当今世界变化之快，诚所谓信息时代信息速度了。但也不是坏事，过去说"各领风骚三百年"，现在说"各领风骚三五年"——三五年也不错了。就是能领风骚三五月，月月排在图书排行榜的首位，也不简单呢！

自20世纪90年代中后期始，不断出现有影响有新闻价值且引起不同反响的先锋剧目，与80年代的探索剧目相比，这些剧目的变化更大了。它们或者不是后现代的，却是全新概念；或者就是后现代的，但创作者与评论者也不以此来标榜。无论如何，它们的特征鲜明，不但风格迥异于前人，几乎一切旧的戏剧形式在他们那里都遭到了颠覆、反讽或嘲弄。自然，那语言也多多少少有些另类，令人觉得奇怪、新鲜，丑美杂陈，传统不宜。

作家出版社曾出过一本《先锋戏剧档案》，对那些代表性剧作与观点有一个梳理与介绍，其中最突出的人物应该是孟京辉与林兆华，剧作者包括刁奕男、张献、于坚、黄金罡、廖一梅等。

这里介绍几个剧作，一个是《思凡》。《思凡》原本是清代传奇《孽海记》中的一折，那设置极出色，虽是清人之作，在现代人

---

① 《魏明伦剧作精品集》，上海古籍出版社，1998年。

看来依然很有魅力。其文辞写得更好，单以文辞而论，可以说不逊于任何一位戏曲前贤，而且还是中国昆曲的保留剧目，直到今天仍然活跃在舞台上。我在前面说过，最伟大的传统折子戏，就是这《思凡》了。

作为先锋剧作的《思凡》，却是将清人传奇的《思凡》与《十日谈》中的一个故事拼接而成。这其实是风马牛不相及的两件事，而先锋派剧作，喜欢的就是这个。实在是因为现实生活中风马牛不相及的事太多，明明风马牛不相及却又偏偏相及的事同样不少。因为你现实先锋，他才剧作先锋；因为你现实荒谬，经天才的演艺人一调理，便艺术地凸显了这荒谬。这剧作先演中国传统的，接着又演《十日谈》的，然后再回到中国，如此跳东跳西，终成就了一场新戏。

这样的拼接，可说是大胆之至，而那手法尤其别致。单以台词论，似乎并没有什么特异之处，然而，那效果却是特异的。那样式仿佛是我们在与崇祯皇帝一起吃茶、聊天、说事。当然这个在现实生活中是不可能的，把不可能的在戏剧中表现出来，让它成为可能；而这种以无限可能性写不可能的生活的戏剧风格恰恰是先锋剧《思凡》的魅力所在。

在形式上比较传统一点，但内容依然前卫且极具后现代气息的剧作，还应包括过士行先生的《鱼人》、《鸟人》、《棋人》与《坏话一条街》。

它们形式上并不那么先锋，或许作者从未刻意作先锋之想，但那内容却是新鲜的、前卫的、后现代式的。例如《坏话一条街》，有简介说它："从人们耳熟能详的民谣、俏皮话、绕口令开始切入，向人们呈现了一个令人伤心、愤怒而又无可奈何的生存环境。"

评点中肯，定位明白。

语言风格很包容，也很乡土。举凡俗语、口语、民谚、俏皮话，应有尽有。乡土即基本上是新环境下的北京话，只有北京人才会这么说，且只有现代的北京人才会这么说。而这些，就代表了它的语言风格。

这里引一段对白，是关于槐花的对白，虽句句家常话，自有深意在焉。

  郑大妈：槐花。把槐花跟棒子面和上，上屉蒸，一条街都是槐花香。
  耳聪：一定很好吃。
  郑大妈：不能多吃。
  目明：为什么？
  郑大妈：吃多了脸发绿。
  目明：那可以做染料嘛。
  郑大妈：就你聪明，早就是染料。
  耳聪：附着力怎么样？
  郑大妈：好使着哪，脸都能上色，你就甭说别的啦。
  目明：这日子我没赶上。以后也不会再有了。
  耳聪：是呀，现在的人连肉都不愿吃了，谁还吃槐花？
  郑大妈：想吃也没有了。[①]

新剧作的变化，真有点令人眼花缭乱，然而，很好玩的。虽然谁也无法判断它明天会走向何处——那就对了，曹禺大师不是说过吗？好的剧作就是前头不知道后头的事。

五、散文语言风格简析

1. 孟、庄、荀、韩，四种文风通千古

散文数量太多，体式太丰富，风格也太多样，万不可一概而论，

[①] 过士行：《坏话一条街》，中国国际广播出版社，1999年。

只可以择其要点而谈，所以评说散文风格，几乎是一项无法完成的任务。本人希望的是观一斑而知全豹，显然这一"斑"应该是最具代表性的才对。那么最具代表性的散文风格应该是哪一代的散文家呢？我以为，追本溯源，无过于先秦散文了。

我在"文体审美"一章中，提出过"四风"、"五体"的观点，"五体"前已论之，那么何为"四风"？"四风"即先秦时代最著名的四位散文家的文风。这四位散文家是：孟子、庄子、荀子和韩非子。

先从孟子说起。孟子的文风，概而言之，即浩然之风。我这么说，不是本人的杜撰，而是孟轲先生的夫子自道，所谓"吾善养吾浩然之气"。

一个人能有浩然之气，那出发点与归宿点便与众不同，那立足点与观察点也与众不同，那大思路与关注点更与众不同。在他看来，他的为人，是具有浩然之气的，他的为文，也是具有浩然之气的。

因为这浩然之气，所以孟子的文章不特别讲究修辞，他不在这些细节方面多下功夫，更不使用生字、僻字、难字、怪字。他并非不识这些字，不懂这些字，而是这样的字用多了，会影响他文章气韵的自然与生动。

孟子文章，有比喻，也有例证；有正论，也有反论；有挖苦，也有尖刻；但总的基调是雍容大度的，风格是正气凛然的，态度是从容不迫的，语言语势是雄辩的。

虽然雄辩，绝不强求。不开言便罢，开言便是词语滔滔，既要有威势，又要有声有色，更要一气呵成。在他的对手看来，他的文字，不免有些霸气，不免有些盛气凌人，有时竟如狂风大作一般，让你口不得张，目不得开。然而，他绝不强词夺理，也不出奇招怪招。用孙子兵法的语言讲，他是只用"正兵"，不喜"奇兵"。他不但坐而论道，而且一定要端端正正坐稳了，坐好了，诚诚敬敬，与你正面交手。奇袭不是他的策略，小打小闹也不是他的作风，乘人不备，冷不丁从背后一枪刺来，更是他所不齿的。他做文章，既要从大处着眼，又要从根上入手，高屋建瓴，居高临下，一出手便与众不同。因为他有特别的信念在其中。"民为贵，社稷次之，君为轻"乃是他立论的基础；敢为天下先，敢为天下师乃是他非凡的品性；"万物皆备于我"乃是他为人为文的气度；"虽千万人，吾往矣"乃是他立学处世的精神。

所以孟子之文，乃是王者之文。以花作喻，他的文章仿佛百花园中的牡丹，雍容华贵才是他的本色，王者之气才是他的风范。所以他初见梁惠王，惠王问他："老先生，你不辞辛苦，路途千里而来，会给我的国家带来不少利益吧！"他立即回答："王！何必曰利！亦有信义而已矣。"这样的态度，在中国三千年文学史上，都是少见的。足见他不是一位可以怠慢的人；不是一位可以随便改变观点的人；不是一见权贵就有些出气进气不顺畅，腰杆子有点伸不直的人；也不是本来有一肚子高见，一看风头不对，马上把自己的人格丢进茅厕的人。由此可知，所谓浩然之气，是有根据有基础有来历有内涵的，不是腿长胳膊粗肺活量大就可以做到的。

这里引一段他给公孙丑的答话：

曰："文王何可当也？由汤至于武丁，贤圣之君六七作，天下归殷久矣，久则难变也。武丁朝诸侯，有天下，犹运之掌也。纣王去武丁未久也，其故家遗俗，流风善政，犹有存者；又有微子、微仲、王子比干、箕子、胶鬲——皆贤人也——相与相辅之，故久而后失之也。尺地，莫非其有也；一民，莫非其臣也；然而文王犹方百里起，是以难也。齐人有言曰：'虽有智慧，不如乘势；虽有镃基，不如待时。'今时则易然也：夏后、殷、周之盛，地未有过千里者也，而齐有其地矣；鸡鸣狗吠相闻，而达乎四境，而齐有其民矣。地不改辟矣，民不改聚矣，行仁政而王，莫之能御也。且王者之不作，未有疏于此时者也；民之憔悴于虐政，未有甚于此时者也。饥者易为食，渴者易为饮。孔子曰：'德之流行，速于置邮而传命。'当今之时，万乘之国行仁政，民之悦之，犹解倒悬也。故事半古之人，功必信之，惟此时为然。"①

第二家是荀子的文章风格。如果说，孟子的文章属于王者之文，荀子的文章则是典型的学者之文。

学者之文不以气势取胜，更不咄咄逼人，连雍容华贵都不追求。什么"浩然之气"，什么"万物皆备于我"，什么"虽千万人，吾往矣"，他对这些都提不起兴头。

学者之文的立论基础在于事实的清楚，逻辑的完整。不求很铺张，但求很专业；不求以情动人，但要以理服人。其第一追求是首先把自己搞正确，我研究了，我明确了，我有了结论了，这个题目就结束了。既不需要那么大的声响，也不需要那么大的声势。

荀子文章的特色，首先是有一说一，有二说二，但文章不是一加一等于二那么简单，于是立论严谨，条分缕析。他重视的是事实，强调的是根据，没有事实依据的话，他是不说的，即使有事实根据的话，说出来也要有分寸。他的风格是不张扬，不急躁，不作无用之言，也不感情用事。

因而，《荀子》的每个立论都有坚实的事证为基础，它不高屋建瓴，习惯于从根儿上谈起。虽然也有修辞，但不特别重视修辞；也讲论辩，但论辩不是红头涨脸、满头大汗，甚至暴跳如雷，凡此种种，皆非学者所为。不惟如此，甚至连痛快淋漓也不要，连乘胜追击也不要，连光芒四射都不追求。

在使用词汇方面，既不求新求奇求多，也不避生字、难字、僻字，只要需要，凡字均可用。他讲究的不是文采，而是准确，不多不少，准确最好。

---

① 杨伯峻：《孟子译注》，中华书局，1960年。

但它的特色就在这里，魅力也在这里。正如一个雄辩家碰到一位专家，若是在茶馆酒肆谈论起来，那一定是雄辩家胜，他几乎不费吹灰之力，就可以把座中话题"垄断"，不是他有意垄断，而是他的气势、他的才气、他的风度、他的话语能力，使他不知不觉间就成了当仁不让的主持人。但若换一个地点，不在茶馆酒肆，而在专业沙龙，雄辩家的优势就不如专家了。专家的特长，在于对他所熟悉的领域，具有专门之通，专门之精，专门之长。他常常是不动声色的，高谈阔论于我何干？又常常是孤寂的，热火朝天于我何干？也常常是隐而不发的，闲言碎语于我何干？

同样以花作比喻，荀子的文章可以比喻为槐花。他不以香气取胜，但有香气在；他不以华美胜，但有实用价值：医时可以入药，饿时也可充饥。

荀子的文章，流传最广的乃是劝学篇，这里不引，虽不引此，但风格在他的文章中比比可见。这里引《非十二子》中的一段话，其风其采，可见一斑。

  君子能为可贵，不能使人必贵己；能为可信，不能使人必信己；能为可用，不能使人必用己。故君子耻不修，不耻见污；耻不信，不耻不见信；耻不能，不耻不见用。是以不诱于誉，不恐于诽，率道而行，端然正己，不为物倾侧，夫是之谓诚君子。《诗》云："温温恭人，维德之基。"此之谓也。①

第三家是庄子的文章风格。庄子文章最以文采见长，连鲁迅先生都认为在先秦各文章大家中，他的文章是最具文学品位的，也曾评论他的文章"汪洋恣睢"，"先秦诸子，概莫能先"。

荀子文章固然有他的种种优点，但论到文采，则非其所长，但文采也是不可缺少的呀！从一定意义上说，没有文采也可以有文

---

① 《荀子全译》，贵州人民出版社，1995年。

章，却不可以有文学，而没有文学的世界，就像没有树木花草的世界一样，天地固在，难免凄凉。

我以为，科学的生命在于独创性，文学的生命在于多样性。所谓文采，其特色之一，就是同一件事，他说的便与众不同。他可以将一件非常简单的事，记得很复杂，复杂不是啰唆，而是津津有味；他可以将一件特别复杂的事说得很简单，简单不是缺滋少味，而是凝练结晶。狭义的学者之文，实用固然实用，可惜难以进入文学殿堂。

文学的字面表现即是文采，而文采犹如美人颜、美人妆。美人颜可以沉鱼落雁，美人妆可以闭月羞花。虽然沉鱼落雁的美人颜既不能代表美人的品性，闭月羞花的美人妆也不能代表美人的等级，但这些都是一切爱美的人所梦寐以求的。比如一位丰满美人，在形象上，她是喜欢杨贵妃还是喜欢孙二娘呢？比如一位骨感美人，在形象上，她是喜欢西施小姐还是喜欢东施姑娘呢？

庄子的文章，比喻多，寓言多，表现手法多，结构形式多。而且那些比喻不用则已，一用便如美人颈上的珍珠项链一样，不是一颗一颗，而是成排成串，用了一个又用一个；他又是最擅长创作和使用寓言的作家，他的那些奇异、古怪、匪夷所思、出人意想的寓言故事几乎是无穷无尽的，又似行云，又似流水，行云无尽，流水无穷，行云无尽而千姿百态，流水无穷而物意丛生。

一方面讲文采，一方面又有深意，有哲理，有高深的道理在，有新奇的视角在，有奇异的想象在。他所使用的比喻与寓言，他得出的逻辑与结论，常常在人们的意想之外，但细细斟酌考量又在人情事理之中。你尽可以不喜欢他的风格，但你不能不佩服他的手段；你尽可以不认同他的结论，但你不能不佩服他的表现能力，实在是因为他的语言文字能力太过杰出了。他确确实实比别人写得更生动，写得更有趣，也写得更富有艺术感染力。

我在"文句"一章中，举过整句与散句、疏句与密句、繁句与简句、浓句与淡句、快句与慢句、俗句与雅句等类型例句。读庄子之文，可以知道，庄子乃是一位使用汉语字、词、句、篇的超级高手，已经达到了随心所欲的地步。例如，我们看荀子的文章，长句不多，短句也不多，规规整整，常在不长不短之间。庄子的文章就不是这样了，他擅用长句，也擅用短句；擅用整句，也擅用散句；擅用复合句，也擅用祈使句。文如天花，信手而来；字如鸿雁，有序而去。

这里举一则影响深远的道论，供读者赏析。

> 夫道有情有信，无为无形；可传而不可受，可得而不可见；自本自根，未有天地，自古以固存；神鬼神帝，生天生地；在太极之先而不为高，在六极之下而不为深，先天地生而不为久，长于上古而不为老。豨韦氏得之，以挈天地；伏戏氏得之，以袭气母；维斗得之，终古不忒；日月得之，终古不息；堪坏得之，以袭昆仑；冯夷得之，以游大川；肩吾得之，以处大山；黄帝得之，以登云天；颛顼得之，以处玄宫；禺强得之，立乎北极；西王母得之，坐乎少广，莫知其始，莫知其终；彭祖得之，上及有虞，下及五伯；傅说得之，以相武丁，奄有天下，乘东维、骑箕尾而比于列星。[①]

第四家是韩非子的文章风格。韩非子自是文章大家，他本人是一位饱受争议的人物，而且是一位贬多褒少的人物。这主要和他是先秦法家集大成者这一特殊的身份有关。法家极端重视刑名，重视权用，重视政治策略。韩非之前的法家，多半各执一端，到他这里，把这些内容综合起来，简称法、术、势。

法家在战国时代属于明星级学派，影响最大，效应也最好。从战国初期的魏国开始，但凡要图生存求发展，莫不依法家的思路执

---

① 曹础基：《庄子浅注》，中华书局，1982年。

政。那个时期，法家几乎就是变革的代名词。其实，战国七强个个都是变革性政权，自然也都是法家的同情者、支持者与实践者，有区别的只在于彻底与不彻底而已。秦国的变革最为彻底，所以秦国的国力最强，势力最大，最终也是由秦国统一了六国。

韩非既是法家学说的集大成者，所以最受秦始皇重视。秦始皇读到韩非的著作，太激动了，说："寡人得与此人游，死无憾矣。"后来知道韩非就在韩国，于是想尽办法，软硬兼施，终于将韩非弄到了秦国。然而，那结局却是很悲惨的，他到底听信了李斯的谗言，将韩非囚禁，韩非进而被李斯毒死。

韩非的文学风格，也是法家式的。它不重文采，只重实效，而且达到了极端的程度，为达目的，不择手段。这方面，既与庄子的文章南辕北辙，又与孟子的文章大相径庭。人家是王者之文，浩然正气，它只管讲权术，专心于法势之道；就是与他的老师荀子也不一样。荀子是学者之文，虽然讲究实用，重在合乎道理，韩非则是官吏之文，道理固然也讲，目的全在社会实用、政治实用。表现在文风方面，则是刀光剑影，犀利无比。用八个字形容韩非的文风，可以称之为"握拳透爪，寸铁能屈"。因为握拳的力量太大了，指甲都从手背上穿过去了，此为握拳透爪；因为折铁的力度太强了，一寸长度的铁棍都可以令其弯曲，此为寸铁能屈。

韩非文风犀利，因为他文章的立论基础全在于变革，在于权用，在于各种各样的斗争策略——包括阴谋诡计，总之，都是些与国家政权息息相关的内容。我们看他的文集目录，开口就是"初见秦"，闭口又是"存韩"，继而讲"难言"，讲"爱臣"，讲"主道"，讲"有度"，讲"二柄"，讲"扬权"，讲"八奸"，讲"十过"，又讲"亡征"，讲"三守"，讲"备内"，讲"南面"，讲"饰邪"，这都是些很关乎利害，很权力化，很容易陷入权力旋涡中的题目，却又是与国家的政治能力血肉相关的题目。这些题目，做它很难，做好更难，稍不留心还有可能付出惨重的代价。韩非的学问深了，亲见亲知的多了，有感于此，故而又写"说难"，写"孤愤"，表达了他对这书写对象的艰难与凶险的认识与应对策略。不仅如此，他既是法家，必关心治国，既要治国，必痛恨"五蠹"，且对老子的思想智慧予以特别的关注，专门做了《解老》、《喻老》两篇文章。法家近老子，正是为了给自己的学说寻找理论支撑点。但他文风的本质，不是纯理论的，更不是仁义礼信的。在孟子是仁义为先，这个他不能接受；在荀子是条分缕析，这个他也不太喜欢。他是变条分缕析为势如破竹，他真正喜欢的乃是短兵相接，刀刀见血。他的文风，以犀利为能，力度为先，恨不能一句话便将多少问题讲清讲透。所谓一掌下去，便是个血印，不怕血肉横飞，就怕不痛不痒。

庄子文章文采斐然，而且悠游自在，无拘无束，所谓"鹏之徙于南冥也，水击三千里，抟扶摇而上者九万里"，九万里对韩非子来讲，不免太过遥远又太过空泛，他不关心更不喜欢这些无边无际的大事由，他看重的是法、术、势，追求的是富国强兵，目标直指霸业，连王业都不在他的眼里。在他的心目中，霸业才是正业，完成这霸业唯有凭实力说话。以这样的文风写文章，以这样的文章襄助事业，其结果不免"成也萧何，败也萧何"。韩非子文章虽然受到秦始皇的极度推崇，但在此后的两千年中，其地位与社会主流评价，却是最低的，个中黑白曲直，确实值得深思。

这里引他《五蠹》中的一段话，举例证明刑罚之重要性，立论峭拔，别具一格。其文曰：

> 夫古今异俗，新故异备。如欲以宽缓之政、治急世之民，犹无辔策而御悍马，此不知之患也。今儒、墨皆称先王兼爱天下，则视民如父母。何以明其然也？曰："司寇行刑，君为之不举乐；闻死刑之报，君为流涕。"比所举先王也。夫以君臣为如父子则必治，推是言之，是无乱父子也。人之情性，莫先于父母，父母皆见爱而未必治也，虽厚爱矣，奚遽不乱！今先王之爱民，

不过父母之爱子，子未必不乱也，则民奚遽治哉！且夫以法行刑而君为之流涕，此以效仁，非以为治也。夫垂泣不欲刑者仁也，然而不可不刑者法也，先王胜其法不听其泣，则仁之不可以为治亦明矣。

且民者固服于势，寡能怀于义。仲尼，天下圣人也，修行明道以游海内，海内说其仁，美其义，而为服役者七十人，盖贵仁者寡，能义者难也。故此天下之大，而为服役者得七十人，而仁义者一人。鲁哀公，下主也，南面君国，境内之民莫敢不臣。民者固服于势，势诚易以服人，故仲尼反为臣，而哀公顾为君。仲尼非怀其义，服其势也。故以义则仲尼不服于哀公，乘势则哀公臣仲尼。今学者之说人主也，不乘必胜之势，而务行仁义则可以王，是求人主之必及仲尼，而以世之凡民皆如列徒，此必不得之数也。①

细细思之，这样的文章理路，不觉令人心惊。这文风，确也或多或少、或长或短地影响了中国文章两千年。

文风作为文章个体的倾向，远远不止这四种类型，但这四种类型应该是最具代表性的，正如心理学认为人有四种基本的性格类型一样：A型——外向型；B型——灵活型；C型——保守型；D型——内向型。四种类型不可能穷尽所有人的性格组合。实际上，既有很典型的性格类型，也有不典型的性格类型，或七分A型三分B型、四分C型六分D型、五分D型五分C型。文风亦如是，典型虽只四种，变化却是无穷。

各类文风都有自己的传人，只是成绩大小有别，不可一概而论。以孟子的文风为例，其后世的继承人中，唐宋八大家之首韩愈便是一个杰出的代表，梁启超也是一位杰出的代表，毛泽东又是一位杰出的代表。以庄子的文风为例，其继承者中最突出的代表人物则是

---

① 陈奇猷：《韩非子集释》下册，上海人民出版社，1974年。

苏东坡。苏东坡先生评价自己的文字，有"常行于所当行，常止于所不可不止"之说，这个特色恰与庄子的文风一脉相承。

2. 王小波，当代散文的一个异数

散文文风的发展与丰富在五四运动时期达到一个高峰，现在遥遥看去，我以为那个时期最有成就的文学门类乃是散文，不但创作成果卓著，而且散文大家纷纷崛起。只是对其中的代表人物，已经在相关章节中分别介绍，此处不再重复。

改革开放之后，散文的成就也很突出，20世纪90年代后，出现以个人为标志的散文热，如余秋雨、周国平、贾平凹等。这几位作家，或以时尚见长，或以思考见长，或以韵味见长。有的成一时之风雨，有的则绵远而流长，但最突出的代表人物，当属王小波。

评价散文的标准，我以为有"深"、"大"、"韵"、"美"四个方面。虽然当今的散文家未必比得上"五四"时期的散文家，但那风格、时尚与历史深度也不是昔日的散文家可以做到的。以上述四个方面平衡近二十年散文家的成就，还是王小波更为突出。

王小波的文学成就，既有小说，也有散文，为他立基的是小说，而广泛传播的首先是散文。他的散文风格，是幽默加智慧，深刻却又不露声色。他绝不大声喧哗，更不以势凌人，浩然之气更不考虑。他的文章立论坚牢，说理透彻，形式多样，语调诙谐，虽然不见刀光剑影，却十分耐人寻味。初一读，很开心；细一想，有深意。过些时，回头再看再想，更开心了。他也不是有什么微言大义，亦不故作高深，本质上是人格独立，我用我脑思，我用我手写。风格上是好看好玩，闲话少提，先说有趣。他是一位少见的不把人文关怀挂在嘴边却又真正具有人文情怀的大作家。他把人文情感与知识都有机且有趣地结合在一起，你中有我，我中有你。

这里引他几段文字。

一段是说思维与幸福的。

汉语的美丽与芬芳

　　我认为脑子是感知至高幸福的器官，把功利的想法施加在它上面，是可疑之举。有一些人说它是进行竞争的工具，所以人就该在出世之前学会说话，在3岁之前背诵唐诗。假如这样来使用它，那么它还能获得什么幸福，实在堪虞。知识虽然可以带来幸福，但假如把它压缩成药丸子灌下去，就丧失了乐趣。……假如说，思想是人类生活的主要方面，那么，出于功利的动机去改变人的思想，正如为了某个人的幸福把他杀掉一样，言之不能成理。①

这观点，深得我心；这风格，令我开心。

第二段，也出自这一篇文章，文中提到了阿城的小说：

　　文化革命以后，我还读到了阿城先生写知青下棋的小说，这篇小说写得也很浪漫。我这辈子下过的棋有4/5是在插队时下的，同时我也从一个相当不错的棋手变成了一个无可救药的庸手。现在把下棋和插队两个词拉在一起，就能引起我生理上的反感。因为没事干而下棋，性质和手淫差不太多。我决不肯把这样无聊的事写进小说里。②

这风格，我喜欢，只是想补充一句，阿城与王小波，各有各的道理在，换句话说，不是阿城不对，是王小波更对些。

第三段，我以为是非常经典的文字，可以与日月同光的，出自他的《文明与反讽》。

　　据说在基督教早期，有位传教士（死后被封为圣徒）被一帮野蛮的异教徒逮住，穿在烤架上用文火烤着，准备拿他做一道菜。该圣徒看到自己身体的下半截被烤得嗞嗞冒泡，上半截

---

① 王小波：《浪漫骑士》，中国青年出版社，1997年。
② 同上。

还纹丝未动,就说:喂!下面已经烤好了,该翻翻个了。烤肉比厨师还关心烹调过程,听上去很有点讽刺的味道。那些野蛮人也没办他的大不敬罪——这倒不是因为他们宽容。人都在烤着了,还能拿他怎么办。如果用棍子去打、拿鞭子去抽,都是和自己的午餐过不去。烤肉还没断气,一棍子打下去,将来吃起来就是一块淤血疙瘩,很不好吃。这个例子说明的是:只要你不怕做烤肉,就没有什么阻止你说俏皮话。①

我以为,这一段话,很能体现王小波的浪漫骑士风格。

他还有一篇很有趣味的文章《一只特立独行的猪》。很好玩,也很好看。我有时竟然会想,如果我们总是做人不成,不如就成为一只特立独行的猪好了。

---

① 王小波:《沉默的大多数》,中国青年出版社,1997年。

文论 审美
WENLUN SHEN MEI

千秋"语"业，各有评说

文论，顾名思义，即文学理论，但在大陆，比较习惯的叫法则是文学批评。例如罗根泽、郭绍虞几位前辈将有关中国文学理论的专门性著作都命名为《中国文学批评史》。

明明是文学理论，为什么要叫做文学批评呢？我的理解是，除去其他原因之外，可能与中国文论的特殊品格有关系。换句话说，中国文论的特点与优点不在抽象的理论方面，而表现在对文学作品的具体批评方面。

无论如何，文论是研究汉语与汉语文学不可或缺的组成部分。本书的十章内容，一方面是关于作品基础的，如文字、文辞、文句、文韵，一方面是讲作品创作的，如文篇、文体、文风，还有一部分则是对创作的规范与保护，那就是文法与文论了。

一、古代汉语文论的六个特征

古代汉语文论的六个特征是相互关联的一个整体。

1. 没有"主义"，但有道统

中国传统文论，没有"主义"的概念，如西方的古典主义、浪漫主义、现实主义、后现代主义，这些在中国传统文论中都是没有的。虽然没有"主义"，但却有道统，简而言之，就是"道"。

"道"这个概念内涵过于丰富。汉字"道"的本意，只是道路，以后推而广之，由实而入虚，由具体进入抽象，终于演变成中国古典哲学、古典文学乃至一切文化观念中最为重要的概念。

道又是有层次的，有自然之道，也有为政之道，还有技能之道，当然也有文学之道了。

自然之道是说，道是万物之母。所谓"道生一，一生二，二生三，三生万物"。这意思是说，世间万物都是有来处的，它不会无缘无故地产生出来。那么它产生的规律是什么呢？就是道。因其道而生，合其道而长，得其道而兴。反过来说，一（道）即可以生万物，万物也可以归一（道）。没有道，就没有这一，于是万物归零，一切都无从谈起。

为政之道，在儒家的理念上就是仁政，所以孟子才说"得道多助，失道寡助"。那么这道一定是最好的最受人拥戴的政治。在古代的时空范畴内，就该是仁政了。实行仁政，因仁政而得人心，得人心者得天下，这个就是"得道多助"；失去仁政，或反仁政而行之，变成暴政了，于是人心尽失，没有人帮助你了，最后难免成为孤家寡人，此所谓"失道寡助"。

技能之道，是庄子在《庖丁解牛》中提出来的，所谓"进乎其技"，分析那意思，知道技的后面，在更高的层面上还有"道"哩。没有道的技能，不过是技能而已，有了道的技能才可以提升到自由的境界，就好像那庖丁一样，"手之所触，肩之所倚，足之所履，膝之所踦，砉然向然，奏刀騞然，莫不中音，合于《桑林》之舞，乃中《经首》之会"。

中国道的观念，随着历史的推衍而发展，其内涵日益丰富。到了后来，不仅世间万物，连神的世界、鬼的世界，也都在"道"的涵育之下。神仙虽然成仙，不可以失"道"，失"道"一样犯错误，一样会受到惩罚，甚至一样被处死。那猪八戒就是一个负面样板。鬼怪也可以得道，虽是鬼怪，不用自卑，动物修炼久了可以成精，妖精一心向道可以成仙，那情形就如同孙猴子变成了孙行者，孙行者又变成"斗战胜佛"一般。鲁迅先生曾感叹中国的鬼还有死亡的可能，那无异于说，一个人至少可以死亡两次了：第一次是作为人的死亡，第二次是作为鬼的死亡。换句话说，鬼既与道相关，便有善鬼恶鬼之别，行为合乎其道的，便是善鬼；不合其道的，便是恶鬼。恶鬼必有恶报。本来嘛，您都鬼了，还要作恶，其结果就如同包拯铡判官一样，让你再死一回——彻底死了。

中国传统文论，是有严格的道统要求的。只是它那个"道"，既有自然之道，如庄子，也有仁义之道，如孔孟，还有技能之道，如各种文学技巧评点。

西方人讲主义，主义是人创造的，所以最伟大的主义也要在人之下。虽在人之下，又能启迪人的智慧，指导人的行为。中国传统文化中的道，因其性质的原因，不会在人之下，也不在人之上，而是人在道之中。西方人的主义，本质上乃是一种系统化理念，而中国人的道，却是一种无远弗届的本体性规律性存在。它也不是上帝，它不会强迫你这样或那样，你顺着它的方向努力，不是因为它的压迫，只是因为它的正确，只消顺着它走，必定光辉灿烂。中国传统文学的一个重要价值理念，是文以载道。只要这文章合乎道了，必定是好文章，倘若还能载其道而行之，这文章就更好了。

2. 不重体系，关注作品

中国传统文论，不重视体系建设，或者说得夸张一点，就是没有什么体系性的文学概念。没体系即没结构，这一点与文学创作成就很不般配。中国人做文章，最讲究章法，章法仿佛就是结构了，然而，不是的，文学有结构，章法无结构，讲究章法其实只是讲究文章的做法。这也是中国古代文化的一大特色。所以自古以来，汉语文论的数量固然很多，但专著形式的文论却是凤毛麟角，翻来倒去，大约只有一部刘勰的《文心雕龙》疑似之。但细细察检，即使《文心雕龙》这样一部规模宏大、内容丰赡的文论巨著，也不在文论体系上下功夫。它的体系与其说是自觉为之的，不如说是客观形成的。《文心雕龙》之外，连具有客观体系的文论也极其少见了。

中国传统文论虽然忽视体系，却十分关注作品，尤其是那些产生重大影响的经典性作品。它的特色就是理论联系实际，一切从实际——作品出发。所以我们读中国古代文论，虽然体系感很差，却绝对没有空话，它不会无的放矢的，所说所论必定有根有据。那根就是所分析的作品，那据就是作品所包含的种种优点。它不另起炉灶，也不作抽象之想，而是沿着作品指示的方向，一步一步地摸着石头过河。虽然摸着石头过河，却又找出多少好风景好路径。西方人喜欢说："条条大道通罗马。"如果这道理可以成立的话，那么，汉语文论所走的就是另一条探索之路，而且从总体上看，也是很成功的。

3. 作家持论，经验者说

一是没有"主义"，二是不重视体系，还有三，三是几乎没有专门性的文学批评家或文学理论家。中国古来关心文论、撰写文论、发表文论见解的人，若非百分之百，至少百分之九十九都是创作中人。他们一方面是创作者，另一方面又是评论者。这一点很像中国民族戏曲的主要演员，往往是身兼二职的，既是演员，又是导演——其实根本没有导演，充其量只有师傅，师傅也是演员，不过是经验更多的演员而已。

身兼二职，好像有点自弹自唱的意思，其实也不尽然。中国古来的文论，一般不正面评价自己，而是把批评的重点放在他人的作品上，但对他人的评价，也是与自己的创作实践紧密结合的。他一面创作，一面思考应该如何创作，这就包含了对他人的评价、批评与借鉴在内了。

况且，中国古代的不少文学批评家，本人就是大创作家。虽然他们的批评往往来得少抽象、缺体系，却有伟大的创作在下面支撑着，那情形就和《歌德谈话录》一类的西方文论作品相去无多。

正因为他们以创作为基础，所以不少见解虽仅只言片语，却为真知灼见。李白、杜甫就是一个好例。

李白的文论观念中有两个重要的观点，这两个重要的观点，都是通过诗歌表达的。一个是"清水出芙蓉，天然去雕饰"，一个是"安得郢中质，一挥成斧斤"。

前一句诗说的是好的作品不是一字一韵打磨出来的，而是浑然天成的。浑然天成，还要天生丽质，就像出水芙蓉一般。这是静态形容，或者说是结果性标准。

后一句诗讲的是创作方法，或说创作过程。怎么创作呢？"一挥成斧斤"。不是零零碎碎，想一句，写一句，而是成竹在胸，一挥而就。

李白是这样说的，也是这样做的，他的创作与理论确实是一而二，二而一的。

杜甫也是一位重要的文论家，他的文论同样与自己的创作紧密结合，但他的创作方法与理念显然与李白不同。李白是成竹在胸，一挥而就，他则是"读万卷书，行万里路"，"转益多师是我师"。他的诗歌创作也正是在千锤百炼之中，达到了炉火纯青的境界。

他曾经专门为论诗作过六首绝句，虽然总题戏作，那态度其实是认真的。尤其五、六两首，最具文论品格。

以第五首为例：

不薄今人爱古人，清词丽句必为邻。
窃攀屈宋宜方驾，恐与齐梁作后尘。

那诗眼自然是第一句：不薄今人爱古人。而诗人本人也是一位兼收并蓄的专家，今人也学习，古人也借鉴，因为他有这样的胸襟，他的诗歌才能那样气象万千，包罗万象。

4. 同声相和，群而不党

中国有句古语："人以群分，物以类聚。"中国古来的文人尤其如此。中国古典文学从魏晋时期走向自觉，魏晋之前没有独立的文学概念。一个引人注目的现象是，从文学开始走向自觉与独立的那一天起，便有相应的文学群体出现。直到五四新文化运动，这种现象都一脉相承，未曾改变。

魏晋时代最著名的文人群体是"建安七子"，即七位杰出的诗人与文学家：孔融、陈琳、王粲、徐幹、阮瑀、应玚、刘桢，但那群体其实不止七人，因为他们都是围绕（不见得真心拥护）曹操、曹丕、曹植父子活动的。但无论如何，作为一个群体，它的影响是巨大的。以后又有竹林七贤：嵇康、阮籍、山涛、向秀、阮咸、王戎、刘伶，也是"嘤其鸣矣，求其友声"，虽后来因为政治投向不同，成员之间发生分裂，但作为文学群体，还是有着相似的风格，更有着群体效应。

六朝之后，初唐有四杰，盛唐有田园诗、边塞诗，虽未必成派，但风格自在；转入中唐，既有元白诗派，又有刘白唱和，还有韩孟诗派等。初唐四杰，地位相近，风格近似，但四个人不是太团结，为着名次先后，有些芥蒂。元白诗派则不是这样，元白唱和，是中国诗歌史上的一大盛事，而且产生了极其广泛的影响，到了所谓有井水处便有人唱元白诗的程度。这自然也与他们诗风的晓畅明达有关。元白诗派走通俗化的诗路，韩孟诗派则走奇崛怪峭的诗路。这一派的诗作虽有些难读难懂，但其间的人物仿佛更多些，韩愈更是他们中公认的全能性领袖。他本人不但能文能诗，而且还是唐代古文运动的领袖，并且好为人师，又有伯乐之心，极喜欢交结朋友，推荐人才，看到人才就走不动路的。由此，成就了他本人与这诗派的一代风云之气。应该这样说，论在民间的影响，韩孟不如元白，论在文人圈子里的影响，则元白不及韩孟。这两个派别或分或合，为唐诗的充分发展作出了贡献。

此后，宋词中有豪放派，又有婉约派；宋诗中有西昆体，有元祐体，还有后面的江西诗派；明代则有前七子、后七子、唐宋派、公安派、竟陵派；清代则有格调说、神韵说、性灵说，名虽为说，实在为风，人在为派。诗人则有岭南三家、西泠十家；词人则有浙词派、常州词派；散文则有桐城派、阳湖派。小说虽不以派称，大凡对清代文学史有些了解的人都会知道，《聊斋志异》的影响绝不逊于任何一个流派，因为它的追随者甚多；《红楼梦》不但是最伟大的古典文学作品，而且它的评点者也是出类拔萃的同道之人。

值得自豪的是，虽然同声相和，并不结党营私，也不党同伐异。虽有异派之争，也不因言废人，因人废事。例如韩愈与白居易，风格自是不同，但不影响他们做朋友；又如辛弃疾与朱熹，几乎所有重大观念与作风都是对立的，同样也没影响他们成为朋友，而且互有推崇之词。这个传统是很值得借鉴的。

5. 范畴随意，感悟为先

用西方审美范畴作参照，中国传统文论并非没有范畴，而是有太多范畴，如气韵、如形神、如意境、如神思、如风骨、如文采、如奇正等。其中一些范畴，不但历史悠久，而且应用普遍，且影响了不止一个领域。如奇正，不但文学中有，军事学也有；如气韵与意境，不但是文学领域中的重要范畴，更是艺术领域中的重要范畴。

> 且气韵可以合用，也可以分用。分用时，则气是一个层面，韵是另一个层面。而且单是一个"气"，便可以有多种分解，如生气，如神气，如阳刚之气，如书卷气；"韵"同样有多种分解，如风韵，如神韵，如雅韵，如远韵，如道韵，如玄韵，如清韵，如情韵，如素韵等。①

尤其意境一说，经王国维的特别阐释与提倡，在唐宋词批评领域产生的影响尤为巨大。其中的"有我之境"与"无我之境"，流传得更为广泛，成为既具经典性又具普及性的审美例证。非但如此，20世纪90年代，王振华先生新编《人间词话》，以意境为主调，把《人间词话》新编为若干个题目，使其内容的编排，更有层次，也更便于查阅了。

中国传统文论的范畴虽多，但在应用方面却具有相当的个人随

---

① 李欣复：《中国古典美学范畴史》，天马图书有限公司，2003年。

意性。这个作家在这个意义上使用这个概念，那个作家在那个意义上使用这个概念，从而既丰富拓展了这些范畴的内涵，也为后来的研究者带来了不少困难。单是一个"风骨"，据詹瑛先生研究，就有17种解释，而这些解释的来源还是从1962年以后的研究资料中得来的。

这17种观点包括：认为"风指神似，骨指形似"的；认为"'风'谓风采，'骨'谓骨相，一虚一实，组合成词"的；认为风"狭义是指作品有骏猛、雄健的气势，骨包含了'体干'和'骨力'的概念"的；认为"风骨都是指内容，不是指形式"的，等等。

综上所述，依中国传统文论的品性，它的这些范畴显然与西方审美范畴的个性迥然不同。

第一，它的一些范畴具有跨文体、跨门类的相通性特征。即它不但适用于诗歌，而且适用于散文；不但适用于诗歌、散文，而且适用于小说、戏曲，甚至适用于书法、绘画。其实，一些重要的审美观念，就首创于书家、画家或书画评论家。这些范畴，不仅可以通用，而且出文入艺，便当无碍。这在西方文学理论中是非常少见，甚至是不可思议的。

第二，一些具体的概念、用语，因为使用者所处的时代不同，本人的素养不同，创作特点不同，因此概念与用语又具有相对性。你千万不要把它看"死"了，这些概念与用语全是活的，遇山则成虎，遇水则化蛟，进了沙漠就变骆驼。所以，如果你同时请教几位互不相干的，或者很是相干的创作者，问他们到底什么是"韵味"，什么是"韵味绵长"，什么是"气韵高远"，那回答可能五花八门，令西式的询问者如坠五里雾中。

我以为，当下的中国文化研究者，面对中国古典理念，常常处在两难境地：不给出一个统一的解释吧，不像个理论；硬解释吧，又难免落入过度解释的陷阱，从而左支右绌，不能贯通。

第三，创作者在针对不同作品、不同文艺形式时，常使用这些概念的意会性。因为中国传统文论，原本是没有严整的理论体系的，所以评点一件作品或一个流派，或一个作家，往往是随遇而发，有感而发，且"妙言只在三五句"，在很多情况下，确实只可意会，难以言传。有时，干脆是"心有灵犀一点通"，他是因灵感而来，你是因知音而悟。

圈子外面的人，尤其是不了解中国文化传统与这具体作品并技艺的人，难免丈二和尚摸不着头脑。

第四，对于观赏者而言，则需要一定的感悟性。欣赏中国传统文、艺，不一定非要理性，但一定要有悟性。艺术在那儿放着，就看你悟得着悟不着。悟得着时，不免豁然开朗，要大叫一个"妙"字。悟不着时，使用再多的名词与概念，也不过隔靴搔痒罢了。

6. 经典教育，三方互动

先说经典教育。

中国古典文学虽在魏晋时代才得以自觉，但中国诗歌、散文的历史却早在先秦时代就已经取得了辉煌成绩。尤其是诗，不但具有创作价值，而且具有美学价值，两者叠加，促进了文学批评的发展。《诗经》为儒学经典之一，孔子有"思无邪"之论，足见其在中国文学史上的特殊地位。

《诗经》为儒学经典，汉武帝实行"罢黜百家，独尊儒术"的国策，儒学经典的地位更高了，其影响也更大了。

更何况，中国自古不是一个宗教国家，中国古代传统文化乃至中国古代社会心理，对于皇帝是最为尊崇的，对于官员是最为敬畏的。从一定意义上讲，尊崇皇帝超过尊崇天地，敬畏官员超过敬畏鬼神。联系中国"诗"的教育，又自古而然，《诗经》的地位又是如此崇高，中国成为诗歌大国，大唐帝国甚至成为诗歌王国，也就不足为怪了。

中国古代对文学尤其对诗歌的重视，不但有政策，而且有制度。

比如古代的乐府诗，一般不了解历史的人可能认为这只是某一类诗歌的称谓，但它同时也是古代官署的名称，而且正是因为有了这官署的名称，那些诗歌才得以以乐府之名而保存、流传下来。乐府作为一种体制的历史很长，它始建于西汉。汉惠帝时，已经有了乐府令，到汉武帝时，又设立专署——乐府，负责朝会中使用的音乐，同时负责收集民间诗歌与乐曲。诗歌有乐府，词则有大晟府。大晟府建立于宋徽宗时，是专门负责词与词乐的官方机构，北宋大词人周邦彦就做过大晟令。

再说三方互动。

三方互动，一方是儒，一方是官，一方是民。三方不是孤立存在的，而是相互关联的。

社会基础当然是民。虽然在漫漫的历史长河中，绝大多数的民没有文化，也不直接参与文学创作，更不直接参与文论研究，但基础的作用却是无可代替的。如果以文学为花，人民就是土壤。没有土壤，哪里有花？

民的作用，不仅是基础作用，在一定意义上说，它也是文学创作的一个方面，比如民歌，比如民间戏社，比如民间故事，它可能不是纯文学的，却是富于营养的，多少文学经典，追根溯源，那根就在民间，那源也在民间。

民作为受众，又有"反作用力"。一个文学体式出来，只有儒与官的支持，不足以成为社会化行为。只有为民众普遍接受，才能创造一代辉煌。唐诗就是一个显例，古典小说又是一个显例。唐代成为诗的王国，因为彼时彼地，无论男女老幼，贫富僧俗，几乎人人可以为诗。再以古典小说为例，中国历代当权者，只重视诗歌文章，不重视小说，小说没有地位，但小说极有成绩，因为至迟自宋代以来，它就有了非常深广的社会性听众基础，所以才能获得那么巨大的历史成就。

中国的儒与官关系密切，以至难以彻底分割。无官为士，有官为仕。两者有区别，且从儒家的发展史上看，儒的初始时代只是民间学派，孔子办学，属于中国历史上最早的私学。

儒学虽是私学，但关注社会，关注政治，因此，入仕从来都是他的理想，所谓"学而优则仕"。儒学文化等级观念为立论之基石。一是仁，二是礼。仁是仁爱之心，仁者爱人；礼便是等级有差，等级有序，所谓"君君、臣臣、父父、子子"。但儒学又是有理想有准则的伟大文化学派。它一方面要忠君，一方面又有自己的道德理想，忠君更要守则，皇帝的行为不合乎仁道礼义，也一定要劝谏，在先世还讲明哲保身，到后来则演进为"武将死战文官死谏"，于是有了包拯，有了海瑞。

从文学及文论的角度看，儒的影响是至为重要的，他们不但是文学创作的主体，也是文学理论的主体。就他们的组成成分看，有身兼仕官的，也有终身布衣的，有科考成名的，也有拒绝科考的，有成为高官显贵的，也有郁郁不得志的。

以唐代五位最杰出的诗人王维、李白、杜甫、白居易、李商隐而论。王维是亦官亦隐，李白是终身布衣，杜甫做过短时间的官吏，白居易是大诗人也是大官僚，李商隐是一世郁郁不得志。

以金圣叹认定的六才子书的六位作者庄子、屈原、司马迁、杜甫、王实甫、施耐庵而论。庄子是一生绝不做官的；屈原是做了高官又被放逐，终了沉汨罗江而死的；司马迁是史官世家，却受了宫刑的；杜甫前已说；王实甫是游历于官民之间的；施耐庵则是纯正的民间文人。

大体说来，那些在文学及文论方面最有建树的人物，多为民间人士或不得志的官员，这就说明，文论的第一品性，乃是人民性。

除去民、儒之外，官是另一个重要方面。在中央集权下的中国古代社会，帝王与官僚阶层的作用尤其不可低估。

联系到"经典教育"，则官宦阶层既是经典教育的结果，又是经典教育的主持者与倡导者，虽然官、儒、民三方对于"经典"的理解必有不同，但作为一种文化形态，在特定的历史条件下，是有一致性的。其中，帝王的作用尤其明显。帝王喜好文学，官员必备文学修养，有修养才有更好的见解，把这见解书写出来便是文学批评或文论。中国古来的官员——尤其是科考入仕的官员，在唐宋之后，已成为官僚队伍的主体，他们必须具有相当的文学修养，起码会吟诗作对，会写文章。不会作文，如何上奏章，论国事？不会作诗，连与同僚交流都会有困难。

单以帝王为例，能诗的人也甚是不少，最早的皇帝诗人当推汉高祖刘邦。他的那首《大风歌》"大风起兮云飞扬。威加海内兮归故乡，安得壮士兮守四方"，不但诗意盎然，尤其诗风慷慨，不是寻常诗人可以做得出来的。

汉武帝也是诗中高手，他的诗歌水准，可说终汉一代，不让骚人。如他的《秋风辞》：

> 秋风起兮白云飞，草木黄落兮雁南归。
> 兰有秀兮菊有芳，怀佳人兮不能忘。
> 泛楼船兮济汾河，横中流兮扬素波。
> 箫鼓鸣兮发棹歌，欢乐极兮哀情多。
> 少壮几时兮奈老何！①

汉高祖、汉武帝之后，李世民也是一位文治武功大有作为的皇帝。他的诗才不高，但他很喜欢诗歌；他的文才也不高，又很喜欢作文；书法艺术又不高，却十分痴迷书法，尤其钟爱王羲之的书法作品。有这样的人做皇帝，不能不说是天下文章之幸。

此外，武则天、唐玄宗，乃至后来的宋太祖、明太祖，或有较高的诗歌才能，或对诗歌很是青睐。宋太祖虽不是诗人，但他偶尔为之，便气魄不凡。朱元璋没啥诗才，但他喜欢文学，对楹联尤有

---

① 沈德潜：《古诗源》，华夏出版社，1998年。

特别的爱好，而且在全国推广，对楹联的普及，大有益处。

到了清代，喜爱文学的皇帝更多了，康熙已是一位大学者，乾隆的表现更太奇异，他一生写的诗，单以数量而论，唯有宋代大诗人陆游堪比。

如此种种，都为中国古代文学与文学价值取向大开了方便之门、主流之门。

或许应该这样说，没有皇帝与在朝官吏的参与与支持，中国古代文学也一样可以发达、可以辉煌，但那道路可能会曲折不少。虽然帝王与官员的支持与参与不见得可以改变文学与文论的发展方向，但显然给了它们很大的助力。

顺便说，中国文学历经两千多年，没有发生断层，甚至没有出现如西方社会那样的低谷局面，而且各个重要的历史时期都有自己独特的代表性文种与文论，和"经典教育，官方主导"有着或多或少的因果性关联。

二、汉语文论的文化传统

文化传统本身就是一个复杂的文化体系。它有母系统，也有子系统，与文论直接相关的，如儒学传统、民间文学传统、艺术传统、风俗尤其是地方风俗传统等。对如此复杂的文化传统，从最基本最主要的方面考察，最少应该包括四个层次，即儒学传统、道家传统、佛家传统与民间文学传统。

1. 儒学文化——汉语文论的主流传统

儒学初创时期，还没有文学的概念，但它的一些观念，却对后世文论产生了莫大的影响。且不说儒学经典与中国两千年儒学教育的影响，单说那些与文论相关的最基本的概念，就非同小可。这里列举三个概念。

第一个概念——尽善尽美，语出《论语·八佾》。

> 子谓《韶》："尽美矣，又尽善也。"
> 谓《武》："尽美矣，未尽善也。"

这是孔子欣赏《韶》与《武》两种音乐时说的话，但它所产生的影响早已超越了音乐欣赏的范畴。

说的是善与美，重点在善。善代表什么呢？在儒学观念中，最高的善乃是仁。仁的观念，是孔子学说的最核心的理念。仁，不但是对文学艺术评判的最重要的标准，也是做人的根本要求。

仁，固然重要无比，却不能单极存在。一方面要善，另一方面又要美，最好是尽善尽美，就像《韶》乐一样。用我们今天的话讲，只有善，可以是高尚的，但还不是艺术；反过来没有善，只剩下美，那么最好的结果也不过是为艺术的艺术罢了。而唯美主义的观念，在中国漫长而丰饶的历史上，基本都是没有市场的。它连成为文论之一论的资格都不具备。站在今天的立场看，为艺术的艺术也可以成为一种文论理念，然而，在这理念背后依然有着善的潜在评价存在。一般地讲，为艺术的艺术也可以是一种善，承认为艺术的艺术的合理存在本身就是一种善。

尽善尽美，斯统也长，斯声也远，直到今天，依然是中国的主流性文论观念。

第二个概念——文质彬彬，语出《论语·雍也》。

> 子曰："质胜文则野，文胜质则史。文质彬彬，然后君子。"

本意是讲君子的条件。说直白些，就是君子应该既朴实又有文采。朴质于内，文采于外。

这个观念同样为传统文论所借鉴、所引申。进入文论，"质"演变成内容，"文"演变为修辞。一篇好文章，首先要有好的内容，但还不够，还应有良好的修辞。这个观念形成了中国社会的重要传统，这个传统一直影响到如今。

回顾中国文论史，总有这样两种倾向：一种倾向，偏重于文采；一种倾向，轻视文采，强调内容。

重视文采的如汉赋，如齐梁诗体。但至少五四运动以来，对这一派的批评和贬损很多。现在看来，未必恰当。没有文采，哪有文学，文采虽不是文学的本质，至少是文学的存在方式。

另一派的代表人物甚众，如东汉的王充，如魏晋的建安七子，如初唐的魏征、陈子昂，都要归入这一派。这里说说王充。

王充在中国文化史上，属于一个异数，在中国儒学史上，尤其是一个异数。王充出生于儒学大行其道、无所不能、无所不在、无所不干预的东汉，但他特立独行，不仅敢于"刺孟"，而且还要"问孔"，对于孔孟之道，并不盲从。他真正钦敬的人物，则是桓谭。那桓谭也是一个异数，不过不是儒学的异数，而是谶纬的异数。东汉谶纬盛行，自汉光武开始，权臣贵族，多为谶纬的信徒。但谭公就是不信这东西。有一次光武帝一事不决，要求以谶而立，问他好不好。他沉默良久，回答说："臣不读谶。"汉光武问为什么，他便大讲谶的种种坏处，结果把刘秀说急了，大叫："桓谭非圣无法。"要把他立马斩首。对这样的人，王充很佩服。他本人言行一致，不但比桓谭走得更远，而且想得更多、更深。

王充立论的基本点，就是重质。他这样表达自己的理念：

> 诗三百篇，一言以蔽之，曰"思无邪"；论衡篇以十数，亦一言也，曰"疾虚妄"。[①]

"疾虚妄"也是好的，但他忘记了，文学原本即是"虚妄"之事，一一坐实，诗就没法写了，小说也不好写了。王充的《论衡》影响很大，但文章写得并不漂亮，用时下流行的说法——很不文学。

[①] 罗根泽：《中国文学批评史》第一册，上海古籍出版社，1984年。

文质彬彬的通俗表达，叫做中看又中吃，或者好吃又好看。比如一桌宴席，只是好看，不行了；只是好吃，又不够了。用勤行的表达，是色、香、味、形，四样都好才行，而且还需要有相应的器具与环境才算完美，不，还得加上与之相匹配的客人才算完美。

"文质彬彬，然后君子"，圣人之论也；文质彬彬，然后文学，中国传统文学之论也。

第三个概念是兴、观、群、怨，这概念出自《论语·阳货》：

> 子曰："小子何莫学夫诗？诗，可以兴，可以观，可以群，可以怨。迩之事父，远之事君。多识于鸟兽草木之名。"

这一段话不同于前面引的两段话，这一段的本意就是讲诗的功能。说学诗，可以培养联想力——兴，可以提升观察力——观，可以锻炼亲和力——群，还可以学会讽刺方法——怨。

后来，这些概念也成为中国古代文论中的重要思想，并且随着时间的推移，应用得延展，研究得深入，在不断地诠释之中，其内涵也变得愈发丰富起来。

这里以孔安国、朱熹的解释为例。

什么是兴？孔安国释为"引譬连类"，这个就文学化了。研究者说："从方法上着眼，同比喻并列是为比兴之兴。"这是创作手法方面的。

什么是观？朱熹注云"考见得失"。研究者说：《诗经》"是充满言志美刺内容的"，"'可以观'正是对其内容特点与社会作用之概括"。这是内容方面的。

什么是群？孔安国释曰："群居相切磋。"研究者说："'诗可以群'便是指可以起交流感情、相互感化的群教育作用。"这是批评人主体方面的。

什么是怨？孔安国注为"怨刺上政"，朱熹释为"怨而不怒"。把两者结合起来，就是"怨而不怒"，"勿欺而犯"。这是态度方面的。

这些概念的影响，同样且深且远。如后来人编《历代别裁集》，编《词综》，奉行的都是"温柔敦厚"，"怨而不怒，哀而不伤"的批评观念。所谓"怨而不怒，哀而不伤"，与"兴、观、群、怨"有着很深的思想关联。

儒学的影响不是单向的，而是全方位的，例如孔子说的"诗三百篇，一言以蔽之，曰'思无邪'"，好似只是一个论"诗"的观念，然而，它的影响日续日长，日轮日大，在中国传统文论中占据了一个特别重要的位置。

2. 道家文化——汉语文论的补充传统

道家的历史地位与影响，从中国文化史的意义上看，远远不如儒家，但在文学史的意义上看，则各有侧重，各有所长。

道家的影响亦深亦远，但那位格与方式与儒学不同。道家的创始者老子原来是反对审美的。他认为"大象无形"、"大音希声"、"大辩若讷"、"大智若愚（拙）"，对于五声、五色、美形、美言种种，认为统统应该摒弃。庄子则是一个相对主义者，不认为美与丑有什么质性区别，极而言之，就是美亦为丑，丑亦为美。这两位"老怪物"，以其学说的本意而言，与文学、文论以及语言审美等都是不搭调的，但他们却成为中国文论史上影响最大的人物之一。

老子的影响，主要表现在方法上。他的观念是辩证的、深刻的。他不走极端，而且反对走极端。凡事他都要考虑相关的两个方面，而且这两个方面是相互依存相互转化的。阴阳可以相互转化，黑白可以相互转化，刚柔可以相互转化，动静可以相互转化，一言以蔽之，世间万物都是可以相互转化的。这观念显然极大又极深切地影响了后来的艺术观念与文学创作观念。如艺术方面的计白当黑，衣带当风；如文学创作方面的气与韵，风与骨，豪放与婉约，秾艳与清丽等。

金圣叹评点《水浒传》，发现和发明了"叙事微"与"国笔著"，"不险则不快"与"险极则快极"，"天外飞来"与"当面拾得"等；张竹波评点《金瓶梅》，又发现和发明了"富贵气却是市井气"，"百忙中故作消闲之笔"，以及比较《金瓶梅》与《西厢记》的"市井文字"与"花娇月媚文字"等，都可以归入这一方法之列。可见，老子的方法，乍一看，不过阴阳互动，细细品来，却是千层变化，万种风流。

庄子的贡献主要是创作手段方面的，他也不是不辩证，但那不是他的主调。他的辩证，有些走过了，辩来辩去，成了相对主义。

庄子本人是一位散文巨匠，他的寓言中包含了很生动很有说服力的创作方式，例如《庖丁解牛》，完全可以类比于文学创作理论与方法。

庄子文章的文字绝佳，文风尤其自由跌宕，千变万化，一时不可方物。这样的文风与手法，显然对于后世的文学创作者，如苏东坡、张岱、鲁迅都有着不可忽视的引导价值与借鉴价值。

道家最重要的理念乃是"道"的理念，而这一理念对传统文化的影响尤其深切广大，这一点，前已言之，不再重复。

3. 佛教文化——汉语文论的借鉴传统

儒学对文论的影响主要是人生层面的，道家对文论的影响主要是方法层面的，佛教对文论的影响则主要是境界层面的。此可谓因儒得其格，因道得其法，因佛得其境。

佛学东来，带来了观察问题的新方法与理念。这些方法与理念，一方面是中国闻所未闻的；另一方面，又是中国文化十分需要的。儒学传统，重生轻死，对死亡不甚关心；又重人轻神，对灵魂问题思考不多。这些问题，在儒学旧有的理论框架内是无法解决的。道家在这些地方，有别于儒学，或者说高明于儒学，与儒学相比，它更注重方法，而且"道"的理念，显然有绝大的包容性，然而，说到底还是人的智慧，是世俗的智慧。人类既为智慧之种，他的一大特性，就是不仅关心人生，而且关心高于人生的内容，即不但关心肉体，而且关心灵魂。佛学对此，不但专注，并且具有异样的高明之处。

当然，佛学在中华立足生根并非易事。这里要强调的是，它虽经千辛万苦，毕竟找到了与儒学同生共在的契合点，也找到了为中国主流文化所接受并被欢迎的立论基础，而且它又以自己的品性与优点丰富和拓展了中国固存的文学内容与文论内容。

从否定式的角度看，如果没有佛学东来，就不会有《西游记》，不会有《水浒传》，甚至不会有《红楼梦》。

从肯定式的角度看，因为有了佛学东来，才有了皎然的《诗格》，有了寒山与拾得的诗作。不仅如此，在我看来，虽然刘勰的《文心雕龙》中奉圭的主要是儒学理想，但若没有佛学的影响，他就很可能写不出这样一种关于文学批评的理论巨著。

不仅如此，佛学思想对中国文论的卓越贡献，还表现在它为中国传统文论提供了不少新的观念与审美范畴，如空明说，如虚静说，如影响尽深尽远的意境说。客观地讲，倘若没有这些极其宝贵的理念，不会有后来的《人间词话》，自然也难以成就近代文学理论大师王国维了。

4. 民间文化——汉语文论的涵育传统

民间文化既是一个独特的领域，又受到了各种主流文化的影响，特别是儒学文化的影响。因为儒学文化是最重视道德与家庭的，因而中国人的民风民俗中，家庭观念与道德观念占了很大的比重。还有道家文化的影响。儒学不关心神鬼之事，但道教关心，不但关心，而且道教的神鬼谱系简直就是一个纷繁无比的大千世界。一般中国民间，特别是家庭与公共场所供奉的神，一大半都与道教相关，如门神，如灶神，如财神，如关帝，如岳王，如送子娘娘，如火神爷，如药王爷，如土地爷，等等。

佛教文化的影响也深也重，特别是因果报应观念，在中国民间，传播日久，深入人心。

民间文化又有它的独立性与独特性，它虽然不构成系统的文论思想，甚至也不会留下多少文论性质的文本载体，但它却是一个客观的存在。比如中国的民歌，可以说从先秦时代起，直到今天，都与中国文学发展相颉颃，而不少珍贵的文论理念也自然隐含其中。

更重要的是，民间文学中的一些文学倾向与价值正是主流文学观念中所缺少、所没有或者所反对的。

最突出的，乃是关于性的文学观念，关于婚恋的文学观念和关于男女价值与能力表现的文学观念，在这些方面，民间文学不但多有贡献，而且俨然成为主流文学的重要补充成分。

关于性，中国传统主流文学涉及得不多，但民间文学中，写性的不少。"三言"、"二拍"就是一个明证，《金瓶梅》又是一个明证。有人可能会奇怪："三言"，"二拍"，尤其《金瓶梅》怎么能说是民间文学呢？

其实，它们在当时的地位与状态就是民间文学。以《金瓶梅》为例，连作者的名字都没有，后人东猜西猜，找不到根据，这个也还罢了，小说的地位也很低。但从《金瓶梅》的语言特征与表达方式来看，至少在其初始形态是属于民间文学性质的，不过后来经过艺人或文化人的逐渐加工罢了。

还有婚恋。婚姻这件事，在儒学那里最是严肃、严厉、严整不过。因为严肃、严厉、严整，贾宝玉与林黛玉的爱情道路才那么艰难，虽千难万险，终于化为幻影一片。

民间文学的创作，婚恋行为很多是自主的，甚至是自由的，如《天仙配》、《梁山伯与祝英台》、《白蛇传》……这方面，在历代民歌中还有更大胆、更泼辣、更直白的语言表现与情感表现。

再说说男女价值与能力的表现方面。古来的正经正典，有价值与有能力的差不多全是男人，女人最大的幸福就是被男人喜欢，最大的成功就是成为贞女烈妇。在孔夫子嘴里，女人的形象与品性更不堪了，所谓"惟女子与小人为难养也，近之则不逊，远之则怨"。但在中国古代小说——所谓的引车卖浆、街谈巷议之文中，却全然不是这样。比如《杨家将》中有一位穆桂英好生了得，连她的未来公爹杨六郎都被她一刀板打下马来。又如《薛家将》中的樊梨花，更是打遍天下无敌手。再如大刀王怀女、女帅刘金定、瓜园女儿陶三春、烧火丫头杨排风，简直就犹如天神一般，那些平日威风八面的大男人、大武将、大元帅甚至大皇帝，在她们面前，在她们"超人"一样的武功面前，见一个"灭"一个，个个蔫头耷脑，甘拜下风。

或许这些文学创作，最终未能成为更好的文学作品，也未能形成自觉的文论形式，但它们的存在与传播，显然对于中国文论的发展也产生或产生过或大或小、或多或少的影响。我在前面说过，儒、道、佛三大文化对中国文论各有影响亦如斯。因儒而得其格，因道而得其法，因佛而得其境，那么，民间传统呢？民间传统的作用是：因民而得其魂。

三、古代文论的体式、范式与传承

中国古代文论，历史极长，大体可以分为四个历史阶段。自先秦至两汉为第一阶段，属于前文论阶段，其特色是内容多，自觉少，即众多文论思想都隐含在各种文献之中；第二阶段为魏晋南北朝时期，这是中国文学的自觉时期，也是中国古代文论的觉醒与奠基期；第三阶段为唐宋时期，大体以唐宋八大家为主脑，到宋代的灭亡为止；第四阶段为元、明、清时期，元属过渡，明清为主脉，这阶段的文论特色是旧的已经熟透，新的开始萌芽。

四个时期中，以明清时期的文论最细致，以唐宋时期的文论最张扬，以魏晋南北朝时期的文论最重要，因为正是这个阶段，完成了文学与文论的独立与自觉，基本上确立了中国古代文论的体式与范式。

1. 传统文论的体式解读

这里说汉语体式即文论的体裁。西方文论，主要体裁为论文与专著，虽然也有少量的其他形式，如席勒的《审美书简》，但那不是主要的，不是主流性的，更不是基本的体式。中国文论的情况不一样了。自魏晋南北朝确立文学的基本体式开始，它的体式就多种多样，而且从来都不以"论"——论文或专著为主体形式。

从古代历史的发展历程看，其文论体式可以分为六种，即：论文体的代表作为曹丕的《典论·论文》，专著体的代表作为刘勰的《文心雕龙》，书信体的早期代表作为曹植的《与杨德祖书》，编选体的早期代表作为萧统的《昭明文选》，诗话体的代表作为袁枚的《随园诗话》，评点体的代表作为金圣叹的《金批水浒传》。

在魏晋南北朝时期，前四体已备，而且除去专著体外，可说是代代有传人。以书信体为例，自魏晋到明清，很多重要的文论思想都是通过书信表达与传播的。其中最著名的如唐代大散文家、大诗人柳宗元的《答袁中立书》，宋代全才文学家苏东坡的《答谢民师书》。

书信的妙处，在于文论者可以无所拘束，直书己见，而且口气自然，文风畅达。它不像论文体那么严整，也不像编选体那样斟酌，它要表达的只是作者自己的观点与体会，而那些经典书信的作者也多为文坛巨匠或颇有心得之人。加上态度认真，情绪饱满，又有了更充分的发挥余地。而且从中国古典文论的品性看，它似乎也更适合于用这样的文体来承载的方式。

这里引一段苏东坡的《答谢民师书》：

所示书教及诗赋杂文，观之熟矣。大略如行云流水，初无定质,但常行于所当行,常止于所不可不止,文理自然,姿态横生。孔子曰:"言之不文,行而不远。"又曰:"辞,达而已矣。"夫言止于达意,即疑若不文,是大不然。求物之妙,如系风捕影;能使是物了然于胸者,盖千万人而不一遇也,而况能使了然于口与手者乎!是之谓辞达。辞至于能达,则文不可胜用矣。①

后面还有一段批评扬雄的话,长了,不引。通读这信,内容明确,观点新颖,且有论有据,虽然并不严词厉句,而是娓娓而谈。称赞友人的文字如行云流水,这信写得尤其行云流水。这样的美文,配上这样的体式,无可褒扬,赞之曰:"宜!"

编选体是另一种重要的文论体式。选本的主体内容,自然是入选之文,但它代表了编选者的观点,而且编选者还要在选前、选中、选后直接发表自己的观点,此外,还因为选本的流传而保留了不少珍贵的资料与文献。

编选体历代皆有名作,早期作品还要早于魏晋几近千年,如孔子删削的《诗经》是也。南北朝时期最著名的选本为《昭明文选》,此外,还有《玉台新咏》、《文词馆林》、《文苑英华》等。

这体式进入宋代之后,越发兴盛起来,不但要编选,而且要全选,如著名的《太平广记》、《太平御览》、《册府元龟》皆为皇皇巨编。到了明清时代,又有了新的选本和选法,如《古文观止》、《唐诗三百首》、《唐诗别裁集》、《唐宋文举要》,如本书多次征引的《古代小品文咀华》,等等。

这些编选体,无疑在古典文学的传播与文论的发扬两个方面都产生了不可估量的历史作用。

钟嵘《诗品》的体式有些特殊,以其文字而论,其实是一篇古代论文,那情况与曹丕的《典论·论文》属于一个类别,但它又是后代"诗话"、"词话"、"曲话"的滥觞,所以后人编《历代诗

---

① 《苏轼选集》,齐鲁书社,1980年。

话》时，便把它作为历代诗话的第一篇——历代诗话之祖。

单以文体论，它与诗话还有些区别。狭义上的诗话，发端于宋代大散文家、大词人欧阳修的《六一诗话》，且从此一发而不可收，使这形式成为宋代之后最重要的文论体式之一。

无论"诗话"、"词话"，还是"曲话"，其实大多是一种随笔，是专门用于特定文学对象的一种随笔性文字。它不同于书信体，不是专门写给某个特定对象的；也不同于论文体，没有那么正襟危坐、不苟言笑；它也不是日记，它需要读者，或者在内心深处是有读者的。它的体式处在论文与书信之间，而它的好处也在这里，既可以随心所欲地写出自己最想说的话来，又比书信的视野更开阔，内容更丰富。

这种"诗话"类体式，虽然不讲究结构，更不讲究体系，但在内容方面却是异常丰富，一些精思妙见，正如庖丁之刀，不但字字切中腠理，而且来得游刃有余。

这里举几段"诗话"中语。

第一段，出自欧阳修的《六一诗话》。

> 圣俞尝云："诗句义理虽通，语涉浅俗而可笑者，亦其病也。如有赠渔夫一联云：'眼前不见市朝事，耳畔惟闻风水声，说者云：'此渔父肝脏热而肾脏虚也。'又有咏诗者云：'尽日觅不得，有时还自来。'本谓诗之好句难得耳，而说者云：'此是人家失却猫儿诗。'人皆以为笑也。"①

没讲多少道理，只是举了两个例子，还是友人之言。这也是中国传统文论的一个特色。它不喜欢哓哓饶舌，更重视以例证服人。虽重视以例证服人，那道理亦在其中矣。

第二段，出自清人顾嗣立的《寒行诗话》，是讲一字师的：

---

① 《历代诗话小品》，湖北辞书出版社，1994年。

古人有一字之师，昔人谓如光弼临军，旗帜不易，一号令之，而百倍精采。张桔轩诗："半篙流水夜来雨，一树早梅何处春？"元遗山曰："佳则佳矣，而有未安，既曰'一树'，乌得为'何处'？不如改'一树'为'几点'，便觉生动。"又虞道园尝以诗诣赵松雪，有"山连道阁晨留辇，野散周庐夜属橐"之句。赵曰："美则美矣，若改'山'为'天'，'野'为'星'，则尤美。"又萨天锡诗："地湿厌闻天竺雨，月明来听景阳钟。"道园见之曰："诗信佳矣，便有一字不稳，'闻'与'听'字交同，盍改'闻'作'看'？"古人论诗，一字不苟如此。①

这也是以例证说明问题，证明什么问题呢？没抽象，没概括，也没演绎，这就和西方文论大有别了。但例子取得真好，可谓一字之变，化庸常为新奇也。

第三段，出自大诗评家袁枚的《随园诗话》，是说诗的意境与情趣的。

周慢亭："山光含月淡，僧影入松无。"鲁星村："酒中万愁散，诗外一言无。"方子云："香篆舞来檐际断，水痕圆到岸边无。"陈古渔："花阴拂地香方觉，桥形横波动即无。"四押"无"字，俱妙。前人《咏始皇》云："怜君未到沙丘日，知道人间有死无？"尤妙。

诗有极平淡，而意味深长者。桐城张徵士若驹《五月九日舟中偶成》云："水窗晴掩日光高，河上风寒正涨潮。忽忽梦回忆家事，女儿生日在今朝。"此诗真是天籁。然把"女"字换一"男"字，便不成诗。此中消息，口不能言。②

这两个段落，一个是讲"无"字韵中的诗言妙境，可说一诗一

---

① 《历代诗话小品》，湖北辞书出版社，1994年。
② 同上。

境，各展风流。评论者尤其欣赏《咏始皇》的这一句，不仅仅有意境了，而且蕴涵哲理，可见诗人心中自有多少沟壑。

后一段又是一番"景色"，尤其结尾的八个字"此中消息，口不能言"，好到"口不能言"时，那意思简直就与算命先生信奉的"天子之命，贵不可言"有些相像了。说不出来的美，或许更经得住咀嚼；但这样的文论观念，在西方文论史上，怕是很罕见吧。

"诗话"、"词话"的另一种变格，则是评点体。这体式自金圣叹评点《水浒传》后，石破天惊，成为一代风尚，以后又有毛宗岗评点《三国演义》，张竹坡评点《金瓶梅》，脂砚斋评点《红楼梦》等。从金圣叹、毛宗岗、张竹坡的评点形式看，文前有论，文中有评。前面的论，可以归入论文体式。脂砚斋等对《红楼梦》的评点，则前也无论，后也无记，全部心血，只在评点。其中的文论思想与智慧，一样精奇高妙，弥足珍贵。

至于论文体与专著体，今人接触较多，不再另作说明。

2. 中国古典文论的范式解读

从内容方面理解，魏晋南北朝的文论，已开创了中国古代文论的八种范式。这八种范式，直到清末民初，都处于主流地位。

这八种范式及其早期代表人物是：曹丕的宣文重采式、曹植的共文论人式、刘勰的溯源论道式、刘勰的多元论风式、刘勰的命文论体式、钟嵘的评文论品式、陆机的因文论法式和沈约的重声论艺式。以下，分而解之。

第一是宣文重采式。

宣文重采，即肯定文学的地位，推崇文采的作用。这观念始于曹丕的《典论·论文》。

《典论》应该是一部综合性著述，但流传下来的只有"论文"等三篇。《典论·论文》文字不多，篇幅很小，其内容却是十分丰富，可谓"浓缩的全是精华"。它不仅肯定了文学与风采的不朽地位与价值，还提出了"文人相轻"、"文本同而异末"、"文以气为主"等重要的文论思想。

"文人相轻"，此论一出，千古流传，开了论文兼及论人的先河。"文本同而异末"，说的是文体的应用问题，虽然只讲了四种文体的区别，却讲得言简意赅，具有示范性作用。

至于"文以气为主"，全然是中国文学批评范畴的事了，不是旧有此范，而是为中国传统文论立言设范。也可见"气"之一说的历史，有多么悠久。

但最有影响，最具原则品格的理念，还是宣文重采之说。宣文即认定并推崇文学的不朽价值，认定人的寿命是有限的，荣华富贵也不过一生一世罢了，唯有文章可以传于后世，以至代代相传，无穷尽矣。这样的观念，是自先秦以后未曾有过的。古人虽有"立德、立功、立言"三立之说，但那个立言不是立文学之言。唯有曹丕，以帝王之尊，以高明之见，以深刻之文，以文士之语，发出了这样的声音。虽然这理念在今人看来也不过是老生常谈罢了，但在当时，那效应差不多就是"石破天惊"的了。连鲁迅先生都说："后来有一般人很不以他的见解为然。他说诗赋不必寓教训，反对当时那些寓训勉于诗赋的见解，用近代的文学眼光看，曹丕的一个时代可说是'文学的自觉时代'，或如近代所说是为艺术而艺术（Art for art's sake）的一派。"

重采即重视文采，至少从他那时开始，没有文采的文章大约要被开除出文学之外了，逆向思之，即从他那个时代起，在已有的文类中，给了有文采的文章——文学一个位置。其实孔夫子也是重视文采的，他老人家既有"尽善尽美"之说，也有"言之无文，行而不远"之讲，但像曹丕这样，不管"善与不善"，说到文学之体，讲的就是文采，而且他认定了，这文采的成就显然与气——人的天赋有关，并且以音乐为比喻论证道：

> 文以气为主，气之清浊有体，不可力强而致。譬诸音乐，曲度虽均，节奏同检，至于引气不齐，巧拙有素，虽在父兄，不能以移子弟。①

要知道，那个时代，他"爸爸"有多么厉害！然而，他不管，儿子文学天赋如此，纵然修身为"亲爹"，也是没法可想。

曹丕为文学立基，便以此成为中国文论史上的标志性人物。曹丕的这个理念，虽对后世影响很大，但遭到的批评也多。特别是受到"文以载道"论者的严厉批评。然而，文学既然要独立，文学既然要自觉，这样的理念就非有不可，故此，将其列为中国文论范式之一。

第二是共文论人式。

曹丕讲"文人相轻"，已有人文合论的意思在内，但他弟弟曹植对这一问题，显然分析得更深入也更全面，并非只执"文人相轻"一端而已。

曹植的《与杨德祖书》，不但讲了文人不该相轻的道理，而且讲了创作者应该具有的对待批评的姿态，也讲了批评者应该有自知之明，应该以作品为基础，又讲了自己对民间文学的理念。在他看来，"夫街谈巷说，必有可采，击辕之歌，有应风雅，匹夫之思，未易轻弃也"。

这是很不简单的，联想到他的特殊出身与超人的文学才华，就显得更为难能可贵了。

他最令人感动的文论观念，乃是对批评的态度，他这样论说：

> 世人之著述，不能无病。仆常好人讥弹其文，有不善者，应时改定。②

---

① 刘良明编：《六朝散文》，文化艺术出版社，1997年。
② 同上。

古人论人，多是论证别人，真的谈到自己尤其谈到自己的不足的并不多，尤其是文学之士，几近于无。曹植不是这样，他论人还要及己，而且自己对待批评的态度非常鲜明：对我的文章，请尽管批评，且不论批评者持什么态度，哪怕是讥弹其文，有不善，本人也会"应时改定"。这样的风格，委实少见。

这范式对后世影响很大，如我们耳熟能详的"文章不惮改"、"十年磨一剑"等，虽未必直接受到曹植的影响，但那为文为人的精神却是一脉相承的。

第三溯源论道式、第四命文论体式、第五多元论风式。这三式并而论之，因为对其提出系统论证的乃是同一位大文论家刘勰。这三式在他的《文心雕龙》一书中均有精彩论述。

刘勰自是一代奇才。他出身贫寒，但好学不辍。从他的著述内容看，他是一个儒者，只是一生与佛教接触更多，且晚年出家做了僧人，法名慧地。他又做过多年的低级官吏，但兴趣似乎只在文章一途，并留下了一部《文心雕龙》。仅这一部文论著作，也可以说一生无憾了。

《文心雕龙》自是一部文学巨著，而且在中国古代和近代文学史上的地位既是空前的，又是绝后的，终整个中国古代和近代文学史，再没有产生过这样一部如此规模如此辞藻如此系统如此有影响的文论作品了。在我看来，中国自古以来的文学名著（包括具有崇高文学价值的著作在内），唯有《庄子》、《离骚》、《史记》、杜诗、《西厢记》、《金批水浒传》、《红楼梦》与这部《文心雕龙》可以称为在各自领域中独一无二的作品，也是八部超级才子书。

《文心雕龙》体系完整，内容丰赡，创见迭出，文字瑰美。

所谓体系完整，即它不是书信体或评语体作品，也不是专题专论性作品，它显然比曹丕的《典论·论文》、比钟嵘的《诗品》全面得多，完备得多，而这个正是中国文论史上最为缺乏的。

所谓内容丰赡，即他将他那个时代可能有的文学命题，已经统统囊括其中。全书分50篇，不惟排列有序，而且分门别类。从第一篇"原道"到第四篇"正纬"，属于总论，是全文之枢纽。从第五篇"辨骚"到第二十五篇"书记"是对各种文体的分类研究（曹丕讲文体，只讲了四种，刘勰同样讲文体，却讲了二十一种之多，诸如"史传"、"论说"、"檄移"、"章表"、"论对"、"书记"都讲到了）。自第二十六篇"神思"至第五十篇"序志"，内容更为丰富：有讲文风的，如"体性"；有讲批评的，如"指瑕"；有讲创作才干的，如"才略"；有讲构思的，如"神思"；有讲表现手法的，如"通变"、"比兴"；有讲修辞的，如"丽辞"、"夸饰"；最末一篇的"序志"，则概括既往，总领全书。如此展闪腾挪，条分缕析，可谓纲举目张，蔚为大观。

所谓创见迭出，即它的观点表达，不是老生常谈——根本没有老生常谈，老生常谈，何来文心？也不是泛泛而论——根本拒绝泛泛而论，泛泛而论，哪来"雕龙"？而是有题必有问，有问必有见，有见必有论。虽为旧题，要有新解；一些新题，更具新识。

例如他写"宗经"，先从"三极彝训"讲起，又讲"三坟"、"五典"、"八索"、"九丘"，再讲诗、书、礼、易、春秋，至此一结，尔后讲"宗经"的旨归：

夫文以行立，行以文传，"四教"所先，符采相济，励德树声，莫不师圣，而建言修辞，鲜克宗经。是以楚艳汉侈，流弊不还，正末归本，不其懿欤！[①]

最后加一"赞曰"，圆满完成。

所谓文辞瑰美，即全书的文字十分考究，且不用散文，全用骈体。中国的骈体文，其源为赋，古代归为韵文。因为是韵文，所以创作更为不易。但我们的祖先的智慧在于，他们不仅可以用它状物、

---

① 刘勰著，龙必锟译：《文心雕龙全译》，贵州人民出版社，1992年。

可以用它言事、可以用它抒情，还可以用它来说理，甚至可以用它写作小说，如张簌的《游仙窟》就是一个显例。陆机的《文赋》，便是赋体的说理之作，而《文心雕龙》又可谓说理韵文中的集大成者也。今人读《文心雕龙》，如果读者有些词赋基础的话，那么，不但可以感受到那文字的功夫之深，而且可以体会到那文字的节韵之美。

简而言之，可谓：大哉，《文心雕龙》也；美哉，《文心雕龙》也。

虽然如此，总观全面，取其优长与特色而言之，《文心雕龙》还是在文道、文体、文风三个层面表现更为突出。

首先说溯源论道。《文心雕龙》是论伊始，便讲"原道"，虽然从五行之才、天地之心、自然之道讲起，但其归宿点还是孔子之学。所以原道者，既可以理解为原天地之大道，也可以理解为原儒家之仁道。通俗言之，即有其道而有其德，有其德而有其文。把它反转过来，即"鼓天下之动者，存乎辞，辞之所以动天下者，乃道之文也"。

先讲原道，原道是一大纲，次讲"征圣"，又讲"宗经"，再讲"正纬"。征圣即征儒者之学，宗经即宗儒学之典，正纬即正谶纬之伪。先从正面论之又从反面论之，不是把"文以载道"简单化，而是有头有脚，有根有据，有论有辩，从而完成了作者的溯源论道的立论基础。

这个范式，对后世文论的影响极大。一方面，因为它本身确实有价值，值得人们学习与借鉴；另一方面，因为中国古代社会，其文化性质决定了它必然以儒学为本，以经典为经，以其他种种非儒之说为伪，且为本必尊之，为经必习之，为伪必正之。所谓站在巨人肩上立论，出手自然不庸不俗。

再说命文论体式。凡做文章总与它选择的体式有关，容器虽不是酒，却是酒的保存工具。林冲的酒葫芦固然装不得白兰地，但没有容器，酒怎么存？体式犹如容器。但体式的自觉，也是魏晋以后的事情。曹丕作《典论·论文》，讲"奏议宜雅，书论宜理，铭诔尚实，诗赋欲丽"，是一种高度的概括，形象之辞，不好操作。刘勰讲文体，一讲就讲了二十一种，显然更细化更系统也更容易操作了。他真的不愧是文体大家，处处皆有新见。举凡讲一种体式，一定要追溯历史，从那起源处说起。

不仅如此，刘勰还非常注重表达方式，还要评点各种文体作品，从而左勾右联，前呼后应，不但写得文采斐然，而且写得入情入理。比如他在"铭箴第十一"，有一段批评潘勖、温峤等人文体的话，写得简洁中肯，要言不烦。

> 至于潘勖《符节》，要而失浅；温峤《侍臣》，博而患繁；王济《国子》，文多而事寡；潘尼《乘舆》，义正而体芜。凡斯继作，鲜有克衷。至于王郎《杂箴》，乃置巾履，得其戒慎，而失其所施。观其约文举要，宪章戒铭，而水火井灶，繁辞不已，志有偏也。①

又如"诔碑第十二"有一段讲解该类文体主旨的话，概括得安安稳稳，头头是道。

> 详夫诔之为制，盖选言录行，传体而颂文，荣始而哀终。论其人也，暧乎若可觌；道其哀也，凄焉如可伤。此其旨也。②

再如"檄移第二十"，其立论高远，收放如履，远瞩近觑，出手不凡。

> 震雷始于曜电，出师先乎威声。故观电而惧雷壮，听声而惧兵威。兵先乎声，其来已久。昔有虞始戒于国，夏后初誓于军，

---

① 刘勰著，龙必锟译：《文心雕龙全译》，贵州人民出版社，1992年。
② 同上。

殷誓军门之外，周将交刃而誓之，故知帝世戒兵，三王誓师，宣训我众，未及敌人也。至周穆西征，祭公谋父称："古有威让之令，令有文告之辞"，即檄之本源也。①

可以说，在古体的文体论中，唯《文心雕龙》是最为系统也最具历史感的。

再说多元论风式。风即风格。前面已经说过，汉语的古典风格论，从来都是多元的，极少一元的。差不多从古至今，就没有过如西方浪漫主义思潮那样，以一风而改变整个文化历史风貌的现象。

这样的传统，从创作方面看，固然可以一直追溯到先秦诸子的百家之风，从文论的角度看，则自魏晋时期开始自觉、开始奠基，而其间讲得最具理论品格的也是这一部《文心雕龙》。

刘勰的风格论，是将文风划分为八种类型，这八种类型是：

> 一曰典雅，二曰远奥，三曰精约，四曰显附，五曰繁缛，六曰壮丽，七曰新奇，八曰轻靡。

自《文心雕龙》的这种风格分类方式始，便成为一种千古传承的范式，以后到了唐代司空图那里，单将诗的风格，就分为二十四品，更细致了。这二十四品风格中，有些是与刘勰的八种风格相同的，有些又加以细致区分，但那风范确实一脉相承。

可以这样说，正是《文心雕龙》开了这种多元风格的先河，后来唐诗宋词元曲的种种风格自觉都与这种多元化的价值认知相关。

第六是评文论品式。评文论品式即将作品并作者按品级来划分。首创这范式的不是钟嵘，而是谢赫。谢赫在他的《古画品录》中首次提出绘画的六法六品论。六法即：

> 一气韵生动是也；二骨法用笔是也；三应物象形是也；四

---

① 刘勰著，龙必锟译：《文心雕龙全译》，贵州人民出版社，1992年。

随类赋彩是也；五经营位置是也；六传模移写是也。①

以这"六法"为标准，将三国到齐梁的27位画家分为六个品级。可见，品级之说并不限于文学，而是那个时代的一种共同性文艺评判趋向。

钟嵘的贡献，在于借鉴谢赫的方法，又结合五言诗的创作成就，化六品为三品，由此发生发展，成就了他的文论名著《诗品》。这也是中国历史上第一部以品论文的文论著作。

以品论文及论人，在魏晋南北朝时期，有很浓重的社会与文化背景。那个时代，重门阀、重品等。官以品论，画亦以品论，那么，贵为文学代表的诗作，当然也该以品论，钟嵘的《诗品》此时登场，正是时机。

钟嵘论诗以品，有他自己的标准。他的过人之处在于，他虽然生在那样一个重骈体、重华丽文风的时代，他本人却很在意诗歌的社会作用，推崇建安风骨，反对过度地使用典故，更反对片面追求声律。他认为：

> 四声之论……王元长创其首，谢朓、沈约扬其波。三贤或贵公子孙，幼有文辩，于是士流景慕，务为精密，襞积细微，专相凌架，故使文多拘忌，伤其真美。余谓文制本须讽读，不可蹇碍，但令清浊通流，口吻调利，斯为足矣。②

他重视诗歌与社会生活的关系，也曾指出：

> 至于楚臣去境，汉妾辞宫；或骨横朔野，或魂逐飞蓬；或负戈外戍，杀气雄边；塞客衣单，孀闺泪尽；或士有解佩出朝，一去忘返；女有扬娥入宠，再盼倾国。凡斯种种，感荡心灵，

---

① 周积寅：《中国画论辑要》，江苏美术出版社，1985年。
② 胡国瑞：《魏晋南北朝文学史》，上海文艺出版社，2004年。

非陈诗何以展其义！非长歌何以骋其情！①

他将自汉代至魏晋的 122 位诗人，分为上、中、下三个品级，并对每一位入品的人都作了简洁又富有文采的评价。虽然对他的具体分法，历来有不同意见：如将曹操列在下品，不合适；把鲍照列在中品，也不合适；将陶渊明列在中品，就更不合适了。至于将潘岳、张协列为上品，也与现代学界的看法很难一致。但这些都不过是支流罢了，引起争议的不过三五人而已，何况他列曹操为下品，恐怕和他所评诗重在五言诗有些关系。他虽然列陶渊明为中品，但看他对陶诗的评价，却很能抓住特点。这说明，那样的品级安置不是不公道，而是所操尺度有所不同而已。

更重要的是他的这种以品论文的方法一直流传下来，自他之后，几乎代代有传人，终于成为中国文学史上一种特别重要的文论范式。

自《诗品》问世以后，词也有词品，曲又有曲品，不但对作品要分出高低，对诗人的位置，也常常因排座次而产生分歧。

例如初唐四杰，究竟哪一位该在前，哪一位该在后，他们自己都很在乎，又很无奈。又如李白与杜甫，究竟谁的艺术水平更高些，也是年年月月，争论不休。后来，这风气不断扩大，还影响到其他领域，几成为某种思维定式。如明代有四大奇书之说，又有《水浒传》上的英雄排名次。《儒林外史》本来没有品次安排，也有好事者狗尾续貂，一定给他弄个座次出来。即使像《红楼梦》这样的经典之作，在太虚仙境那里，都有正册、副册、又副册之分。也有研究者根据脂批的蛛丝马迹，推测《红楼梦》中原本也有一张情榜的。小说家刘心武，则费心费力把这张情榜代庖补出，那模样与梁山的一百单八将很有些相似。

论人以品，论文以品，造成各种文学时代与文学作品的华山论

---

① 胡国瑞：《魏晋南北朝文学史》，上海文艺出版社，2004 年。

剑，虽不见得有多少文学价值，却足以形成一时的阅读热点。如2000年时，有人为20世纪的中国文学人物排名次，将金庸排在第二名，为此还引起一番争论，是耶非耶，一时难定。

第七是因文论法式。因文论法，即从具体的文章出发，进而理解文章的种种创作方法与得失，这范式出自陆机的《文赋》。

陆机的《文赋》，其实早于《文心雕龙》和《诗品》，而且它涉及的问题非常全面。瞿兑之先生说："这篇《文赋》，可以说是文学批评中最精粹的文章。《文心雕龙》洋洋数十篇的理论，几乎全被陆氏包罗在这一二千字里面。"

由此可知这赋的写法之精、构思之妙、地位之高。但最有特色的，我以为还是它的方法论。

陆机不似后来的钟嵘，他不对文学作品与文学家进行品级之分，他也没有关心到那么多的作家与作品；他也不同于刘勰，大约他也根本没有创造一种皇皇巨著的思想准备，他不太考虑那么大的结构与体式；他自然也不同于曹丕、曹植兄弟，他很少涉及他们所关心的"文人相轻"一类的问题。他的方法，是以自己的创作经验为基础，同时也为对象，以赋这种优美的韵文形式，阐发他本人对文章法式的种种理解。

虽然是一篇赋体文论，却将有关文章之事差不多都讲到了，而且很有见地，很有新意。

《文赋》开篇，先说创作动机。他写道：

> 伫中区以玄览，颐情志于典坟。遵回时以叹逝，瞻万物而思纷。悲落叶于劲秋，喜柔条以芳春。心懔懔以怀霜，志眇眇而临云。咏世德之骏烈，诵先人之清芬。游文章之林府，嘉丽藻之彬彬。慨投篇而援笔，聊宣之乎斯文。①

---

① 瞿兑之：《汉魏六朝赋选》，上海古籍出版社，1979年。

虽是议论文章之事，却有开有阖，既合乎自然之道，又合乎人生之理，且对于"世德之骏烈"、"先人之清芬"格外重视。

《文赋》不以评说他人为重，但对文章的得失，却有不少真知灼见。如论及文、意关系时，他这样写道：

> 或文繁理富，而意不指适。极无两致，尽不可益。立片言而居要，乃一篇之警策；虽众辞之有条，必待兹而效绩。亮功多而累寡，故取足而不易。①

如讲到文体与文势的关系时，又这样写道：

> 若夫丰约之裁，俯仰之形，因宜适变，曲有微情。或言拙而喻巧，或理朴而辞轻；或袭故而弥新，或沿浊而更清；或览之而必察，或研之而后精。譬犹舞者赴节以投袂，歌者应弦而遣声。是盖轮扁不得言，故亦非华说之所能精。②

陆机的高明之处，是既讲反面的——文章之失，更讲正面的——文章之得。但不管论反论正，都与自己的创作实践相联系。他不是王婆卖瓜、自卖自夸，而是论自文出，虽然文体华美，却又言之有据。

可以说这种范式，一直影响汉语文论至今。实在是因为我们中国人对抽象的理论，既缺乏兴致更缺少积淀，而对于具体的活生生的文学创作，则是兴趣浓厚又智慧甚多。

第八是重声论艺式。这一范式的代表人物首推沈约。

声者，韵也。虽不是韵之本身，却是韵的基础。

为什么如此重视"声"的作用？因为研究汉语，首先就该研究汉字，研究汉字，绝对不能离开四声。以今天的眼光看，四声犹如汉字的魂，若四声没了，或者乱了，汉字的魂就丢了，成了神经错

---

① 瞿兑之：《汉魏六朝赋选》，上海古籍出版社，1979年。
② 同上。

乱——疯了。

　　四声的概念并非古已有之，至少不是自古以来就有这样自觉的认识。陈寅恪先生认为汉字四声得自诵读佛经的启示。个中道理，一时也难确知。

　　但我想，因为汉字是一字一音，所以它本身就有四声的基础。尽管因为各地域方言不同，会影响到具体的发声特点。例如，汉语有平、上、去、入四声，现在的普通话发声中，入声没有了，平声则区分为阴平与阳平。入声没了，四声还在，可知这是汉语发声固有的规律。

　　佛教东来之前，或许没有这种自觉。以"啊"字为例，要读就读阴平声，至于二、三、四声，没有人注意它。佛教既东来，它那种依其音调高低，区别读之的方法，随之传入中华，"啊"字的二声也有，三声、四声也有了，即将它自觉化了，于是有了四声之说。

　　以此观之，说沈约发明了四声是不确切的，应该说是发现了四声。四声固有之，无须发明，但能发现它并把它引入诗歌的创作，也是一代奇人。

　　尤其重要的是，四声的确认与自觉，也标志着汉语规范了自己的思路，从此向着现代普通话摇曳而来。

　　对声律的重视与自觉，并非始自沈约，但在那个时代贡献最大、影响也最大的人物，似非沈约莫属。

　　但也为此，他受到的反对与攻击也多。而且这反对之声，不是来自一个方面，而是来自两个相反的方面。一方面，例如甄琛批评他"不依古典"，说他的四声之说没有根据，对此，他只好引经据典，解释一番；另一方面，例如陆厥又说四声之说，古已有之，不是他的发现，根本不相信也不承认沈约所谓"灵均以来，此秘未睹"。

　　从这两种截然相反的批评中，也可以看出韵律的创立是何等艰苦。

　　沈约的特点，是不管左攻右击，他只顾奋力前行。可能因为他在这个领域的名气太大了，故而后来人，不仅把四声说归功于他，甚至将诗律中的"八病说"也归名于他了。但据研究，却没有确切的根据。

所谓"八病说"，是那个时代开始确认的作诗的八种禁忌，具体内容为：一平头，二上尾，三蜂腰，四鹤膝，五大韵，六小韵，七旁纽，八正纽。

以上尾为例，上尾或名云崩病，"上尾诗者，五言诗中第五字不得与第十字同声，名为上尾"。

以鹤膝为例。"鹤膝诗者，五言诗第五字不得与十五字同声；言两头细，中间粗，似鹤膝也"。

八病本身，已很是繁难，后来人还觉得不够，又有了二十八病之说，结果是更其艰难繁复不可细说的了。

反思当初，或许沈约的贡献不仅仅在于那些具体的音律方式，而在于他代表的那一种方向。可以说，若没有以他为代表的几代人的努力，则代表唐代诗歌最高水准的律诗便无法产生，盛唐的文化辉煌也将大打折扣。

更为重要的是，沈约的诗论，专在音律方面即技术层面下功夫，不问道也不言圣，音韵在我，圣道于我何干？而这种专艺性的研究，在中国文论史上，不但另成一个范式，而且是十分宝贵的。

自沈约、谢朓等创立永安体开始，一直到唐的格律诗，再到宋词、元曲，千年一脉，佳风永继，而且代有佳作，代有佳人。

遗憾的是，中国原本是一个重道轻技的国家，又是一个重德轻艺的国家，所以各种德说道论，传承者极多，而和沈约一样的专艺性研究者及其作品，流传下来的极少，如沈约之《四声谱》；如宋词的词谱，都已经失传或绝大部分内容失传了。宋词的词谱赖姜夔的词作，仅仅流传下来几阕，《四声谱》之类更是全豹难寻了，唯余只鳞片爪。

3. 古代文论的传承者点评

八种范式，各有传人，但那发展是不平衡的。所谓不平衡，即有关文以载道的声音越来越强大。有关人文合论，论文先论人，论人先论德的声音也是高潮迭起，不厌其烦。其中一个代表人物，即隋代的王通，他不但对六朝文大为不满，对六朝的文学人物也是切齿痛恨，没有一个入他法眼的。他在《文中子·事君》中傲然骂道：

> 子谓："文士之行可见：谢灵运、小人哉，其文傲，君子则谨；沈休文、小人哉，其文冶，君子则典；鲍照、江淹、古之狷者也，其文急以怨；吴筠、孔珪、古之狂者也，其文怪以怒；谢庄、王融、古之纤人也，其文碎；徐陵、庾信、古之夸人也，其文诞。"或问孝绰兄弟，子曰："鄙人也，其文诠。"或问湘东王兄弟，子曰："贪人也，其文繁；谢朓、浅人也，其文捷；江总、诡人也，其文虚；皆古之不利人也。"[①]

这话说得狠毒了。狠毒固然狠毒，没有坚实的立论基础，一个古代"愤青"而已。但并非没有支持者和响应者在。

其实，王通并非真的儒者，他是一个异类。虽为异类，却又与儒家传统有诸多相通之处。

论文先论人，论人先论德，这是有久远深厚的儒学传统的。春秋战国时期，虽然百家争鸣，但进行人身攻击的不多，利用权力迫害言者的事例更少。争鸣争的只是观点，虽然不留情面，但并不专在人格等方面做文章。唯有孟子，开了一个坏头。他大约是中国古来论文先论人，论人先论德传统的祖师爷。他一生好辩，最为得意的乃是对墨子与杨朱的批判，史称"辟杨墨"。因为杨朱主张"为我"，他坚决不同意；墨翟主张"兼爱"，他同样坚决不同意。不但不同意，还要痛加鞭挞，以至于恶语相加。他批判杨朱的"为我"，

[①] 罗根泽：《中国文学批评史》第二册，上海古籍出版社，1984年。

说"为我"即是无君;批判墨子的"兼爱",说"兼爱"即是无父。无君无父乃是禽兽。这样的战法,在春秋战国时代本来是少见的,但在后代儒者眼中,却是正确得很,痛快得很,高妙得很。

这样的情况,在两汉时代,又得到强化。

进入魏晋南北朝时代,玄学骤起,佛学广播,儒学受到打击和排斥,但中国小农经济万万离不开儒学,帝王专制尤其万万离不开儒学,所以盛唐文化固然气象远大,儒、道、佛同兴共荣。但安史之乱后,有识之士日益强烈感受到,保证国家安定,还是非儒学不可。于是韩愈、柳宗元等,发起古文运动,尤其韩愈,更是以儒学正统自命,本人又好为人师,不但"原道",而且为古文运动立基立范,全力排佛,并且冒着生命危险,上《论佛骨表》。韩、柳兴扬古文,意在道统;元、白大作乐府诗歌,也是儒学一脉,尤其白居易的讽喻诗,影响且深且远。

这个传统,到了宋代,又出现加速度趋向。唐宋八大家中的六家都在宋代,个个都是儒学之士,又是超级文豪,那影响自然是巨大的。然而,还不够,又出来一些比他们更执着、更醇正、更走极端的人物,那就是宋代的诸位大儒。这些大儒,连韩愈、欧阳修、苏东坡、王安石等都看不顺眼,嫌他们不醇不正,不够真儒资格。表现在文论方面,邵雍则鼓吹诗以重训说,周敦颐则鼓吹文以载道说,程颢、程颐则鼓吹道为文心说,朱熹则鼓吹道文一贯说,如此七说八说,把古代文学推向理学一途。

一方面是礼教,一方面是专制,加上异族入侵,当时中国的汉语文学在庙堂之上,已经没有希望了。所以元代文学,最重要的成就出自杂剧与散曲,那都是传统达官贵人不屑一顾的。明清两代,不但专制,还要大兴文字狱,其结果是传统的文学体式一一走到了尽头。虽有好诗,不能代表那个时代了;虽有好词,也不能代表那个时代了。明代的文人作品,唯有戏曲与小品文成就最高,那些作者多为下层文人;清代的诗、文、词、曲,虽然都号称很有成绩,但真正的经典性时代作品，是以《红楼梦》、《儒林外史》为代表的白话长篇小说以及以《聊斋志异》为代表的文言小说。而这两个时代最著名的文论思想，乃是李贽的童心说与以袁氏兄弟为代表的公安派的性灵说。最重要的文论家，是专为小说作评点的金圣叹、张竹坡、脂砚斋与毛宗岗等下层文学之士。

这里说一说金圣叹。

金圣叹纵然不是明清时代最具影响的文论家，也是最有价值的文论家，他的文论，不仅观点新、技巧好、见解深，而且那方式也是雅俗共赏的。再雅的人，也不能将金先生比出俗气来；再俗的人，也可以读懂金先生那些锋芒毕露的评点、意见。而且他所使用的评点性文论方式，也影响了当时差不多整个文学时代。

金圣叹眼光高，非最好的文学作品不能入他的一双法眼。他本人自是读书种子，儒、道、佛、民，各种书籍，经过他手的何止于万千。但真正令他动心的才子之作，却不过六部，即《庄子》、《离骚》、《史记》、杜诗、《西厢记》和《水浒传》。

他的文论思想的第一大贡献是他不鄙视戏曲与小说。以中国人的传统观念，戏曲剧本是没有地位的，那根本不叫书，官名叫戏考，俗名叫唱本。小说的地位也低得不行，想当初，唐代大文豪韩愈因为写了一篇《毛颖传》，还受到批评，被指摘他这样的正人君子不该写这样"没溜"的文字。

金圣叹一改旧习，把《西厢记》、《水浒传》与《庄子》、《离骚》并列，与《史记》、杜诗同观，这在今人看来，真是慧眼识珠，而在那样的时代，若没有些大见识，大气魄、大法眼，是做不来也不敢做的。

第二大贡献是，他评点《水浒传》的一大立论基础，即"乱自上作"。这理念着实了得。他在《水浒传》第一回的眉批中这样写道：

一部大书七十回，将写一百八人也，乃开书未写一百八人，而先写高俅者，盖不写高俅，便写一百八人，则是乱自下生也；不写一百八人，先写高俅，则是乱自上作也。乱自下生，不可训也，作者之所必避也。乱自上作，不可长也，作者之所深惧也。一部大书七十回而开书先写高俅，有以也。①

在那样专制的时代，写这样的话，是需要胆识的；在儒学统治如风似雨的情势下，写这样的话，是需要眼光的。他不但有眼光，能言之，且有胆识，敢言之，所以他那个时代虽然为小说为诗歌为戏曲为散文作评作注的人甚多，却没有一个人可以超越他。

他的艺术见解也是非同寻常。我在"文篇"一章中曾介绍过他对小说结构的分析，那见解真真是好。其实不仅结构而已，他垂青《水浒传》，指认七十回以后是伪书，伪书必须砍掉。这指认不可信。因此，还引得鲁迅和毛泽东很不高兴。但单以艺术而论，《水浒传》确实是前70回写得精彩，后三十回或五十回，在政治、文化解读上仍有价值，艺术价值却低了。虽然篇幅不小，但没有几处精彩的文字。

而且他还有个"习惯"，就是擅自改动《水浒传》的文字，这习惯若在今天，有可能惹上官司，但从他改动的情况看，确实比原著更好看了。

他对《水浒传》艺术手法的分析，尤其入情入理，常能见微知著，启迪人思，而且启迪之后还能得到更多的艺术享受。

如他评石秀与杨雄的性格时，说"要衬石秀尖刻，不觉写作杨雄糊涂"；又如他评公孙胜，说"公孙胜便是中上人物，备员而已"；评戴宗，说"戴宗是中下人物，除却神行，一件不足取"；评卢俊义与柴进，更写得好了：

卢俊义、柴进只是上中人物。卢俊义传，也算极力将英雄

---

① 陈曦钟等辑校：《水浒传会评本》上册，北京大学出版社，1981年。

员外写出来了,然终不免带些呆气。譬如画骆驼,虽是庞然大物,却到底看来,觉到不俊。柴进无他长,只有好客一节。[1]

真评得好!画人画骨,入木未止三分。

然而,金圣叹的结局是很悲惨的,他因为参与哭祖庙,被清王朝以大逆罪砍头处死。死前,他感慨说:"砍头,至痛也,圣叹以无意得之,大奇!"

连金圣叹这样的才子都要砍头的王朝,一定是个混账透顶的王朝,而中国文论的没有希望,在那样的血光之中,也可以找到原因了。

四、百年文论,两次高峰

百年文论,指的是自20世纪至今的文论历程。两次高峰,指的是五四新文化运动时期与改革开放以后的文论思想与著述。

两次高峰,有诸多共同点。

首先,它们都具有开放性。"五四"时期是中国近代乃至有史以来第一次面向全世界的文化大开放,这么说,也许有同仁反对,认为,汉也曾开放,唐也曾开放过,汉还打败过匈奴,唐还出现过"万国来朝",但我以为真的向全世界的文化开放,尤其是带有学习性质的文化开放,这是第一次。改革开放之后的情况与之十分相似,但不是以运动方式进行的,且无论深度、广度都超过"五四"时期,方式又是阶升梯进的,门是慢慢打开,脚步却走得比较坚实。

其次,它们都具有革命性。五四运动是革两千年中国传统文化的命,一反封建,二反压迫,告别旧传统,追求新文化;改革开放尤其是一次历史性革命,只是不叫革命,而叫改革,但比之"五四"时期走得更深,也走得更远,现在以及未来相当一段时间内,仍处

---

[1] 《奇书四评》,湖北辞书出版社,1996年。

在这历史变革之中。

其三，它们都具有建设性。五四运动的主题，一是民主，二是科学，所谓"德"、"赛"二先生。而这两位先生正是中华五千年文明进程中所最为薄弱最为缺少的。"五四"时期在文化、文学方面建树尤多。虽然时间未久，但是成就巨大。第一篇现代文化宣言出在那个时期；第一篇白话小说出在那个时期；第一篇白话诗集出在那个时期；第一部白话戏剧也出在那个时期。改革开放以后，经过三十年努力，同样取得重大成就。其文学业绩虽不似"五四"时期那样来得猛烈，来得疾迅，却比"五四"时期来得深广，来得雄阔，且未来的发展动力，尤其强大。

从文论角度考虑，"五四"时期最重要最有影响的人物应该是胡适，而最著名的文献，即是他那一篇《文学改良刍议》。

《文学改良刍议》，其文也不长，其论也不深，但那影响却异常巨大，无与伦比。因为什么？就因为它切中要害，抓住了龙头。是文一共讲了八个问题：

> 一曰，须言之有物；二曰，不摹仿古人；三曰，须讲求文法；四曰，不作无病之呻吟；五曰，务去烂调套语；六曰，不用典；七曰，不讲对仗；八曰，不避俗字俗语。①

今读之，这八个问题，几乎全是做文章常识。然而，在那特定的历史时期，却犹如爆炸了100颗原子弹一般，足见其在当时的社会与文化中所处的地位及所产生的影响。

胡适既是脚踏实地的现代学问家，又是言行一致的道德实践家。我以为，无论后来人在现代文论领域中有何等建树，其起始研究，都应该从《文学改良刍议》做起。

改革开放之后，汉语文论研究进入新的历史阶段，其中一大特

---

① 《胡适学术文集·新文学运动》，中华书局，1993年。

色，是较之过去任何一个历史时期都更为开放。可以这样说，举凡西方所有的文学理论、文学流派，在这三十年间，都已经或早或晚、或多或少地被引入了中国内地。这三十年间，不断出现的尼采热、萨特热、弗洛伊德热、昆德拉热、福柯热、热德里达热……证明中国的改革开放确实一步一步拉近了与世界的距离，汉语文论无论从思维深度、思维广度，还是思维长度方面都已经具备了世界精神。

同时，文论的发展也不是一边倒的，对于汉语自身规律的重视与再认识，对于汉语文学作品的热爱与执着，对于汉语文学传统的理解与继承，也超越了"五四"及之前的任何一个历史时期。

当然，对于西方文明的了解、理解与对接，对于中国传统文化的继承与弘扬，都不是一蹴而就的事，也不是一朝一夕的事。了解并吸纳它的精华，也许还需要几代人的时间，而未来的文论大家，一定是真正学贯中西的人物。"中"是不能丢的，只知道亚里士多德的"诗学"，不知道刘勰的《文心雕龙》，未免数典忘祖；"西"也不能少，只知道金圣叹，不知道雨果与福柯，又未免坐井观天。

公正地讲，中国现在还缺少世界级或者在世界范围内知名度很高的文论著作与人物，但是不要紧，只要坚持不懈，必定达到辉煌。

文变 审美

WEN BIAN SHEN MEI

生命如流,变化如歌

语言如同世间一切事物，变化是无可阻挡的，不管你喜欢还是不喜欢。

但变与变也有不同。比如汉语的历史演变曲线即与拉丁语不同，也与梵语不同。中国文化是世界上唯一一个历经数千年沧桑未曾发生断层的文化，想到汉语是世界上少有的历经数千年未曾发生断层与质性改变的语言，不由地有些奇妙与自豪感涌上心头。

汉语历经千曲百折而不改变其本品本性，足以令人喜；汉语在这千变万化的历史进程中，不断取得新的发展、新的成果、新的业绩，尤其令人惊。

一、汉语文变的曲线描述

汉语的历史演变，本身就是一个大题目，详细讨论它，恐怕需要几十本书的篇幅。纵然择要而言之，那情况依然复杂。那么，怎么叙述呢？这里讲三条发展曲线。这办法是聪明还是笨拙，作者不能回答。

1. 汉语文句的历史发展曲线

汉语文句的发展曲线，这个题目也不小，毕竟汉语文学内容丰富，门门类类都有历史性成就。这里仅以诗歌为例，因为古代汉语诗歌的地位最高，而诗歌的发展也直接影响了戏曲的发展，又间接地影响了散文与小说的发展。

汉语诗歌的文句演变，经历过六个历史阶段：

第一阶段：四言诗阶段，起于先秦，大体结于魏晋初期。

第二阶段：五言诗阶段，发轫于两汉，盛于魏晋南北朝时期。

第三阶段：七言诗阶段，发端于魏晋，隆盛于唐宋。

第四阶段：长短句——词的阶段，发端于唐五代，兴盛于宋代。

第五阶段：长短句——曲的阶段，发端于宋代，兴达于元代。

第六阶段：白话诗阶段，隐流于明清，主流于五四运动之后。

六个阶段，听来简单，实际上每一个阶段及其向下一个阶段的过渡都经历了几百年的时间。单从时间理解，也可以知道那道路的非凡与漫长。四言诗自《诗经》始，实际上，它的酝酿和准备期应早于《诗经》，到魏晋初期，至少经历了1000年时间；五言诗自魏晋成为主流，到唐代七言诗坐稳首席，大约经历了500年时间；七言诗自唐成为主流形式，到宋词的成熟，大约经历了300年时间；宋词成为宋代标志到元曲的兴达，大约也经历了300年时间；从元曲的兴达到白话诗的兴起，大约经历了700年时间。

这说明了什么呢？

第一，一个语言文句阶段，当它的潜能没有得到充分开发时，它是不会向下一个阶段发生主流性演变的。反过来说，文句的整体性转变是有条件的，唯有一个特定阶段的发展空间已趋于饱和，达到全然成熟的境地时，它才可能向后一个阶段发展。这也如同一个人的成长一样，人生的几个阶段必定一一度过。

第二，每个阶段既然可以成为一个独立的阶段，必然取得了相应的历史性成就。四言诗时代如此，七言诗时代如此，各个时代无不如此。

第三，后一阶段的到来，并非只是单纯地对前一阶段的取替，而是对前一阶段文句成果的吸纳与包容。

以四言诗为例，虽然早在魏晋时代它已脱离主流，以诗家而论，已近乎"绝响"，至少曹操、嵇康之后，很少有人再致力于这种诗体了，但它延续到唐代、明代，直到现代，依然有自己的价值所在。例如，唐代诗人顾况有一首四言诗《囝》，诗的内容是写福建一带掠夺童奴的恶俗的。这样内容的诗作，倘不用四言诗，想来很难表现出作者的那种连心割肉、怒气冲天的强烈情绪，其诗云：

囝生闽方，闽吏得之，乃绝其阳。为臧为获，

> 致金满屋。为髡为钳，如视草木。天道无知，
> 我罹其毒。神道无知，彼受其福。郎罢别囝，
> 吾悔生汝。及汝既生，人劝不举。不从人言，
> 果获是苦。囝别郎罢，心摧血下。隔地绝天，
> 及至黄泉，不得在郎罢前。①

同样的道理，虽然唐代已然是七言诗大行其道的时代，但五言诗并未消亡，而且佳作迭出，其水准绝不逊于七言诗。一些经典作家如王维、李白、李商隐等，他们的五言诗同样超凡脱俗，异彩煌煌。

即使到了明清时期，七言诗的高潮早过去了，长短句的高潮也过去了，连元曲的高潮都过去了，但明清时期依然有好诗、好词、好曲。明代的诗、词，历来评价不高，但一些佳作，也很有趣味。如黄景仁的《丑奴儿慢·春日》：

> 日日登楼，一换一番景色。者似卷如流春日，谁道迟迟？一片野风吹草，草背白烟飞。颓墙左侧，小桃放了，没个人知。
>
> 徘徊花下，分明记得，三五年时。是何人、挑将竹泪，粘上空枝？请试低头，影儿憔悴浸春池。此间深处，是伊归路，莫惹相思。②

全诗写春景，以小桃为吟咏对象，都好，尤其"颓墙左侧，小桃放了，没个人知"，更好。白描写景，本色生香。

时至今日，回首顾望，汉语诗歌文句的发展历程，犹如一座无比巨大的熠熠生辉的多面宝塔，循层而上，各有景色非常。

这里再以口语性很强的叠字词的使用，说明汉语文句的不断变化的演进过程。

叠字词的使用，在《诗经》时代已经很广泛。《诗经》第一篇

---

① 中国社会科学院文学所编：《唐诗选》上册，人民文学出版社，1978年。
② 王兴康编著：《明清词曲选》，上海书店，1993年。

第一句，开门见山，便是"关关雎鸠，在河之洲"。关关二字，就是叠字词，象声取意，很是生动。又如《诗经·周南·桃夭》，叠字词使用得也好，不但表现生动，而且景色浪漫。所谓："桃之夭夭，灼灼其华。之子于归，宜其室家。"此外，如"行道迟迟"、"习习谷风"、"氓之蚩蚩，抱布贸丝"、"彼黍离离"、"行近靡靡"等，可见叠字词的应用，并非春光乍现，转瞬皆无。

这种叠字连用的形式，在唐诗中也有表现，只是数量不多。偶有佳句，便很新奇，如杜甫的"无边落木萧萧下，不尽长江滚滚来"，又如李商隐的"谁言琼树朝朝见，不及金莲步步来"。

到了宋词时代，这样的词式句式用得更多也更富有创造性了，而且有些词句，非用这句式不生动，不悦耳。如苏轼的《南乡子·送述古》：

回首乱山横，不见居人只见城。谁似临平山上塔，亭亭，迎客西来送客行。

归路晚风清，一枕初寒梦不成。今夜残灯斜照处，荧荧，秋雨晴时泪不晴。①

亭亭，荧荧，虽只四字，增色不少。

最典型最具感染力且成为经典句式的，则首推李清照的《声声慢》，开口便吟：

寻寻觅觅，冷冷清清，凄凄惨惨戚戚。

这等句式与风格，若非发展、积淀到了宋词时代，就算曹植再世，也写它不出，虽然曹植号称才高八斗；就是李白重生，又写它不出，虽然李白号称谪仙人。实在是因为句式的演变也有它自己的规律，规律不到，天才一样无奈。

---

① 《婉约词粹》，华东师范大学出版社，2000年。

可见句式的妙用，不仅仅由创造者的勤奋与天才决定。到了元曲时期，叠字词用得更其形象、生动、灵活了。最经典的例证自然是前已引之的《西厢记》中那一曲《叨叨令》了。

虽说这一段最为经典，但作为叠字句的连用，它并非孤零零地存在着，或者回顾莽莽苍苍，高处不胜寒——不是这样。与之相似的文辞、文句还有不少呢！例如，刘庭信的《双调折桂令·忆别》也是那一般句式，一种韵调。

想人生最苦离别，三个字细细分开，凄凄凉凉无了无歇。别字儿半响痴呆，离字儿一时拆散，苦字儿两下里堆叠。他那里鞍儿马儿身子儿劣怯，我这里眉儿眼儿脸脑儿乜斜。侧着头叫一声"行者"，阁着泪说一句"听者"，得官时先报期程，丢丢抹抹远远的迎接。[①]

2. 汉语作品风格的历史发展曲线

汉语作品风格的历史发展曲线与汉语句式的历史发展曲线有同有异，相互关联。

有所区别的是，它的历史发展是不断重复着从俗到雅的一个又一个单元性阶段过程，而不是像汉语句式那样呈同向发散型曲线发展。

汉语作品风格之所以形成从俗到雅的单元性历史发展过程，和文学作品须不断向民间语言与民间作品吸收营养有关。大体说来，那些新的作品类型，首先从民间的创作开始。例如，《诗经》中的国风部分其实就是民歌，又如唐诗的一个重要来源也是民歌。

诗歌如此，小说尤其如此。中国最著名的六部古典白话小说大部分都有一个长期的民间创造与积累过程。《三国演义》的故事，

---

① 王季思等：《元散曲选注》，北京出版社，1981年。

至少在宋代已成规模，是读书人与听众共同喜爱的题材，所以苏东坡的笔记中才有那样生动的记载。其实未止于宋代，早在唐代就有了"或谑邓艾吃，或谑张飞黑"这样的谚语。邓艾口吃，史籍上有记载，还情有可原，说人家张飞面皮黑，史籍上没有任何提示或暗示，那就纯粹是民间的创作了。

虽然汉语作品风格呈从俗到雅单元性阶段发展，但总的趋向还是如汉语文句一样，是从简到繁，从单一向多元不断丰富发展的。把这二者结合起来，那么，风格的发展脉路应该表现为螺旋式上升曲线。

汉语作品风格的这种发展曲线，无论哪一种汉语文体都不能例外。这里以赋为例。实在赋这种文体，其风格表现并不典型，虽然不典型，但发展轨迹也是清晰可辨的。

尽管风格有些简单，从汉赋到六朝赋，还是有了一个大大的飞跃，从六朝赋到唐宋赋，又有了新的风格变化。这样的变化，直到清代，都在不断进行中，不过没有六朝时期那么显著罢了。

汉赋的基本风格是铺张陈事。那特色，一是阔大，二是华丽，两者叠加，玉成铺张陈事。

六朝赋不同了。它不但表现手法更为丰富，篇幅也大为缩短，虽有鸿篇巨制，不再是主流性方向。那风格变化更大，从一味地铺张陈事转化为风格多样，叙事的、抒情的、怀旧的、讽喻的。单以内容分，即有因禽鸟而成篇的，如《鹦鹉赋》、《鸳鸯赋》、《鹧鸪赋》；也有因花木成篇的，如《芙蓉赋》、《春花赋》、《李赋》、《菊赋》、《枯树赋》；又有因自然景色成篇的，如《雪赋》、《月赋》、《江赋》、《海赋》、《秋风摇落赋》；还有因生死离别而成篇的，如《别赋》、《恨赋》；更有因国衰民难而成篇的，如《芜城赋》与《哀江南赋》。总而言之，六朝赋不再如汉赋那样形式单一，虽然篇幅小了，不再是庞然大物了，然而，活了、美了、多样化了，真正成为时代的宠儿。

这里先举一段张敏的《头责子羽文》，这在赋体中是很少见的以讽刺见长的作品。不惟题材独特——写人的头与本人对话的，这题材不特殊吗？立意别致——人头可以独立，而且发言发问，这立意不别致吗？而且情绪调侃，词语尖刻，字字如针。如此种种，可说是赋体风格的别类表现。

维泰始元年，头责子羽曰："吾托为子头，万有余日矣。大块禀我以精，造我以形。我为子植发肤，置鼻耳，安眉须，插牙齿。眸子摛广，双颧隆起。每至出入之间，遨游市里，行者群易，坐有悚跽。或称君侯，或言将军，捧手倾侧，伫立崎岖。如此者，故我形之足伟也。子冠冕不戴，金银不佩，钗以当笄，帼以代带，旨味弗尝，食粟茹菜，隈摧园间，粪壤污黑。岁莫年过，曾不自悔。子厌我于形容，我贱子乎意态。若此者，必子行己之累也。子遇我如雠，我视子如仇；居常不乐，两者俱忧，何其鄙哉。①

又有一篇成公绥的《蜘蛛赋》，篇幅短小，气魄很大，全文10个整句，只是描写蜘蛛。评论者说："末句'冲突必获，犯者无遗'，使得一只些小昆虫，竟溢发出孔武壮慨的风神。"所谓生物虽小，尊严自在。其文曰：

独星悬于浮处，遂设网于四隅。南连大庑，北接华堂。左凭广厦，右依高廊。吐丝属络，布网引纲。纤罗络莫，绮锗高张。云举雾缀，以待无方。于是苍蚊夕起，青蝇昏归。营营群众，薨薨乱飞。挂翼绕足，鞘丝置围。冲突必获，犯者无遗。②

抒写别愁离恨的赋作很多，如江淹的《别赋》、《恨赋》最是

---

① 张国昱：《六朝赋》，文化艺术出版社，1998年。

② 同上。

闻名遐迩，广为流传。这里选一篇萧绎的《荡妇秋思赋》，写得甚是凄清情重，很为唐代诗人所欣赏、所借鉴。

荡子之别十年，倡妇之居自怜。登楼一望，惟见远树含烟。平原如此，不知道路几千？天与水兮相逼，山与云兮共色；山则苍苍入汉，水则涓涓不测。谁复堪见鸟飞，悲鸣双翼。秋何月而不清，月何秋而不明？况乃倡楼荡妇，对此伤情。

于是露萎庭蕙，霜封阶砌，坐视带长，转看腰细。重以秋水文波，秋云似罗，日黯黯而将暮，风骚骚而渡河。妾怨回文之锦，君思出塞之歌；相思相望，路远如何。鬓飘蓬而渐乱，心怀愁而转叹；愁萦翠眉敛，啼多红粉漫。

已矣哉，秋风起兮秋叶飞，春花落兮春日晖；春日迟迟犹可至，客子行行终不归。[①]

六朝赋的经典性代表人物，首推庾信。他的赋作既可以视为六朝赋的集大成者，又对六朝赋体有突破性、创造性发展。以书而论，汉语古文作品中最杰出的著作莫过于《庄子》、《史记》、《文心雕龙》、《西厢记》与《红楼梦》。而以单篇诗、词、曲、赋论，那么最杰出的作品，莫过于屈原的《离骚》、李白的《蜀道难》、苏东坡的《念奴娇·赤壁怀古》、睢景臣的《般涉调·哨遍·高祖还乡》和庾信的《哀江南赋》。这赋不但文字好，节奏好，叙事好，抒情尤好，在赋体的抒情之作中，可说达到难以企及的程度。只是这赋太长，此处不引，另引名赋《小园赋》的一个段落：

若夫一枝之上，巢父得安巢之所；一壶之中，壶公有容身之地。况乎管宁藜床，虽穿而可坐；嵇康锻灶，既暖而堪眠。岂必连闼洞房，南阳樊重之第；绿墀青琐，西汉王根之宅？余有数亩敝庐，寂寞人外，聊以拟优腊，聊以避风霜。虽复晏婴

[①] 张国昱：《六朝赋》，文化艺术出版社，1998年。

近市，不求朝夕之利；潘岳面城，且追闲居之乐。况乃黄鹤戒露，非有意于轮轩，爱居避风，本无情于钟鼓；陆机则兄弟同居，韩康则舅甥不别，蜗角蚊睫，又足相容者也？①

赋的语言，容易写美，但也容易写"死"。消极的比方，如花纹精美的大幕，美则美矣，缺少生气。庾信的赋，不但写得美，而且写得活，有些地方文句如白话，有的地方语言已近诗。不但不粘不涩不呆不板，而且生气勃发，有声有色，愈显得抑扬顿挫，风流蕴藉。

赋到唐、宋时期又有新风格出现。最著名的篇章，我以为当属王勃的《滕王阁序》、骆宾王的《讨武曌檄》、杜牧的《阿房宫赋》和苏东坡的前后《赤壁赋》。这五篇赋作，呈四种风格：王勃的《滕王阁序》是少年英气，勃然而发，虽有牢骚，毕竟遮不住那青春气象；骆宾王的《讨武曌檄》乃公告之文，正义之词，笔笔写来，都是同仇敌忾之声，义愤填膺之色，然而，立论虽"正"，基础却薄，与其相关者们，真正能体会这赋的好处的，倒是被讨伐的对象武则天，令人思之不觉一笑；杜牧的《阿房宫赋》，主调只是感慨国家兴亡，感慨百端，思潮如涌，然而作者乃是豪放之人，虽然感慨颇多，并无颓废之气；苏东坡的两篇《赤壁赋》，则是他无比才华的大展示，写景则巧夺天工，抒情则置身物外，文中蕴涵的情思美感，犹在余音袅袅之中。

3. 汉语文体的历史演变曲线

汉语文体的演变也有两个特点。这里先说第一个特点：汉语文体随时代的发展而日益丰富，其体式也不断增多。自然，那发展态势并不均衡，元代之前，诗歌、散文独领风骚，元代之后，四大门类的作品各逞风流，戏曲、小说又有些后来居上之势。

---

① 舒宝章：《庾信选集》，中州书画社，1983年。

大体说来，散文的体式到了宋代，已然大成，而狭义的诗歌体式，早在唐代则已基本完成。但从细节上看，无论哪种文学体式，经过唐、宋、元、明、清，直到民国，再到五四新文化运动，最后到改革开放，仍然在不断发展，不断丰富。随着网络语言登上台，汉语及汉语文学体式的发展又被注入了新的活力。但历史发展有高低起落，诗歌于唐代最盛，戏曲于元代达到高峰，白话古典小说在明、清两代独领风骚。

从本书的布局考虑，有些文体至此犹未言及，故在此处举证两种。

一是日记体文字。相对于中国古代文体而言，日记出世较晚，成熟的作品只能追溯到宋代。之所以如此，大约和社会生活环境有关，和科学、技术发展有关，也和文人情趣的历史取向有关。其中陆游的《入蜀记》、黄庭坚的《宜州家乘》都很精彩。《入蜀记》名头大，阅读机会多，不引，这里引《宜州家乘》中的一段。

> 十三日，戊申。晴。将官许子温见过，弹《履霜》数章，又作霜天晓角而去。陶君送面十斗，区君送梨及蕉子紫水茄。全甫、允中、信中来，小酌月明中。①

只是寻常事，日记文体本味本色，然而，文学家慧眼童心，寥寥几笔，便像一首诗。

另有袁中道的日记《游居柿录》，也是日记中的典范之作。这里引一段写景的文字，一段记人的文字。写景的文字是：

> 往游九峰，出城，黄叶如雨。息于洪山寺。入门有古松四株，霜皮虬枝，令人肃然。登殿礼如来后，饭左掖官房。望江山绣错，时水未退，尽大地皆波涛也。绕塔，觅径路，至东岩寺，已敝。

---

① 陈文新译注：《日记四种》，湖北辞书出版社，1997年。

夜，篝灯闲谭，人境清绝。同游为李伏之、僧世高。①

虽是写景的文字，又甚得日记之体。第一，用言简洁。日记篇幅不可太长，言辞不可太"费"，把日记写成论文了，就可怕了。这日记写景，妙在语短境出，如第一句"往游九峰，出城，黄叶如雨"，寥寥数字，写出多少气氛。第二，善于剪裁。不是流水账，日记最怕流水账。袁中道这则日记，本事为出游，重点在写景，虽只短短百字之文，却写了黄叶，写了古松，写了时水与波涛，写了夜、篝灯与闲谈的人，其余诸事反而成了背景资料。掩卷思之，宛若一幅图画。

记人的一段是：

……夜归报恩寺，阅空老衲过天王殿，大呼"朱风子在否？"数唤始应，口中已喃喃作歌声矣。予问故，阅空云："此人姓朱，不知何处人，嬉游城市，夜宿于此。人予之食则食，亦不乞也。寒冬惟著单衣，亦不觉寒。人予之衣，辄与人。夜宿于地。雪夜呼之，或裸体舞雪上。出语或可解，或不可解。性好酒，亦无醉时。无嗔怒，诟辱之，扑挟之，亦不怒也。圣凡不可知，然亦大异人矣。"因呼之曰："风子冷否？"答曰："我有坎，我有坎！"复大笑。②

同样寥寥数笔，一个个性鲜明且有几多"异相"的人物便跃然纸上。

另一种体式为清言。清言这种文体古者或无，硬追寻，《世说新语》有几分相似。"清言"作为一种体式在明代最为盛行。它亦有些格言警句的味道，然而，格言、警句需要阅读者与传播者的认同，换句话说，不是因为你写得好，写得精，它就成为格言警句了。

---

① 陈文新译注：《日记四种》，湖北辞书出版社，1997年。
② 同上。

清言也不是日记，或者说有日记的形式，却比日记更纯粹，要刻意为之，更注重精神品质。创作者将多少奇思妙论、性情文章化作冰清玉洁、隽永多姿的语录。这语录短则三言两语，长也不过十行八行，但是有风格、有品位，虽只三言两语，却又回味无穷。

先来欣赏张潮的《幽梦影》中的二则。一则是说世间美物的：

> 笋为蔬中尤物，荔枝为果中尤物，蟹为水族中尤物，酒为饮食中尤物，月为天文中尤物，西湖为山水中尤物，词曲为文字中尤物。①

一则是写各种花草树木照映人们的意境的：

> 梅令人高，兰令人幽，菊令人野，莲令人淡，春海棠令人艳，牡丹令人豪，蕉与竹令人韵，秋海棠令人媚，松令人逸，桐令人清，柳令人感。②

写得好，好到不便解说，一解说，倒俗了。

花草树木是一境界，文字文章又是一境界，吴从先《小窗幽记》中有这样一段，是写文章意韵的。

> 文章之妙，语快令人舞，语悲令人泣，语幽令人冷，语怜令人惜，语险令人危，语慎令人密，语怒令人按剑，语激令人投笔，语高令人入云，语低令人下石。③

别的不说，只说"语低令人下石"，个中人，不能不生感慨，感慨作者知文章之深，爱文章之切，但见文章丑陋，令人怨毒不止。

介绍清言，不能不介绍陈继儒。论起来，他应该是明末小品文巨匠张岱的老师。张岱幼年时，两个人偶遇途中，曾经对过联的。

---

① （日）含山究选编：《明清文人清言集》，中国广播电视出版社，1991年。
② 同上。
③ 同上。

陈继儒人有仙风道骨，文章也似清风明月一般。清言尤其是他的长项。很多人生之事，在他只是看得高、看得静、看得透，细细品之，有些像西方人所谓的"心灵鸡汤"，虽不关生死大事，自有营养在焉。且看他《模世语》一则：

一生都是命安排，求甚么！命里有时终须有，钻甚么！前途止有这些路，急甚么！不礼爹娘礼世尊，谄甚么！兄弟姊妹皆同气，争甚么！荣华富贵眼前花，恋甚么！儿孙自有儿孙福，愁甚么！奴仆也是爷娘生，陵甚么！当权若不行方便，逞甚么！公门里面好修行，凶甚么！刀笔杀人终自杀，唆甚么！举头三尺有神明，欺甚么！文章自古无凭据，夸甚么！他家富贵生前定，妒什么！一生作孽终受苦，怨甚么！补破遮寒暖即休，摆甚么！才过咽喉成何物，馋甚么！死后一文将不去，悭甚么！前人田地后人收，占甚么！聪明反被聪明误，巧甚么！虚言折尽平生福，谎甚么！赢了官司输了钱，讼甚么！是非到底自分明，辩甚么！人世难逢开口笑，恼甚么！暗里催君骨髓枯，淫甚么！十个下场九个输，赌甚么！得便宜处失便宜，贪甚么！治家勤俭胜求人，奢甚么！人争闲气一场空，恨甚么！恶人自有恶人磨，憎甚么！冤冤相报几时休，仇甚么！人生何处不相逢，狠甚么！世事真如一局棋，算甚么！谁人保得常无事，诮甚么！穴在人心不在山，谋甚么！欺人是祸饶人福，卜甚么！①

这36句什么话？今人读之，或许有些不解，但能借鉴一二，想来没有坏处。倘触心有灵犀，虽不必成为圣人，幸福与快乐总是会多些。

汉语文体演变的第二个特点是，不断地对旧的文体进行综合与融汇，或者说，它是一面创造新文体，一面综合旧文体。而新文体，

---

① （日）含山究选编：《明清文人清言集》，中国广播电视出版社，1991年。

尤其是那些具有划时代意义的新文体的产生，恰恰是综合旧文体又加进新元素的结果与结晶。

以六朝赋论，它是充分综合与吸纳了楚辞与汉赋两种文体的长处，又以新知新见点化之，是以汉赋为体相，以楚辞为精神。

唐诗则充分吸收、综合了汉、魏、六朝乐府诗，五言诗，七言诗并民歌的种种长处，加以大唐精神统御之，从而汇通凝练而成，所以唐诗的风格中，既有建安风骨，又有齐梁诗风。只提建安风骨，硬了，不全面了；只讲齐梁诗风，又软了，没气象了。

宋词则既吸收了唐诗尤其是格律诗的种种好处，又从民歌包括下层青楼演唱中吸取了各种养分，尤其对唐五代词、对民间曲子词给予全方位的借鉴、发展与提纯，然后综合、汇集而提升之，始得成其大观。

元曲更是这样了。我在前面说过，单是一部《西厢记》就从唐诗、宋词、民歌、俗语中吸取了很多营养，再加上舞台经验、社会时尚，于是文豪灵心动，彩云万里来。

这种综合、融通与创新到了明清白话长篇小说时期，达到了历史性高峰。像《三国演义》、《西游记》、《水浒传》等，没有唐诗、宋词、民歌、俗语的帮助，必然大为逊色。至于《红楼梦》，干脆就是众多古典文学体式的集大成者，而这些古典文学体式，也成为本书不可或缺的组成部分。

文体的发展，贵在创新，而创新的重要手段则是融会贯通，那情形恰似千流百川归大海。世界上任何一种语言，若没有这样的气度与追求，它的生存能力，令人怀疑。

汉语语言的历史变化，未止于上述三端而已。实际上，它是一个生生不息又井然有序的开放性系统结构，从一个角度看，最基本的变化，应该是文字的变化，因文字而文辞，同文辞而文句，因文句而文篇，因文篇而文法，直至文体、文风、文论之变；从另一个角度看，这变化绝非只从一个元素开始，更不会从A到Z，顺序进行，而是你变我也变，我变他又变。因此，语言的演化史，乃是一部色彩斑斓的文化演变史，与它相邻相关相左相右的因素实在太多了。能够知其变，顺其变，通其变，综其变，助其变者，往往就是语言的知音。

二、汉语文变的品征描述

在这个题目中，我着重议论几个关键点：融汇、继承与渐变。

所谓融汇，即吸纳各种新的有用且有益的语言因素，包括各种方言，也包括兄弟民族的语言，还包括各种外来语。融汇的前提是开放。

所谓继承，即继承一切有用、有益或可能有用、有益的语言成就与传统，包括各种古文传统，也包括近代白话传统。继承的关键是创造。

所谓渐变，即汉语的演变形态，从古至今，其基本方式属于渐变性质。它没有或者很少突变，它的变化常常在潜移默化中完成。就我们所能确知的突变方式，自民国以后，大约只有"五四"白话文变革这一次。然而，细细分析，汉语的白话传统其实久矣，大致可以一直追溯到宋代，只是它不被官方语言所正式采用而已。所以骨子里，它的演变也还是渐变性的。

1. 品征之一：海纳百川，有容乃大

我们中国人常常喜欢说，中华文明是世界四大古代文明中唯一没有发生断层的文明，但应该补充的是：之所以没有发生断层，是因为中华文明的历史，乃是一部不断开放与兼容的历史。换句话说，若是没有开放与兼容，则古老的中华文明若不灭亡，也会断层。

自有文字以来，中华文明至少经历了三次大的开放与融汇期。

第一次开放与融汇期发生在春秋战国时代。它的性质，是华夏

文明内部，东、西、南、北文化的相互开放与融合。没有这一次的历史性的开放与融合，就不可能有秦始皇的统一六国与创制；也不会有汉代大帝国与汉代文明。诸君请想，如果连汉代文明都没有，汉语这个概念想来也不会发生了。表现在语言文学方面，因为有了这次开放与融汇，才有了《史记》与汉赋。

第二次开放与融汇期发生在魏晋南北朝时期。它的性质，是汉族与北方少数民族的文明大融合。因为有了这样的融合，才有了隋的统一与唐代大帝国和盛唐文明。不了解中国历史的读者，千万不要以为盛唐文明只是儒、道、佛文化，或者只是汉民族的事。实在"唐人有胡气"，没有少数民族文化参与其间，盛唐文明就难以诞生。表现在方言上，北方方言与南方方言就有了很大区别。表现在汉语文学方面，因为有了这次大融合，才有了李白、杜甫与王维的不朽诗篇。

第三次开放与融汇期则发生在1840年之后，而今仍处在其过程之中。从那时至今的160多年的历史，实际上就是一部不断的国门开放史，也是一部文明的融合史。第一次开放，是周王朝名义下的内部区域的文化开放与融通；第二次开放，是中华文明内部的民族开放与融通；这第三次开放则是古老中华文明与西方及世界文明的开放与融通。没有这样的开放与融通，就不会有孙中山首创的共和制，也不会有中华人民共和国，更不会有如今的改革开放。表现在语言、文学方面，则既不会有胡适与鲁迅，更不会有王小波。

实际上，文明与语言，完全不可分。文明不发展，语言必然会萎缩。文明愈发展，语言也会愈放光芒。新的文明必定带来新的词汇、新的文法、新的语言方式与新的语言理念。

无论如何，旧的文明形态终将过去，唯开放才会给新文明的诞生带来最充分的动力与滋养。在语言这个范围内，新文明来了，一些旧的文学、艺术和表达方式不够用了，于是发生变化。变化形态会有种种，或者旧瓶装新酒，或者实行拿来主义。以国画为例，它最擅长表现山水题材，但很难表现工业化内容，例如在传统国画中加一列火车，会不舒服；加几架飞机，又会难受；飞机大炮，固然不算先进了，加在传统国画中，那画的韵味怕会被破坏了。古体诗歌也有类似的情况，旧体诗歌表现的题材固然非常广泛，但让它表现很多现代题材，例如航空母舰、航天飞机，它有困难；让它使用一些拉丁字母，也不方便；让它表现"恶之花"那样的风格，更有难度。所以文明的发展，有赖于开放，开放的结果，必然呼唤新的语汇与新的文体。故此，尽管现代的白话诗水平常常不能令人满意，但那方向不容改变。我们可能没本事在一个短时期内，把它写出屈原、李白那样的水准，但想改变其方向，却是不可以的。

这里节录一首现代白话诗，这首诗不是最怪的，也不是很怪的，有些前卫，但远远没有到惊世骇俗的程度。即使作者不说，想来大多数读者也可以看得出来，像这一类诗歌所表现的内容、风格与阅读效果，是任何古体诗歌都无法表现的。

宋琳《致埃舍尔》一诗的第一节：

> 我从你的背面异乎寻常地看见你的脸
> 反光球里你眼球的反光
> 抽着你的雪茄正抽在你嘴里
> 书房的和平与头发的愤怒
> 我轻轻地唤了你一声埃舍尔
> 我曾在哪条街道上看见你
> 并在你营造的城中与你面对着喝了一会儿咖啡
> 一群蜥蜴在阳光下做游戏
> 另一群僧侣在默祷中上上下下爬楼梯
> 又默默地回到原处
> 坦率地说我同情他们埃舍尔

汉语的美丽与芬芳

你不该让他们为难[①]

开放好啊！不开放，哪有这样令人惊奇又喜欢的诗。

开放，本时代的正解，乃是对世界的开放。所以要特别说一说外国语对汉语的价值与意义。

学习外语的意义，不用重复了，外来词汇、句法与文章对汉语的影响与价值，也不说了。就说汉语翻译。

在我看来，那些好的汉语译本，其实也是汉语范本之一种。它们实际上已成为汉语文本中一个有机的分子。特别是那些特别具有影响力又经受过时间考验的译本，甚至应该理解为汉语的经典品类之一种。

我佩服傅雷先生翻译的巴尔扎克的小说系列，佩服张可先生翻译的丹纳的《莎士比亚论》，佩服侍桁先生译的川端康成的《雪国》，也佩服李清华先生翻译的聚斯金德的《香水》。

巴尔扎克的书，当代青年人关心的少了，但在我这一代人，曾是最重要的文学享受。直到今天，我依然认为，傅雷先生的译文乃是很难企及的杰作。以现代人的眼光看，巴尔扎克对小说人物或对场景的描写，不免有些冗长，又有些过度细致了。但那功力——包括傅雷先生翻译的功力，确实有些不可思议之处。且看一段，他用在《于絮尔·弥罗埃》中对车行老板的相貌写真：

车行老板就是证明这定理的活生生的例子。凭他那副相貌，在他因为肉长得不可收拾而显得通红的皮色之下，便是思想家也不容易看出他有什么心灵。鸭舌头很小，两旁瓜棱式的蓝呢便帽，紧箍在头上；脑袋之大，说明迦尔还没研究到出奇的相貌。从帽子底下挤出来的，似乎发亮的灰色头发，一望而知它们的花白并非由于多用脑力或是忧伤所致。一对大耳朵，开裂的边

[①] 《灯心绒幸福的舞蹈》，北京师范大学出版社，1992年。

上差不多结着疤，充血的程度似乎一用劲就会冒出血来。经常晒太阳的皮肤，棕色里头泛出紫色。灵活而凹陷的灰色眼睛，藏在两簇乱草般的黑眉毛底下，活像一八一五年到巴黎来的卡尔摩克人；这双眼睛只有动了贪心的时候才有精神。鼻梁是塌的，一到下面突然翘得很高。跟厚嘴唇搭般好的是教人恶心的双折下巴，一星期难得刮两回的胡子底下，是一条旧绳子般的围巾；脖子虽则很短，却由臃肿的肥肉叠成许多皱裥，再加上他厚墩墩的面颊：雕塑家在当作支柱用的人像上表现的，浑身都是蛮力的那些特点，就应有尽有了。所不同的是雕像能顶住高堂大厦，米诺莱-勒佛罗却连自己的身体还不容易支持。这一类肩上不抗着地球的阿特拉斯，世界上多的是。他的上半身是巍巍然一大块，好比人立而行的公牛的胸脯。胳膊粗壮，一双厚实、坚硬、又大又有力的手，拿得起鞭子、缰绳、割草的叉，而且很能运用；没有一个马夫见了他的手不甘拜下风。巨人的肚子硕大无朋，靠着跟普通人的身体一般大的腿和一双巨象般的脚支撑。[1]

写得太细了，没有耐心的现代人恐怕无法读完，然而，真的很有功力。不信，你试一试，也给一个人画一幅文字肖像，就可以体会到这意境之难。

除文学作品外，也有译文极为出色的理论著作。在这方面，以我的阅读感受，大陆的译文似乎比不过台湾。台湾的译文常能更具汉语神韵，一看，便知这是地道的汉语，而且是漂亮的汉语。旧时翻译讲信、雅、达，至少雅这点上是成功的。我手边有一本赵刚先生翻译的《法国1968：终结的开始》，那文字，译得很有味道。这里引开篇的一段：

  1968。水泥与玻璃校园。多的是十六和十七区——高级住

---

[1] 巴尔扎克：《于絮尔·弥罗埃》，人民文学出版社，1956年。

宅区，巴黎的繁华陵寝——的中产阶级儿女。还有停车场；一大堆专为五陵年少所建的停车场，他们住在家里，开着妈咪的车上下学。（家庭是也）

校园四周，还是阿拉伯和葡萄牙的荒村。

发育不良的青少年在生命的边线上整日玩足球（这是他们的女人！他们的语言！）。烟囱、廉价国民住宅、荒原。

喷枪在墙上写着：

都会、法净、性感。

一万两千个学生。一千五百个住校。

一星期一场舞会，两场电影，其他晚上看电视。电视，大众的鸦片，但也是知识分子的自作自受。（文化是也）

一面墙上写着：像飞虫扑窗般地撞碎你的脸，然后腐烂。

宿舍房间设备不错且消过毒：有大玻璃窗俯瞰阿拉伯人贫民窟。"外国人"不准入内，不准调整改变家具，不准起火。宿舍内不得搞政治。

外墙上写着：自由在此停止。①

自"五四"以来，翻译作品业已成为新的汉语语林中的一块精美的园地，成为新的汉语队伍中的一支生力军。虽然不少人对于所谓欧式句法，常常皱眉，心存不满，但欧式句法已与现代汉语融合，是汉语语句中的一个品种了。它或者还没有达到人们所期待的水准，但没有或取消了这样的句法，恐怕很多文章在表达上都会遇到麻烦。

我想，未来的汉语世界，译文将占有更为重要的地位，而一些外来的词、句、语法也会更广泛地进入汉语殿堂。其积极结果是，汉语更美丽了。

---

① 安琪楼·夸特罗其　汤姆·奈仁著：《法国1968：终结的开始》，赵刚译，生活·读书·新知三联书店，2001年。

2. 品征之二：承川继水，续古通俗

这里重点说的是继承传统与吸纳方言。

对传统这件事，"五四"以来，争论很多，处在两个极端的观点——全盘西化与民粹主义。现在看来，极端的观点是站不住的，全盘西化既无法落实，民粹主义更是为害不浅。

但争论是必要的，对于像中国传统文化这样的面临社会大变革的古老文明，各种观点，不嫌其多，只嫌其少。实在这样的大变革需要各种各样的理论与观点作辅翼。而且，但凡一种有生命力的文明，不会因为有点争议就丧失自己的生存权利。它既不是可以被捧杀的，也不是可以被骂杀的。如果一种文明，被几句话、几篇文章、几本书就骂倒了或"捧"杀了，那也绝对不是这几句话、几篇文章或几本书的威力如何巨大，实在你不骂它也不捧它，它都会自己倒下的。

以西方文明为例，自文艺复兴开始，基督教就开始被怀疑，被攻击，被谩骂。那怀疑的程度才深哩！那攻击的力度才大哩！那谩骂的花样才多哩！然而几百年过去了，基督教倒了吗？基督教文明消失了吗？没有吧！不但没倒也没有消失，而且在新的历史条件下，更有益于人类也有益于它自身的发展了。

从汉语变化的角度看，对于语言的继承与发展尤其应该具有自信心、好奇心、平等心与宽容心。

所谓自信心，是对汉语的自信。汉语历史辉煌，现实良好，前程远大，没有任何理由对它失去信心。

以文学作品论，汉语文学传统在各个方面，都不落后于人。小说落后于人吗？散文落后于人吗？戏曲落后于人吗？诗歌落后于人吗？

样样皆不落后，自信乃是有逻辑的自信。

所谓好奇心，即对新的语言、新的语素持有好学的态度。汉语固然很好，但不是世上唯一的好。身为中国公民不知道汉语之美，有点身在福中不知福了；身为中国公民只知道汉语之美，又有点不知天外有天，山外有山了。

知己又能知彼，才是智者所为。

所谓平等心，即以平常心态对待世间各种文明与语言。而平常心态的基础是平等。如果我们以为《离骚》是不可或缺的，那么《荷马史诗》同样是不可或缺的；如果《战争与和平》是应该人人知道的，那么《红楼梦》也应该是人人知晓的；如果兰姆的散文是世界性财产，那么鲁迅的散文也应该是世界性财富；如果《哈姆雷特》是全人类的珍贵遗产而不仅仅是属于英格兰的，那么，《西厢记》也自然应该是全人类的共同财富而不仅仅是属于我们中国公民的。

所谓宽容心，即欢迎和赏识变革的心，支持和鼓励拥有创造力的心且不怕困难与挫折的心。现在我们正处在社会大变革的历史关头，新的文化，新的语言，不但层出不穷，而且颇有些超出我们的预料与想象。对此，最好的态度，莫过于宽容。宽容待世，乐观其成。

在这里，我要特别说说关于对古文精华的继承与对各类方言的继承。

其实说到继承尤其是对古文精华的继承，我们中国人是最有经验也最有发言权的。

这里举两个例证。

一个是唐代古文运动主将之一的柳宗元。柳宗元的文章源流深广。他自己讲到创作经验时，是这样说的：

> 大都文以行为本，在先诚其中。其外者，当先读六经，次论语孟轲书，皆经言；左氏国语庄周屈原之辞，稍采取之；穀梁子太史公甚峻洁，可以出入；余书俟文成异日讨也。其归在不出孔子。
>
> 本之书以求其质，本之诗以求其恒，本之礼以求其宜，本之春秋以求其断，本之易以求其动，此吾所以取道之原也。参

之穀梁氏以厉其气，参之孟荀以畅其支，参之庄老以肆其端，参之国语以博其趣，参之离骚以致其幽，参之太史公以著其洁，此吾所以旁推交通，而以为之文也。①

凡此种种，都是讲继承，讲继承又有选择，可见眼光之高，手法之大。一讲就讲到1000多年前的典籍上去了，正是我们中国文学流变的特色之一。

再有一例，出自金圣叹评《水浒传》。他的评法，果然与众不同。他这样说：

《水浒传》方法，都从《史记》出来，却有许多胜似《史记》处。若《史记》妙处，《水浒》已是件件有。②

明明是评《水浒传》的，一联系，联系到了《史记》。请问《水浒传》是什么时候的书？元末明初的书。金圣叹是什么时代的人？明末清初的人。《史记》又是什么时候的书？西汉中期的著作。清代大才子评点《水浒传》，讲解它的历史前承，一讲就是一千八百年，这样的传统不知西方有未？

再来说方言——地方话。

方言其实是异常宝贵的文化遗产，而且是活的，活生生的，充满智慧与魅力的遗产。任何打算使之消亡的想法都是非常非常非常错误的，不仅仅是思维的陷阱，而且是文化的雷区。

虽然有一种观点认为：统一的共同的语言可能是最具效率的语言，但那只是一种纯经济学的观点，而使用纯经济学的观点看待整个世界，纵然不是世界上最不可取的方法，也是最不可取的方法之一。

至少从文化学、社会学角度上，还是语言多元化的好。如果英

---

① 罗根泽：《中国文学批评史》第二册，上海古籍出版社，1984年。
② 《奇书四评》，湖北辞书出版社，1996年。

语没了，人类将无法再去欣赏原汁原味的乔叟故事集与莎士比亚戏剧；如果俄语没了，人们又将无法欣赏原汁原味的托尔斯泰与陀思妥耶夫斯基的作品；如果汉语没了，人们将无法欣赏原汁原味的《红楼梦》与《史记》。不用说别的，单这一点，就可以得出结论说：各民族语言，一个也不应少，一个也不能少。单以汉语而言，也可以说：

　　线条连天宇，笔墨动风云。

　　汉由开放起，字是中国魂。

　　其逻辑结果是：人类既没有权利去消除任何一种民族语言，那么任何国家也就没有权利去消除任何一种地方话。

　　各种地方话，从法律的意义上讲，它都有存在的权利；从文化的角度上讲，它都有存在的价值；从语言学的意义上讲，它都有存在的根据，其中自然也包含了审美根据。

　　方言其实是很美的，正如民族语言是很美的一样。它的美更具有原创性、多样性与生活化价值。

　　比如近日风行一时的《吉祥三宝》，美不美？那种民族语言的美，不是别的语言可以替代的。至少当我们用汉语演唱这歌时，那韵味与灵感便减去了许多。

　　又如前面提到的《海上花列传》，一大半也得益于它那纯正的方言。因为是南方方言作品，北方人不懂了，于是翻译，翻译的结果，是明白了，但，味道没了。

　　再比如这些年很受人们青睐的小品。小品的精华在语言，语言的特色在方言。假如把方言去掉，差不多就是等于对多数成功小品的绞杀。

　　作为一个北方人，我是听不懂上海话的，但在早几年的某一天，我一下子被一个电视连续剧中的上海话感动了。我觉得，用上海话表现上海市民的生活，真好啊！虽然不能句句明白，但那风尘趣味，似乎妙不可言。

相声大师侯宝林先生,是最擅长模仿各种地方话的大师。他在《戏曲与方言》中使用的山东话、河南话、山西话、北京土话以及越剧、弹词的唱段,不但惟妙惟肖,而且美轮美奂,那美的汁液流动于字里行间,盈盈而欲出。他评价上海话时,这样讲:

乙:上海话好听啊。

甲:上海话,有的人讲话好听,妇女讲话好听。

乙:哦。

甲:有时你走在街上,看见两个上海妇女,人家在那儿说话,你在旁边听着,那个发音是很美的。

乙:是吗?

甲:不但发音美,你在旁边看着,连她那个表情,都显得那么活泼。

乙:哦,你来来。

甲:啊,两个人碰到了(学上海话):"你到啥个地方去?""大马路白相白相。""到我此地来吃饭好吗?""我勿去格。"[1]

一个是古——古典语言精华,没"古"则没根;一个是俗——祖国各地域方言,没"俗"则没源。构成汉语品性的因素很多,但这两个因素显然是特别重要的。

三、汉语文变的规律性描述

在此一共叙说四种规律。

---

[1] 《侯宝林表演相声精品集》,文化艺术出版社,2003年。

1. 物性基因普适律

面对这个问题，我有些犹豫。当今之世，是一个不兴讲究规律的年代。西方后现代主义风行数十年，以解构为主调，从形而上学的角度理解，它解构的对象之一，就是规律。

规律都给解构了，不认同它的存在了，还有什么普适律呢？但我想解构尽管解构，规律还是有的，普适律也是有的。

以人类为例，虽然有黄色人种、黑色人种、白色人种等，但不论哪种肤色，都是人呀，这个，就是人的普适律。

把范围扩大一点，无论动物也好，植物也好，微生物也好，它们无一例外都属于生物类，有关它们的规律，就是生物意义上的普适律。

那么，我们把这个观点应用到语言、文学范畴中来。以文字为例，尽管中国的方块字与西方的拉丁字母有很大的区别，但是，在字这个层面上，它们是有普适律的。

以文学为例，古代东西方文化虽有交流，大体上是各自独立发展的，双方既没有很多了解，更没有自觉沟通。苏格拉底固然智慧，他不知道在遥远的东方还有一个华夏民族；孔夫子虽然是圣人，也不知道在西方世界还有古希腊城邦国家。就是到了基督教时代，上帝虽然万能，也没留意宋代新儒学在中国的崛起，濂、洛、关、闽虽为新的儒学圣贤，也不知道基督教在西方的巨大影响。但是，这不影响双方各自的文学发展。重要的是，这种发展，虽然没有任何自觉的信息沟通，却有普适性规律隐然其中。

具体地说，无论是散文、诗歌，还是小说与戏曲，虽然发展时序有别，但西方所存的文学品类，中国均一一具备；反之，也是一样。

西方戏剧在古希腊时代已经成熟。古希腊的三大悲剧作家、一大喜剧作家尤其影响深远。中国的戏曲同样发达，只是时间晚了，虽然唐代已有演出，宋代已成气候，但直到元代才走向辉煌，与古希腊经典作家相比，晚了1300多年。

虽然晚了，毕竟有了，这说明，普适律确实存在。

中国戏曲成熟得晚，但小说成熟得却早，代表古典小说高峰的长篇白话小说，明代已奇峰异岭，清代再铸辉煌，比之西方小说的成熟与发达，早得多了。与雨果、乔治·桑、巴尔扎克、大仲马、司汤达相比，二者首尾相差约600年时间。

相差虽远，但规律依然，这也说明普适律是存在的。

语言普适律因何存在？因为人类文明有规律存在。如果没有规律，人为什么进化为人？为什么无论东方、西方都有过原始社会，都有过奴隶历史，都有小农时代，都或早或晚要经历市场经济？人类的文明律主导了语言的文明律，这一点，无可怀疑。

不惟如此，进入20世纪之后，人类已迈入整体开放性时代，语言与文学的交流随之日益增多。经济全球化、文化多元化已成为时代性关键词，但多元不是各自孤立，而是相互交流，那种各自发展，互不干扰的时代是再也不会出现了。

有知情者说，现在活跃在文坛的中国作家中，除去极少数者以外，几乎每一种风格的作家都可以在西方现代文学作品中找到他们的同类。当然不能说现代中国作家个个都受到西方文学的深刻影响，都向他们借鉴了创作方法与风格，但可以这样推论，即使那最少数没有受西方作品风格影响的中国作家，他的创作状态也一定是开放的，而一点也没有接触或接受西方文学作品影响的人，若非一个全无也必定几近于无。

普适律的消极价值在于——请注意，我这里用的消极二字不是"坏"的意思——即使最曲折的道路，你也不可能不面对它，不经历它，不感受它。正如西方荒诞派戏剧等现代主义作品初到中国时，我们很多同胞不喜欢。然而，中国社会若非全然没有荒诞则罢，如果有的，你尽管不喜欢那风格，那风格也终究会扎根于中华的文艺土壤中，并且生根发芽，长成一片森林。

普适律的积极价值在于，凡是文明成果，必定不限于某一个民族和国家，它一定是属于全人类的。浪漫主义如此，现实主义如此，现代主义如此，后现代主义依然如此。中国会不会后现代？如果说不会，那没有前途了。这样的断语我们不会接受的。如果说现在还没有走到那一步，那么，中国的后现代或早或晚，或强或弱是一定会出现的。

实际上，新的文学作品与思潮，只要是好的，有价值有生命力的，不论新、旧，它都适用于普适性规则。《神曲》老不老，几百年了，但老一点没有关系，因为它有价值，未来世界的任何一个人群聚居的地方，都会有《神曲》的；《离骚》更老了，已经2200多岁了，2200多年也没关系，未来世界的任何一个人群聚居的地方也都会有《离骚》的。

普适律生性如此，好像牛顿的三大定律与爱因斯坦的相对论一样，你硬不承认，只能证明你无知。

2. 生命进化创造律

这一条定律与上一条定律是相互对立又相互补充的。两条定律都能说明问题，都有存在的必要，这一点，在我看来，叫做真理的两端性。

真理的两端性：一端是应该存在的必定存在的，任何力量也压它不住，挡它不住。这个就是普适律。一端是虽然应该存在的必定存在的，但没有创造性赛跑为先锋，一切都是空。换句话说，创造需要规律，创造也是规律，而且创造律乃是实现普适律的前提性规律。

虽然我们说，在物性的基因层面，应有一般性规律——普适律的存在，但现实生活——生命本身，永远比任何规律都来得更丰富、更生动，更具有偶然性与可变性。

从思想史的角度看，古希腊与中国先秦时代都是极为辉煌的思想时代，然而，孔夫子不等同于苏格拉底，孟夫子也不等同于柏拉图，韩非子同样不等同于亚里士多德。但他们都是因为创造了属于人类的文明，思想才得以流传。

他们在各自文化氛围内代表着某一领域的最高水准，但他们对诗歌的理解却截然不同。

从政治文明发展史的角度看，汉武帝实行"罢黜百家，独尊儒术"的国策，给了儒学以唯一的官方地位；君士坦丁大帝承认基督教的合法性，也给了基督教以充分发展的历史机遇。但汉武帝不等同于君士坦丁大帝，再往深里说，儒学文化不等同于基督教文化。

以小说为例，西方既有很经典的长篇小说，中国也有"六大名著"，但《悲惨世界》可以等同于《西游记》吗？《人间喜剧》可以等同于《红楼梦》吗？《战争与和平》可以等同于《三国演义》吗？萨德的小说可以等同于《金瓶梅》吗？《红与黑》可以等同于《水浒传》吗？

以诗歌为例，西方诗人中有拜伦与雪莱，中国诗人中有李白与杜甫，但李白永远不会成为拜伦，杜甫也永远不会成为雪莱。

西方女诗人中有一位大名鼎鼎的萨福，她的诗歌差不多就是有情人的同义语，中国女诗人中有一位同样大名鼎鼎的李清照，她的爱情诗同样影响千年，魅力永在。但两位女诗人的情感表达是何等的不一样哟。

李清照这样写《一剪梅》，下半阕：

> 花自飘零水自流，一种相思，两处闲愁。
> 此情无计可消除，才下眉头，又上心头。①

萨福则这样写：

> 妈呀，亲爱的妈呀！
> 我哪里有心织布，

---

① 叶嘉莹：《李清照词新释辑评》，中国书店，2003年。

> 我心里已经充满了
> 对那个人的爱慕。①

凡此种种，都证明一个道理：普适律只能证明文学发展的可能性，创造律才代表文学创作的现实性。

3. 渐变突变互动律

从汉语的历史看，它并非没有阶段性突变，但那不是主流。汉语的演变历史，基本上属于循序渐进的渐变史。语言如是，代表语言的文学作品亦如是。

中国人自古不喜欢突变。突变太惊人，太震撼，太没有安全感。不但不喜欢突变，而且也没有西方人那种动不动来一个全盘否定的传统。我们即使真心求变，也多半是静悄悄的，先干起来再说，很不喜欢事情还没有怎样，先弄得动静挺大。我们中国人最不容易接受的乃是吹大牛、说大话，宁肯干了不说，也绝不能说了不干，或者说到了没有做到。很多时候，不说也不做，反倒相安无事，说了没做或者说挺好没有做好就成了大问题，不但于事无补，甚至于人格有伤。

但要特别说明的是，我们自古以来，虽然不喜欢剧变、突变，却又坚决反对故步自封。剧变不好，不变也不好，或者说不变更不好。用齐白石的话讲，太似则无趣，不似则欺人，妙在似与不似之间。所以我们看中国的文学传统，总是一环紧扣一环，虽然代有其长，却又代有其承。每一代人都有上一代人的影子，每一代文学作品都有上一代作品的基因。

虽然有上一代人的影子，毕竟不是上一代人了；虽然有上一代作品的基因，却又不是模仿与克隆，而是有所保留，有所改变，有所发展。乍一看，仿佛依然故我，细一想，又别有风韵；或初一见，

---

① 周煦良：《外国文学作品选》，上海译文出版社，1979年。

只是新奇，细一品，又自有渊源。

近代以来，谈到对汉语文字持最激烈观点的人，莫过于钱玄同，他是极力主张消灭方块字的；谈到对中国古典作品持激烈言辞的人，莫过于鲁迅，因为他说过"少读甚至不读中国书"。但这不过是激烈的言辞罢了。毕竟钱玄同没有消灭方块字还终身使用着方块字，鲁迅先也没有少读中国书，而且就在他发布那宣言之后不久，还为自己友人的孩子开过一个不短的书单，书单上写的正是些中国古书。

造成中国文化包括汉语的这种渐变特性的，至少有如下几种原因。

首先，中国传统文化中具有浓烈的尊先敬祖意识。虽然中国不是一个宗教国家，却是一个对祖先有着浓重崇拜情绪的国家。尊崇祖先，原本无可厚非，但有时候到了头脑不清、逻辑混乱的程度，甚至认为越是古老的就越是好。比如在民间传播广泛的《三侠五义》、《小五义》之类的古典武侠小说，是最重视兵器的。重视兵器好啊，但观点不对，作者认定兵器越老，威力越大。比如两口宝刀相遇，一口是汉代的，一口是唐代的，虽然唐代远比汉代发达，但不行，两刀一碰，唐刀断了，为什么？因为你资格不够呀！又如两把宝剑相遇，一把是唐代的，一把是宋代的，虽然宋代技术比唐代先进多了，但两剑一碰，宋剑折了，为什么？还是因为你资格不够呀！

这样的文化理念对于继承传统，是有些帮助的，但对于创新，却是无利的。

其次，中国传统，特别重视师承。西方人心中有上帝，中国人心中有家庭。西方人没信仰就觉得心里不踏实，中国人讲的是天、地、君、亲、师，而且"一日为师，终身为父"。江湖上，最大的罪名之一，乃是欺师灭祖，因而对师父的教导特别在意，特别小心。比如民族戏曲、曲艺与杂技等艺术，直到今天，依然以口传心授为主，依然要拜师入派。没师没派，你算老几？

最后，中国文化传统，最喜欢稳定，最惧怕动乱。因为中国自秦汉以来就是小农经济国家。小农经济的特点就是喜稳怕乱，隐忍求安。穷也可以忍，苦也可以忍，连不公平不公正都可以忍，就是别乱，本来就是小农经济，一乱，就可能失去生存基础，所谓乱世离人不如太平犬。

在思维方式上，又特别讲究中庸。中庸不是主张一切不变，但反对突然性变化。有人以为中庸就是保守，风也吹不得，草也动不得，非也。不错，中庸反对冒尖，喜欢安分守己，反对标新立异，但它不是一味保守，它既反对冒尖，又反对落伍。你太先进了不行，太落后了也不可以。太先进了不免有些刺眼，太落后了又有些各色，各色更容你不得。

所以孔夫子虽然是最敬重祖先的，但他也说："父在，观其志；父没，观其行；三年无改于父之道，可谓孝矣。"儿子孝敬父亲，要遵照父亲的行事方法办事，但永远这样下去也不行。于是孔夫子规定了一个三年的期限。三年之内，不要变化。三年之外呢？他老人家没说，就凭您个人理解了。

语言尤其是书面语言的变化也是这样一个路数，不可不变，不可乱变；不可裹足不前，也不可跨越式发展。于是渐变成为汉语历史演变的一个规律性品征。

五四运动起来，情况发生了变化。各种争论多了，新的理念多了，而且文学团体之间、文学人物之间、各种思潮之间、文学团体与政治团体之间、国内与国外之间，犬牙交错，你来我往，是是非非，各不相让。

我们时代的变化，其实是属于突变性质的。以五四新文化运动为界，不但文风变了，主流用语变了，断句方式变了，文言文也变成白话文了，连内容都从根本上改变了。这样的突变，十分必要，而且百益而无害。

本人知识不够，不知道这样的变化，历史上举凡有几。但我深信，渐变可以成为主流，突变也绝对不能或缺。但无论突变、渐变，不应只是主观行为，所以"五四"时代的突变结果，是语言流传下来的语言遗产极多。

突变渐变互动，可以称为一律。

4. 多元共存共鸣律

何为共鸣？存在多种声音才具备共鸣的基础，多种声音和谐分置才有共鸣的可能。而共鸣越发达，声响越丰富，选择余地才越大，才越有可能产生出各种各样的好作品。

以唐诗为例，如果因为李白的诗伟大，只允许李白存在，结果李白成了孤家寡人——没意思。唐诗之所以好，是因为它胸襟博大，因为有道家，才有李白；因为有释家，才有王维、皎然、寒山、拾得；因为推崇儒家，才可能产生诗圣杜甫。唐诗包容性好，各大诗人都处在自主自由的创作状态，李、王、杜之外，还有盛唐时期的山水诗家孟浩然，还有边塞诗家岑参、高适。到了中唐，尤其诗派众多，诗风各异，结果是：奇崛的也要，浅近的也要，抒情的也要，哲理的也要，民歌体也要，宫体词也要，讽喻体也要，香奁体也要。因为百花齐放，才有唐代诗歌的绝代繁荣。

即使从纯文学的角度看，各种流派也是越多越好，只要它可以成为一派，那么，就必然有存在的根据，从而也有了发展的权利。

以西方现代主义文学为例，如果不允许荒诞派的存在，那我们就看不到《美国梦》，也看不到《中锋在黎明前死去》，更看不到《等待戈多》了；如果不允许新小说存在，那我们又看不到《橡皮》，也看不到《逐客自叙》了；如果不允许垮掉的一代存在，那我们将听不到《嚎叫》，也看不到《在路上》了；如果不允许黑色幽默存在，我们更看不到《亡父》、《回忆》与《第二十二条军规》了。

毫无疑问，看不到其中任何一种作品都将是我们精神生活层面的一个不小的损失。

以我们的历史经验看，既要共鸣，就不仅需要传统之作，而且需要另类之作。

传统之作，虽然有些老腔老调，然而却如同中国餐饮业中的百年老汤，因为其老，才滋味愈美；又如同百年老酒，因为其老，才味道愈醇。

另类之作，因为其另类，便有些奇奇怪怪，不合传统之情，亦不合习惯之法。然而，奇是新奇之奇，怪是惊怪之怪，因为新奇，难免惊怪，因为惊怪，愈显新奇。惟其奇奇怪怪，才更能吸引人的眼球，因为吸引人的眼球，才更能激发人的智慧。

既要共鸣，就不但需要理想之作，而且需要市场之作。

理想之作，并非故作高深，也不是宏大叙事。宏大叙事不免有了形式，伤了精神。理想之作写的乃是个人的信仰与追求，因为这信仰真，所以虽千曲百折，也不会灰心丧气；因为这追求正，所以不管风吹浪打，只管奋力前行。

市场之作，则是应市场之邀而来，顺市场之势而作。那么，它显然不是理想化的了，虽然不是理想化的，却又另是一门功夫。它的特点，就是试销对路，虽不治本，专门治标，招你高兴，逗你开心。这表面看起来好像标准不高，但真正做出成效，把包袱弄响，也绝非易事。比如相声，哪个相声演员不希望听众开怀大笑？但能让观众开怀大笑、捧腹大笑，笑够笑好，是一件容易事吗？

既要共鸣，就不但需要写心之作，而且需要实用之作。

写心之作近似于理想之作，但有不同。理想之作须有信仰为支撑，写心之作则主要是情感之投入。我爱这个，所以我写这个。它不需要特别的理由与根据。要说理由，真情实感就是理由；要说根据，一腔热血就是根据。

实用之作，则无异于市场之作，不见得非畅销不可。纵不畅销，也得能销，定位长销，希望畅销。它的特色就是你需要，我供应。

你需要麻辣烫，好，就写麻辣烫；你需要心灵鸡汤，就奉献心灵鸡汤。有人说这类作品有投机取巧之嫌，甚至有取悦读者之嫌，其实，我们不是历来都承认读者是上帝吗？取悦上帝有何不好？

既要共鸣，就不但需要写实之作，而且需要唯美之作。

写实之作，来自生活。因为它来自生活，所以它的根基也深，积累也厚。而且越是那些能反映生活深度，能体现关注热点，能满足多数人群需要的作品，就越是具有影响力与震撼力。它无须求助市场，市场就会找它，它无须考虑畅销，畅销的幸运就会主动降临在它的头上。

唯美之作，则不考虑其他种种，连生活都不考虑，它追求的只是一个"美"字，美文美韵，美声美色，美腔美调。它的特色就是一招鲜。虽然只是一招鲜，这一招就足以惊世骇俗，让人类永世不忍忘记。

既要共鸣，就不但需要时尚之作，而且需要仿古之作。

时尚之作代表的乃是一种情感走向，可能很不持久，但也可能相当持久。持久与否，无关紧要，你再持久，一万年都不死，只怕与时尚无关。时尚如同鲜花，虽然美在一时，却又胜在一时。虽然只是一时，已足够了。能够抓住时尚的文字与文章，一定是很不平凡的文字与文章。

也不拒绝仿古。仿古之作有时也会时尚，但那只是一种巧合。大多数情况下，仿古都是一种情调，不是时尚的情调，而是反时尚的情调，但这情调既是人生之必有，也是人生之必需。为它作歌作舞，做媒作嫁，就有坚实的道理在其中了。仿佛一些人爱好红木家具，他们喜欢的多是明代、清代的老家具。那一种古色古香，不是任何新潮家具可以做得出来的。

既要共鸣，就不但需要消费之作，而且需要典藏之作。

消费之作，仿佛快餐，它的长处是方便，好处也是方便，连立身之道都是方便。它最青睐的场所，也许多是地铁车厢中、长途汽车上，或者闹市的快餐店，或者也能在飞机头等舱里风行一时。虽然如此，快餐在当今之世能立住脚，甚至弄出名堂，产生影响，也绝非易事。无论如何，都少它不得。正如我们宁可一辈子也没见过满汉全席，却一个月也离不开方便面。

典藏之作则另是一路，它的特点，就是经时历久，久而弥珍，久而弥贵，久而弥香。典藏之作，殊不易得。古之典藏之作，已很难得，新的典藏之作，更是可遇而不可求。能与典藏沾上边的，乃是语言文学中最为出色的品类。

既要共鸣，就不但需要外来之作，而且需要乡土之作。

外来之作，无时不可无。特别是当人类已经进入全球化开放时代的今天，更是如此。20世纪的一个新名词，叫做"地球村"。地球都成了村了，各个民族与国家自然成为这村里的乡亲与芳邻。而邻居之忙不可不帮，邻居之好不可不知，邻居之情不可不领，邻居之谊不可不谢。

乡土之作亦不可缺。遗憾的是，当今之世，乡土之作越来越少，未来的形势还要严峻，但既有乡土之美景，不可没有乡土之美文。如果人类的技术终不能将东非的大裂谷、中尼交界的珠穆朗玛峰、俄罗斯的贝加尔湖统统变成一个模式，那么，生活在不同自然区域与文化区域的作家就应该可以写出不同风俗的带有乡土气息的不同文学。乡土文学犹如方言。当它存在时，或许并不觉得珍贵，一旦遗失，便是千古之憾。

既要共鸣，就不但需要中老年之作，而且需要青少年之作。

中老年之作，好的或多些，因为你成熟了，但也容易走下坡路。下坡路必会走的，可怕的是已经走了下坡，自己还偏偏认为是在上坡。

中年人最怕失去童心贞心，一旦世故了，便价值全失。老年人中确有佳作，如张中行先生，他的书大约到七八十岁时才火起来，媒体称作张旋风。他文章是真的好，陈年佳酿，醇而又厚。我所钦佩的另一位老年作家是钟叔河，他的学问大，又博览群书。那文章可谓字字沉着，句句有感而发，是一般中青年作者写不出来的。

青少年之作更应受到关注和保护，毕竟老人的辉煌已在身后，青年的辉煌尚在前头。而我们中国传统文化的一个破脾气，是特别容易看青年人不顺眼。几乎人人都认定自己有资格做晚辈的先生。这个可悲可怜又可厌。但看这几年，也有不同年龄段的作者之间的争论，大抵说来我支持年轻的一方。如韩寒与白烨的争论，无论在情感上，在理由上，在起因上，还是在所谓的内容上，甚至从语言风格上，我都倾向韩寒。

这几年"80后"的概念流行，因为出了不少"80后"出生的年轻写手。他们的书我读了一些，有些读不进去，有些读不清楚，但总的感觉，是文字的活性与灵性大大超越他们的文坛前辈。

在文学品性上，我以为"80后"的多数作家与作品都与后现代主义有某种契合。回想十几年前，后现代在中国内地影响初彰之时，也有一种议论，认为西方的后现代是西方人生活富足而精神困惑的文学反映，但中国的后现代却是生活未曾富足，精神却一样困惑的情绪发泄。结论是中国的后现代不免有些时空错位。

而"80后"的一代新人不是这种情况了。他们的生活或许并不富足，但至少已与贫困无干。他们的精神安置全然是个人化的，又带些反叛的，但不是社会反叛，而是文化反叛。他们中的一些人之所记所想已不是故意而为的后现代而是自然而然的后现代。他们中间最具代表性的人物，我认为是春树。

春树的影响，或许与媒体有些关系，但媒体的作用肯定不是决定性的。在她的《北京娃娃》引起强烈反响之后，很多人开始寻找它，阅读它。但这些阅读者并没有找到多少性的描写场面，也没有找到多少带有感官刺激的场面，更没有找到什么另类政治元素了。然而，除非你不读它，或读不懂它，或与它格格不入，否则它给人的震撼确是实实在在的。那是一种不动声色的震撼，又是一种精神困惑级别的震撼，还是一种迥然有别于传统的新的文化出世的震撼。我以为，中国若无后现代便罢，倘若有之，即应从春树开始。

也有人说，小小年纪，就产生这样的影响，怕会后继无力。但我要说，后来如何，不是最重要的，甚至根本就是不重要的。重要的是她写出了《北京娃娃》这样的作品，而《北京娃娃》已经成为当代中国小说中的一个重要符号。

既要共鸣，就不但需要各类作品，而且需要多种风格。

既需要大场面、大气象、阳刚之气、鸿篇巨制；也需要雅情雅调、雅声雅气、轻歌曼舞、风花雪月；还需要土风土俗、土乡土色、小桥流水人家、青山白云黄土；又需要大红大绿、艳情艳调，不惟五彩缤纷，而且繁花似锦；复需要轻言细雨，小情小调，也没太多趣味，又没多少情致，虽没太多趣味，也有趣味如斯，虽没多少情致，亦有情致如许。如此等等。

共鸣需要争鸣，争鸣也是共鸣。回首中国古代史，唯春秋战国时代堪称百家争鸣的时代——那时代很值得我们中国人骄傲；唯盛唐时代堪称百花齐放的时代——那时代同样值得我们中国人骄傲。然而，终整个儒学时代，这样的历史未曾再现，这又使我们中国人深感遗憾。

争鸣需要批评，批评应秉公而论，不讲情面，也不留情面，更不掺杂私心杂念。但看现在的文评文论，是炒作的多，为朋友帮忙的多，为权贵抱腿的多，说违心话的多，唱赞美诗的多。凡此种种，都不是批评，真的批评，一要有真知，二要有才华，三要会表达，四要有担当。不是说非要担当起解放全人类的大任，而是担得起良心的追问，担得起时光的检验。

过去有一种意见，认为争鸣的双方或多方，总有一方是正确的，因而争鸣如同科学领域的证伪。但文学不是科学，科学需要证伪，文学不能证伪。比如浪漫主义与现实主义，你怎么证明谁真谁伪？又如现代主义中的达达主义、新小说派、黑色幽默、结构主义、荒诞派，你又怎么证明谁真谁伪？

　　文学只有风格之别，或者说得深一点，只有美丑之别，没有真伪之别。而自现代主义以来，文学不但依然具有审美功能，而且增加了审丑功能。审丑也是审美，连美与丑的界限也有些明日黄花，不足为训了。

　　总而言之，共鸣是文变的基础，争鸣是文变的动力，有此"两鸣"为羽翼，则汉语与汉语文学的生命必如花怒放，生生不已。

后记

我出书 20 年，很少写后记的。这一次出版社同仁建议写一个后记，主要说说与"文变"相关的问题。

本书十章，从文字、文辞、文句……到文变，缘何其他九章不谈，专谈文变呢？

因为我有未尽之言。

文变重在其变，贵在其变。变是一件不可不有之事。世间万物，变则生，不变则死。万物皆然，汉语自然不能例外。

变是好事情，无论古今中外，凡开明的理念莫不与"变"有关。如学六经之首的《易经》，讲的其实就是变化。所谓易者，易也。不变不足以为"易"。

但汉语作品的演变特征确实与其他众多语种例如西方主要语种有所不同。西方文学作品与理论，常常表现为，不打击别人——前人，不能提高自己；或者说，要提高自己，必定打击别人。所以每一种新的流派、新的文体或新的风格出来，常常跟着一大篇宣言，或者一大堆理论。中国人自古不是这样。我们的历代祖先奉行的往往是并不打击别人，但要提高自己，以实际业绩证明自己存在的合理性。故此，写七言诗的，并不否定五言诗，写五言诗的，也不着力反对四言诗。唐代最重要的诗人，李白、杜甫、王维、白居易，个个都既写七言诗，也写五言诗，既写格律诗，也写古体诗。他们对于先前的诗人没有什么不敬之处，用老杜的话讲，叫做"不薄今人爱古人"。

文变如此重要，但本书所用篇幅不多。此无他，因古来之变，其余均有涉及，到了"文变"这里，无须细讲了。又因为现实之变，不容轻易下结论。实在说，汉语语言文字的现实发展也开始呈现亘古未有的大局面。虽然困难多多，歧见多多，曲折多多，却又成绩多多，创造多多，借鉴多多。"多多"是多少，即已经到了人人无法通读通览的程度。

传统学问的方法，首先是要占有充分的材料，这一点于古可行，于今难为。现实的情况千变万化，无比纷繁。比如你是研究小说的，可以读尽近二十年的所有小说作品吗？显然不可以。即使你能头脑清醒地活到100岁，你也不可能读尽所有的重要文献，更不要说读尽一切文献了。相应地，任何一种理论，也不再具有总括的性质，更不具有放之四海皆准的品行。

那么怎么办？只能鸡走鸡路，鸭走鸭路，上帝的归上帝，恺撒的归恺撒。说得文雅一点，即不同领域的研究者、创作者与书写者，各自遵循各自逻辑。作家有作家的逻辑，理论家有理论家的逻辑，文学史家有文学史家的逻辑。世间若无包罗万象的定律，那结果也不坏；世间若有普适性定律，则条条大道通罗马。文学家既可以以自己的方式描写世界，哲学家又可以用自己的方式解释世界，政治家还可以以自己的方式观察世界。

这样的局面，或无相互碰撞，便是百花齐放；若有相互碰撞，便是百家争鸣。不论百花齐放还是百家争鸣，都必然形成张力，而一个充满张力的世界，至少是一个最具活力的世界。

在我看来，对于现实之变，有四句话是应该特别强调的：一是变亦有道；二是道在变中；三是道贵创造；四是道由史选。

变亦有道，即文变并非没有规律可循。它尽管表面纷繁张扬，内里依然有序。

规律是有的，但它尽在变中。不变则无道，乱变则逆道，小变则有小道，大变务须大道。

但无论道也好，变也好，创造总是第一位的。无论千变万化，唯创造代表的才是生命之光。

然而，创造虽多，其价值，却需要由历史来选择，这个就是"道由史选"了。你价值高低，你有无价值，唯有历史可以选定你。

然而，这里说的历史，并非以 10 年为期，或以 50 年为度。很多伟大的作品，100 年都不被社会主流认同的，也绝非罕见。换句话说，盖棺都未必论定，但历史终究会给一个说法，一个证明。

因此故，我们尽管欢迎文变，喜欢文变，但作为创作者、研究者或书写者，又一定要耐得住寂寞。

寂寞冬雪漫漫，正是梅花香早。

这个也不去说它。

这里要说明的是：当此中国文变的千载之机，我们每一个与汉语及方块字打交道的人，理应当有所自觉，有所自尊，有所自强才是。

史仲文

2007 年 8 月 4 日写于北方工业大学寓所，同月 9 日改定。